夢の扉

宮古人頭税物語　第2弾

中村十作と駆ける南海の若き5人衆アララガマ魂

うえち雄大

はじめに

人頭税石（にんとうぜいせき・じんとうぜいせき）
石柱の高さは１４３センチ。
１６０９年、薩摩藩が琉球王国を侵略し琉球王府に厳しい税を要求した。そのため琉球王府は１６３７年、宮古八重山地方に人頭税を執行、宮古島では男女の身長がこの石柱より高くなると、男は穀物、女は宮古上布などの納税が強制され暗黒の時代が続いた。中村十作と農民による請願で１９０３(明治36)年1月1日に廃止された。

はじめに

「明治維新150年」と「宮古島人頭税廃止115年」という時代が私を奮起させる。生誕150周年の「中村十作」との出会いが、どんなに悪い状況でも乗り越えさせてくれた。人頭税時代の祖先たちが味わった艱難辛苦と、私が29歳の頃、禅寺で1年間体験した座禅の痛みを思えば何でも出来る。

日本史にも琉球史にも詳述されず、明治末期まで続いた人頭税という恐怖が蔓延していた宮古島。世界に類を見ない酷税と悪政に苦しみ、死んで逝った祖先を供養する鎮魂歌をつくると誓願した。だからこそ人頭税を全国津々浦々へ周知させないと、これまで取り組んできた意味がない。また、これまで支えてくれた方々への御礼でもある。

中村十作を中心とした作品「指揮官・中村十作と駆ける南海の若き5人衆のアララガマ魂」には、唄えば唄うほど語れば語るほど、私の人生の可能性が大きく膨らむ。必ずや社会貢献になるはず。15年前に自費出版したCD「宮古島人頭税物語・その人　中村十作」と著書「宮古島人頭税廃止の指揮官・中村十作と駆ける」は、人頭税を歌謡ドラマにした初作品だった。「時代背景や内容は間違っていないだろうか」「歌手が政治的な税の歌を唄って世間は何と思うだろうか」「歴史の難解なこの歌、売れるだろうか」。不安で無我夢中。せめて制作費だけは取り戻したいと頑張るしかなかった。

結果的には新潟県や沖縄県の小中高校、特殊教育諸学校及び福祉施設等々への寄贈を含めてCD「宮古島人頭税物語・その人　中村十作」を完売。続いて著書「宮古島人頭税廃止の指揮官・中村十作と駆ける」も同じく5千冊完売した。今年こそ全国メジャー第4弾「中村十作」を開花させたい思いを強くしている。歌謡ドラマづくりも「中村十作と駆ける南海の若き5人衆アラガマ魂（城間正安、平良真牛、西里蒲、上原戸那、川満亀吉）」で最適な構成ができた。芸能活動47年、托鉢《たくはつ》演歌道32年。努力すれば報われることを示したい。

　消費税も将来的に15パーセントまで上ると予測されている今日、かつての悪税「人頭税」問題の再現が近付いているようだ。まさに「食」と「職」の世界規模の矛盾と抗争が表面化する昨今、私は歌の力を通して「人頭税廃止」の教訓を世界に発信したい。

　舞台劇「宮古島人頭税物語・大世《ウプユ》榮綾船《パイアヤフニ》」で、私は中村十作の役を演じた。その中で痛切な程に心に焼き付いたのは、彼が人間愛と不屈の正義感を以って宮古島農民とともに明治政府を動かし、沖縄の行政改革に火をつけ、宮古島農民の未来を変えた。しかし、彼らは歴史の中に埋もれたままで誰も知らない。そこで私は、忘れ去られていた「中村十作」が残した歴史的業績を後世までも伝えるため、宮古島人頭税物語をＣＤ出版し、30年に亘り日本列島縦断越後路まで唱《うた》い歩いてきた。さらに、先人達が自らの知恵と根性で一滴の血も流すことなく行動し、国を動かした偉業を史実に基づいてまとめたのが「宮古島人頭税廃止の指揮官・中村十作と駆ける南海の若き5人衆アララガマ魂」である。いつの世も人は、自らの知恵と根性で生きる術の改革を求められるが、そこには縦と横の繋がりが必要。中村十作と宮古島農民の絆は、現代社会で生きる術の改革とあなたの生き方に多くの示唆を与えてくれる陽光だと確信している。

沖縄から見れば、1609年（江戸時代）の薩摩藩の琉球侵攻から、琉球に対するヤマト支配が始まり、1879(明治12)年の琉球処分(武力による併合)。明治維新に取り残された宮古・八重山は1903（明治36）年1月1日まで人頭税は294年続いた。フランス皇帝ナポレオンが「武器を持たない平和王国」と絶賛したという琉球王国（守礼の邦）に武断政治を持ち込んで首里政府に人頭税を賦課させたのは薩摩藩である。

天皇陛下は2003年12月、「私にとっては、沖縄の歴史をひもとくということは島津氏の血を受けている者として心の痛むことでした」と言及した。陛下の母、香淳皇后は最後の薩摩藩主・島津忠義の孫にあたり、琉球が薩摩藩の支配下にあったことを念頭に置いた発言と思われている。人間を信用できない人間は、武器を持たないと安心できない。その人間が戦争を起こし、琉球王国とその文化遺産を武力で一瞬にして崩壊させた。

本著編集作業段階に入って、あっという間に「平成」に変わる憲政史上初の事前公表となる新元号248番目が「令和《れいわ》」と決定。日本最古の歌集「万葉集」日本古典「初春《しょしゅん》の令月《れいげつ》にして、気《き》淑《よ》く風和《かぜやわら》ぎ、梅《うめ》は鏡前《きょうぜん》の粉《こ》を披《ひら》き、蘭《らん》は佩後《はいご》の香《こう》を薫《かお》らす」からの出典で国書から初めて採用された。安倍晋三総理大臣は会見で「人々が美しく心を寄せ合う中で文化が生まれ育つという意味が込められている。」と述べた上で「広く国民に受け入れられ、日本人の生活の中に根差していくことを願う」と強調した。天皇陛下が「国民の幸せと国の発展、世界平和を切に希望します」と、述べられて退位される4月30日を発行日と決めて作業を急いでいる私は、

1990（平成2）年に宮古島人頭税物語の舞台「中村十作」役を演じ、今日に至るまで足かけ30年人頭税に取り組んできた。

始まった平成を「宮古島人頭税物語　中村十作と駆ける南海の若き5人衆アララガマ魂・夢の扉」で終演とし、私なりの区切りを付けて、5月の新「令和」時代からは、改めて只今誕生のステップアップ「夢の扉」に益々拍車をかける決意を新たにしている。

飽食におごる昨今、貧しさに耐えて苦闘した祖先たちを思い、私たちに勇気を与える祖先たちの姿を形あるものにして後世の道標となるように残そう。そんな一心で私は宮古島人頭税廃止運動に尽力した「指揮官・中村十作と駆ける南海の若き5人衆のアララガマ魂」を歌で綴り、その指揮官「中村十作」の偉業を天地いっぱいに放ちたい。差別撤廃の烽火を挙げて国民の魂を揺り動かしたい。時代は変わろうとも、いつまでも語り継がれ親しまれ「和」のモデルとなる事を念じつつ、「宮古島人頭税物語・その人　中村十作」が愛されることを心から祈願する。

発刊に寄せて

うえち雄大後援会・宮古島人頭税物語を全国へ実行委員会会長
古波蔵　和夫

先島諸島の島民をいじめ抜いて宮古島に粟税（人頭税）を押し付けたのはなぜか？

１８８０（明治13）年、琉球は沖縄県となり県政を敷くことになったが、先島諸島では古い制度が継続。そのため二重行政となり旧慣の悪しき人頭税によって宮古島の農民達も大変厳しい生活を強いられた。そこには辺境地に対する差別観、本土や本島による先島諸島軽蔑思想が根底にあったと言える。

新潟出身の中村十作氏は、真珠養殖事業を起こすため宮古島に来島。島民との通訳官として城間正安を紹介された。中村氏にとって通訳を介さなければ通じない別世界であった。そんな中、農民たちの現状に驚愕し城間氏や農民代表の先頭に立ち人頭税廃止請願運動を成功させたのである。これまで誰も成し得なかった偉業は、中村氏が農民達に最後までやり抜く根性を芽生えさせ、中村氏の弟や友人達の献身的な協力があったからである。

宮古郷友連合会は今年で創立90周年を迎える。宮古島出身が各地で活躍しているのも宮古島のアララガマ精神（なにくそ負けてたまるか）を胸に秘め頑張っているからである。

急テンポで変化する令和時代に「宮古島人頭税廃止の指揮官・その人　中村十作と駆ける」の総集編「宮古島人頭税物語　第2弾『夢の扉』中村十作と駆ける南海の若き5人衆アララガマ魂」をうえち雄大さんが纏められた。宮古島人頭税廃止運動の精神を風化させず、より良い社会を築く指針書として多くの方にご愛読いただきたいと、心から願っています。

平成31年4月吉日

夢の扉

宮古島人頭税物語　第2弾

中村十作と駆ける南海の若き5人衆アララガマ魂

序章　アララガマ魂

目次

第一章　宮古島人頭税物語

目次

第二章　夢の扉

第三章　托鉢演歌道　旅日記

目次

資料　講演会「雄大の夢扉」

序章　アラガマ魂

宮古島の最東端「東平安名崎」

沖縄に平和を取り戻したい

君は知っているか？　宮古島で何が起きたのか！　幾多の困難を突き破り、スクラム組んで最南端の島から、日本政府を巻き込んで沖縄県の政治、行政改革をさせた明治青年の熱き青春群像を！

日本政府が明治維新150年を取り上げた今年こそ、私は、歌謡ドラマ「宮古島人頭税物語・その人　中村十作を中心とする南海の若き5人衆アララガマ魂」を沖縄から中央に向かって放つ。権力に屈しないで敢然と立ち上がった宮古島民の人頭税廃止運動に身を投じた中村十作と南海の若き5人衆アララガマ魂を思えば、税の信頼が失われつつある現代、自分さえ良ければいいでは済まない。政治の役割は世界平和であるにも関わらず、自国第一主義のなりふり構わない風潮が、アメリカの兄弟国・日本に押し寄せている。「賢者は歴史に学ぶ」という。今こそ人頭税から学んで、政治が差別的政策を繰り返さない社会の平和を構築してもらいたい。

15年前の人頭税廃止100周年の時、初代沖縄開発庁長官・山中貞則元衆議院議員が亡くなった。山中氏は「薩摩出身である私が沖縄の為に頑張るのは償いだ。特に太平洋戦争以降、沖縄が強いられてきた犠牲の歴史を知り、沖縄の人々の思いに立って基地行政をやっていかなければ

翁長雄志沖縄県知事（左）とうえち雄大

ならない」と首里城復元の尽力など沖縄に熱い思いを語っている。

２０１８年、同じ思いを引き継ぎ沖縄振興開発特別措置策や基地政策で主導的な役割を果たした野中広務元官房長官（小渕内閣の影の総理）が逝去した。日米基地重圧問題に懺悔する大物政治家が、日本に皆無となった気がして残念であるが、彼ら大物政治家でさえも日本最南端の「人頭税」をどの程度知っていたか？

私より１歳年上の翁長雄志沖縄県知事が、２０１８年８月９日すい臓がんで急逝（享年67歳）あまりにも若すぎる死去である。１９５０年生まれの雄志少年は、父の背中を見て育ち、小学生の時に政治家になる決意を胸に秘めていた。彼が25歳の時、１９８５年の那覇市議に当選し死去するまでの33年間、政治家として県民のために奔走してきた。中でも、知事に就任してからは米軍普天間飛行場の名護市辺野古移設を推し進める国と対峙し世界平和の翼広げ闘っていた。まるで戦争が続いているような壮絶な生き様は、神々しい姿を醸し出したものの日米地位協定問題解決には至らなかった。後3年で日本復帰以来50年になろうとしているのに、選挙で基地亡き未来を求めて何回民意を示しても聞く耳を持たない日米両政府。

日米基地重圧下で子ども達の明るい未来は開けるだろうか？　最後まで米軍辺野古基地建設反対の公約を貫いた純粋な空に黒雲が覆い続けた。

告別式の8月13日、那覇市の大典寺は大粒の涙雨となって、島中が全力で疾走した翁長知事を悼み、私もラジオ7局で担当する番組から追悼した。

経済か平和かと迫り、経済を選べば「どうせ沖縄は金になびく」とせせら笑い、中国の脅威が日本に迫っている中では「尖閣なんか何になるか、あんなの中国にあげちゃえばいい」などと言う政治家たちには、到底、翁長知事の真似は出来まい。「普天間の固定化か辺野古移設か」の二者択一を迫って、基地負担を沖縄に押し付ける政府の姿勢は「政治の堕落」と反発し闘った翁長知事の死は、公約殉死であり、沖縄県民の不満を代弁する闘いだった。それは人間の尊厳を守る為に立ち上がった人頭税廃止運動に身を投じた「中村十作と南海の若き5人衆アラガマ魂」の生き様に重なる。

新聞報道によるとベッドに横たわる翁長知事は、奥さんに「ゆっくり寝るって、こんなに幸せなことなのだな」とよわよわしく呟いたという。その記事を読んで、私は食道ガンでこの世を去った父を思いだし驚がくした。父も病床で「病人にとって眠れることが、一番幸せなのだ」と、私の手のひらに書いた。父は農業に誇りを持ち生涯農業一筋に生きていた人物である。

「人生は重荷を負うて遠き道を行くがごとし、身を捨ててこそ浮かぶ瀬もあれ」を実践した、その死に顔は安らかだった。それはまるで、美しい花々が咲き乱れる中、天国に誘われる道程を一歩一歩、ゆっくり楽しんで歩いているかのような恍惚感漂わせる余韻を滲ませる。

２００３（平成15）年1月5日に宮古島人頭税廃止百周年記念盤として「中村十作」をリリースした当時、那覇市長だった翁長さんは次の様なエールを私に寄せてくれた。

「故郷の心を紡ぐ歌・うえち雄大さんに期待する。宮古島人頭税廃止百周年を記念する新曲、宮古島人頭税物語・その人　中村十作の完成を、心からお祝い申し上げます。雄大さんと私は、現在まで個人的なお付き合いがありますが、実に誠心誠意、人情あふれる方であると常々感じております。その雄大さんが創り上げた人頭税廃止に精魂を傾けた中村十作の壮大な歌謡ドラマは、宮古島の過酷な歴史にあっても、人間の尊厳を訴え続け、その復権を果たした先人への深く熱い思いが込められていると思います。また、現代社会の混乱した価値観、世相の中で、改めて、『人間とは、政治とは』という私たちへの強い問いかけでもあると思います。俳優として、演歌歌手として長い下積みの経験を重ね、現在に至って雄大さんならではの新曲です。沖縄という一地方から発信するこの人間賛歌が、全国の人々に歌い継がれ広がっていくよう、また、うえち雄大さんの更なるご活躍を期待します」と。

２０１３（平成25）年6月の宮古島人頭税廃止１１０周年記念盤の時には、「ハイサイチューウガナビラ！　ナークンチュ待望の第2弾『島の夜明け～宮古島人頭税物語・川満亀吉編・上原戸那編／ふる里は胸を射す』の完成を心からお喜び申し上げます。

過酷な歴史の象徴である人頭税の廃止を住民の力で成し遂げたことは、全てのウチナーンチュの誇りであり、様々な課題を抱える沖縄へのエールだと思っています。宮古にはアララガマ精神があり、ワイドー・ワイドーの魂があります。『島の夜明け』の立役者のお二人である川満亀吉氏と上原戸那氏を支えたのもその精神と心だと思っており、その物語を現代に伝えることは、大きな意義を感じています。それを歌の力で伝えることのできるのは、歌と故郷に真摯に向き合う、うえち雄大さんだけであり、今回の作品の完成には心から拍手を送る次第です。私たちを鼓舞するその歌声が『人頭税廃止110周年記念祭』の会場に響き渡り、多くの皆様の魂を揺り動かすことを心から願っています。ニフェーデービル。タンディガータンディ」と。

更に関東行脚キャンペーンの2015（平成27）年10月3日、全国の沖縄県人会が一堂に会する第13回全国沖縄県人会交流会に出演し、久しぶりに翁長さんとご一緒した時、沖縄県知事となって登壇した翁長さんは、県人会に対する思いや沖縄の現状を次の様に熱く語っていた。「基地問題はイデオロギーではない！　日本の0・6パーセントの面積の沖縄に在日米軍施設の74パーセントを置き続ける現状を是正すべきだというのが原点であり、日米安保に賛成なら沖縄だけに基地を押し付けるな、と言うと摩擦が生じるが、それでも頑張りたい」と熱く話された。

翁長雄志沖縄県知事が悪税「人頭税」からも学び、自らの政治活動に挑み実践した生き様は、沖縄が永遠に誇る優れた政治家である。

10月9日（火）翁長雄志前知事の県民葬が、那覇市の県立武道館で営まれた同時間、私はFM21「雄大の夢扉」生放送及びRBCi（琉球放送）ラジオ「雄大の夢圓歌」収録日と重なって参列できなかったが、移動中の国道58号線の渋滞車中でご冥福を祈り最後の別れを告げた。

民主党政権から安倍政権となって、色々日本が変わる様な雰囲気を漂わせているが、政権が代わったからと言って、人の心がよくなるというものでもない。今の時代には諸々の疑惑の証しが実際に求められるのではないだろうか。この消息が確かなものとならない限り、今はやりの「マニフェスト」も絵に描いた餅で、飢えを充たさずに終わることだろう。

国は対話（一貫して反対する県民の民意）を放棄し、「普天間の危険性除去の目標が達成できない要因は、辺野古移設に反対する県の姿勢にある」と県に責任転嫁して、県の要求を一顧だにせず埋め立てを強行し、子供たちの未来まで埋め始めた。平成師走の琉球処分に知事は憤り、民衆は激しい怒りを込めて日本政府を批判する沖縄。「日米同盟の抑止力と普天間飛行場の危険性を併せて考えた時、辺野古移設が唯一の解決策」（＝沖縄駐留を日米同盟の基礎とする）と述べる国。沖縄防衛局は12月14日（金）埋め立て予定区域に土砂を投入した。翁長県政は自己決定権「沖縄の運命は沖縄が決める」ことを追求したが、政府は見せつけることで県民の諦めを誘い、沖縄の不条理「構造的人種差別」を露呈した。

私も「宮古島人頭税廃止の指揮官・中村十作」に出会った時から、日本政府が駄目ならば、アメリカ政府へ直訴した方が問題解決の夢＝「日本改革」は現実味があると提唱し続けている

（基地は元々米国の財産なのだから……）。

新曲発売の度に支えて下さる方々との信頼関係を確立し、誓願を新たに精進して行こうと奮闘中！　成功の哲学を体系化したナポレオン・ヒルは「世の中を見てみろ、最後まで成功を願い続けた人だけが成功しているではないか。すべては人の心が決めるのだ。強い人が勝つとも限らない。私はできる、そう考える人が結局は勝つのだ。」と。

中村十作生誕地の板倉区御一行「歓迎歌謡ライブ親睦会」

私は兵庫県浜坂町久斗山の紫竹林・安泰寺で座禅修行をした時、複数の修行僧たちと一体一如の厳しさと感動を味わった。その喜びは、命を懸けないと味わえない究極の境地である。国籍も学歴も年齢も違う世界各国から上山した30人の修行僧たちと、背筋を伸ばした同じ姿勢で壁に向かって座り、50分間を告げる鐘が鳴れば、組んだ足をゆっくり外して立ち上がって経行《きんひん》（座禅道場内を静かにゆっくり歩く）を10分間する。その一体一如の繰り返しの座禅修行を一日14時間やる蝋八摂心《ろうはつせっしん》（面壁して8日間座り通す）。私は痛みに耐えきれず失神してしまい、先輩僧たちにバケツの水をぶっ掛けられて生き返ったりした。その体験から今の私は、何事も

紫竹林・安泰寺で修行中のうえち雄大

一体一如に徹すれば前に進めると信じている。

あれやこれやと迷いの真っ只中にいるが、人頭税を全国津々浦々まで周知させる悲願成就への強い気持ちは、平成が終わろうとしている今年をやり遂げて終われるよう、気を引き閉めてこのチャンスを生かさなければいけない。

２０１８年11月17日（土）日中は甥っ子の結婚式、夕方６時から雄大プロモーション１階の居酒屋「曙」に元板倉町長の瀧澤純一さんらを歓迎して「中村十作生誕１５０周年」及び「宮古島人頭税廃止１１５周年」記念「うえち雄大歌謡ライブ親睦会」を開催した。

実は元板倉教育長の小林正之さんから次の様な便りが届いたからだ。

「今年は、平成５年から始めた中・小学生の宮古島交流25周年の年にあたり、実行委員会主催の宮古島旅行を計画し現在、参加者を募集し33名の団体旅行となる予定です。（中略）80歳になる瀧澤純一夫婦も参加予定です。小生も後期高齢者の仲間入りを致しましたが、今の所元気でやっております。お会い出来ることを楽しみに致しております」と。

私は、「うえち雄大を後援し、ふるさと芸能文化を育てる会」顧問の野原健さんや沖縄宮古郷友連合会顧問の古波蔵和夫さんに「15年前、新潟キャンペーンを1カ月間展開して中村十作のゆかりの地を訪ね歩いた。その時は板倉の皆さんに大変お世話になったから、その恩返しとして〝中村十作〟を生で唄って聴かせながら歓迎したい」と相談して、歓迎歌謡ライブ親睦会をやった。宮古民謡歌手の宮國米男さんも「宮古島人頭税廃止農民運動のクイチャーアヤグ」を唄って盛り上げてくれた。私一人では出来ないが、先輩方に相談すれば素晴らしい協力が得られる。先輩方の力をお借りして、私ができることは新潟の方々や先輩にCD「中村十作を中心とする南海の若き5人衆アララガマ魂」を土産に持たせる程度の事。

お陰で宮古島人頭税廃止の指揮官「中村十作」が全国通信カラオケに配信されている事実を、誇りと自信を持って知らせ、歴代沖縄宮古郷友連合会会長や現理事の方々を交えての親睦会へとつなげる事が出来た。参加した全員がマイクを持って語り、話すのが苦手な

元板倉町長の瀧澤純一さん元板倉教育長の小林正之さんらが歌手・うえち雄大さんを訪問。沖縄宮古郷友連合会顧問の古波蔵和夫さん、兼島恵孝さん、専務理事の下地正幸さんらを交えて親睦を深めた

方はカラオケで親睦を深めた。

瀧澤元町長は「中村十作の生誕150周年という事で、宮古島で人頭税石などを観て来た。今日はうえちさんに会えて懐かしく思う。元気そうでほっとしている。

中村十作翁は、昭和の終り頃まで旧板倉町では殆ど知られていませんでした。知ったのは、近畿大学の民俗学者谷川健一教授が八重山諸島の調査後、中央公論に中村十作の伝記「北の旅人」が連載されたことで十作翁の偉業が広く世に知られるようになったのです。

1993(平成5)年11月、城辺町で人頭税廃止運動を始めてから100年の記念イベントが開催され、旧板倉町長、三役、議会議員の招待があり、それに伴い役場で町民に宮古島ツアーを呼びかけると80名が応募、板倉町民初の宮古島訪問で大歓迎を受けました。結果、翌年から中学生、後に小学生の相互交流も行われ、今も物産や人の交流は続いています。

2003(平成15)年には人頭税廃止から100年の記念イベントが、城辺町で盛大に開催された際には中村十作遺徳顕彰会会長の前板倉町長の清水郷治(現在99歳)さんを筆頭に私も町長として同行し交流を深めました。

2003(平成15)年5月うえち雄大さんが板倉へお越しになり、町内の小中学校や温浴施設等で中村十作翁をトーク歌唱でPRして頂いた時が、初対面でした。雄大さんが中村十作翁の偉業を歌う姿に、私は感銘を受けました。中でも約1カ月にわたって高田仲町通りのキャンペーンのお姿は、今も鮮烈な光景として胸の中に残っています。

これからも宮古島との交流が永遠に続く事を願っている。うえちさんも今後とも頑張ってほしい。歌手活動を頑張っているので、もっと宮古島市がバックアップしたらどうかと思う」とのご挨拶を頂き感激。古波蔵さんも「人頭税を廃止してくれて中村先生や板倉の皆さんには感謝している。沖縄本島で多くの宮古郷友が頑張って成功しているのも、不屈の精神を教えてくれた中村先生のお陰と感謝している。その気持ちを板倉の皆さんに伝えたい。今後も宮古島と板倉の皆が手を取り合って、もっと発展していく事を願っている」と話した。沖縄宮古郷友連合会前会長の兼島恵考さんは「宮古の人頭税の歴史は後世に残さないといけない。中村十作という偉大な人物を宮古の人はみんな尊敬している。今日の出会いを機会に、今後とも交流を続けよう」と呼びかけた。

体調不良で入院中の後援会長・野原正徳さんからは、以下の挨拶文が寄せられた。

—うえち雄大くんは、これまで宮古島人頭税廃止運動の歴史的な偉業を後世までも語り継ぐことを願い、時には演劇活動を通して、また人頭税廃止１００周年記念では「宮古島人頭税物語その人・中村十作」を歌謡ドラマ化。その昔、農民を苦しめた圧政をはね返して戦ってきた先人の精根を歌い上げた。その上、著作本『宮古島人頭税廃止の指揮官・中村十作と駆ける』を出版した。更に近年は「島の夜明け〜宮古島人頭税物語・川満亀吉編・上原戸那編／ふる里は胸を射す」や「伊良部大橋／オリオンの星／雨の宮古島海峡」を全国発売し、広く世に送り出したことは記憶に新しい。この度、宮古島人頭税廃止１１５周年及び中村十作生誕１５０周年の節目に当たり、中村十作を中心とする「南海の若き5人衆アラガマ魂」を鋭意プロデュース制作し、本格的歌謡ドラマとして全国的に発売しました。本作品の中心人物として、既に全国的にヒットしている「中村十作」が益々広く愛唱され、先人の偉業が語り継がれていきますよう皆様のご協力とご支援を切にお願い申し上げる次第であります。—

会場からは「中村十作と駆ける南海の若き5人衆アラガマ魂」には、涙と怒りと感動がある。是非とも中村十作の銅像を建てようではないか！」「うえち雄大を団長にツアーを組んで、今度は皆で板倉へ行こう！」などの声も上がって、会は夜10時まで盛り上がった。島の大切な資源「人頭税物語」を次世代に継承する力が湧き出た私は最後にもう一度、「中村十作」と一体一如となって唄った。

遺徳顕彰会元会長の清水郷冶さん（99歳、上越市板倉）からも次のような便りが届いた。

—（概略）うえちさん、お元気で大活躍、心から敬意を表します。今回もまたCD中村十作を中心とする「南海の若き5人衆アラガマ魂」等いただき恐縮して居ます。私が町長の初め（昭和～平成）、町中誰も中村十作がどんな人かも全然知らない頃で、その後、城辺町との交流が始まり、私たちも中村十作遺徳顕彰会を立ち上げて、交流が盛んになりました。うえちさんの人頭税にからむ歌を始めてお聞きした時、お若くておられながら、人頭税を風化させない為の活動に感心してきました。よく今まで生ある限りの努力に頭が下がります。文化功労者として表彰を考えてもらいたい一念であります。武藤斌《あきら》さんは新潟日報を退職し、「にいがた文化の記憶館」で活躍中ですから機会をみて相談したいと思っています。私も退職してから20年も過ぎ、体力もなくなり、何の活動もできない老人で、うえちさんにも何のお礼もできなくて、今回やっとお返事を差し上げることができ申し訳ないところです。奥様始め皆々様も御身大切にと、お祈り致し益々のご活躍を切にお祈りして止みません。CDは多くの知人に機会をみて聞いてもらいます。―

また板倉の中村十作本家の現当主・中村武彦（十作の甥・敏雄の息子）さんからも次のような便りが届いた。

―（概略）この度はまた中村十作・十一郎に関してのラジオ番組〝雄大の托鉢演歌〟中村十作編の収録CDをお贈り下さいまして誠にありがとうございました。以前うえちさんが板倉中学校を訪問され、講演された時の生徒の感想も聴くことができ大変感銘を受けました。私の亡父（敏雄）が生きていたらどれほど喜んでくれたことかと思うと涙が出てしまいます。これもひとえに、うえちさんのお陰と深く感謝しております。戴きましたCDを大切にし、時々〝おふくろ慕情〟・〝哀愁の宮古島〟を聴いています。活躍をご祈念申し上げます。―

関東宮古郷友連合会会長の嵩原信夫さんからは「私達、関東宮古郷友連合会として、人頭税廃止100年目において、実行委員会を立ち上げ、うえち雄大さんと共に、関東から日本全国の皆さんに知っていただく為の活動「アララガマフェスタ」をイベントとして、人頭税100周年～115周年にかけて、5回開催する事が出来ました。うえち雄大さんの「アララガマフェスタ」にかける思いがひしひしと、私達に伝わり長年に渡って、宮古島・八重山の先人達を苦しめてきた二重課税と闘った中村十作の思いが、うえち雄大さんに重なっているように思えて、心から感動したものです。

思い起こせば、２０１３年「アララガマフェスタ」の日は、朝から30度を超える猛暑で、宮古・沖縄・関東からゲストを迎え、約８００名の会場満席状態で開演。イベントも中盤を迎え、雄大さんの出番となり、曲が流れる中、とっさの大雨が会場に降り出し、熱唱の唄がかき消される程でした。会場の皆さんの中から「先人達の歓喜の涙雨では……」と囁かれ、鳥肌が立つ程の熱気に満ちた素晴らしいイベントとなりました。人頭税廃止運動を風化させない様、関東宮古郷友連合会も心よりご支援いたします。」—

八重山在宮古郷友会会長の松原英男さんからは「雄大さんは常に郷里宮古島に軸足をおいて、生まれ島に寄り添った芸能活動を続けております。宮古島を全国に発信する立役者として活躍していることに同郷の者として誇りに思い親密感を抱いております。

特に人頭税廃止運動の指揮官である中村十作に関しては地道にフィールドワークで調査しライフワークとして取り組んできました。そして今年は全国メジャー第4弾「宮古島人頭税物語・その人　中村十作と南海の若き5人衆」をCD発売しました。それは、これまでの研究成果の集大成であり、一大快挙であると拍手喝采しております。八重山在宮古郷友会主催で開催した平成28年の北京飯店での「新春ガンズゥーパーティー&歌謡ショー」と平成30年6月3日の石垣市民会館中ホールでの「うえち雄大とワイワイ歌謡ショー」は雄大さんの迫真に迫る魂の叫びが満席の観客に大きな感動を与え大盛況に終えたことが懐かしく思い出されます。これからも八重山在宮古郷友会としても最大限に協力・支援していきたいと考えております。雄大さんの今後、ますますのご活躍をご祈念申し上げます。」―

　安泰寺時代の兄弟子である広島県呉市曹洞宗・道心寺住職の五十嵐靖雄《せいゆう》さんからも頂いた「光陰矢の如し、（概略）雄大さんとの出会いは、もう30年も前のことであろうか、お互いに30歳前後だったと記憶しております。当時東映製作所芸能部が解散し、雄大さんが俳優の南原宏治さんと劇団を旗揚げした時、多勢の美男美女が兵庫県の日本海側山奥の過疎地で、自給自足で座禅修行していた紫竹林・安泰寺を訪ねて来られたのが始まりです。我々の修行道場は男所帯で、山仕事や田畑の耕作など、体育系の力強い修行僧ばかりです。その中に美男美女が多勢入って来ました。10日間程の合宿生活をしましたが、修行生活についてこられるか心配でした。しかしどの人も皆、明日のスター名優を目指して目が輝いていました。

　その中で雄大さんはしぶとく、皆さんが帰京された後も更に我々の修行生活へ、人間として進化すべく入ってこられました。確か1年ほど頑張り抜いたと思います。その間、一時生まれ故郷の宮古島へサトウキビ刈りに帰省し、戻った時は、サトウキビで作ったばかりの黒糖を沢山お土産に持って来てくれました。その甘さは頭が溶けるほど甘いのだけれど、サラッとした後味で、透明感のある甘さの黒糖でした。

重労働作業の後は、疲労感も吹っ飛ばしてしまうような味わいでした。そう雄大さんの透明感のある演歌に似ています。初めての冬を迎えた時の雄大さんが寒そうに震えていたのを昨日の様に思います。しかし、その当時から夢を追い続けて熱く熱く、演劇、演歌について語っていましたね。その情熱は今も衰えることなく、燃やし続けていることに敬意を表します。

君のその情熱こそ、君の財産であり、亡き父君母君からの贈り物です。全国行脚キャンペーンに向かって行くにあたり、ご健闘を祈るとともにお身体に十分気を付けて、そして夢の扉を1枚、1枚、開いてください。私は座禅の道に、雄大さんは托鉢演歌の道に励まし合いながらやってきました。座禅は永遠に今を行じます。歌も永遠の今を声高らかに唱え上げます。雄大さん、声高らかに更なる飛躍をお祈り申し上げます。情熱の男、頑張れ！　頑張れ！　君の健闘を祈る」と。また愛媛県の龍現寺住職・東影大地さんからも、――「（概略）親愛なる不屈の男、雄大さんと同世代の私は、内子町の山寺（得雲山・龍現寺）で、坂本龍馬が志を立て、脱藩の際に歩いた四国の山々を眺め、朝夕の座禅をし、地元の方々と苦楽を共にして、自己の生活を深めていく日々を送りつつ、歌に芝居に大活躍の雄大さんが、著作、研究の分野で大きく羽ばたき、人間の幅を広げていることに、深く尊敬の念を抱きます。

思えば、雄大さんと初めて出会ったのは、36年前、彼が天地劇の座長として、20人位の劇団員を率いて約2週間の修行に来られたのでした。その時すでに彼は映画、テレビ、演劇の実績を積んでおり、明るい性格と、回転の良い頭脳、強靭な体力で、一際目立っていました。そして翌年、彼は兵庫県浜坂町久斗山の紫竹林・安泰寺で得度を受けて正式の雲水となり、1年間の修行をやり抜きました。安泰寺では毎月8日間の蝋八接心《ろうはつせっしん》という朝4時から夜9時まで、食事時間以外は、ずっと座禅を組む厳しい修行があります。

冬の雪の積もる寒さの中、南国育ちの彼は寒さと足の痛みの為、「ウ～ン」と唸り声を出して気絶してしまいました。極限までやり抜く彼の根性は、それから托鉢演歌の全国行脚として花開き、数多くのファンを獲得しています。

誠に気絶するまで、座禅を遣り抜いた、雄大さんの根性と努力が、今日の成功をもたらしたものと思います。人頭税という、酷い制度に苦しんでいた宮古島の人々を救った中村十作こそ、仏教でいう「一切衆生を救う菩薩」であります。このような酷い制度があった事、雄大さんのCDを聴いて初めて知りました。この度の全国メジャー発売により、更に多くの人達に中村十作の精神が伝わっていくように願っています。雄大さんこれからも健康で活躍してくれる事を祈っております」と。—

確かに私の歌への情熱は宮古島の風土と座禅修行時代に培われた。

お世話になった方々が元気な内に、何としても全国津々浦々に周知させ、中村十作を万人の輪の中心にしたいものである。その為にも私が構築して来た前人未到の托鉢演歌の世界を離れる訳にはいかない。限りある命だからこそ、妥協せず新元号は更に「飛翔の年」と思いを定め、『宮古島人頭税物語　第2弾「夢の扉」中村十作と駆ける南海の若き5人衆アラガマ魂』耳で聴く・目で読む両論の出版の決意を固めた。
自らの希望に確信を持ち、新元号に向かって準備を整えて唄い流そう。

夢圓歌《ゆめえんか》

作詞&作曲&歌・うえち雄大

勇気を出して　こんばんは
開けます酒場の　夢とびら
わが演歌《じんせい》
ひっさげて巡り　逢う街《ひと》が
わが鏡　わが師なり
唄います　唄います
かけがえのない　夢圓歌

気に入ったお客に　ほだされて
全国《あまた》のスナック　飛び渡り
流し唄

ネオンの扉を開く博多行脚キャンペーン
中州にて

みぞれが降る夜《よ》　軒下で
泣く子猫　お前もか
声枯らし　声枯らし
独り旅路の　夢圓歌

人の情けに　触れる旅
まだまだ流せる　ネオン華
握手して
マイク握れば　何時《いっ》だって
何処だって　永遠の
今此処が　今此処が
一期一会の　夢圓歌

つたえます　真心を
明日《あした》への　明日への
歩みで綴る　夢圓歌
命の軌跡　夢圓歌

琉球放送 RBC　iラジオ「雄大の夢圓歌」箕田和男アナウンサー、筆者、大野京子アナウンサー（番組は22年目継続中）

新曲に懸けた制作費を取り戻すまでは、勢いよく走り続けて次回作へ繋げなければならない。何事も緊張感を持ってやるべきことをやって繋げて行こう托鉢演歌道。どんなに精力的に頑張っても、全国発売したからには全て結果が問われる。じっくり1軒1軒扉を開いて唄い流せば、「中村十作」の歌がネオン街に流れる回数も増えてCDの売り上げは後から付いてくると信じてネオン街行脚する日々。

演歌の黄金期に業界の右も左も全く分からずに飛び込んで、高額な作曲料やレコード制作費を命懸けで捻出して頑張った若いころ、業界の相場も知り、その無理な過去と決別すべく自分を変えて今に至る。スピードが求められる現代社会でCD販売枚数に拘って頑張れば人相が悪くなる。速くして顧客との巡り逢いが暗くなってはいけない。「あいつは暗い」と噂されてはこの道が駄目になる。

66歳の私も肉体の脆さが目立ち始めた。新曲CD発売の度に厳しい、乗り越えるにはメンタルが勝負。最後まで諦めないで粘り強く唄い流そう！　どのようにして「人頭税」を全国的に周知させていくか、勇気を持ってネオン街行脚キャンペーンを休まずに攻めて行こう！　それが必ず結果に繋がる。47年間、幾度もの挫折を乗り越えて来た自分自身を信じて唄い流すだけである。

２０１８（平成30）年11月11日（土）糸満市ロータリー方面キャンペーンの際の店「懐」のボックス席で飲んでいた2人組の金城と名乗る男性客が「この人頭税問題は、１６０９年から沖縄中が植民地化されていた長きに亘る大変な時代を良くぞ、歌に描いたよ。明治維新の沖縄では当山久三や謝花昇が奈良原茂沖縄県知事と対峙していた頃、宮古の人々が立ち上がって廃止させた話だから凄いよ」とCDを購入し、「頑張って下さい」と握手して見送ってくれたのが印象に残る。

カラオケ流しは難しく考えないで、目の前の扉を開き続ける単純な事を深く思考して、自ら創った歌を楽しく唄い流す事である。深読みしすぎると単純に扉を開く気持ちが重たくなって非常に複雑な気持ちに陥って、やる気が萎えてしまう。笑顔で明るい声で無心に開く扉の向こうに、神様は隠れて私を待っている。

２０１６（平成28）年4月の晴れた夜、那覇市前島にある「新北投」のカウンター席で飲んでいた詩人でジャーナリストの川満信一（元沖縄タイムス記者）さんが、「ラジオや新聞などで活躍ぶりは聴いたり見たりしています。宮古島人頭税問題にビジョンを持って頑張っている貴方を、いつも応援しています。一杯飲んでくれませんか」と泡盛をグラスに注いで、ベストアルバムを購入してくれたのも印象に残る。お陰で人頭税物語が島の大切な文化資源と思え、頑張りがいを感じた托鉢演歌道。

人間愛が薄れていく心配

先島の先人たちは「アララガマ（なにくそやるぞ）」精神で助け合い、励まし合って過酷な「人頭税」時代を乗り越え、津波や台風被害等々を越えながら、敗戦後の復興に成功したモデル的歴史を持つ宮古島は、今や国際化の波に乗って全国一の観光地（黄金の島）に変身している。国から数百億単位の膨大な予算が投入されて海岸が開拓され、来間大橋から池間大橋、さらには日本一の無料県道「伊良部大橋」も開通し、宮古本島と三つの島が繋がれた。

伊良部大橋完成開通記念盤として、私は伊良部島の観光名所を網羅した「伊良部大橋」の歌を創って全国通信カラオケに配信し、今もネオン街を唄い流し続けている。開通3年でホテル建設ラッシュとなった海岸沿いの土地は架橋前に比べ100倍から150倍に値上がり、後継者もいないような老夫婦たちが一夜にして億万長者になっている有様。

祖先の時代から台風に叩かれ辛い思いを乗り越えられたのは、ワイドー・アララガマ精神（一致団結）があるからだ。それを象徴するのが島の三大大橋。橋が起爆剤となり2018年度、宮古島を訪れた観光客は100万人を突破した。私は、うえのドイツ文化村が建設していた24年前、宮古本島の観光名所を網羅した「雨の宮古島海峡」をCD化。

私は自然を壊していく故郷に不安を抱きながら「托鉢演歌」全国独り旅を続けていた。

伊《い》良《ら》部《ぶ》大橋《おおはし》

作詞・上地雄大／作曲・橋田みつのり／編曲・竹村次郎／歌・うえち雄大

長く切なく離れていたね
結ばれて夢のよう
ああ　宮古島海峡結ぶ伊良部大橋
牧山《まきやま》に情熱の梯梧《はな》が咲く
ひと筋にひと筋に　この愛を抱きしめて
離さない離しはしない渡口の浜

辛い悲しい　思いをしたね
平良《ひらら》まで通う海道《みち》
ああ　宮古島海峡結ぶ伊良部大橋
通り池に輪を描《か》いて舞う鷹《サシバ》
秋空の秋空の　あなたへの夢高く

孫の琉心《りゅうしん》と優璃《ゆり》を抱えて

離さない離しはしない　佐和田の浜
やっと二人は　一つになれた
幸せをかみしめて
ああ　宮古島海峡結ぶ伊良部大橋
横たわる海原に佐良浜の
船が行く船が行く　この命尽きるとも
離さない離しはしない　白鳥崎《しらとりざき》

＊通り池＝大小二つの円形地で、地元では「トゥーイグー」と呼ばれる。海霊の化身である人魚を釣った為に罰を受けて津波により没落した両氏の屋敷跡であると言い伝えられているほか、継子と取り違えて実子を池に投げ捨ててしまった罪深き母親にまつわる民話が残されるなど、様々な神秘的な伝承に彩られた景勝地として古くから親しまれてきた。
＊サシバ＝秋に越冬の為にフィリピン方面へ渡るが、宮古群島はサシバの中継地として知られている。成鳥はカラスほどの大きさで目が黄色の鋭い顔つきをしている鷹の鳥。体はすこし赤みのあるかっ色で胸と腹にかっ色の横じまがある。

「伊良部大橋」のCDジャケット

日本一のカラオケ流し、宮古島の魂を歌う！

２０１５（平成27）年4月8日に「伊良部大橋」をリリースしたうえち雄大。伊良部大橋は、うえちの故郷、沖縄県宮古島と伊良部島とを結ぶ橋で、今年の1月31日に供用が開始された。しかし楽曲の着想を得たのは着工される9年程前で、「橋が完成した暁に発表しようと思っていました」という、うえち自身が作詞した構想9年の大曲となる。

宮古島は長年圧制に苦しめられてきた。「その宮古島が貧しさのなかから立ち上がって日本一の伊良部大橋を完成させたんです。大橋は、そんな島民の汗と涙、そして発展の象徴。そのエネルギーを日本中に届ける為にもこの楽曲は絶対にヒットさせたい」と力強く語る。

うえちは東京で俳優活動の傍ら自身の劇団を立ち上げていたが30代の頃、那覇や石垣で

東京巣鴨・後藤楽器店前でのキャンペーン

の凱旋公演で数千万の借金を背負うことになった。その借金を返すため考えついたのが「歌手になって一発当てること（笑）。」自らが作詞し、市川昭介氏が作曲したプライベート盤リリースのレコードとカセット合わせて6000本を売るために、彼のカラオケ流し人生が始まった。「1日に10軒の店で歌うことを目標に、門前払いされても、店の扉をたたき続けた。沖縄から北海道までネオンの数だけ私の劇場はある、そう思ってやってきました」東京を拠点に活動して借金を3年で完済。その後全国で10万枚以上のCDを手売りした。以来、地元放送局で週3本のラジオ番組を放送しながら、芸能活動45周年を迎えた今も精力的に活動を続けている。〝人生は情けを訪ねる旅〟と自身の歩みを語るうえち。その旅物語のクライマックスはまさにこれからだ。

（カラオケ情報誌・ミュージックスター2015年7月号の話題最前線より）

「雨の宮古島海峡」誕生秘話

故郷に開通したばかりの池間大橋を見に行った1992（平成4）年の夏、人っ子一人いなかった8月の茹だる中、妻と暑い暑いとぼやいて汗を拭きながら、池間大橋に繋がる短い世渡橋の下で座っていた。すると橋の上に白い乗用車が止まり、白百合の花束を持った一人の女性が私達の前を走って通り過ぎ、遊泳禁止と書いた札がぶら下がっている綱をすり抜け砂の岩陰に花束を置いて合掌し、また私達の前を風のように過ぎて車に飛び乗って去った。

胸騒ぎがした私は、妻に「何かあったのかなぁ」と言いつつ、テレビのニュース番組で「観光に訪れた京都のひとが、溺れた島の少女を救出する為、海に飛び込んで波に打たれ、意識不明のまま病院に搬送されたが亡くなった」との報道を思い出した。

「京都のひとは、何て美しい花を咲かせて逝ったものか。私がその場に遭遇したとて、果たして自分に出来るだろうか。彼の勇気と優しさを忘れてはならない。この小さな世渡橋の美しい菩薩物語を一人でも多くの人々に伝えたい」。そんな思いが交錯した私は、楽しむ筈の旅先で最愛の彼を失った彼女の無念さを痛みつつ「雨の宮古島海峡」を作詞した。この歌が少しでも供養になればと思っている。

雨の宮古島海峡

作詞・上地雄大／作曲・橋田みつのり／編曲・竹村次郎／歌・うえち雄大

いつもは馴れた　瀬渡橋《せどはし》なのに
今日は何処へ　行けばいいのか

解らない　白百合が
雨に濡れてる　池間大橋
何処へ行ったのよ　ねえあなた
逢いたい　逢いたい　逢いたいいんです
今すぐあなた

今では波が　思い出ばかり
寄せては返す　雨の前浜
追いかけて　戯れて
笑い転げた　来間大橋
声も哀しく　啼く千鳥
濡れます　濡れます　濡れますあなた
この胸抱いて

あなたと二人　つい昨日まで
歩いた道が　今は遥かな
ドイツ村　博愛碑

「雨の宮古島海峡」のカセットジャケット

「雨の宮古島海峡」の歌詞カード

雨が打ち降る　平安名岬の
東シナ海　太平洋
戻って　戻って　戻って来てよ
お願いあなた

この「伊良部大橋」と「雨の宮古島海峡」の通りに観光すれば、宮古島を充分に楽しめる。国も沖縄リゾートを推進している中で、自ら郷土を歌い、PRし続ける粘りがないと国際海峡時代の大波を軽いテンポで越えることは出来まい。しかし、これ以上、島の自然を壊さないでもらいたいと、心は願っている。急激に都会化され、隣の住人の顔さえ分からないような地域もあり、純粋で素朴な島が金欲にまみれ、何物にも代えがたい結（相思相愛・思えば思い返し助け合う）精神、島の人間愛が薄れていくのが心配だ。作家・城山三郎の著書「静かに　穏やかに　遠くまで」新潮文庫のあとがきに、「静かに行く者は　穏やかに行く　穏やかに行く者は　遠くまで行く」を縮めたもので、イタリアの経済学者パレードがモットーとした言葉であることと、この言葉が自分の人生のコースを変えさせることになったと、述べている。私が幼い頃過ごした宮古島にも「結《ぶ》い」の相互援助の精神で島中が助け合い、そのため遠くに住む住人達の家族構成も互いに認識していた。そこには「静かに　穏やかに　遠くまで」を実践していた営みが確かにあった。それから僅か40年余、沖縄は祖国復帰を勝ち取り遠くまで到着した。しかし、歩みの途中で「結い」の精神を切り捨て、これからの道標を失ってしまったように思える。

山川《さんせん》を渉《わた》り豪快《ごうかい》に進む

「自分の強みを伸ばせ」と先輩方からよく言われるが、それは私にとって自分で決めたこの道を継続して、見知らぬネオン街で飲食店の扉を開いて唄い流す勇気が、強みなのかも知れない。その事を認識して精進する事が大切だと、自分に言い聞かせ奮い立たせて来た。托鉢演歌の世界も昭和の歌謡曲ファンが後期高齢者となって益々厳しくなった。それでも自分の強みを築く為にはカラオケ流しを続ける事が不可欠。ネオン街で歌謡曲を唄う方々が健在である限り、まだまだ托鉢演歌の資源から学んで更に作詞・作曲して作品にして行くのが心の置き所である。托鉢演歌道は作品創りからラジオ番組のネタ作りへと質的変化をもたらした。毎晩の出来事を記録して、自分で作品を創り自分でうえち雄大を売り込んでネオン街を行脚すること32年間。その中で私の県内ラジオ番組は、ＲＢＣｉ（琉球放送）ラジオ「雄大の夢圓歌」毎週日曜日23時～23時半、ＲＯＫラジオ沖縄「雄大の夢航路」毎週木曜日22時半～23時、ＦＭいしがきサンサン「ユクイどきトロピカタイム」毎週月曜日15時～16時、エフエムみやこ「うえち雄大の托鉢演歌」毎週月曜日～金曜日18時50分～19時及び「雄大の托鉢演歌」毎週日曜日15時～15時55分、ＦＭレキオ（琉球）「雄大の托鉢演歌」毎週水曜日17時～17時50分、ＦＭもとぶ「雄大の托鉢演歌」毎週水曜日17時～17時50分及び「雄大の夢扉」毎週火曜日16時～16時50分、ＦＭ21「雄大の夢扉」毎週火曜日14時～14時50分、放送の7局9番組にまで到達した。

２０１８年の最大の目標は、6月13日の全国メジャー第4弾！「宮古島人頭税物語・その人中村十作と南海の若き5人衆アララガマ魂・城間正安・平良真牛・西里蒲・上原戸那・川満亀吉」の発売。6月19日（火）、東京での「アスタエンタテインメント歌謡祭２０１８」（レコード会社主催）出演を皮切りに、全国に「人頭税」を放つ態勢作り。

FM21「雄大の夢扉」のスタジオにて＝雄大夫婦

振り返れば新曲を出すたび、常に郷土から始動開始して来た。自ら精魂込めて創った作品を愛する故郷に最初に見てもらいたい気持ちからだ。決意も新たに宮古島を皮切りに全国展開して来た。故郷があるからこそ頑張れる。成功して社会貢献したいからこそ苦難に耐えて茨の道も歩ける。ネオン街で自らポスターを貼り続けている。人間修行だから当たり前。「今やらないでいつやるのだ！　自らの手で自己の仕事に心を尽くそう」と自分を奮い立たせる毎日毎晩。ポスターを画鋲や両面テープ、セロテープ、マジック等々を持参して一軒一軒に一枚一枚に真心込めてサインして貼りめぐり、「出逢うところ、わが師匠なり」と自分自身に言い聞かせて、マイクを握る瞬間は待ったなしの本舞台。唄い終わるたびにCDを買ってもらい、忘れられない想い出にする。そんな気持ちで全国ネオン街カラオケ流しを30年余り続けている托鉢演歌道。唄って稼ぐからには相当なエネルギーと覚悟が必要なのだ。

「喉の声帯手術を受けて唄えなかった3年間の遅れを取り戻すべく、早く社会復帰を果たさなければ」と思い悩んだ時期に、誰が言ったのやら「難題の無い人生は無難な人生、難題の有る人生は有難い人生。いつも心から明るく人生を送っている人はなかなか病気にならない。病気の方が避けていくのか、本人の自然治癒力が強いのかです。潜在意識を活用して、精神的な安定、肉体的な健康を得るには、肯定思考を活用する」に感銘を受けた。

常に前向き志向の人生に無駄はないし、一番大切なのは知恵を出して怠けないで努力すること、努力は本当に裏切らない。

この世は自らの人生を懸けて、謙虚に「山川を渉り豪快」に進まないと、夢に向かって一生涯現役は貫けない。孤独も好きだ。久斗山で座禅修行してから孤独になるための努力も惜しまない。私がプロとして通用するほど甘い世界ではない事は、充分承知している。それでも私には此の道しか見えない。夢をこの手で掴むには孤独も味方にしなくては掴めないのだ。従ってわが托鉢演歌道ばかりは歌が好きなだけでは継続出来ない。なぜなら死ぬほど好きな彼女がいたとしても沖縄から北海道までのネオン街を真剣に一軒一軒探し捜し歩く事は出来まい。「扉の向こうに何がある」夜の巷の扉の前に佇むたびに、いやが応でも自己を見つめる独自の人間修行がある。

自分の思い通りに行かなかったとて我が人生、世間を恨んで落ち込んだところで何になる。自分一人が死んだところでこの世は何ともない、地球は容赦なく24時間くるりと回る。そこに神から与えられた時間に挑戦して生きる人間の醍醐味がある。永遠の今を「挑戦」に生きる人は、この世に存在しているだけでも奇跡を起こし続けているに違いない。

お陰で、遠くて長い旅を愉しみ続けて来られた。66歳でラジオ県内7局9番組レギュラー放送に臨む今、さらに托鉢演歌道を行く愉しみがある。

夢に向かうためにはあらゆる困難を越えて行かねばならない。今の私は、自分と歌をどう捉えていくか、義務的でも夜のネオン街の扉を開いて唄い流し続ける以外に術はない。自分を生きるためにはやむを得ない。今日の出会いを体に感じながら、どう深く魂を掘り下げるか、説明にならない悲痛な叫び、魂の慟哭《どうこく》、鮮烈に生きるという生き方をしない限り、これからの本当の演歌は唄えまい。作曲の先生に教えられるままに唄っていればチャチな演歌になってしまう。自分の演歌は自分で創り出す。それは何年何十年かかるか分からない世界。気を引き締めていかないと寂しさに負けて浮世の川に流されてしまいかねない。

夜はいつでも危険な要素を含み持っている。何が起こるかわからない。真っ暗な中で自己を見つけ出して照らし出す。ぶち破るように感じながら唄って行くと新しい発見がある。気がつけば酔客の罵詈雑言《ばりぞうごん》でさえ「甘露《かんろ》を呑《の》むが如《ごと》く」私の道を支えてくれる。自分らしい独自の存在感あふれる本物の演歌道があるはずだと思うようになった。犬も歩けば棒に当たる。ロマン・ロランの「生きること、それは痛い思いをすることだ。しかし、生きることはいい！ ……皮をすりむいて私は泣き出す。泣き叫ぶこと、それは生きることだ。私は存在する、そして私は存在したい。……先へ進もう！ 先へ進む、そして前方を見る。前方、それだけが私に重要だ。しかし、前方には何があるのか？ 私はどこへ？ そして何処まで行くのだろうか？」の言葉が胸にしみる。

ある日突然わが家へガリガリに痩せ細って声も出ない状態で舞い込んだ子猫のシロクロン。本当になぜ、わが家を選んで沢山の幸福を運んできたのか？ お陰で私の声帯「白斑症《はくはんしょう》」手術も成功し、脳梗塞で倒れた家内も元気を取り戻させてくれたから神様仏様皆様に深く感謝している。シロクロンも、今では立派な家族になって当たり前のように玄関の土間で私達をいつも優しい眼差しで嬉しそうに出迎え、疲れを癒してくれる。

連日連夜、ネオン街行脚カラオケ流しの扉の向こうに、ロマン・ロランの「苦しめ！　死ね！　しかし、お前がなるべきものになれ！　一個の人間に」を考えながら唄い流す。私の歌は私より上手く唄える方々が沢山いて良い。秋の紅葉にいろいろな色があるように、自らの色の出る努力を怠らずに生活すれば良いのだ。歌のうまい人と自分の人生を比較して何になる。托鉢演歌道30年余もの長い間下積みをやって来て、この程度なのだから自分の才能なんてたいした事はない。それでも「自分の人生を人様の物差しで計られてたまるものか」という思いがあるからこそ、自分の可能性を信じて夢の扉を開き続けている。現実に全国のネオン街を唄い流せば、歌のうまい人は掃除機で吸い取り切れないほどいる。しかし、夢に向かって私より人生を愉しんではいまい。

18歳の頃、大都会の四畳半のアパート部屋で金縛りに合い飢え死にしそうになっても、29歳の時、山寺で座禅の痛みに耐えかねて失神しても、諦めきれない夢に支えられ生かされ、どんな苦悩も夢があるゆえに超越して来たのだ。これは私だけの体験であり、絶対的な「徳が天に積まれている」と信じる独自の托鉢演歌の世界である。その意味では47年も夢を追い求め、夢と戯れて来た私は最高の幸せ者。だが、わが道はどこまで進んでいるのか見えない。底なしの沼に石を投げているような何も聞こえない前人未踏の道。

相当なリスクを背負って仕事を始動する私だから、先行投資した諸々の制作費等々を取り戻すには大分時間がかかる。今まで、何の心配もなく安心してレギュラー番組をやって来たが、今回は細かいところから全て自分でやらなければならない。FMラジオの番組創りは初体験だけに、もっと力をつけて、私の芸能活動の歩みと歌で綴る番組にしたい。作品創りが愉しくないと30年余もカラオケ流しは出来ない。全国一人旅で夜の巷で巡り会った様々な人間の喜怒哀楽を心の風景として唄い流し続けて来た軌跡の数々。自ら築いた托鉢演歌の世界を真心込めて伝えたい。このラジオ番組は、ネオン街行脚キャンペーン・カラオケ流しの現場体験に基づく現在進行形の実話だからこそ、県内7局9番組レギュラー放送という夢実現が継続できる。フィクションでは継続できない。

家内の入院に付き添う間、入院中の団塊の世代がラジオを熱心に聴く姿が印象に残った。ネオン街行脚カラオケ流しは演歌の黄金期だったバブル時代と違って店舗も減り、団塊世代はあまり飲みに出なくなったが、その分ラジオを熱心に聴き、歌謡曲に触れている。これが私の俳優兼歌手としての宿命なのだから、この道を進むしかない。本業で稼いで生活してこそのプロ（俳優兼歌手）である。

再発した声帯「白斑症」手術が成功し、病み上がりからの復活を果たしたばかりの昨年1月8日、今度は家内が脳梗塞で倒れた。厳しいスタートだったが、3カ月で退院した家内が鬱にはなってはいけないと、リハビリを兼ねて5月から家内をアシスタントにしてFMレキオ（琉球）ラジオの新番組「雄大の托鉢演歌」を始動開始。そのウオーミングアップ期間中に主題歌

「雄大の托鉢演歌」と「昭和っ孤ブルース」、そして国境問題を抱える故郷の安寧を願い「めぐりの海」3曲を作詞・作曲してレコーディング。番組提供スポンサー6社の協力でCMの制作も完成させて、8月からの本格的放送に間に合わせた。家内の病も絶対に完治させると誓願し、夏と秋の恒例イベント「オリオンビアフェストin宮古」、続いて那覇祭り「オリオンビアパラダイスステージ」もやり遂げた。その直後（株）花View出版から著書『芸道・演歌道行脚記　雄大の夢扉』を発刊。宮古地区の全中学・高校と八重山地区の全中学・高校へ贈呈した2017（平成29）年2月7日（木）、記念にと思い実家から生まれて2カ月弱のメス（虎模様）の子猫を引き取って「マリン」と名付けて連れ帰ると、待っていたオス猫の「シロクロン」とまるで兄妹のように仲良くなって、我が家を明るく照らして元気と勇気を与えてくれている。そして神様・仏様・皆様に感謝の念を抱きながら連日連夜、

うえち雄大さん著書「芸道・演歌道行脚記雄大の夢扉」を宮古地区学校に寄贈。右は宮古地区県立学校校長会の平良智恵子副会長、中央は宮古地区中学校校長会の宮國敏弘会長

ネオン街行脚キャンペーンで多くのママやマスター、お客様方と出会い続けている。

その体験からお店の共通点を感じている。伸びゆく店は常に千客万来を大切に心掛け、明るく歓迎するママやマスターの人柄で決まる。お客の話はたとえ知っていたとしても、今始めて聞くような態度で接し、居心地の良い空気の店は、客層も良く繁盛に繋がっている。客はママやマスターの人となりを、それとなく感じているのである。自然に素敵な優しい笑顔を見せるママさんの姿は誰もが好感を抱く。

女の子をたくさん雇って繁盛している時に、気取って鼻高だったママが1年後に扉を開くと、一人ぼっちでお茶を引いている姿を私は何度も見ているし、閉鎖した店もたくさん知っている。この世は自分のした事は必ず自分に返ってくる。美貌の持ち主でも人柄によっては3日で飽きられる。どの仕事も千客万来・商売繁盛の何たるかを解らなければ継続できないのであ

我が家に福を招くシロクロンとマリン

る。私も夜の巷の扉を開けば悔しい瞬間が多々あるが、心が折れる事はなかった。自らを奮い立たせたときは幾度か。

托鉢《たくはつ》演歌の流れが来ている

昨年は私の俳優兼歌手人生の中で一番危機に瀕した、恐ろしく重要な1年だった。だが5年後の自分を見すえ、家内と大きな一歩を踏み出せた事が何よりの収穫。お陰で今年は元気を取り戻して本作品「中村十作と駆ける南海の若き5人衆アララガマ魂」づくりに臨みつつ、名護市みどり街行脚キャンペーン・カラオケ流し。複数の顧客が一つの店で一体となって聴いてくれる時の喜び。私も自分の歌と一如になってこそ、力が発揮でき感動を共有できる。巡り合うネオン街の顧客を変える事は出来ないから、嫌な事があったり困った事が起きたりしても臨機応変に自分を変える。その精神的重圧と闘いながら限界まで唄い続ける托鉢演歌の流れは、間違いなく自分に来ている。

雄大の托鉢演歌

作詞&作曲・上地雄大／編曲・竹村次郎
ナレーション・屋良悦子／歌・うえち雄大

〈ナレーション〉ネオンの数だけステージはある。演歌道で巡り会う方々は、自分自身を見直す、かけがえのない愛しい鏡でしたと綴るうえち雄大。駄目でもともとの道を悔いが残らないように、今夜一軒でも良いから夢の扉を開こう。わが道は、夜の巷の扉を開く勇気だけが、あすへの道を開くカギである。一日60軒の店の扉を開いても唄わせて貰えるのが10軒。これを10年、20年と徹底的にやれば世間は必ず認めてくれる。そしたらそのうえ更に10年、花を咲かせつつ唄おう、雄大の托鉢演歌！

自分で決めた　道だから
世間の水の冷たさは
ネオンの川に　サラリと流し
夢に夢に夢に生きて行こう　何処までも
心を尽くし　出来る事から
今をこなそう　一つずつ
たくはつ托鉢演歌

目標立てて　揺るぎない

気持ちで風に耐えて来た
自分の道は　遠く険しく
夢に夢に夢に届かずとも　精一杯
頑張ったから　充実してる
今の気持ちが　宝物
たくはつ托鉢演歌

厳しい夜に　悔しくて
何度も顔が歪《ゆが》んだけど
立派な夢の　花道舞台
いつかいつかいつかいつか叶えたいと　苦しんで
夢中になって来た　道すがら
華はそのまま　咲いている
たくはつ托鉢演歌
雄大の托鉢演歌

ROKラジオ沖縄「雄大の夢航路」のナレーションも担当している屋良悦子アナウンサー

鶴が飛び立ち粉雪が舞う如く

「銀碗《ぎんわん》に雪を盛《も》り、明月《めいげつ》に鷺《ろ》を蔵《かく》す、類《るい》して斉《ひとし》からず、混《こん》ずるときんば虚《ところ》を知る」。なぜ銀の碗があるのか、何処に鶴がいるのか解らない雪景色のよう……。人生は一つの動きをすれば、周りがざわつく。美しい銀世界に鶴が飛び立って粉雪が舞うが如く。人も動いて初めて此の世に生誕した「中村十作の様に」人間の証明が出来る。それは「人生の途中で真剣に思い悩み苦しんだ時、どんな選択をして、どこの生活環境で自己を見つめ直すかが一番大事」と胸に刻んでいる。人は上手く行かなくなると、環境や周りのせいにしがちであるが、全ての結果は必ず自分に何かの原因があるはずであり、上手く行っている人も何かの原因があって上手く行っているのでしょう。私自身「あと1万日も生きられるだろうか」と思えばこそ「大変だが、敗けてはならじ」と五体に鞭入れ、明るい「夢の扉」を願いつつ、一日一日を真剣に目的意識を持って精進しよう。何のために銀幕のスターを夢見て上京し、芸能界へ入ったのか。何のために30代半ばから托鉢演歌歌手として全国行脚を始めたのか。もう一度やる理由を思い出しながら進んで見よう。「ネオン街行脚キャンペーン・カラオケ流し」という柱を建て軸に様々な島々や大都会の片隅で色んな方々に出会い、感謝の心で愚直に自分自身の人生に挑み続けて来た托鉢演歌道。さあ、今年は更に大いなる始まりの嵐が丘へ駆け上がって行こう。

第一章　宮古島人頭税物語

宮古島人頭税廃止運動の指揮官・中村十作（なかむら　じゅうさく）

歌は人頭税を風化させない「出来ない明日を迎えたくない」

もたもたしている場合じゃない。今の環境の中で真剣にしつこく、しぶとく、粘り強く頑張ることが重要。貧しくても夢に命を捧げ、歩める私は幸せ者。今年こそ「人頭税物語を全国へ周知させる」それを成し遂げなければ、その為に30年に亘り托鉢演歌道に懸けてきた我が半生。これまでも毎回、最初で最後のつもりで作品づくりに臨んで来た。完成させれば仕事関係者との信頼につながる。発売にこぎ着けるまで、出来ない明日を迎えたくない。

夢の実現に向かって必ず良い結果を出そう。歌謡ドラマ「君は知っているか？　宮古島の叛乱を！　本土と琉球政府からの二重の悪税と闘った中村十作と駆ける南海の若き5人衆のアラガマ魂」づくりに臨む。

歌には目に見えない力があり、本を読むのが苦手な人や目の不自由な人でも聴いてくれる。書物を読む時間がない人でも、歌なら飛行機でも船でも車中でも畑でもどこでも聴く事ができる。人頭税について深く知りたい人は、私の著書『宮古島人頭税廃止の指揮官・中村十作と駆ける』を一読して欲しい、また島の先輩方が残した素晴らしい書籍も数々ある。

２０１８年は、人頭税廃止１１５周年および中村十作生誕１５０周年にあたり極めて重要な年である。私はこれまで、先輩達の残した書物や巡り会う諸先輩から多くの知識を教えてもらったが、人頭税を全国へ発信する方法は誰も教えてくれなかったので、私らしく托鉢演歌道を徹して全国津々浦々へ発信していく。

前人未踏の道を行く私は、天に導かれて「人頭税」に縁し、30年間でたどり着いた集大成は実際に汗を流し、托鉢演歌道を精進する中で創り挙げた「中村十作」、そして宮古島人頭税廃止の立役者「中村十作と駆ける南海の若き5人衆アララガマ魂」である。

これまでラジオ番組やネオン街行脚を通してじっくり語り伝え、唄い流しながら全国的に広めることを計画してきた。沖縄から中央に向かって何を発信するか。私に出来る事は歌を提供する事だから、これからも皆に喜んで貰えるような作品づくりを目指して行きたい。「いつの日か、全国にいる郷友会、同県人会の方々の協力を取り付けたい」と思った私は、いつでもどこでも、マイクを握れば即舞台。場末の顧客一人だけの店だろうが、イベント会場だろうが、万人を相手にできる歌の力は大きい。難解な「人頭税」を全国的に知らせるには「歌が一番効果的」と信じ、今年は「指揮官・中村十作と駆ける南海の若き5人衆のアララガマ魂」一人一人を取り上げて、私がパーソナリティーを務めるラジオ県内7局9番組から放送しつつ、ネオン街キャンペーンも精力的に展開する決意である。人頭税廃止１００周年以来、唄い続けてきた「中村十作」を今年は全国通信カラオケに配信させる。全国津々浦々で唄えるようになれば、万人の十作になって親しまれる夢が膨らむからだ。

人頭税問題を広めるため、全国通信カラオケに配信させて一般の人々に浸透させたい。そのためには制作費の他に、ＣＤ買取代金を準備しなければならない。もしも中央のテレビ、ラジオ、新聞などメディア各社を通してＣＭを打つならば、その宣伝費は膨大で実現不可能。しかし、全国通信カラオケ配信ともなれば、顧客自ら百円玉を投入して唄ってくれる。しかも唄い終わるまでは誰も消さない。「中村十作」は、歌が一人歩きしてジワジワと全国津々浦々へ広がる。

２６６年もの長きにわたり、宮古島の人々を塗炭の苦しみに陥れた悪税「人頭税」の廃止を完遂した先人達、その撤廃運動に心血を注いだ青春群像を風化させまいとの思いから取り組んできた。その大偉業に感銘した私は、歴史的な青春群像を分かりやすく、一人でも多くの人々に伝えるために、人頭税物語の集大成として、沖縄から中央に向かって歌謡ドラマ「指揮官・中村十作と駆ける南海の若き5人衆のアララガマ魂」を発信する。

30年前、仲元銀太郎先生から「君のお父（文雄）は私より2歳年下なのに私より先に死んだ。私もいつ死ぬか分からないから、君に伝授しておきたい。君も将来、故郷の安寧を思う時が来るだろうから」と手渡された分厚い山内玄三郎著『大世積綾舟《うぷゆつんあやぶに》』（著者は5年間かけて書き上げた）。その11年後（人頭税廃止90年）の宮古郷友文化協会の舞台公演「大世栄綾船《うぷゆばいあやふに》」で中村十作を演じてから本格的に取り組み始めた。以来、30年間にわたって辿り着いた宮古島人頭税物語の総集編「中村十作と駆ける南海の若き5人衆アララガマ魂」。そして「恩人中村十作への恩返し」新潟キャンペーンから15年が過ぎて、中村十作の名を知らない若い世代が増えているかもしれない。偉大な功績を残した日本のリンカーン・中村十作を歴史の荒波の中に沈めてしまってはいけない。幸い沖縄では、私が15年間メディアを活用し、ＰＲ活動を展開して来たことで、「人頭税」は県民のほとんどの人に知れわたったかに思える。

15年前、「中村十作」を「雄大の炎歌ＤＥ演歌」ＲＢＣ（琉球放送）ｉラジオ番組で流すと、すぐにリスナーから「深夜の演歌トーク番組を楽しく聴いています。中村十作の歌を聴いていると宮古島民の心意気を象徴するアララガマ魂を感じます。宮古うえのドイツ文化村博愛碑（ロベルトソン号救助）のストーリーからしても、当時の宮古農民の暖かくて優しい心が中村十作の行動の支えとなったことも容易に想像がつきます。雄大さん、これからも天命として、中村十作を歌い続けて下さい」等々の声が届き、歴史に興味を持ってもらうために放送業界では自分でやるしかない」と番組で語り流し続けてきた。

２００４（平成16）年4月4日（日）番組宛に那覇市在住の久場川光男さん（昭和16年生）からの以下の便りが届いた。

「雄大の炎歌ＤＥ演歌係りへ、毎週楽しく聴いています。先日の放送で、郷里（字嘉手苅入江集落）の川満亀吉氏の活躍を詳しく知りました。後輩として誇りに思います。川満氏の話をします。私が小学6年生か、中学1年生の頃（約50年前）の話しです。伯父（生きていたら１００歳位）が15・6歳の頃に、川満氏から聴いた話より、人頭税廃止を陳情しに行った農民代表が東京より帰って来たので、村中の青年達は集まって彼らの話に目を輝かして聴いた。その時、お前達が生きている間に、金輪の馬車（自動車）が家の軒下まで乗り入れる時代が来るそうだから、覚えていて試しなさいと言われたそうです。しかし、集まった青年達は誰一人として自動車の事を知らないので、何の事か分からなかったそうです。伯父は製糖小屋で私にこの事を話し、お前達（自分）の時代にはどうなるかな？　覚えておくようにと、私に話してくれました。ちなみに私がこの話を聴いた50年前、郷里では、町へのバス２往復しかなく、他の車は月に1台～2台しか走っていませんでした。今では各家庭に２台以上の自家用車（乗用車と作業用軽トラック）があります。川満氏も天国で先見の明を自慢している事でしょう。」

電波を通した歌の力は大きい。語学を覚える早道は歌であるともいう。先輩方が分厚く書き残された歴史本は素晴らしいが、若者たちには先人の宮古言葉（当時）の意味すら解釈するのに時間がかかる。そこで私は、歴史を凝縮し、大衆が興味の持てる人頭税入門歌・歌謡ドラマ「中村十作」を今年は更に全国津々浦々まで放つ決意を強くしている。

「明治以来今日まで沖縄をとりまく環境は、中村十作が烽火を挙げたと同様な問題が形、姿を変えて立ちはだかっている。まさに北朝鮮やアメリカの核ミサイル、中国公船が姿を見せる日本最西端の尖閣諸島国境問題がニュースとなる昨今。不祥事続きの現代社会に一筋の光明をもたらしたい。先人達の大偉業を現在に置きかえ、明るい世の中を創るために歌の力で「十作の人間愛と正義心、そのための行動力」をぜひ次世代に学んでほしい。人間を大切にする心を育てるために、もう一度、十作の偉業を伝えたい。宮古民謡「人頭税廃止運動のクイチャーアヤグ」の一節に「中村主《しゅう》や　生《な》し親《うや》だき　拝《うが》まりさまちよ　ヨーイマヌ　拝《うが》りさまちよ」とある。

宮古島人頭税物語・その人　中村十作《なかむらじゅうさく》

作詞・上地雄大／作曲・橋田みつのり／編曲・竹村次郎
ナレーション・垣花章／歌・うえち雄大

〈ナレーション〉人頭税とは宮古島に明治末期まで続いた、300年近くにわたる過酷な制度。島には人頭税石（別名：賦測《ぶばか》り石《いす》　高さ、143㎝）と呼ばれる石があり、15歳以上で背丈がこの石の高さに達すると、男女を問わず、頭わりで強制的に納税の義務が課せられていた。この残酷な税制から、人間の尊厳を守る為に立ち上がった島民の人頭税廃止運動に身を投じたのが、中村十作（闘争の指導者、新潟県出身、25歳）である。

張水港《はりみずみなと》　着いた時から
俯《うつむ》いていて　やつれてる　島の花
中村十作　堪《こら》える涙

ホロホロ零れ　落ちました
拳に握る　拳に染みて

（台詞）これは地獄だ。掘立て小屋で、つぎはぎだらけの木綿一枚を着て寒さを凌ぎながら、海水を水で薄めて味付けをし、芋の葉と海草を煮て食べている。然も、クジで当てられた女たちは、役人どもの遊び相手に引き摺られて行く。嗚呼、これ以上、妖怪（支配階級）どもに生き血を吸われた島民の、虐げられた苦境を見殺しには出来ない。

素朴な島の　春の新芽を
食いちぎり　荒らすのは惨すぎる
中村十作　天魔の業に
怒りの炎　燃えました
メラメラ芯に　メラメラ熱く

（台詞）踏まれても踏まれても、また伸びて行く雑草のように、人生は七転び八起き。立ち上がりましょう！　みんなで力を合わせ、張水の浜から船に乗り込んで、沖縄県知事が駄目ならば、直接、日本帝国議会に宮古島人頭税廃止を請願するのです。私の旅費なら心配ご無用、幸い真珠養殖が夢で新潟の田舎（板倉）から持って来た事業資金がいくらかあります。はっはっはっ！　なあに、海はいつまでも待ってくれる。真珠貝はいつでもとれる。だが、人の命は短い。農民代表として選ばれた福里の西里蒲！　保良の平良真牛！　二人ともいいか！　城間政正安とこの中村十作が同行する。明日の朝、四人で東京へ出発するぞ！

白波よせる　海の彼方に
青空が　白雲を泳がせる
中村十作　決死の船出
目指すは東京　夢一路
夜明けは島の　夜明けは近い

中村十作は拝まなければならない大和神《ヤマトゥガン》にもかかわらず、ネオン街行脚キャンペーンの最中、一部の人々には、「なんで内地の人だけ取り上げて地元の人を取り上げないか」と散々言われ、反論したい思いを抑えた。どんな形でもいいから県内外の人々が大いに人頭税に関心を寄せて頂くことを願って、あの時発売した自費版ベストアルバムの中の一曲「中村十作」。それから18年、今度は待望の全国メジャー第4弾として再び「中村十作」を放とう！

実際に歌えば「是れは魂の叫びではないか」と男たちが泣く。沖縄から「平和の光・アラガマ魂」を発信して、全世界に知らせることが自己天命と誓願する。

全国版メジャー第４弾！のCD

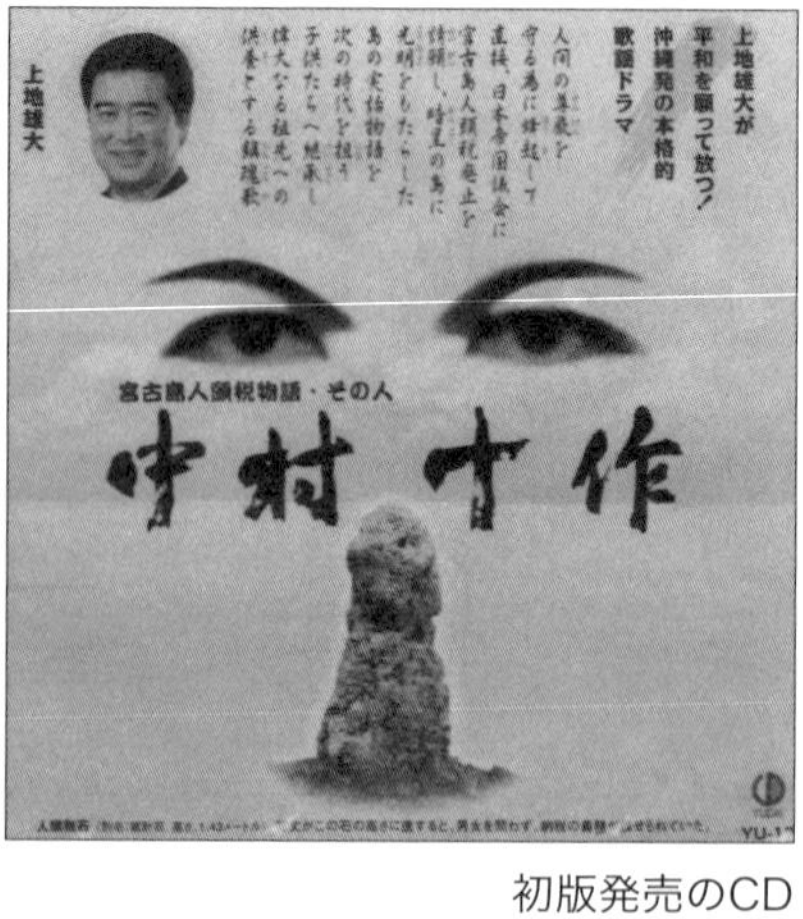

初版発売のCD

本田宗一郎は「誰かがやってくれるだろう」という考えを一番嫌った。人間の生き方として全く同感である。私も自分で遣《やる》しか術はない、と思っている。今はまだゆっくりとした歩みだが、ライフワークである人頭税廃止運動の映画化に始動開始している。構想は先人達の暮らしを再現した「人頭税村」のセットを宮古島に作り撮影する。映画が完成した後のセットは地元に寄贈し、観光の目玉として活用してもらうこと。心の底から私が現役でいるうちに遣り遂げたい。その「夢の扉」を開くために、私が「祖先に選ばれている。神に仕える人間でありたい」

中村十作を激唱するうえち雄大

と唱える私は、常に「必ず映画化を実現させる」そう信じて今も全国一人旅。夜の巷の扉を一軒一軒ひらいて軒並みに唄い流している。

『1879（明治12）年、廃藩置県で沖縄県がスタート。県に対する政府の当面の方針は急激な改革を控える「旧慣温存政策」であった。旧慣温存とは具体的に租税制度、土地制度、地方制度を旧慣のまま存置するという政策である。その意図するところは、沖縄の旧支配層、対清外交、沖縄の経済的基盤への配慮であったとされる。旧慣こそは沖縄の近代化を遅らせる要因であった。

第2代県令上杉茂憲は、旧慣（従来の慣行）の改革を試みた人として知られる。県令は就任した1881年、県下をくまなく巡視（上杉県令日誌で有名）、県治改革を訴えた。その中で農民の貧困と悲惨さに言及、歳出入で20万円超となっている国庫納付の重税にふれ、税制・行財政改革を上申した。上申は政府の容れるところならず旧慣温存の方針は堅持され、自らの免職を招く結果となった。近代化への改革は頓挫したが、県費留学制度の創設によって県令の改革の精神は受け継がれることになる。』

（この廃藩置県の年に宮古では残酷な「サンシー事件」が起きた。宮古島役所職員に雇われた下地利社という青年が、荒れ狂う士族たちに殴り殺された。平良の士族二千人が六尺棒をもって役所を襲撃し、ヤマト風の新制度に賛成（サンシー）する派は誰であれ命を狙われていた。）

旧慣制度の名子・所望・宿引き女・御陰米・正人とは

名子とは、なぐ・役人の田畑を耕して一生仕える下男下女、つまり奴隷。なぐと呼ばれた。

所望とは、役人たちが人頭税以外に肉や野菜、その他の要求があれば徴収された。

つまり略取、略奪行為。スーモーと言われた。

宿引き女とは、役人が各村へ出張して来るとき、身の回りの世話をする・つまり現地妻。

やどびき、まかない女と呼ばれた。

御陰米とは、役人の手当てと称して徴収される物納税、このお陰で給料の無い下級役人は納税をせずに生活できた。おかげまいといった.

正人とは、人頭税を納めなければならない15歳以上の男女。しょうにんと言われた。

製糖教師として宮古島に赴任した城間正安《ぐすくませいあん》

家柄は士族の城間正安（25歳）は、自らちょん髷を切って沖縄県農事試験場に志願して製糖場で働いていたが、周りから馬鹿にされ、親戚一門からは絶縁、同輩からも石を投げられていた。廃藩置県から5年後（明治17）年の夏、ヤマトの人物・田村熊治は正安に「お主に宮古島の製糖教師の要請に来た。わしは八重山に決まった。名誉ある農業戦士に選ばれた事を光栄に思っている。砂糖の製造法を知らない宮古・八重山の農民に教え広めに行こうではないか」と勧めた。「とうとう島流しされる」と嘆く正安の妻や城間家であった。

　薩摩は大阪の砂糖相場をつりあげるために琉球の砂糖製造高を制限した。薩摩の言いなりになった琉球王府はキビ作付制限を宮古・八重山に押し付けてきた。問題は沖縄県が発足して5年経っても、かかる差別を日本政府が改めなかった。その正体が旧慣温存である。

　1609年、薩摩藩の琉球侵略から明治政府による1879（明治12）年の琉球処分まで270年間、左ウチワで暮らしてきた上流士族たちは、琉球王国が取り潰されて不平不満が収まらない。さかんに清国に援軍を頼んで、琉球王国の再建を図る士族に日本政府も沖縄県庁も及び腰だった。上杉県令は更迭され、琉球王府そのままの制度に戻してしまった。お陰で宮古・八重山の農民は文明開化後も砂糖の味さえ知らない。それを知った城間正安は、宮古島に赴く腹を決めた。

　しかし、それは新時代の農業技術をテコに、姑息な中央政府の旧慣温存政策に風穴を開け、暗黒の島々に文明の光りをもたらすための命懸けの大事業であった。そのため士族たちの未練が恨みに変わり、新時代への道を開く賛成（サンシー）派を襲う事件が多発していた。正義感の強い正安は「一命を捨てる覚悟で、宮古島に砂糖キビの花を咲かせよう」と赴任した。宮古民謡「人頭税廃止運動クイチャーアヤグ」の一節に「城間主《ぐすくましゅう》や　生《な》しん母《んま》だき　拝《うが》まりさまちよ　ヨーイマヌ　拝《うが》まりさまちよ」とある。

宮古島人頭税物語・その人　城間正安《ぐすくませいあん》

作詞・上地雄大／作曲＆編曲・竹村次郎
ナレーション・小山康昭／歌・うえち雄大

（台詞）城間正安とは、製糖教師として宮古島に赴任し、主《しゅう》と慕ってくる農民達と同じ土を耕しながら、宮古島人頭税廃止運動の参謀として中村十作と共に、嘆願書提出等の通弁者となって活躍（上京）した人物である。

温かい島の情けが沁みる　貧しさに　負けない島の　花に惹《ひ》かれて
見つけた人の道　決意は固い　ああ城間正安　見渡す蒼い空や海

（台詞）あわれな農民を見捨てて、このまま那覇へ帰ったんでは、わしの良心が許さない。農民は国の宝、農民なくして国は栄えるものではない。何としても農民を救いたい！　わしは一体なにをしたらいい！

泣かないで人の情けと愛で　病でも　流れる星に　願いをかけて

みんなで治す島　宮古の結《ゆ》いに　ああ城間正安　涙がホロリ落ちました

（台詞）世のため、人のため、腐った水は入れ換えるしかない。働く農民は酒が飲める暮らし、これが楽しみだ。わしは飲めないが農民に生き甲斐を与えるため酒造りをした。人間、一人では生きていけない。皆でキビの花を咲かそう！

此の世には無駄な命はないよ　生きながら　天国へ逝《ゆ》く　島の老人《ひとびと》
許して下さいと　清めを誓う　ああ城間正安　五つの指を内に曲《ま》げ
城間正安　宮古島

『旧慣温存政策で最も厳しい生活を強いられたのは宮古・八重山の農民であった。人頭税は1637（寛永14）年に制度化された税制で、15歳から50歳までの男女に、男は粟（八重山は米）、女は上布を人頭割に賦課した。役人・士族は貢租を免除され、更に無償で農民を労役に服させる名子制度などもあった。』

人頭税という長い苦難の歴史の中にあって、宮古の祖先はそれに耐え、その重圧を撥ね退けて改革する強靭なエネルギーを燃やしていた。先人達の切り拓いた人頭税廃止という歴史的偉業は、宮古のみならず沖縄全体の近代化を促す導火線の役目を果たした。こうした祖先の血を

家業の農業を引き継いだ弟・良淳（５男）

故郷の小中校講演の合間に実家のサトウキビ収穫する母を手伝う

受け継ぎ、培ってきた歴史風土の中で私たちは生きている。

物納から貨幣納への道を切り開き、わが故郷・宮古に一大変革をもたらした人頭税撤廃はキビ作を宮古へ導入することで可能になった。

城間正安のお陰で私の父は「農業一筋に生きて悔いない人生だった」と天国へ逝くまで、唯一の基幹作物キビを作り宮古の経済を支えてきた。

実家は弟が後継者となり、今では畜産農家に替わっているが、20数年前まではキビ作で、私も弟夫婦を手伝ったものである。城間正安は砂糖キビを宮古農民に根付かせ、農民から主と慕われ崇められた人物である。こうした祖先の大偉業を心の拠りどころとして、後世に正しく伝える事も私達の責務である。学ぶべき事は歴史の中にこそ見出されるからだ。

「自由・平等」が置き去りにした島

日本国中が文明開化に向かって日進月歩していたが、しかし宮古島役所の行政方針は、琉球王国のまま旧慣温存され蔵元が取り仕切っていた。那覇から製糖教師として宮古へ赴任して来た城間正安は島を視察し、「今時、砂糖の味も知らないなんて。何としても宮古の人々に砂糖の甘さを教えてやりたい」と熱く農民に語りかけ、沖縄県知事の訓令を示した。

―本県は天恵地福の砂糖生産地にして、民福増進の道は実に糖業の拡張にあり。久米島、宮古、八重山三島の如き糖業不進の地にありては役所において勧奨誘導すべし。殊に栽培適期の際は所員を派出して周到なる注意を与え、なるべく収穫の歩合を進め、糖業の利益を知らしめ、以て民心の糖業に奮起傾向する様誘導すべし―。

「この通り、役所や蔵元が先頭に立って砂糖造りを奨励しなければならないのだ。砂糖作りは一人ではできない。砂糖小屋も建て、製糖機械もすえつける。仕事もおおがかりだ。共同作業が必要なので、組を作らねばならない。村々に砂糖組をつくって総まとめ役をおく。総まとめ役が一切を取り仕切る。まず総まとめ役を選び出してくれ」と要望した。

農民たちにも「生きているうちに砂糖をなめてみたい」思いが広がり始めた。しかし、旧慣温存派（役人）は「農民に組合を作らせては、取締りが難しくなる。粟の代わりに砂糖で代納するとは聞いたことがない。しかも、われら村役人が始終見張っていないと農民は自ら進んで働くはずがない」と反発。これに対し正安は「なにも砂糖を作るのに役人の取締りは必要あるまい。みんな、そうだろうが。一生奴隷でよいのか。人間らしく働き、人間らしく暮らしたいとは望まないのか。この城間に命を預ける者はおらんのか」と農民に促した。すると保良の真牛が立ち上がり、続いて福里の蒲が立ち上がる。更に嘉手刈村の亀吉、新城村の戸那が立ち上がった。正安は「よくぞ立ち上がってくれた」と感涙にむせぶ。しかし、キビ作付制限令は未だ撤廃されたわけではなかった。にもかかわらず、城間正安と田村熊治は宮古、八重山に派遣されたのだ。

宮古農民になる決断をした正安

キビの穂の花が咲いてキビ汁が熟す頃、キビ畑から次々と黒煙がのぼり、燃え広がっていた。茫然と眺めた正安は、消火するために農民達と駆けつけた畑で、覆面をした数人に六尺棒で襲われた。その正体は旧慣温存派が裏で糸を引いて「上納を軽くしてやる」とそそのかされた農

城間正安の住居跡地に建設された人頭税廃止のゆかりの石碑

民達だった。「蔵元の役人様が砂糖道具は県庁からの借り物だから砂糖はごっそり持っていかれる。廃藩前は粟の上納だけで済んだが、ヤマト世になると砂糖の上納まで持っていかれると話していた」と喚いた。「確かにわが村でも農民は芋畑を潰してキビを植えたのに、城間主に騙されたと変な噂が流れていた」と西の亀吉が頷けば、東の戸那も「うん、吾が村でも聴いた」と口を揃えた。

正安は「この城間が信用出来ないのか。これは城間正安と蔵元の戦いではない。農民と侍の戦いでもない。四民平等、宮古農民が人間らしく生きて行く為の闘いだ。農民が奴隷根性を捨てて大地にしっかりと立っていけるかどうか、めいめいの覚悟にかかっている。今が正にその時なのだ」と叫び、そのまま怪我を押して島役所長と談判に行き、突きつけた上申書は県庁で通った。

一、砂糖の代納が許される事。
一、砂糖器具は一切無償貸与の事。
一、製糖の可否については島民の勝手たるべき事。
一、製糖に関しては役人の容喙《ようかい》せざる事。

字の読めない農民に正安は「要するに砂糖を作れば儲かるから大いに作れ、道具もただで貸してやる。士族役人は口出しするなということだ」と説明すると、農民は歓声を上げた。それでも正安は「せっかく育てた砂糖キビはことごとく灰になってしまった。わが敵は役人ではなかった。農民のうしろに、役人のうしろに、見えない大きな敵がのさばっている。それが何か、それが誰なのか、わしには分からん。製糖教師が農民から石を投げられたらおしまいだ。わしは農民の味方のつもりだった。農民もわしの味方だと信じていたが、甘かった。わしの思い上がりだった。農民がなぜキビ畑に火をつけて、わしに石を投げた。わしはその奴隷根性を叩き直してやろうと意気込んでいた。だが、農民から見れば、所詮わしは県庁の役人、役人様の勝手なお節介に過ぎなかったのだ。県庁職員である限り、農民は心からわしを信用する事はない。農民の心は農民にしか分からない」。

苦悩した正安は製糖教師の辞表を出した。そして川満亀吉に「汗を流して原野を切り開き、土を踏みしめてキビを植える。人頭税の重さもこの身で存分に味わってやろう。キビを植えるのはこれからだ。力を貸してくれ」と相談して、現地妻（砂川村の川平《かびら》マツ）をめとり、島にとどまる決断をした。「御天《うてぃん》がなしや御主《うしゅ》がなしんでぃる聞ちゃる　まこと御太陽《うてぃら》がなしや城間主《ぐすくましゅう》どぅやみせーる」宮古島にようやく砂糖キビが根をおろし、島の人々は正安を太陽のように拝んでいた。

『農民の悲惨な生活は置県後も置き去りにされ、人頭税廃止運動の背景ともなった。運動を点火したのは2名の人物である。那覇出身の糖業指導員の城間正安、真珠養殖のため渡島した新潟県人の青年実業家、中村十作である。』

雪国の中村十作が宮古島へ

廃藩置県から13年、「この島々はなぜ昔のまま大和から見捨てられていくのか。なぜ政府は放置しているのか」と憤懣やるかたない正安。そこに那覇出張帰り田村熊治製糖教師が、新潟県板倉村出身の中村十作を連れて現れた。船中で、真珠養殖事業を志して八重山へ向かう十作の計画を聞いた田村は「真珠養殖には八重山より宮古が適地だ。それに城間正安という心強い豪傑もおる。そう言って連れてきた。ひとつ中村君にご協力願えないだろうか」と紹介した。

「お世話になります。中村十作です。25歳になります」と清々しく微笑んだ。十作の顔を、まじまじと見つめる正安は「天命じゃ！　大和の生まれ、いい面構えだ。まさに天命じゃ！　学問も気骨もあり、広い世間を見聞してきた新知識人だ。ああ、中村さん、わしらあなたのような人が来るのを夢見ておった。神の引合せだ。あなたの事業全面的に協力しましょう。ぜひともこの宮古島でやりなされ。必要とあらば、この海を全部差し上げても良い。それで決まりですな。その代わりこの島の農民を救うために力をお貸しいただきたい。島の農民は人頭税を納める為に常食は芋とソテツだけ。味噌も醤油も魚もない。粟も何もかも金目のものは全部、平良の蔵元や沖縄本島に持っていかれる」。積もり積もった思いを一晩、人頭税に喘ぐ島の惨状を語り明かした。

腹の中をさらけ出し、人情深い正安の人柄に一目ぼれした十作は「島の人々を思うおぬしの心が胸に沁みる」と涙がこぼれ落ちた。十作は「これほど残酷な悪制が明治の御世に現存するとは。虐げられた農民の苦境を見殺しには出来ません。この島でこそ、自由と民権の運動が必要です。城間さん、立ち上がりましょう。島役所がダメならば、県知事に請願書を書いて直訴しましょう。請願書は農民の名義でないと意味がありませんので、署名を集めていただきたい。どうやら城間さんに惚れてしまったようです」となった。「痛み入ります、中村さん」と、二人は涙顔で笑い合い意気投合した。

農民の窮状を見かねた十作

半月の夜、嘉手苅村パチャガ崎（現・下地入江橋付近）アダン山の薄暗い御獄森に、密かに集った農民総代の面々。正安は「わしがこの島に糖業普及するために来て7年。ようやくみんなの願いを叶える時が来た。大和から来られた中村先生が、人頭税という悪法を打ち破る方法を考えてくれた。そこで今日は亀吉に頼んで皆を集めてもらった。これは皆の一致団結が必要不可欠だからだ。中村先生はご自分の真珠養殖事業を投げ打ってまで、われわれに協力すると一晩かけて次のような請願書を書いて下さった。これが県知事閣下に差し出す請願書だ」とゆっくり力強く読んで聴かせた。

一、人頭税を廃止して、地租に改める事。
一、物品納を廃止して蔵元、番所の役人を減らす事。
一、名子《なご》を廃止する事。
一、賄女《まかないおんな》を廃止する事。
一、スーモーと称する臨時徴収を廃止する事。

農民たちから「オーッ！」という賛同の声。これは、役人に呼び出されて厄介な事になるやも知れない。総代一同は不安に怯えながらも奮起し「五つの指は内にぞ曲がる。アララガマ！」を合唱し決意の名前と指判を押した「ワイドー」と。

その後十作は「皆さん、私のような大和人を仲間にしていただき光栄に存じます。いよいよ戦闘開始です。何しろ３００年近くも続いてきた制度を打ち壊すわけですから、この戦いはきっと長くなります。焦らずに一歩一歩と確実に勝ち取るまでやり遂げたい。いずれ今日の集会は士族たちの耳に入るでしょう。彼らも生活がかかっている訳ですから簡単にはいかない。大変な勢いで反撃してくるのは必至です。そこで私が一番心配するのは、皆さんの命が危険に曝されて、暴力や流血事件に発展することです。しかし暴力は絶対禁物です。これは宮古農民の皆さん一人一人の自由・平等を得る権利を、人間の尊厳をかけて、正々堂々と勝たなければならない運動です。城間さんと私は、この請願書を持って明日の船で那覇へ発ちます。われわれが帰るまで、総代の皆さんはどんな嫌がらせに遭っても士族たちの挑発にのらないで島民をまとめてほしい」と結束を促した。

宮古農民の請願は認められ、勝利したかに見えた。農民達は「夢のようだ」と喜んだ。しかし、肝心の最初に掲げた「人頭税廃止」が通らない。農民は島役所や県庁に再三、制度改革を訴えたが、県内の運動ではラチがあかないことを知る。

アララガマ・ズミミャーク

作詞&作曲・上地雄大／編曲・竹村次郎／歌・うえち雄大

アララガマッ　アララガマッ
アララガマッ　アララガマーッ！
なにくそやるぞ　負けて堪るか
踏みつけられた　悔しさバネに
乗り越えて　乗り越えて
生きて往くんだ　生きて往くんだ
アララガマ　アララガマ　ンナマダラ（今が本当）
アララガマ　ズミミャーク（ふるさとが最高）

アララガマッ　アララガマッ
アララガマッ　アララガマーッ！
なにくそやるぞ　負けて堪るか
見ていろ今に　悲しい噂《うわさ》
撥《は》ね返し　撥ね返し

強くなるんだ　強くなるんだ
アララガマ　アララガマ　ンナマダラ（今が本当）
アララガマ　ズミミャーク（ふるさとが最高）

アララガマッ　アララガマッ
アララガマッ　アララガマーッ！
なにくそやるぞ　負けて堪るか
更なる飛躍　希望と夢を
捨てないで　捨てないで
花は咲くんだ　花は咲くんだ
アララガマ　アララガマ　ンナマダラ（今が本当）
アララガマ　ズミミャーク（ふるさとが最高）
アララガマ　アララガマ　ンナマダラ（今が本当）
アララガマ　ズミミャーク（ふるさとが最高）
アララガマ　アララガマ　ンナマダラ（今が本当）
アララガマ　ズミミャーク（ふるさとが最高）

＊【アララガマとは自己奮起・なにくそやるぞ　負けて堪るか　の意】

〈予断ですが、沖縄の近代化を推進する奈良原繁第8代沖縄県知事〈薩摩出身、異名は琉球王〉は、沖縄産業を発展させる名目で、杣山と呼ばれる山林を農民の反対を押し切って民間に払い下げる政策をとり、薩摩出身の高級官僚や大金持ちに買占めさせた。沖縄の旧慣温存派（琉球王府支配層）も自らの利益を求めて奈良原と結んでいた。奈良原の政策に真っ向から対立した謝花昇自由民権運動家（沖縄県東風平の農家生まれで優秀な官僚）と激しく対立。その結果、謝花は職を失い当山久三のいる本土へ向かう途中で発病し、１９０８年、44歳で永眠。このように農民の敵かと思えば味方であったり、味方かと思えば敵だったり、得体の知れない大物政治家は約16年間沖縄に君臨した。その県知事閣下にすんなり会えて直談判した中村十作と城間正安は、門前払いされる覚悟で赴いただけに「武士に二言はなか、早速しかるべき手続きをとる」と約束してくれた県知事に感涙し、幸先の良い農民運動になると期待したのかも知れない。〉

沖縄県知事内訓

宮古島蔵元組織の改正につき、従前は旧慣より蔵元および村番所吏員に対し種々特典これあり候ところ、自今左条の通り改めるものとする。

一、蔵元組織を改組し吏員定数を削減すること。

一、名子の制を廃止すること。

一、賄女の制を廃止すること。

一、御陰米の制を廃止すること。

月夜の鏡原馬場で、嬉々としてクイチャーを踊る島の素朴な娘たちを見ながら十作は「力強い躍動感があって勇気付けられますねぇ、城間さん、県知事の権限では、これがギリギリのところでしょう。士族たちがどういう報復に出てくるか気になるところですが、人頭税廃止は日本帝国政府の問題になってきました。先ずは外堀を埋めて、それから本丸を攻めていきましょう」と決意を新たにした。

『十作は農民代表団を上京させ政府・議会に直訴する策に出た。代表団は城間、中村に加え、平良真牛（保良村）、西里蒲（福里村）の4名である。平良、西里は畑を売却、城間は借財、中村は真珠養殖の資金を投げ出し旅費を工面した。出発の日の漲水港は、特権を脅かされる役人・士族が、代表団の上京を阻止せん（生きて島から出さない）と集まり、対抗する農民勢と一触即発の騒然たる状況だった。』

さまざまな苦難、弾圧を乗り越えて代表4名を乗せた船の向かった那覇で、一行を待ち構えていたのは役人・士族の妨害と懐柔策であった。県を出し抜いて国へ請願書を出せば、県当局の面子はまるつぶれ。日本政府から県政の怠慢とおしかりを受けるからだ。

歴史書に載らない人頭税廃止運動

「税」というものは今も昔も、それが何税であっても素直に受け入れる事が出来ないのが人情である。しかし、受け入れないでは済まされない宮古農民は台風や干ばつなどの天災のためわずかな収穫しかない農作物は全て税にとられるなど、耐え難い重荷を1609年から1903（明治36）年まで300年近くも強いられてきた。

国庫の収入減を懸念し、農民の苦しみを見て見ぬふりをした奈良原繁沖縄県知事。奈良原を知事に任命した松方正義総理大臣（島津の血を引く薩摩藩出身）は、奈良原の後輩だったので、彼を地方官の中でも最も気にかけていたと思われる。その証拠に奈良原を称える島政改革記念碑を那覇市奥武山の護国神社裏山に建立させている。記念碑からは断末魔のうめき声が聞こえるようで、滅びゆく支配者階級の象徴そのものだ。

沖縄近代史に金字塔的事績となった人頭税廃止運動が、日本史にも琉球史にも詳述されていない。なぜだろう？　人頭税という悪税のことは、ただ昔話のように歴史の彼方に押しやられてしまっている。

武器一つ持たず、誰一人殺傷せず、日本政府を巻き込んで人頭税廃止を成し遂げて、沖縄県の政治・行政改革（全域の土地整理）をさせた明治の青年達。明治維新150年こそ、その熱き青春群像「指揮官・中村十作と駆ける南海の若き5人衆アララガマ魂」の銅像建立を私は願う。どんなに歴史の闇に消そうと隠蔽しても、300年近くも虐げられた島の人々は忘れない。宮古・八重山の町史・村史等々の古書資料や古老説伝、先輩たちの著書等をめくれば胸が締め付けられて息苦しく、吐き気をもようすくらい残酷な歴史事象である事に気づかされる。

そして次の悲惨な戦争によって、二転三転コロコロ変わる国の政策に翻弄されながらも、先祖が屈することなく、幾多の困難をくぐり抜けて来た事が分かってきた。国も県も、せめて個人の土地所有権の確定をもたらした沖縄近代史における金字塔的事績を成し遂げた青春群像を称えてほしいものである。

2003（平成15）年5月16日、私は歌「宮古島人頭税物語その人・中村十作」のキャンペーンと取材のため、中村十作の生誕地である新潟県板倉へ赴いた。現地では新潟日報記者・武藤斌さんや地域の方々に温かく迎えられ、触れ合いを重ねるたび中村十作への旅がさらに続く重要な出来事となった。

宿は由緒ある稲増の旧家中村邸にお世話になった。裏庭は緑豊かで色とりどりの美しい花が咲き、そこに十作のお墓がある。私は供養花を捧げ合掌しながら歓喜の涙を流し、体内では祖先達が歓喜乱舞。大和神《ヤマトゥガン》と神々しい宮古農民との合体は吾が胸に生きている。

中村家の裏庭にある中村十作のお墓（上越市板倉区稲増）

中村十作が設えた豪華な仏壇の前で活動を報告するうえち雄大

▲宮古島を模倣して作られた中村十作公園（板倉区稲増）

碑文の解説

中村主《ナカムラシュウ》が
宮古《ミヤーク》んかい参《ノミャイ》たりやど
人頭税《ニントージー》まい無《ニャー》んなり
富貴世《ウヤキユー》に直《ナウ》れ
中村主《ナカムラシュウ》や
生す親《ウヤ》だき
拝《ウガマリ》りさまちよ

（訳）偉大なる中村様が
宮古においでになったので
人頭税も廃止され
宮古島は豊かな世になった
偉大なるなかむらさまは
父の様なお方だ
みんなで尊びましょう

▶公園内にある碑文の解説

中村十作と駆ける南海の若き5人衆アララガマ魂の実績は、リンカーンの奴隷解放に匹敵する金字塔で世界平和を実現するたねの指針となる。

故郷に戻った十作が、誰にも言えなかった心の秘密。それは黒真珠養殖事業に燃え宮古島を目指すのだが道中、城間正安と出会い人頭税のことを知る。宮古島で自由・平等の風に置きざりにされ、人頭税に喘ぐ宮古農民達の現状を目の辺りにして実家や親戚、知人などから用立ててもらった事業資金を人頭税廃止運動の資金として流用した。そのことで十作は郷里（旧板倉町）に帰っても、偉大な変革である人頭税廃止のことを話さなかったのであろう。なんと心優しい大和神《ヤマトゥガン》。

宮古島人頭税廃止運動が、世間に知られなかったのは中村十作が寡黙で自慢話をしなかったから」と評し、「彼の意志に反するから何もしない方がいい」などと、もっともらしく言う人もいる。しかし私は「中村十作の偉業を一人でも多くの国民に知ってもらい、次世代まで伝え残したい」と胸を張って真剣に活動している。中村十作は周りを元気にするような人情味と正義感に溢れた行動力・統率力のある人物であった、と私は確信している。そうでなければ、宮古島民から大和の神様と敬われ慕われるほどの絶大なる信頼を得られるものではない。島民にとって彼は唯一安心感を与えてくれた海の彼方のニライカナイからきた明るい救世主（大和神・ヤマトゥガン）だったのである。純粋で情熱的な説得力があったからこそ、宮古島の農民達を目覚めさせ、人頭税廃止運動を牽引していく先導者になれたのである。

越後人の正義に燃えた連携プレー

中村十作が行き着いた日本帝国議会は当時、進歩党率いる大隈重信外務大臣が、松方正義総理大臣を支える与党（請願の紹介議員が十作の恩師・高田早苗衆議院議員）だった事を思えば、十作一人が東京にとどまって目的を成し遂げるまで活動を展開し続けた。大隈重信が創設した東京専門学校（現・早稲田大学）の門下生として、十作は宮古島の安寧を確かなものにできる実感を得たはず。「十作が寡黙で他人に語らなかったから、彼等の偉業が世に知られなかった」などと十作のせいにしてはいけない。彼が東京にとどまって人頭税問題を精力的に宮古島の惨状を訴え続けたお陰で、越後の友人や先輩たちが、十作の人道主義的精神に胸を打たれ、皆で協力して東京の新聞各社めぐりをし、世論の注目を集めさせたではないか。

明治維新後の騒乱の多い時代に、全国民からの請願書は山ほどあった。その中から、帝国議会の衆議院議員・貴族院の両院で「人頭税撤廃」が可決されたのは、越後人たちのマスコミを活用した戦略が奏功したからである。沖縄の問題が全会一致で国会可決されるなんてもの凄い。「後にも先にも人頭税しかない」にもかかわらず、世に知られていないのは十作の寡黙なせいだろうか？　宮古島民のせいだろうか？　そうではあるまい。私には日本史にも琉球史にも詳述させなかった支配者側の傲慢さが見える。宮古島民は正義感の強い越後生まれ、しかも東京専門学校出の中村十作に出会えて運がよかった。十作に出会わなかったら政府を巻き込んだ「人頭税廃止運動」なんてなかった話である。

『1893（明26）年、東京に着いた一行は、十作の実弟十一郎、同郷の友人の増田義一（当時・読売新聞記者、のち実業之日本社創設）、越後の室孝次郎衆議院議員、そして東京専門学校（現・早稲田大）の第3代校長を務めた高田早苗衆議院議員らと相談し、作戦を練った。第四帝国議会の請願委員長を務めていたのは高田早苗だった。これらの人たちの協力を得て精力的に運動を展開した。

東京都下の各紙は大きく取り上げ、読売新聞は「宮古農民苛政に苦しむ、明治の佐倉宗五郎上京す」と連載で報じた。公爵近衛篤磨は一行の話に感涙、大隈重信は改革を支援すると約束したうえ各人に十円と菓子折を与え、元外務大臣福島種臣は病いをおして面会し、付人に支えられながら玄関まで見送った。

宮古では厳しい弾圧やデマ、中傷がはびこったが、一行の帰還まで人頭税の上納を拒絶し続けた。』

直訴といっても、佐倉宗五郎の時代とは違う。宮古島農民代表一行らが上京した3年前にようやく国会が開設されていた。全国で高揚した自由民権運動の血と汗の結晶の国会開設である。十作は農民代表を引率し、弟の十一郎が精密な請願書を書き、読売新聞の増田義一記者らが記事に仕立て協力してくれた。お陰で帝国議会に請願した人頭税廃止は成功したのだから、「人生意気に感ず、功名誰かまた論ぜん」といった明治青年の男の美学であったのだろう。那覇から渡島して、公職を捨ててまで宮古農民運動にのめりこんだ城間正安も然り。２人は決して利権や功名を求めて人頭税廃止運動に没入したわけではなかった。彼らをつき動かしたものは、明治青年の熱い正義感と自由民権の新思想である。全国津々浦々から自由と民権の雄叫びが聞こえて、宮古島の農民も「もう牛馬扱いはごめんだ」と呼応したのだ。

『１８９４（明治27）年、「宮古島経費削減及島政改革請願」は帝国議会で可決され、運動の成功を確認した一行は帰途についた。漲水港に到着するや農民はこぞって出迎え、鏡原馬場では大歓迎会が催された。今に伝わる「人頭税廃止運動のクイチャーアヤグ」は19番まであり、当時の農民の感激をうたいあげている。

宮古島農民の請願は、日清戦争を控え国境地域の問題でもあるため、政府

板倉・八幡社内に増田義一の顕彰碑

は直ちに内務書記官一木喜徳郎（のち枢密院議長）を沖縄に派遣、「旧慣制度の適用の実情と人心の傾向等調査」に当たらせた。大蔵省は主税局長目賀田種太郎を沖縄県制度改正法案調査員に任じ調査に着手、国税課長若槻礼次郎（のち総理大臣）が引き継ぐ。』

「そもそも人民は国家の本なり。民権を尊重し、人民をして奴隷根性を去らしむるは即ち国家独立の基礎なり、国家独立の精神なり」。念願を果たした城間正安は一介の百姓となり、中村十作は海産事業家となり、亀吉らは約束通り、十作の事業を応援する水産組合を作って協力し真珠養殖事業に成功した。その後、宮古島から離れた十作はじめ、宮古島民も誰一人この偉業を言い触らした人はいない。

しかし、私だけが30年前からライフワークとして、新聞、テレビ、ラジオ、情報誌、ネオン街行脚カラオケ流し等々で唄って、連日連夜「人頭税」を言い触らし続けている。全国を見ても「十作に惚れて今を生きる」私・雄大だけなのである。

『本土では地租改正（沖縄では土地整理）事業は、1873（明治6）年に開始され、1881（明治14）年に終了した。沖縄は旧慣温存の名の下に放置され、政府が改正事業に取り組んだのは人頭税廃止運動以降であった。その際、政府は「沖縄県のおける諸制度の改正は租税制度の改正にして、租税制度の改正は土地そのものの改正にあり」とした。が、腰は重かった。そこには沖縄の税制改正がもたらす収入減という国家財政への影響問題が横たわっていた。

当時の沖縄の土地制度について付言したい。沖縄は王府以来、個人の土地所有を認めず、３〜15年ごとに割替（地割）を行なってきた。租税制度の改正は、地割制度を廃止し土地の所有を認める必要があった。租税の個人負担（国税10円以上）がない限り参政権を付与することができないからである。

１８９９（明治32）年、沖縄県土地整理法が制定され、同年4月から土地所有権の確定、土地測量、地価査定、地租の決定に着手、３年余の歳月をかけ事業は完了した。１９０３（明治36）年1月1日、宮古、八重山に地租条例、国税徴収法が施行され、農民は２６６年間にわたる過酷な人頭税から解放されることになった。』


苦しかった……悲しかった……辛すぎて……貧しすぎた。農民は各々「島の夜明け」を噛み締めて心の奥底で手を合わせ、指揮官・十作と参謀・正安と一体感を味わう宮古農民が沈黙の中で歓喜する姿が想像できる。その証拠に私たち世代は幼い頃、両親や祖母の口から「人頭税」の話を聞いたことがなかったし、学校で教わることもなかった。戦争時代を経験した祖母や父母たちは、余計な事を言うと警察に捕まって罰せられるという中央政権の重圧＝恐怖の背景がまぎれもなく宮古・八重山には色濃くあった。

『宮古島民の帝国議会や政府への請願は、沖縄県の地方制度の改革に大きな気運をもたらした。しかし、旧慣温存下の地方制度の改革は、沖縄の民度が低いとして見送られてきた。市町村制、県制、選挙法の諸特例が撤廃された他府県並みになったのは1920（大正9）年である。真の廃藩置県はその時に実施されたと言えなくもない。

土地整理が沖縄社会に与えた宮古島民の帝国議会や政府への島政改革の請願は、沖縄県の地方制度の改革に与えた影響は大きい。

①　旧慣の土地制度である地割制度が廃止され、土地の売買、交換、担保が自由となり耕地の集中化が可能となった。
②　租税負担が公平となった。士族の免税特権が失せ、県民全体が市町村税、県税を負担することになった。物納から金納へ、作物別作付け面積規制が撤廃され、現物経済から貨幣経済への移行が促進された。
③　国政参加への途が開かれた。衆議院議員の選挙権、被選挙権の負担たる国税負担額が明確化され、国政参加の条件が確立した。

土地整理後、沖縄を視察した大蔵省参事官森賢吾は「沖縄法制史」の中で「従前の土地制度による農民は貢租を調達するための官の土地を耕作する奴隷にすぎなかった」と書く。』

日本語を話せない島の児童に方言札をぶら提げて罰を与え、日の丸を持って大臣を迎えるよう指導教育された記憶が残る。薩摩侵入、明治の廃藩置県、世界大戦と余りにも多くの受難に比べれば、人頭税など取るに足らないものだったのか。薩摩藩出身の松方総理と奈良原県知事に遠慮するかのように日本史にも琉球史にも詳述されていない。しかし真実は語り継がれ、今を生きる私にまで届いた。今度は祖先に導かれた私が5年後、50年後、100年後を見据えて「人頭税」を次世代へ継承する宿命にある。国家の大道がほとんど語られない政治なんて極めて危うい。日本の政治はグローバリゼーションなどという語を使いながら、結局は濃厚にアメリカに接近している。永遠の理念と当面の具体策が両輪のごとく回らなければならない。

中村十作は日本のリンカーンだ

自分の子供の名前も人数も分からないくらい、政界一の女好きの遊び人、妾も多いといわれるスケベ元老は総理を2度（第4代・6代）務めた薩摩藩出身の松方正義。「英雄色を好む」時代を地でいった総理大臣の如く、宮古に赴任する役人のほとんどが女好きの妾だらけだった。それでも、そんな悲惨な時代から沖縄地方制度の改革に大きな気運をもたらしたことに感謝する心が宮古・八重山島民にはある。

俳優として中村十作を演じて以来、私が「十作はリンカーンのような人物」と言い続ける所以は、人頭税廃止を決意し、武器一つ持たずに３００年近く続いた奴隷解放を成し遂げたからだ。その正反対には外国船から武器を買い込んで殺し合い、明治の新時代に突入した幕末の侍たちの行状が見える。

『土地整理は旧支配層によって拘束されていた農民の身分を根本的に改革し、土地整理によって沖縄にも初めて封建体制の物的基盤が排除され、近代的な経済基盤がすえられた。その意味では政治的な主権の交替にすぎなかった廃藩置県が形式的な明治維新であったとすれば、土地整理は実質的で根本的な明治維新であり、近代的な変革であった。いわば、沖縄にとっての第二の明治維新である。土地の付属物でしかなかった人間が土地の主人となり、農民は初めて封建体制から解放された。

宮古島民の人頭税廃止運動は沖縄の諸制度改革の原動力となった。その功績は不滅であり、沖縄近代史における金字塔的事績である。』

人頭税物語を全国発信したい

私は間違いなく死ぬ。必ず何時か死ぬのだ。だからこそ「時」を無駄に過ごしている場合じゃない！　成すべきすべてのことをして、どれが自分にとって最重要なのか？　私には「托鉢演歌道以外は皆無用である」と言いたいところだが、東日本大震災のような人間の生死に関わる問題に比べたら托鉢演歌道なんて大した事はない。しかし私の命を育む手段として托鉢演歌道は全てであり、一生探求し続ける道なのだ。

やっと健康を取り戻し、宮古島人頭税物語・その人中村十作を中心とする「南海の若き5人衆アララガマ魂」のマスタリングを無事に完成させ、約束の期日に間に合わせたから一安心。私はレコード会社アスタに作品を送った。続けてポスター、CDジャケット等々の写真も家内に撮ってもらって送る事が出来た。いろいろ他のレコード会社から「アスタを断って内から出さないか、アスタより20万円は安くしますよ。うえち雄大さんの実績なら特別にスポーツ新聞にも紹介して話題作りもするから」との誘い話もあったが、せっかく第3弾まで構築してきた信頼関係を大切にしたい。

予定通りに行けば、6月19日（火）に東京で催される「アスタエンタテインメント歌謡祭2

018」での新曲発表を皮切りに、念願の「中村十作」が全国通信カラオケで唄われるようになる。社会的認知度を得て、人頭税廃止運動の偉人たちの存在感が社会的に上がって行く事を思えば楽しみである。

お金にならない「人頭税」に夢中になる余り、世間からは人頭税プリムン（異常者）扱いされるくらい「人頭税」を書き、「人頭税」を唄って、経済事情も厳しくなるばかり。だが、だからこそ夢に向かう醍醐味があると、ひたすら祖先を供養とする鎮魂歌「人頭税」に30年間関わってきた。

宮古島人頭税廃止に取り組んだ青春群像とは「明治政府に提出する『人頭税廃止嘆願書』を持って船に乗る4人と、それを見送る東西2人の総大将はじめ、各村総代たちが見送る壮大な銅像を建設すること。」その群像を昔から神仏の聖地として崇め伝えられてきた神秘的な大神島に建立し、また島全体を人頭税村にして島の大切な資源として世界中に発信したいものだ。長岡の「米百俵」銅像を超える規模の群像だ。完成すれば歴史文化観光の目玉として活用。観光客にはサバニに乗って島に渡ってもらい、上陸する過程から人頭税時代を体感できる仕組みにする。そのために映画「宮古島人頭税物語」を制作し大神島に人頭税村のセットを建設する。私は、映画を実現させるため製作や出演にも取り組みたい、夢の扉の向こうには楽園が広がるばかり……。

何事も最初の発想「点」は誰かが創るものだが、それを「線」に結び付けられるか……。宮古島に来島した旅人「中村十作」や「城間正安」の様に、これは避けて通れない郷土の神に仕える事（＝仕事）と自分に何度も言い聞かせて、ようやく作り上げた「中村十作と駆ける南海の若き5人衆アララガマ魂」。だが、どんなに頑張っても私の一馬力では「点」にしか過ぎない。多馬力の「線」にするためには、地元の先輩方の後押しがほしい。５年後の人頭税廃止１２０周年には、私が生存している保障はないし、生きていたところで全国へ発信する気力・体力は衰退するであろう。今やっておけば１２０周年にもつながる。

特に「人頭税物語を歌謡ドラマ化して、カラオケに配信させ、一般大衆に唄えるようにする」という事は過去に例のない事であり、周りの意見を聞く事が大切だと思って、５年前の人頭税廃止１１０年記念盤「島の夜明け～宮古島人頭税物語・川満亀吉編・上原戸那編／ふる里は胸を射す」のＣＤ発売前に郷土の先輩方にデモテープを送り、「人頭税」を歌で全国へ広める

米百俵の群像とうえち雄大（長岡にて）

ための「実行委員会立ち上げの協力願い」も試みたが、個人的な事と見なされ、やり過ごされた。「人頭税は個人的問題ではない」と考えていた私は、誰かが「点」にならなければ「線」にならないと考え、強い信念で「人頭税物語を全国へ」を決断した。

暗黒の島に光明をもたらした島の青春群像（宮古島民のアラガマ精神）に学び、いつの世も税金は国民の死活問題、城間正安が唱えた「農民は国の宝！　農民なくして国は栄えるものではない」に学び、何時でも何処でも誰でも聴けば分かるように「人頭税」の歌を創った。「島の夜明け」の時も主役を決めるのに制作過程で難航してしまい、目ぼしき先輩方には「どの歌が一番いいかを一曲選んで御一報頂ければ幸いです」と一筆添えてサンプルをお送りもした。しかしほとんどの方が「忙しくてまだ聴いていない」との返答だった。関心のない世間はそんなものである。全国メジャー発売となれば、全国通信カラオケに配信されて万人に唄われるようになり、人頭税遺徳顕彰文化貢献につながるはずであり、歌は天国の祖先に届き、末永く後世に残ると私は確信している。

お金の掛かることに対して「ヒットしたら、あんたがもうかるんでしょう」と、にべもない人もいる。ヒットしたら人頭税問題が全国に広く知れ渡るということであり、正に大ヒットさせたい狙いは「遺徳顕彰碑の建立ですよ」と切返したい思いを堪えた。

30年前から「人頭税」に関わってきた途中で、新潟中越地震に身震いした私は「何をするべきか？」。困難に陥っている方々を勇気付けたい。自分の演歌道を通して救援活動をしたいと、

沖縄県庁前で新潟震災救援緊急援募金活動に取り組むうえち雄大夫婦

沖縄県庁前から「新潟の恩人中村十作への恩返し」街頭募金活動を始めた。宮古八重山まで車を走らせ、新潟まで飛んで県庁を訪ねて島の善意を届けた。その足で慰問歌謡コンサートをやり遂げた結果、声帯を壊して本手術で血を吐いて半年間の筆談生活。その挙句、3年間も歌手活動が出来なくなるほど艱難辛苦を味わってきた。

「儲かると思っているなら、是非ともあなたもやって見るがいい」と悔しさの拳を握り締めて今日まで耐えてきた。「誰も知らない人頭税なんて取り上げて何の得になるの」「昔の十作だぁ〜亀吉だぁ〜なんて唄ったって売れねぇよ！　売れねぇ歌は買わねぇよ」「そんなことより、あんたは政治家にでもなった方がよっぽどもうかるよ」等々。いろいろ言われた私は「得は迷い、損は悟り」と、これは自分でやるしかないと覚悟を決めた。この思いが将来、新潟と沖縄を結ぶ夢の架橋

（友好関係）になれば、どんなに素晴らしいか。日本最南端で起きた叛乱＝人頭税廃止運動が日本全国へ知れ渡ったら、どれだけ祖先への供養になるか。だからこそ、あとひと踏ん張り。全人生を懸けて前人未踏の嵐が丘へ駆け上がるのだ。

人頭税を語り合って歌おう

細かい事をきちんとチェックしつつ、スピードを上げて完成させないと、各社協賛巡りの活動費に食われて実現不可能に陥ってしまう。完成させなければ、進めてきた全てが企画倒れになって関係者にご迷惑を掛けてしまう。経済的なことなども計算に入れて「人頭税廃止１１０周年記念」では、各界からの激励・挨拶文を戴いて、地元の青春群像の中から、東の総まとめ役・上原戸那（宮古島市城辺字新城出身）と、西の総まとめ役・川満亀吉（宮古島市下地字嘉手苅出身）を取り上げ、全国メジャー第2弾のＣＤ発売した。

タイミングよく関東宮古郷友連合会・関東沖縄経営者協会・東京沖縄県人会の後援を得て、２０１３（平成25）年7月7日（日）人頭税廃止１１０周年チャリティーコンサート「宮古アララガマフェスタ」が東京上野の水上音楽堂で開催された。壮大なこの歌「島の夜明け～宮古

人頭税廃止100周年記念碑

島人頭税物語・川満亀吉編・上原戸那編／ふる里は胸を射す」を放ち、日本記者クラブでは三月《みつき》会のゲストスピーカーとして「人頭税を語り歌う」講演。（株）アスタエンタテインメントがスケジュール調整してくれてレコード店頭前や関東ネオン街行脚キャンペーンを展開した。８月には「オリオンビアフェスト２０１３in宮古」で歌謡ライブ。

「川満亀吉」は全国通信カラオケに配信され、その名はＮＨＫ沖縄放送テレビやＦＭうちなぁジョッキー、ＲＢＣ（琉球放送）ｉラジオ、ＲＯＫラジオ沖縄、地元新聞各社、県外ラジオ、新聞、全国カラオケ情報誌、独り旅のネオン街行脚などを通して、また私がパーソナリティーを務める県内ラジオ７局９番組が放送中とあって沖縄では相当浸透した。

東の上原戸那と西の川満亀吉は中村十作ら請願

一行（4人）が上京している間、過酷な納税に苦しみながらも屈することなく二人は東西の総まとめ役として宮古島農民を守った。今日、平和と飽食の時代に生きる私たちにとって、人頭税廃止を成し遂げた亀吉らのアララガマ精神は感銘と勇気を与えてくれる。

八重山広域圏事務組合代表理事・中山義隆石垣市長から次のようなエールをいただいた。

―（概略）平成15年に八重山地区においては、人頭税廃止百年記念事業期成会が組織され、「記念誌あさぱな」の発刊に加えて、行政の異なる石垣市、竹富町、与那国町に、それぞれ同一の「人頭税廃止百周年記念の碑」を建立しました。先人の労苦を後世に伝えるとともに、その歴史的意義を再検証する機会を創出させてくれるものと期待しているところです。うえち雄大さんにおかれても、人頭税廃止100年を記念して、廃止運動の指導者であった中村十作を称えるCDを制作して、その偉業を広く世間に知らしめようと活動されたことに敬意を表する次第です。

それから10年。今回は、中村十作の下で廃止運動に立ち上がった地元宮古島の川満亀吉と上原戸那という2名の人物に焦点を当てた歌謡ドラマを書き上げられCDをリリースされるとの事。人頭税に呻吟してきた先人の労苦を語り継ぐことは、まさに、うえち雄大さんのライフワークともなられているようで、この作品が多くの人々に歌い継がれますよう、今後の更なるご活躍を祈念申し上げます―。

島の夜明け〜宮古島人頭税物語・川満亀吉《かわみつかめきち》

作詞・上地雄大／作曲・橋田みつのり／編曲・竹村次郎
ナレーション・上原直彦／歌・うえち雄大

（台詞）川満亀吉とは、世界に類を見ない悪税と評され、明治末期まで２６６年もの長きに亘り、宮古島民を苦しめてきた人頭税。その厳しい弾圧を受けながらも、人間の尊厳を踏みにじる政治体制（税制）に敢然と立ち向かった西の総まとめ役（下地字嘉手苅生まれ）で、人物を見抜く眼力と知略と腕力に優れた、農民を率いるに相応しい将の器たる中心的な人物である。

懸《か》けた命に　文句があるか　時代は変わる
ああ川満亀吉　心もとない灯りに虫が　鳴いている
悲しい歴史《しま》に　終止符うとう　胸を張って

（台詞）城間主《グスクマシュウ》！　人頭税廃止運動の総大将に中村十作先生《シンシー》を御願いしようではないか！　中村先生は大和人《ヤマトピト》だから話ができると思うし、神様が、私ら農民に下さった方だと思うぞ。日本政府に陳情しなければ宮古の惨状は変わらない！　城間主も通訳として同行して下さい！　御願いします。

待ちわびていた　道草のように　踏みつけられて
ああ川満亀吉　神の恵みを只管《ひたすら》願い　漲水《はりみず》の
歌声高く　クイチャー踊り　銅鑼《どら》が鳴る

（台詞）もはや沖縄県知事ではらちがあきません。どんなに島役所に人頭税を軽くして下さる様に御願いしても、日本政府からの許可がなければ出来ないの一点張り。これでは私ら農民は、いつまでたっても人間らしい暮らしが出来ません。中村先生《シンシー》のどんな要望にも応えますから、私ら農民の総大将をして日本政府陳情へ行ってください！　各村総代の同意をもとに、私ら農民の代表として蒲兄《カマアザ》と真牛《モース》兄《アザ》を東京へ派遣させますので、どうか御願いします。地元に残るわれわれは！　たとえどんな事があっても、農民代表を船に乗せて、しっかり島を守って代表の帰りを待っております。中村先生が真珠養殖事業の為に新潟から宮古においでになった事はよく分かっております。ですが……人頭税取立ての厳しさに自殺する者、自らを傷つけて障害者となる者、権力者の奴隷となる者、こんなとんでもない制度を許してなるものか！　あれも人ならわれも人、なのに私ら農民はどんな宿命を持って生まれ育ったから、このような重税を背負わねばならないというのか！　私らは只、子や孫を人頭税の苦しみから救ってやりたい！　只それだけなんです！　なぁ戸那兄《イラトナアザ》！　その為なら、どんな困難でも後押しします！　その為に、宮古島農民は心一つになってこのように集りました。

沖の汽笛《きてき》に　涙が光る　心の絆《きずな》

「島の夜明け・ふる里は胸を射す」の CD ジャケット

ああ川満亀吉　手と手つないで太平山に　燃え盛る
うねりを乗せて　夜明け間じかの　船が往く　胸を張って

祖先への供養として、狼煙を上げ続けているこの作品は、もはや私だけのものではない。人頭税は貢納の重さ、取立ての苛酷さ等により、比類なき悪税と評された。加えて農民層への徹底的な差別と抑圧は、自傷して障害者となり税を免れた者や権力者の奴隷（＝名子）へと自らを貶める者たちを生み出した。この封建的な制度が明治後期まで続いた。しかし新潟県出身の中村十作、那覇出身の城間正安という強力な指導者を得て改革の機運はやがて宮古島農民の奔流となった。そこで私は、農民の子供たちにも士族役人の子供たちと同じように学問を受ける権利を訴えて立ち上がった東の総まとめ役「島の夜明け～宮古島人頭税物語・上原戸那」も作った。現代の混乱した世相の中に放つ人間賛歌でもある。

島の夜明け〜宮古島人頭税物語・上原戸那《うえはらとな》

作詞・上地雄大／作曲&編曲・竹村次郎
ナレーション・棚原勝也／歌・うえち雄大

〈ナレーション〉上原戸那とは、宮古島人頭税廃止運動の、東の農民総まとめ役（城辺字新城生れ）で、怒涛のように流れ込んだ沖縄や本土の出来事に、日本語が話せない、読み書きも出来ない不便さに、焦りを感じて立ち上がった人物である。

美しい　波しぶき
空をゆく　浮雲に似た
運命《さだめ》と知るや　涙を拭いて
ああ　気張って見せる　上原戸那

島うちで　助け合う
結《ゆ》いまわり　豊年の歌

歌って踊り　浮かべる汗が
ああ　夕日に映える　上原戸那

（台詞）士族役人の子供たちと同じ様に、なんとか農民の子供たちにも学問を教えて貰える様、国や県に請願できる方法はないものか！

いたずらに　波風を
たてないで　うぬぼれないで
いがみ合わずに　つないで行こう
ああ　真実一路　上原戸那

つばくろが　折り返す
松並木　ねぐらに帰る
道なき道を　踏みしめる世の
ああ　幸せ祈る　上原戸那

人生は情けを訪ねる旅

この世は「捨てる神あれば拾う神あり」。「やればできる。人頭税時代の故郷を思えば、何でも出来る」と祖先への供養を唱え続けてさえいれば、神仏は必ず帳尻を合わせてくれる。人頭税に苦しみ喘いで生きながら天国へ逝った祖先を思えば本当に何でも出来る。宮古島人頭税廃止運動は、踏みにじられた人間の尊厳がうねりとなって民衆一揆へと音を立てていった。祖先へ感謝する私に「我々宮古・八重山・沖縄までが現在の故郷の良さだけに陶酔していたのではお話になるまい」と名城政次郎先生から次のようなエールを頂いた。

「本当に沖縄を愛し、より良くしたいと思うのなら、沖縄の社会土俵に眼を向けてその恥部、欠点をえぐりだし、沖縄の内部から真の意味での社会土俵の改革を自らの手でやり遂げねばならない」と。

お陰で勇気百倍！「人頭税」の十字架を背負って唄い流すネオン街行脚をやればやるほど創作意欲が湧いてくるではないか。芸道は、人間の感情を高め、想像の夢を育て、身体に健康をもたらすとともに、豊かな人間性を培うものであり、素晴らしい芸術なのだ。私は、「中村十作」や「城間正安」と上京した宮古農民請願代表「保良の真牛（本名・平良真牛）」も作品化した。宮古民謡で人頭税運動クイチャーアヤグの一節に「保良《ボラ》真牛《モース》が沖縄登《ウツナーヌゥ》り参《ンミャ》まいばよ　ヨーイマーヌ　参まいばよ　ニノヨイサッサイ」とある。

島の夜明け～宮古島人頭税物語・保良《ボラ》の真牛《モウス》

作詞・上地雄大／作曲・橋田みつのり／編曲・竹村次郎
ナレーション・箕田和男／歌・うえち雄大

（台詞）保良《ボラ》の真牛《モウス》とは、宮古島人頭税廃止運動の農民請願代表者・平良真牛《たいらまうし》で、背が高く、肩幅も広く、大柄な体格で、正義感に溢れた保良村一番の力持ちだった事から、保良の真牛と愛称され、村人たちから絶大な信頼を寄せられていた人物（保良村の総大将）である。また宮古島民の不屈な精神・アラガマとは自己奮起・なにくそやるぞ負けてたまるか！　の意味である。

秋空高く　風が舞う鳥が鳴く
ひとりで思いあぐねてないで
力を合わせ　一つになろう

アララガマ　アララガマ
嗚呼　保良の真牛

（台詞）あちこちの集落では、人頭税による生活の苦しさから働きのない老人達が、家族の口減らしの為と庭の木に首を吊って死んだ。また愛し合う男女が結婚しようにも上納に苦しめられ、この世では到底結ばれぬと諦めて、辺安名崎《へんなざき》の崖から二人で身を投げて死んだ……。どうか滞納処分が酷くて夜も眠れないぐらい、長年人頭税に虐げられてきた私ら農民の苦しみをば助けてください！　中村先生！　城間主！

水平線に　立ち迷う千切れ雲
なすべきことは　一つの心
数さえあれば　火力は燃える
アララガマ　アララガマ
嗚呼　保良の真牛

（台詞）ツゥガラグー（乾燥したひょうたん）は水に沈めても、水の中で足で踏みつけても浮き上がって来る。心無いものに踏まれても勇気と根性を持って生きて行け！　生きて、生きて生き抜いて　自分たちで自分たちの運命を切り開くんだ！　さあ、一緒に手をつないで往こう！

心が躍る　海が鳴る時は来た

やる気になれば何でも出来る
五つの指を拳に変えて
アララガマ　アララガマ
嗚呼　保良の真牛

祖先は見知らぬ東京という大都会へ渡り、幾多の困難にぶつかりながら、遂に請願を帝国議会に通過せしめて人頭税廃止の実現を見た。この祖先の勇気ある決断に感涙し、人権回復した姿を思うと、大きな誇りを感じ、偉大な勇気を学び取ることが出来る。

現代の島ちゃび・基地重圧問題

「島ちゃび」という古い島言葉がある。「ちゃび」は「痛み」。貧しく不便な離島の苦しみを指している。人頭税がいかに過酷だったかを示す伝説が、今なお、国境問題で揺れる与那国島にある。(毎日のように尖閣諸島に姿を見せる中国船について、結局これも沖縄県ではなく、日本という国に頼って解決するしかないのかという気がする)。ほら貝が鳴り響くと、住民たちは島の中央にある「人升田《とんくだ》」に何をおいても駈け集る。だが、田は狭く全員は入れない。病人や身体の不自由な人は当然遅れる。田からはみ出した者はすべて殺された。課税対象となる住民が少ない方が人頭税から逃れられるからだという。集落の残酷な仕打ちだが、住民をこうまで悲惨な状況に追い込んだ。だから政治にこそ目を向けなければならない。

八重山でも「パイパテローマ」という南の楽園に逃散した話、妊婦を跳ばした久部良バリ、島分けのため恋人と引き裂かれて嘆き石になった話、「野底マーペー」など悲しい伝承が多くある。「島の夜明け～宮古島人頭税物語・川満亀吉編」と「上原戸那編」を全国メジャー曲として放ったとき名護市長選挙があった。「指揮官・中村十作と駆ける南海の若き5人衆のアラガマ魂」を全国メジャー曲として放つ今年も名護市長選挙があった。辺野古新基地が完成すれば、その影響は更に100年も影響を及ぼし続ける。だからこそ万が一世界大戦が起きた場合、日本本土を守る為に、沖縄を矢面にしたい国は圧し掛かる。地元住民に目先の補助金をチラつかせて米軍普天間飛行場を名護市辺野古に移設する代わりに巨額の沖縄振興予算を約束するなど、アメとムチで迫るやり方を戦後70年余も繰り返している。

（苦《ク》りしやまま、失《ウ》しうりむぬやらば）このまま人頭税に苦しむぐらいなら、いっそこの世から消え失せてしまいたい。八重山民謡に込められた絶望は深い。一時的な補助金と引換えに黙認し、未来を破壊する辺野古新基地が完成したら沖縄は後世に大きな禍根を残すことになるであろう。米軍基地の一極集中という現代の島ちゃびの苦悩が、それに重なる。

人生に百点満点はない。それは神様から天国へのキップを貰った瞬間「苦しんで良かったという感謝」であり、前向きな人生でさえあれば、誰でも貰えるものと確信している。どんな理由があっても戦争は許されない、どんな戦争にも正義はない。平和を愛する神を信じていても、その神の名の下に人類はなぜ戦争をするのだろう。神が戦争に加担する訳がない。神の名を語る人間（悪魔）が言っているのだ。

現世は社会が乱れ。壊れているのにそれを治す気概が日本政府には見えず、相次ぐ惨たらしい事件や嘆かわしい不祥事が、教育界や国家レベルまで噴出している。極めて危機的状況に陥っているのが、吾が日本。私は世界平和に対する思い入れを込めて「めぐりの海」を創った。

めぐりの海　(忘な世《ばっしゆ》　命どぅ宝《んぬったかさ》)

作詞&作曲・上地雄大／編曲・竹村次郎／歌・うえち雄大

忘な世《ばっしゆ》　命どぅ宝《んぬったかさ》　忘な世《ばっしゆ》
あなたをめぐり　豊かな海で　悔し涙を　滲《にじ》ませる
船の灯りに　波立ち揺れる　若かりし　残生欲望《ざんせいよくぼう》
色めき立って　絡まる未練　石垣波止場　酒場の美崎町《みさき》

逢いたいよ　あなた　逢いたいよ

流るる星に　手のひら合わし　祈る願《おも》いは　海の幸
東シナ海　尖閣諸島《せんかくしょとう》　あさましい　生き方みせて
何処まで行くの　求める度に　鉛色《なまりいろ》した　空が広がる
悲しいよ　あなた　悲しいよ

忘な世《ばっしゅ》　命《んぬつ》どぅ宝《たかさ》　忘な世《ばっしゅ》
荒波くぐる　隙間《すきま》から未だ　何も見えない　コバルトの
海が目映《まばゆ》い　日本最西端《さいせいたん》の　与那国を　飛びたつカモメ
伝えておくれ　国境越えて　永久《とわ》にあなたが　私の命《んぬつ》
抱き締めて　あなた　抱き締めて

人頭税と闘った宮古農民は「沖縄県知事が駄目ならば日本帝国議会へ直訴するしかない」と立ち上がった。人頭税を打破した歴史を学ぶことで現状は変えられる。地理的にもアジアの交流拠点となるべき地元の美しい海が埋められるのを見るのが辛い。日米基地重圧問題で揺れる沖縄の県民挙げて進める大合唱「日本改革」に何らかの示唆を得て頂きたいと期待を込めている。農民側から見た人頭税を「保良の真牛」とともに農民代表に選ばれた「福里の蒲（本名・西里蒲）」も描いた。宮古民謡「人頭税廃止運動のクイチャーアヤグ」の一節に「大道蒲《ウプドゥカマ》が沖《ウツ》縄《ナーノゥ》登り参《ンミャ》まいばよ　ヨーイマーヌ　参まいばよ　ニノヨイサッサイ」とある。

島の夜明け～宮古島人頭税物語・福里《ふくさと》の蒲《かま》

作詞・上地雄大／作曲・橋田みつのり／編曲・竹村次郎
ナレーション・仲地昌京／歌・うえち雄大

（台詞）福里の蒲とは、宮古島人頭税廃止運動の農民請願代表者・西里蒲で、筋肉質の大男（体格）。握力が強いという評判で、風格があり、気は優しく、村人達の面倒を見る責任感も強い事から信頼も厚く、身心の充実した人物（福里村の総大将）である。

何でも出来る　朝焼けの
山ひとつない　美しい
太平山を　眺めていると

宮古気質の　血が騒ぐ
嗚呼　福里の蒲

（台詞）わが福里村では拷問を受けて、這いずり回る若者が増えるばかり。中には人頭税との縁を断ち切る為に、刃物で自分の手の指をざっくり切り落とし、障害者になったと村中喚き回わった男もいます。また、わずかな粟俵の為に拷問を受け、役人らに一人娘を奪い取られ、耐え難い屈辱と貧苦と病気にさいなまれ、ついに世を儚んで自殺した親もいます。さらに、断崖の上から子供たちを先に突き落とし、後を追って身を投げた夫婦もいます。中村先生！　城間主！　どうか私ら農民を横道に迷い込まぬよう導いてください。

その気にさせる　コバルトの
海原をゆく　渡り鳥
乱れた影を　抱き締めながら
何処まで往くの　輪になって
嗚呼　福里の蒲

（台詞）私ら無学な農民は役人のムチが怖くて、仕方なく畑に出て牛馬のようにこき使われて上納、上納で息も出来ない。本当に極悪非道な人頭税には、もう我慢できない。さあ、殺すなら殺せ、人間いつかは死ぬんだ！　宮古島農民を救うために殺されるなら本望だ！

傷つけられて　やせ細る
砂糖黍《ぶうぎ》に白い　花が咲き
痛んだ胸を　奮い立たせる
思いはひとつ　宮古島
嗚呼　福里の蒲

人頭税の歌は島の祖先供養

私のやっている事はオリジナル作品にこだわり抜いて、自分の歌を顧客の前でナマで唄って「この歌は店のカラオケに配信されていますので、皆様方もＣＤで覚えてこの店で唄って戴けると有難いです。応援していただけませんか」と、ネオン街行脚キャンペーンを30年余展開している。この体験からいろんなものが見えて、実に膨大な行脚記録となって作詞・作曲も増え続け、著書発刊にまで繋がっている。

私の強みと言えば、ラジオ7局9番組レギュラー放送しながら、ネオン街をカラオケで唄い流しているという実践・実話放送である。今のインターネット時代、いくらテレビやラジオで聴いたからといって、そう簡単にレコード店にCDを買いに行く人はいない。自ら足を運んでカラオケ店顧客の前で直接ナマで唄って聴かせているからこそ、CD販売の結果に繋がっているのだ。お陰でネオン街を歩けば「ラジオ聴いているよ~雄大さん！」と声を掛けて応援してくれる。この優位性を大切にして、一人でも多くの方々が聴きたくなるような、喜んで貰えるような精度の高い番組づくりを心がけたい。

自分の道は自分で宣伝するしかない私は、自分に負けたら何もかもが壊れてしまう。元気のあるうちに自分の知力を出して、世の中を納得させる生き様を目指して、自分の魅力を自分で創る人生（托鉢演歌の世界）を燃焼させたい。人頭税物語も一生涯、語り部となって。30年余も貫いて来たからには徐々に自分の魅力は出て来ているはずである。

「出逢うところ愛しい吾が鏡　吾が師匠なり」。ネオン街で巡り会う方々からたくさん教えて貰える瞬間を積極的に学んで自分のものにしていこう。世間が「飛び込み営業は大変だろう！厳しいだろう！」と思っているネオン街にこそ、作詞・作曲やラジオ番組のネタは放送し切れないほど転がっている。しかし、年齢的な体力的の衰えもあり、重点の方向性を変えざるを得ない。ラジオ7局9番組の放送は、5年後の自分を見据えたチャレンジである。メンタルの強さを連日連夜必要とするカラオケ流し同様、精進して行こう。

故郷の偉人を主役に据え、わが子同然の作品を最南端の故郷から北へ北へと西日本、四国、関東へと、宮古郷友連合会や沖縄県人会、そしてネオン街行脚キャンペーンで巡り会うたくさんの方々のエールのお陰で滞りなく「島の夜明け」をやり遂げる事が出来た。有難い限り。本作品に関わったいろんな方々のお力添えを戴いたお陰である。30年余にわたり一貫して草の根へ飛び込みキャンペーンを展開してきた。その延長線上に、今年は「中村十作」を津々浦々まで届けと発信し、郷土の偉人たち一人一人が全国に羽ばたく可能性をイメージしている。

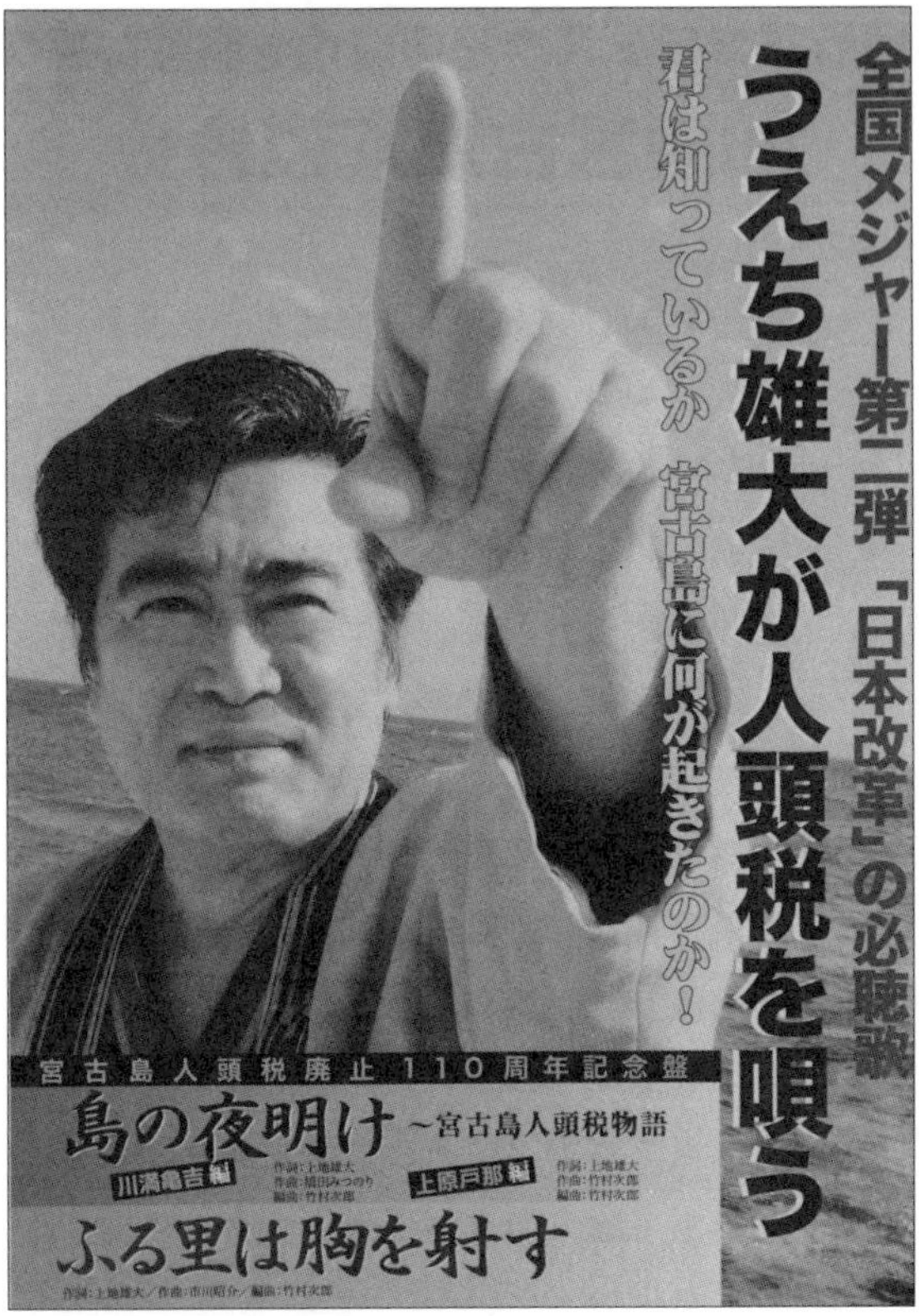

「人頭税廃止110周年アララガマフェスタV」2013年7月7日、東京都上野水上音楽堂にて

平良真牛

上原戸那

城間正安

中村十作

中村十作と駆ける南海の若き５人衆

中村十作（なかむら　じゅうさく）
１８６７（慶応３）年1月18日～１９４３（昭和18）年1月22日永眠、享年76歳。新潟県中頚郡上越市板倉区稲増に豪農の10兄妹の５男として生まれる。早稲田大学（旧・東京専門学校）に学ぶ。宮古島人頭税廃止運動の指導者であり宮古島の大和御嶽に祀られた真珠養殖の実業家。１９４２（昭和17）年、宮古島を去り、43年京都で死去。中村十作は１８９３（明治26）年、城間正安と宮古島農民代表の西里蒲・平良真牛をともない上京して人頭税廃止の請願運動を展開した。そして95年の第８回議会で「沖縄県政改革建議案」が可決され、10年後には人頭税が廃止された。

城間正安（ぐすくま　せいあん）
１８６０（万延元）年8月19日～１９４４（昭和19）年8月24日永眠、享年85歳。下級士族の４男として那覇市久茂地に生まれる。人頭税廃止運動の参謀また宮古と内地の通訳者として上京。廃藩置県後に設置された農業試験場に勤務、１８８４（明治17）年、宮古の製糖指導員として赴任した。以後、宮古各地を巡りサトウキビ栽培と製糖法の普及と指導にあたった。正安は酒が飲めないが、農民のため酒造りもした。

西里蒲（にしざと　かま）
１８５６（安政３）年3月2日～１９０８（明治41）年永眠、享年52歳。城辺町字福里に生まれる。福里村の実力者であった。農民代表として真牛とともに上京。当時38歳の蒲と真牛の渡航を島で阻止できなかった士族側は、県庁に二百円を託し上京阻止を依頼。二人の上京阻止には、警察権力も加担したが、様々な弾圧や金銭の誘惑を乗り越え東京に向かった。帰島後は福里村民に敬愛されていた。

平良真牛（たいら　まうし）
１８５７（安政４）年12月3日～１９３４（昭和９）年3月18日永眠、享年77歳。城辺町字保良生まれる。農民代表として蒲とともに上京。漲水（はりみず）浜の人頭税石前で納税の検査を待っていた保良村総代の真牛は、役人の横暴に我慢でずその役人を突き飛ばした。すると農民たちの怒りが爆発し役人たちとの大げんかに発展。それが人頭税廃止運動の発端となり，保良村・福里村・新城村を中心に宮古島全土に広がっていった。

上原戸那（うえはら　とな）

１８６５（慶応元）年5月5日～１９３９（昭和14）年11月27日永眠、享年74歳。８人兄弟の５男（後妻の２番目の子）として城辺町字新城に生まれる。７歳の頃に母方の実家の養子になる、同じ上原姓だったため、そのままウヤキヤー（裕福な家）の後継者となる。当時28歳の戸那は、新城村総代で東の農民まとめ役として島に残った。その頃、宮古島には３４０人の士族役人がいた。役人たちの誹謗中傷や頑固党から強迫と暴力にも耐えた。東京から4人が帰島すると「わしの一生で、こんなうれしい日はない」と亀吉とともに男泣きしたという。

福里村総代西里蒲生誕地の碑

保良村総代平良真牛生誕地の碑

川満亀吉（かわみつ　かめきち）

１８６７（慶応３）年８月７日～１９２８（昭和３）年８月30日永眠、享年61歳。下地町字嘉手苅に生まれる。６人兄弟、幼名は屋真。12歳の時に父を亡くすと母と一緒に働き兄弟たちを育てた。23歳で嘉手苅村の総代になり真牛や蒲、戸那らと密議を重ねた。26歳の時、西の農民まとめ役として島に残った。亀吉が中村十作を人頭税廃止運動の総大将にお願いした。４人の帰島後、十作の水産組合設立の中心人物も亀吉であり、また正安に宅地と住居を与え、現地妻もめとらせている。

新城村総代上原戸那生誕地の碑

福里村総代川満亀吉生誕地の碑

高知行脚「島の夜明け／ふる里は胸を射す」キャンペーン

作曲家・橋田みつのりご夫妻との再会

作曲家・橋田みつのりと美鶴ご夫妻

新春、私はうららかな気分で那覇空港に向かった。一生青春という片道切符を胸に秘め自分の信ずる旅に出る。そこに困難が待ち受けていても、私には太陽から授かった試練を乗り越える翼がある。出逢いは全て大輪の花になるための修行。それでも「どんな出逢いがあるのか」とても緊張と期待が交差しつつ、愛媛県松山往きのＡＮＡ３８４那覇発13時55分に搭乗した。20分遅れの便は無事に松山空港へ到着。流石に愛媛は寒い、冷たい風に吹かれてバス乗り場の手足が凍える。ホテル№１松山で一泊した翌朝「ホテル№１高知」を紹介して貰い、松山駅前から15時発の高速バスに乗った。高知へ向かう高速道路は山頭火の世界、長いトンネルを抜けては山また山が広がる。気がつけば空にはお月様が浮かんで、山々は影絵のような白黒の風景に変わった。所々の山間には民家が密集し、テレビニュース等での土砂崩れを想像すると危なげに見える。

歌謡ショーを支えてくれた後援者の皆さんと（高知城ホールにて）

苦難な厳しい道でも歌い語り続けて往けば、必ず理解者が現れることを信じる以外に進む術はない私。当ラジオ番組を頑張る事の大切さも含めて、自分と闘い続ける托鉢演歌道。無事に高知に着いた初日２０１４（平成26）年1月10日（金）ホテル№１高知にチエックインと同時に「島の夜明け〜宮古島人頭税物語・川満亀吉」の作曲家・橋田みつのりさんから電話。私は急いで汗だくの下着を取り替えて即出かけ、はりまや橋で再会を果たした。思えば20年前（平成6年2月）の「ふれあい歌謡ショーＷｉｔｈ雄大」以来である。

私達は、はりまや橋近くの居酒屋で語り合った。20年振りの橋田さん（私と同じ歳）は髪が真っ白になって諸行無常を感じさせてくれた。「高知に来た時は、わしに甘えとき、その代わり沖縄へ行った時は雄大に甘えるきい」と土佐のいごっそ精神は今も変わらない。私達は橋田さんの馴染みの店「カラオケ居酒屋・小春」まで梯子して、カラオケに配信されている私達のコンビ全曲を歌って愉しんだ。お会計を済ませての帰り際、橋田さんは「雄大がキャンペーンに来る時は、宜しく頼むでぇ〜ママ」と言った。「あのママ（春千代）は2千円でいい言うし、それ以上は取らんのよ。じゃあねぇ〜！」と、背中で右手を上げて去った。橋田さんを見送った私はコンビニに立寄って手袋を買い求めて明日からのキャンペーンに備えた。さて、出逢うところ美しく輝いて楽しみたいものである。

橋田さんを変えた追手筋のネオン街行脚

1月11日（土）20時に橋田さんがホテルまで来てくれて、二人で追手筋のネオン街行脚キャンペーン。私は何時もの事を繰り返し、橋田さんは私のキャンペーン模様をビデオカメラで撮影。ありのままの姿をユーチューブに乗っけようとの計画である。

「やめてよ！　そんなCDなんか買って如何するの？　誰も買わないから他所へ行って売り〜！うちのお客は飲みに来たんやけん！　そんなもん買いに来たんやない！　要らないわ〜!!」と苛立つママの高級作りの店に、私も人間だから嫌な人間に出会うと唄う気力を失くしたりもする。不適切なママの態度が正しいのか間違っているのか飛び込んだ私が判断する立場ではないし、第一他所様の店で感情的になってはいけないから心の風景として（慣れなくて戸惑う橋田さんを促しながら）はりまや橋の水にサラリと流し、高知へ来た目標達成に向かう托鉢演歌道。

次の店「Ｗａａ」で唄っている最中に後から入って来た５人組席の男性客一人が「沖縄からわざわざご苦労様！　よう来た～」と両手で私を抱きしめ、皆の分５枚もＣＤを買ってくれたのが有難い……。お陰で落ち込んでいた心に勇気が湧いた。今夜は36軒の扉を開いて「隠れ家イン／月の女神／シエリ・ジュム／Ｗａａ／ミス・ミー／ラ、メール／ボギー／紙ふうせん／アゲイン／私の部屋」の11軒で唄った。橋田さんは「今夜はカメラを通して冷静に世の中が見えたでぇ。ごっつうモチベーションアップしたけん、わしの作曲もこれから変わるでぇ、よう覚えてち聴いといてや～！　以前のわしやったら感情的になってしまい様な事でも今夜は怒らんと受け入れるようになったけん、わしも齢とって成長した証拠なんやなぁ。お互いに無いもん持っちょる思うよホンマに、わしに無いもん雄大は持っちょる。それは認めるけん」と、お疲れの盃を交わして別れた。

お陰で如何にか愛媛での宿代や高知までの高速バス代などを取り戻した。とにかく、この道でメシを食うプロ歌手としての私は、旅先で掛かる一日の費用をその日の内に取り戻さなければならない宿命を背負っている。これから高知で滞在する８日間のホテル代や食事代に往復の飛行機代及びＣＤの発注代金等々も含め、全てをＣＤ売り上げ金で賄い帳尻を合わさなければならない。何もしないでいても容赦なく宿代金に追われるのが旅先であるからには足元を疎かには出来ない。明確なのは現金がなければ何も進まないのが当たり前なのだから集中力を高めて1枚でも2枚でもCDを販売して旅先での結果を出して行こう托鉢演歌道。

「寒くて大変でしょうけれど頑張ってね」と家内から携帯メールが届いた。人頭税問題を全国へ伝えたいという思い込みだけは誰にも負けないつもりの「島の夜明け～宮古島人頭税物語・川満亀吉」ここは高知の追手筋、寒くて手足が冷たく凍える。

「愛さえあれば」以来の再会

1月12日（日）16時に橋田さんがホテルまで迎えに来てくれて、喫茶店「フィドルファドル」で懐かしい勝賀野多喜子さんと細川豊史さんに引き合わせてくれた。二人とも20年前、私の「ふれあい歌謡ショーWith雄大・愛さえあれば」の時、勝賀野さんが構成し、細川さんが司会担当をしてくれた。その時以来（今では二人とも歌謡教室を持っている立派な講師）である。

再会のお茶懇談をしながら橋田さんは私の高知行脚キャンペーンの応援願いをしてくれた。すると勝賀野さんが「ほなら先生、せっかく沖縄からわざわざ雄大さんが来てくれたやきぃ～

うち20枚買うて応援するわ～全ては20年前の〝愛さえあれば〟から始まったやきねぇ。あん頃は橋田先生の号令でそれ行け～やったから」と切り出すと、「そうそう僕も勝賀野さんに誘われて、司会を手伝うて、その後、雄大さんに付いて彼方此方回ってキャンペーンを体験させてもろうてから、僕にも出来るんや思うて勇気をもろうたんが原点や～ほな、わしも10枚は買わせて貰います～」と細川さんも声を弾ませた。

お二人と別れた後、私と橋田先生は（有）小松レコード店を訪ねた。私は自らのCD「島の夜明け／ふる里は胸を射す」を3枚購入して小松正幹社長と名刺交換した。日曜の今夜は営業している店も少ないが、宿代や自ら買ったCD代金及び今日一日の食事代だけでも取り戻さなければならない。そんな思いに押されて私独りで出向いたはりまやのネオン街だが、流石に休んでいる店ばかりが目立つ。公園通りは日曜市で昼は賑わい、夜は屋台ラーメンの露天商が立ち並び、まだクリスマスツリーもキラキラ輝きを放っている。

「愛さえあれば」のCDジャケット

粘り強く9軒の店「はな／スタイル／追手前／希子《けし》／イブ／一休／あやの／こねこ／ゆかちゃん」で唄った。中でも「あやの」のママ（あやの）さんが20年前の事を覚えていてくれたのが嬉しい。丁度お客二人が帰る所だったが、引き止めて唄わせてくれたママさんは「久しぶり〜！　昔一緒に舞台に立ったの覚えちゅう？　今回の歌は凄いやねぇ、これは素人には唄えんわ！　聴いているだけで感動して満足したき〜！　芋焼酎のお湯割りでも飲んで温まっていき〜」と、ＣＤを３枚買ってくれたのが印象に残る。あやのママは20年前も、高知城ホールで歌謡ショーをやった時、紅型衣装を着けて「愛さえあれば」を踊ってくれた経緯がある。「イブ」の西野愛子ママさんも「沖縄の雄大さんやわぁ〜20年前、メチャ明るい〝愛さえあれば〟という歌を持って、内の店でキャンペーンした事がある〜」と即歓迎して唄わせてくれた。唄い終わると「少し座っていき〜！　ビール１杯位ええやろ〜」と１本抜いて休ませてくれた。お陰でママさんが相手して居たボックス席の男性客二人も買ってくれたから有難い限り……私は「愛さえあれば」を唄ってお礼とした。

高知新聞の竹中記者キャンペーンに同行

１月13日（月）小松レコード店を訪ねて「店にあるＣＤを完売させたいと思いますので是非！社長が知っておられる高知のカラオケ好きな方々が昼から集っている店を案内して頂けません

か?!　私には何処にあるのか全く分かりませんのでお願いします」と頭を下げて小松社長の了解を得た。

午後1時半からは橋田さん共々、高知新聞社（社会部）の竹中謙輔記者からホテル№1高知にて取材を受けた。そして竹中記者から「何処かキャンペーン先の店で唄っている姿を写真撮影出来ないでしょうか？」と切り出された私は、スケジュール一杯の橋田さんと別れ、タクシーで小松レコード店を訪ねて小松社長に相談を持ちかけた。流石に即対応してくれた小松社長は「カラオケ広場・さえんば」に案内してくれた。約20名位の団塊世代の男女がカラオケを楽しんでいる最中、竹中記者が「この方は沖縄から来高した、うえち雄大さんです！　彼がキャンペーンで唄っている写真を撮らせて貰いたくて同行しました高知新聞記者の竹中と申します。宜しくお願いします」と紹介してくれた。

唄うと大変盛り上がって竹中記者のフラッシュも大分たかれた。どんな記事掲載が出来るやら明日の高知朝刊が楽しみである。続いて「カラオケ演歌サザエ」でも歌謡ライブ。今日は成人の日（祝日）にも関わらず、休めない私は夜も独りキャンペーンに赴いて追手筋25番街の扉を開いた。「歌は聴いちゃるけんどCDはいらんわ～」と笑う店や「気持ちは分かるけんど、今は大事な話をしてるけん、またねぇ～」と渋る店がある。唄い終わった後でCDを勧めると「そりゃ～無理やわ～」と断る店に「CDは買わへんけんど頑張ってねぇ」と素気ない店もある。又「唄とうたらCD買わなあかんのやろ？　他所へ行き～」と門前払いする店や「何でこんな寂れたとこに来るん！　もっと東京とか、ああいうとこへ行かんか〜」となじる店、「とりあえず座って何か飲み物でも頼んでお客になってからにし〜カラオケ代200円払ろうてや」等々。更に「そんな暗い歌、唄わんで〜」と途中でカラオケを止められた店もある。漸く3軒の店「ラ・ポール／蘭／恵にし」で唄ったが1枚も売れない。

作曲家の地元で掲げた最低目標のCD枚数はクリア出来るのだろうか？　自分の出来ない愚痴を聴いて貰える相手がいる人は幸せ者だが、私には愚痴を並べている暇はない。橋田さんと作詞・作曲のコンビである私は歌手兼企画制作者の立場でもある。大ヒットさせる為には橋田さんの協力が必要であり、互いに本気で向き合わなければ道は開けない。人生懸けて高知まで来た私には物事の全てが見える。スピードが要求される時代において、良い対応は良い仕事を生む。

紫苑流・紫苑如月師匠「中村十作」を演舞

1月14日(火)晴れていても寒い。今夜の私は独り、はりまや町3丁目を托鉢演歌売り歩き。45軒の扉を開いて8軒の店「カスタネット／釜山／金魚／互射亜萌《こいあも》／Baa日曜日／Jiuc ene／あっとホーム／カナ&カナ」で唄った。中でも「カナ&カナ」のママ（紀美）さん他二人のホステスさんが、明るく歓迎して「売れたら又来てねぇ～」とベストアルバムを買って見送ってくれたのが有難い。

ふれあい歌謡ショー with 雄大で「中村十作」を演舞する紫苑如月師匠

ふれあい歌謡ショー with 雄大

翌15日（水）午後2時から小松社長に南国市岡豊町滝本の「カラオケ喫茶土佐」を案内され、ガラスの向こうの景観豊かな湖の美しさに見惚れながら唄ったら、ママさん始め全員が「こんな実話があったなんて全く知らんかったわ～歴史の勉強させて貰うて良かったわ～」等々と言いながらCDを買ってくれた。ママ（絹代）さんが見えなくなるまで手を振って見送ってくれた。

夕方6時には約束通り、ホテル№1高知まで紫苑流の如月師匠が迎えに来てくれた。お弟子さんの運転する車の助手席に私が乗り、如月師匠は後部席に乗って今度は土佐山田の「スナックらくと」という如月師匠の息子（加藤貴良・現在高知市議会議員）さんが営む店に案内された。紫苑流の皆さんに囲まれて1時間の歌謡ライブをやった後、如月師匠のご主人が「これがわしの本業や」と豪勢な寿司や海老フライのオードブルを差し入れて私の歓迎会となって4時間も代わる代わる皆でカラオケを愉しんだ。

笑いが絶えない紫苑流の皆さんとは20年前の高知県夜須町公民館大ホール「ふれあい歌謡ショーWith雄大」で如月師匠は「愛さえあれば／雨の宮古島海峡」の振り付けを考案し踊ってくれた。

平成6年9月17日（土）那覇市民会館大ホールでの「ふれあい歌謡ショーWith雄大」にもツアーで駆け付けて舞台に花を添えていただき、宮古島まで観光に来てくれた経緯も。更に10年前に「宮古島人頭税物語その人・中村十作」を如月師匠自ら踊るビデオが送られて来た時は、切れ味のいい男踊りの素晴らしさに感動したものである。それにしても高知新聞の効果は凄い！　お陰で出会う人皆が認めてくれてCDも売れる。今朝の朝刊27面にカラーで「宮古島苦難の歴史唄う　基地集中　虐げられる沖縄今も　島出身の演歌歌手・うえち雄大さん」の見出しで大きく報じられ、竹中記者同行取材記事には説得力がある。

出逢うところ吾が師匠なり「小松社長と山道を行く」

1月16日（木）今朝はホテルの露天風呂につかりながら、他府県で人頭税の活動が評価され、新聞にも取り上げられ、大きくカラー掲載された事が嬉しくて疲れも取れた。

竹中記者が書いた記事を目にしたであろう沖縄出身者達にも大きな勇気を与えて欲しいと願わずにいられない。遠い各地を訪問しながら過酷な人頭税が存在していた歴史的事実を知らせる事は宮古島の祖先供養にもなると信じなければ進めない。両先島の全ての先祖の神仏が私を支えていると思えるからこそ頑張れる。必ず成功に繋がるまで語り唄い流そう。幸い今回の旅は天気に恵まれたキャンペーン日和、雨の日が一日もなく冷たさだけが厳しかった。

午後から小松レコード店の社長と昼カラ店巡り。晴れの日の山々は美しい「出逢うところ吾が師匠なり」何も文句を言わなければ全ての巡り合いが応援してくれる。色々な出逢いに様々に感じる心を落ち着かせて行こう托鉢演歌道。

山道を行く小松社長が左片腕で運転する車の助手席で私は小松社長の波乱万丈伝を聴いた。戦争時代に火薬作りをしていて自分の右腕を破裂させて親を悲しませてしまい、世間からは非国民扱いされた事や自治会長さんから「神様がお前には両腕はいらない、お前なら一つの腕で人の両腕分の働きが出来るから一つの腕を取り上げたんだ」と励まされた事等々、以来「自分を障害者だと思った事は無い」と笑いながら運転する社長の左片腕が頼もしい。思春期の頃に親指を失くした経験のある私には小松社長の痛みが少しは分かるつもりである。

「カラオケ2すてっぷ／カラオケ喫茶はりまや／カラオケ喫茶おたまじゃくし／カラオケ喫茶どんぐり子」4軒での歌謡ライブでは「新聞で読んだ～頑張って下さ～い」「今、消費税の時期に日本でも珍しい税のある事（歌）を聴いて新聞としては新鮮なニュースソースだと思います。素晴らしい！」「高知新聞、凄いですねぇ、読ませて貰いました。雄大さん、良かったですねぇ～おめでとうございます。」「この新聞切り抜いてポスターの傍に貼っておきます」等々の声が掛かる。夜は8時半から橋田先生と一緒に唄い流した。「昨日の新聞見たわ～凄いやねぇ。大きゅう載っちゅうやんけ～」と「あやの」のママさんからも電話。ママさんの誕生日で賑わっていた店「アトリエ」で8枚売れたのが良かった。実は昨夜ママさんから「明日は私の誕生日祝いをやるき～来て～」と言われていたのを思い出したのが良かった。橋田先生とも顔馴染みの様子。お客様の前で唄う時は、モチベーションが大切。托鉢行脚キャンペーンは、こういう経験が出来るだけでも有難い。

今夜も流し終えて二人で食べた屋台ラーメン餃子の味は格別なり、橋田先生と別れた後、私は「青い」という店と「あやの」で唄った。今夜は7軒の店「ナイトインちょっと追手筋／アトリエ／ラビィ・ローズ／シンシーズン／ほ～ぷ／青い／あやの」の昼夜合わせて11軒の店で唄った。

日本晴れ高知行脚一人旅「今を活きなければ中央突破は出来ない」

1月17日（金）泣いても笑っても今日が高知行脚キャンペーンの千秋楽。最後まで集中力を高めて行こう托鉢演歌道。午後2時から「カラオケ広場さえんば」で歌謡ライブ。入口や店内の壁には私のポスターと新聞記事が貼られている。橋田先生はビデオ撮り、小松社長はＣＤ販売「歌は聴くもの感じるもの、心で唄えば伝わるもの」16枚売れたから有難い。全て積み重ねの努力が大切な夜に備えて夕方5時の露天風呂に入ると、高知城の左の山に張り付いた真っ赤な夕日が美しい。

橋田先生は「今日はキャンペーンせぇへんでぇ～」と言うが、私は七つ道具を放さない。夕食後の私達は初日と同じ店「カラオケ居酒屋・小春」で飲んで語り合った。20年前は二人とも嘔吐するまで飲んだものだが、もう無茶飲みできない

久斗山紫竹林・安泰寺での座禅修行時代の兄弟弟子・東影大地住職（手前）

年齢。私は程よい所で唄わせて貰ってCDも5枚売れた。お陰で翌朝6時の露天風呂から見える高知城の右側に浮かぶ真ん丸お月様も美しい。日本晴れの空に最高の余韻を残したまま、諦めない高知一人旅が終わる。

帰りは安泰寺の同僚僧・東影大地（龍現寺の住職）さんと愛媛道後温泉旅館・大和屋本店で再会、「ゆっくり温泉にでも入って美味いもん食うて旅の疲れを取ったらええ」と歓迎された。翌朝、彼に見送られて松山空港から帰路に着いた。

福岡県博多区中洲ネオン街行脚キャンペーン

2014（平成26）年2月13日（木）ラインレコード店でキャンペーンができるかを訪ねると「3カ月前からメーカーさんと綿密な打ち合わせをして諸準備を整え、更に各店の買取りOKでなければキャンペーンは出来ない。ましてや飛込みキャンペーンなんて先方さんにご迷惑が掛かってしまいますのでお断りしています」等と言われてしまった。

博多の中州までキャンペーンに来た私は、博多まで来た自分の足跡を残す為、店に自分のCD「島の夜明け／ふる里は胸を射す」を5枚注文して、東横イン博多西中州にチェックインした。何が良くて何が悪いかは後にならないと分からない。今レコード店主にキャンペーンを断られたからと言って諦める訳にはいかない。飛込みには飛び込みの良さもあるのだから、今まで通り人間修行と捉えて精進しよう托鉢演歌道。

携帯が鳴って「人頭税の歌、ラジオで聴いて感動したから是非！　宜野座村産業祭りのカラオケ審査特別賞表彰委員を兼ねた歌謡ショーで歌って欲しいって！　会場でのＣＤ販売もＯＫとの仕事依頼が舞い込んで来たわよ～！　だんな様の人を感動させる仕事って凄い事だよねぇ～」と弾む家内の声に勇気付けられた私は早速、雪が霙に変わる中、傘を差して中洲のネオン街に出向いた。今を必死に活きなければ中央突破は出来ない。

托鉢演歌は相手が居て成り立つキャンペーンだから、完璧を求めるのでなく、苦しみも切なさも、厳しさも受け入れて唄い流して行こう……。思えば24年前にも16年前にも渡った懐かしい春吉橋。キャンペーンの七つ道具が傘の下に重たいが、意地で支えて渡れば、そこには九州一を誇る博多区中洲のネオン街がある。濡れては仕事にならないから先ず、濡れない様に数あるテナントビルの一棟へ飛び込んで、最上階から順番に次々と扉を開いて唄い流す事にした私。

今夜は53軒の扉を開いて唄わせて貰った店が「クミ／バン・ローゼ／蓮花／セナールの森／ＡＯＹＡＬ／サカ爺の婆／パパス／ＰＬＥＡＳＵＲＥ」の８軒でＣＤが売れたのは６枚と厳しい。明日から相当の覚悟で挑まなければならない。私は一夜で60軒の扉を開く勇気が必要であると決断。「なあに、雪でも雨でも傘を差してテナントビルの中へ飛び込んで唄い流しさえすれば必ず道は開く。「バン・ローゼ」の若い男性客が「俺、応援するから」とボックス席を立ってCDを買ってくれた。すると多賀谷聡と名乗る若い店長も廊下まで追い掛けて来て「また是非！　キャンペーンに来て下さい！　内には良いお客様がいますので」と名刺交換をして見送ってくれた。

若者に優しく声を掛けられて応援して貰えるなんて日本も捨てたものじゃない。「遅れ咲きの遠い道でも頑張れる！　これからだ」という新たな思いになるではないか。

努力が色褪せることはない

2月14日（金）昨日に続く寒くて冷たい午後4時、私は西日本新聞社の上別府保慶編集局次長兼都市圏総局長を訪ねた。スポーツ本部・運動部次長職記者だった頃（16年振り）の彼は大分出世していた。当時、中洲のネオン街を同行取材をしてくれた彼が書いた西スポの記事「CD持って南へ北へ開けます酒場の夢扉〝托鉢演歌〟独り旅　沖縄出身のうえち雄大さん　テレビのチョイ役、ミニ劇団の座長……挫折と再起の25年！　少年時代からの目標へ〝執念〟厚い人情が活力源」が特報カラー扱いで掲載された経緯があり、その記事はラミネートして大切に吾が家に飾ってある。お陰でこの新聞記事には励まされて来たから挑戦の今がある。将来、本当に私の足跡が少しでも自己の道に挑戦する次世代の方々に伝われば有難い限り……。

さて、午後6時からは毎日新聞社の福岡賢正報道部副部長を訪ねた。学芸部の記者だった彼もまた出世していた。「いや〜すっかり忘れていましたが、うえちさんの名刺を見て思い出しましたよ。24年前ですよねぇ！　3千円の安宿で頑張っていましたよねぇ、あの頃も凄いと思って取材させて貰いましたが、今でも相変わらず続けておられるなんて益々凄いですねぇ。あの頃の宿は今でもありますかねぇ。大分軋んでてボロ家でしたから今は取り壊されているかもねぇ」等々と、ご自分を訪ねてきたのが嬉しい様子で取材してくれた。

瞼を閉じれば天国と地獄が浮かぶ24年の歳月「門前払いや冷笑を浴びせられながらも継続してきた托鉢演歌道」。本当に時代は進化し変わるものである。その縁を忘れずに「久しぶりに中洲に来た」と、足で訪ねた甲斐あって2社のお二人とも記事掲載を約束してくれたから「努力が色あせる事はない」と思える自分は幸せ者である。他府県行脚キャンペーンの度に、もう二度とやりたくないと思う毎晩だが、もう一回だけ全国行脚キャンペーンに出向きたい！　普く台湾や韓国に中国、そしてブラジル行脚キャンペーンにも挑戦して見たい思いに駆られる時もある。

ポスターやパンフレット冊子及びＣＤ等々を紙袋に詰め込んで傘を差しながら春吉橋を渉るのは辛いものがあるが、関東・東北では交通渋滞や運行停止及び死者が出る等の記録的な大雪とマスコミで騒いでいる。「なぁに〜辛いのは私ばかりじゃない！　どんなに苦しくたって今の時代、吾が道は命まで取られる訳じゃあるまいし、痛みの無い人生に価値は無い、初めて巡り会う方々が扉の向こうに居るのは間違いない。新しい出会いを積み重ねて行こう！　扉の向こうには新しい喜びが必ず待っている。ちょっと躓いたって良いではないか！　いつものように夢に向かって自分を磨いてくれる演歌の神仏に感謝しながら開こう夢扉」と自分を奮い立たせる今夜は「アイル／凛花／聖子／祀紅／めっふる／ワインカラー／彩／つばき／フラン／星の砂」の10軒で唄った。

博多で出会った沖縄のにおい

トントン扉を開いていると偶然に見つけた看板の店「星の砂」、もしかしたら石垣島の方の店かも知れないと心密かに期待しながら入ると、カウンターでママさんとホステス嬢を相手にしていた男性客が「こうして粘らないといけないよねぇ、人生という奴は」と応援してくれた。すると瞳にうっすらと涙をにじませた笑顔のママさんが「奇遇だわ。私も旧姓はあなたと同じ宮古の上地よ。両親が城辺出身だけど、私の生まれも育ちも石垣の登野城なのよ。結婚してKSになったんだけど純情だった若い頃、夫に浮気されて離婚をして親兄弟友人知人に惨めな姿を見せたくなかった私は、ふたりの子供を連れて福岡に移り住んだのよ。あれから30数年、この店をやってから28年目よ。今では子供達も自立して肩の荷がおりたわ。頑張っているうえちさんはとてもカッコいいわ！　あなたの夢を絶対に諦めないでね。私も子供を育てる夢があったから色んな事を克服できたもの……。うえち雄大と聴いて以前にも何処かでお会いしたような気がしてならないのよ。そのお名前覚えているもの……福岡にいらっしゃる間は又いらっしてね。応援するわ」と自らもＣＤを買って歓迎してくれた。店内には、琉球人形や沖縄方言の暖簾が飾ってある。カラオケの民謡盤も置いてあり、私の「愛さえあれば」も入っていたので、唄って聴かせたら大層喜ばれた。「ふる里は遠きにありて思うもの」とはこの事かと、しばし沖縄のにおいを愉しんだ。

私はママ（節子）さんとの出会いに将来において大きな収穫を得たように思えた。思えば吾が托鉢演歌道も28年目になる。他府県の夜の街で28年もの歳月を幼い子供を抱えて頑張って働いてきたからには、ママさんも人に言えない色々様々なご苦労があったに違いない。大変な頑張り屋さんである。自分ばかりではない、誰でも人は皆、どう身動きしたら良いのか悩みながら頑張って、荒波の中を生き抜いているのだ。

店側にとっては「自分の都合を優先して身勝手な行動をしているかも知れない、私の飛び込みキャンペーン」にも関わらず、こんなにも心開いて包み込んでくれるなんて人柄の素晴らしいママさんである。

次の店「夢うさぎ」という店で唄ったら「薩摩が人頭税を課したという話は聴いた事があるが、内容はよう分からんかった。２６６年もの間収入の有無に関わらず15歳以上の男女に課された重税、こんな酷い事とは知らんかった。語りべとなっている貴方みたいな人の必要性を感じるから応援するよ。諦めなければ夢が叶う！　願いが叶うんですねぇ～あなたは人を元気にする力を持っている。自分の故郷を元気にする力を持っている。私も貴方の様に目標を持って頑張れる人間になりたい。人の心に響く様な存在になりたい！　貴方が次世代の為に頑張っている姿が子供達にとっても一番勉強になると思う。今夜は貴方から人間の生き方を学んだよ」等とアベックの男性客がＣＤを買って激励してくれたのが印象に残る。「歩けば素晴らしい人は沢山いる」このように巡り会う方々に支えられての托鉢演歌道。

やり遂げるだけ・愛媛県松山市ネオン街行脚キャンペーン

２０１４（平成26）年3月12日（水）空港からバスに乗って松山1番町で下車。そのバス停から7、8分歩いた所にホテル（東横イン）はあった。チエックインした私は即、地元のレコード店（津田演奏堂）に出向いて挨拶を交わした。

人頭税物語を唄で伝承するうえち雄大

レコード店には既に私のポスター「島の夜明け～宮古島人頭税物語・川満亀吉編／ふる里は胸を射す・上原戸那編」が一番目立つ場所に貼られている。その事に対してお礼を述べながら、地元のカラオケ教室やカラオケ喫茶など、店主が懇意にしている店の紹介をお願いしてみたが「今はキャンペーンには同行はしない」との返事。ショックを受けた私は「折角、松山に来たからには旅先での足跡を愚直に一つでも残さなければなるまい」と判断。CD発売元（アスタエンタテインメント）から届いているというポスター20枚を受け取りながら、自分で自分のCDを5枚注文して夜のキャンペーンに備える事にした。

家内から「無事、着きましたか～？　寒さは大丈夫？　ヨーグルト1日1個は食べて頑張ってね」とのメール。初日から休む訳にはいかない。

早速、今夜の宿代だけでも稼がなくてはならない私は、夜になってホテルの裏街一帯に広がる一番町通りから二番町通りを行脚キャンペーン。

今夜も一生懸命自分を奮い立たせて夢の扉を開くが「こんな事があったんやねぇ～」と同情的な表情で「CDはいらん！　聴くだけにしておくわ！」というマスターや「CDを買う？　そりゃ無理やわぁ～他所へ行って売り～！」と眉間に皺

を寄せるママもいる。

　何ともない何ともない！　世の中、いい人も口の悪い人も色々様々だから、サッサとネオンの川に唄い流そう！　好きな人も嫌な人も巡るからこそ磨かれる托鉢演歌売り歩き。

「らうんじ来来」の若くて美人顔のママ（涼子）さんが「頑張っているから、私が応援するわ」と自らCDを買ってくれたお陰で、ボックス席の男性客二人にも売れた。有難い……世の中捨てたものじゃないと思える今の感謝の気持ちを大切に積み重ねて唄い流そう！　神仏に仕える事の継続は力なり、宝なり、さらに未来はバラ色なりと唱えつつ……。

　同じ繰り返しの托鉢演歌道でも同じ出逢いはない。今日も明日も明後日も新しい出会いが待っているからこそ醍醐味がある。それは誰にやって貰う道でもないからこそ、今日よりも明日、明日よりも明後日と、少しでも吾が道を良くする為に「どうしたら演歌！　何したら演歌！　このまま是れで演歌！」と改良改善して行こう！　自分で決めた事なのだから是で良いと思わなければ継続していけないけれど、是で良いと思ったら進歩が止まる事も承知している。遵って今の私は自分で設定した愛媛の松山ネオン街行脚キャンペーンをやり遂げるだけである。

　初日の今夜は「無邪気庵／ゆい／来来／ひだり／ウッドストック／ジュアン／華凛／黒姫」の8軒で唄った。

「琉球」という麗しのネオン灯

3月13日（木）土砂降りの中、ホテルの傘を借りてＪＲ電車に飛び乗って、沖縄を発つ前にアポを入れてあった愛媛新聞の白川亜子記者を訪ねた。

彼女の第一印象は感じが良くて謙虚な女性記者、新聞の記事掲載は3月23日の月曜日になるとのこと楽しみである。夜は昨夜に続く二番町通りを唄って1枚も売れない店が3軒も続いて心疲れた。そこで私は「こんな男が沖縄から来て歩いていたと言う事だけでも覚えて頂ければ幸いです」とパンフレット冊子を差し上げて歩いた。その結果、昨夜よりもＣＤの売上高は良かった。

吉田ビル2階にあるセンス抜群で着物姿の似合う素敵なママ（真美）さんの店「花人」や3階で「キャンペーン頑張って下さい。沢山の人に思いのこもった歌が届きますように」と丁寧に歓迎してくれた。ドレス姿の美しい色白肌の美由というホステスの女性が働く店「Ｌａｖｉｔａ」の同じく美しいママさん自らＣＤを買ってくれたのが有難い。また「ひょうたん島」椿ビルの3階にある店「琉球」の看板を発見した私は「もしかしたら、沖縄のママさんが営んでいる店に違いない」と、嬉しくなって弾む心で即、扉を開いて明るく元気よくを心掛けながら大きな声で「皆さん今晩は～沖縄から自分で自分を宣伝して松山までキャンペーンに来ました。うえち雄大で～す！　宜しかったら新曲の島の夜明け～宮古島人頭税物語の歌を1曲披露させて頂けませんか～?!」と笑顔で店の中へ入った。するとゴージャスな雰囲気の店のカウンターで年輩の男性客二人が帰りかける所を見送る状態だった。着物姿の似合う小柄な色白の美しいママさんがキョトンとした顔を私に向けた後、「ええ～っ！　宮古島から来たの～？ちょっと～もう一回座って此の人の歌を聴いてから帰って～」と、顧客二人を引きとめて唄わせてくれた。

徳子と名乗るママさんは「私も宮古の城辺出身よ！　上野の人は優しい人が多いよね」と、私が上野出身である事を大層喜んでくれた。そして「島の夜明け／ふる里は胸を射す」を唄い終わった私に、「有難う御座います。私も微力ながらみゃ～く人としての誇りを失うことなく、尊敬する雄大ニイニイを応援しながら頑張ります。喉を大事にね」と、自らCDを3枚も買ってくれた上に、馴染みの店「ポン川村」を紹介してくれたのが印象に残る。奇遇である。ポン川村は琉球放送でラジオカーをやっていた事があり、当時、私の店「雄大橋」に取材に来た事がある。それにしてもキャンペーンからホテルに戻ってベットに倒れ伏すと同時に地震で大揺れ。しかし11階の部屋は震度5強にも関わらず、慌てない。人生を懸けて此処まで来たからには、死ぬ覚悟は何時でもある托鉢演歌道。今夜は「チャート／ファラン／B&B／UDWITE／司／LION／ラビータ／花人／琉球」の9軒で唄った。

震度5、吾を気遣う着信に感謝

3月14日（金）「昨夜の地震は大丈夫でしたか？　こちら久留米は震度3でしたが揺れました。千夏」「大丈夫ですか？　愛媛県でかなり強い地震があった様ですが。友利」「ゆうちゃん、寒くはないか、気をつけて頑張ろうね。奥原」「地震は大丈夫だった？　今朝ニュースを見てびっくりしました。お疲れ様、相変わらず忙しく働いているね。会見は上手く行きましたか？　東京は春の嵐です。岡村」等々の着信。

津田演奏堂から一昨日注文したCDが届いている旨の電話。博多に続いて自分のCDを5枚購入して、ネオン街で同じ定価価格で販売する私としてはただ働き同然だが、果たして今の時代、それが何の効果があるかは分からない。単なるレコード店を儲けさせて甘やかすだけなのかも知れないが、私は自分のCDをレコード店が扱ってくれてる事への御礼のつもりであり、更には5枚でもレコード店で売れてる実績を作りたい思いもある。

今朝は宮古毎日新聞の佐渡山記者からも「ニュースで愛媛県が震度5と言ってますが大丈夫ですか？　私達は今日の夕方出発です。連絡取り合いましょうね。あなたの番組のCD聴いて、大ちゃんはつくづく凄い人ですね。今度逢う時は、サインを下さいね。キャンペーン気をつけて頑張って下さ～い！　いつもステキな言葉をありがとう」との着信メール。

私はキャンペーンに赴いた。

「天」という店の扉を開くと、若い女性客二人を相手して居た若いマスター（裕さん）が「沖縄からなんて凄～い！　どうぞ唄ってください！　僕がＣＤ買うから」と唄わせてくれたのが嬉しくさせる。歌の上手さに惹かれて扉を開いた店「スナック藍」のマスター（新二さん）が唄っていたマイクを置いて、自ら私のＣＤを３枚買って唄わせてくれた。そして「頑張って下さい。応援します。有線にもリクエストします。体に気をつけて頑張って下さい。ファイト！」と見送ってくれた。またスタイルの良いママ（葉子）さんが大歓迎して唄わせてくれた店「ラウンジ葉」のお陰でカウンター席で飲んでいた男性客が「ＣＤは買ってくれる人に売って活動費にして頑張って下さい」と２万円のチップをくれた。最近滅多にない出来事に有難いやら嬉しいやら心から感謝した。今夜は「カラオケ連／にんじん／スナック〇《ゼロ》／ＢＡＲ天／桜庭／藍／やまさき／ＡＭＡＴＥＲＡＳ／あじゅり／Ａｎｃｅｈｅｉ　ｉｔｅａｕｃｎ／ラウンジ葉」の11軒で唄った。

二番町と三番町で14軒達成

3月15日（土）宮古島から「椿サミット」ツアーで松山入りしている顔馴染みの方々に誘われているが、私は托鉢演歌売り歩きを休まない、休めない。

先日キャンペーンでお世話になったママ「徳子」さんの店「琉球」が閃いた。私は即ママさんに電話を入れた。「先日は飛び込みキャンペーンにも関わらず、快く唄わせて頂いた上に、CD迄ご支援下さいまして有難う御座いました。実は本日、宮古島からの団体さんを紹介しますので、彼らが来たら連絡ください。少しだけ顔を出してキャンペーンに戻りますので」と。

私は佐渡山記者と「椿サミット」ツアー団体率いる砂川次郎会長に電話を入れて「琉球」の店を紹介し、落ち合う事にした。そこで私は8時から大急ぎで昨夜に続く、二番町から3番町行脚キャンペーン始動開始。サッサと唄い流して丁度10軒達成したと同時に、徳子ママさんから「お見えになったわ」との連絡を受けて店「琉球」に顔を出した。

団体には仲間さんと言う方がいて、徳子ママさんと同じ集落との事。大喜びする皆さんに対して、私もこの店を紹介した甲斐がある。皆さんのリクエストを受けて「島の夜明け／ふる里は胸を射す」の2曲を唄い終わった私は、再度キャンペーンに戻る事にした。お陰で今夜は「逢坂／らんちゅう／シーホース／神戸／あびーろーど／エムエム／水姿／鈴子／葉ｎｄａ／琉球／ＯＴＯＴＯ　ＰＡＮＰＡＮ／ふじわら／マ・シュリ／かれん」の14軒で唄った。

唄えない日もある「愛する事より、愛される難しさ」

3月16日（日）佐渡山記者から「あなたはいつ寝てるんですか？　昨夜は托鉢芸人の姿を確認する事が出来てよかった。歌は心、とても良かったよ。椿サミットは午前で終わりましたので、午後からは、しまなみ海道を中心に観光に行きました。松山はホントに深い街です。後ろ髪を引かれる思いで、今バスの中、これから宿に戻って今夜は道後温泉です。明日は帰ります。」との着信に、「松山の夕日がメラメラ真っ赤に燃えて山の向こうに落ちる風景は絵に描いたように奇麗だよ」と返信。

琉球のママ（徳子）さんからは「こんばんは、昨日は有り難う御座いました。松山はいつまでの予定？　毎日本当にお疲れ様です」との電話があり、私は「徳子ママさんの人柄を故郷の皆に見て貰いたかったのさ。私は19日の夜まで頑張ります。おやすみなさい」と返答。

1番町から2番町3番町まで歩いたが、閉まっている店ばかりで唄えない。「せめて今夜一晩の宿代だけでも必ず稼ごう」と出向いた基本的な決意を果たせない日曜日、心空しくホテルに戻る道すがら夜空のお月様が、満丸顔で輝いて切なく微笑んでいる。

プロの歌手は如何なる状況下でも自分の責任を果たさなければならない。愛する事より、愛される難しさが判る托鉢演歌道。

翌17日（月）昨日、休んだ分だけ頑張らなくっちゃ〜！　今夜の目標は必ず10軒の店で唄うまでは何十軒でも店の扉を開き続ける事。目前の扉を開き続けて目標を達成する私の心は連日連夜、諦めないで「勇気」「感動」という自己への挑戦に生きるオリンピック選手と同じ緊張感に溢れたもの……夜8時から始動開始。

満席の店「カラオケ喫茶ひばり」のマスター（清さん）が「僕も九州の出身なんだよ」と言いながらCDを買ってくれた上に、他の店も紹介してくれたのが有難い。「禄」という店で宮崎と名乗る男性客が「〝ふる里は胸を射す〞はいい歌だ。私が愛媛で唄って広めるよ」と絶賛して1万円分買ってくれたのが嬉しくて印象に残る。最後に「琉球」を覗くと、カウンター席の男性客一人をママさんとホステスさん二人で相手して居た。すると男性客が「あなたがうえち先生ですか、何回も貴方の話ばかりをママがするもんで興味を持っていました。」とCDを買ってくれた。私は「私がいないところで私の宣伝をしてくれていたんですねママさん、有り難う御座います。お礼に唄いましょうねぇ。」と、自分の持ち歌をママさんにリクエストされるがまま5曲唄った。今夜は「エルザ／懐凪《かなぎ》／ひばり／葉づき／小川／花舞／縁／結夢／ギルビー／琉球」の10軒に唄った。

3月18日（火）午後4時からの琉球放送iラジオ番組「雄大の夢圓歌」電話出演を無事に終えて今夜は愛媛県松山ネオン街行脚キャンペーンの千秋楽。印象深い店「リウォード」のママ（恵子）さんが「ビール奢るから飲んで休んでいきなさい。たまには気晴らしも必要よ」とカウンターに座らせて、色々語ってくれたお陰で、両隣の男性客二人がCDを買ってくれたから有難い。

愛媛キャンペーン千秋楽の夜でもあり、私も少し甘えてほろ酔い気分で唄い流し、最後に「琉球」に立寄ると、店じまいをしていたママ（徳子）さんは、「どうぞ」と快く微笑んでカウンターに座らせてくれた。暫し色んな事を語り合っている内に二人の男性客が来た。私は失礼して会計を済ませてエレベーターに向かうと、ママさんは「お土産に愛媛のミカンを上げるわ。偶然にもお会い出来て数日ですが、ずっと前から会ってるような気がします。元気でいて下さいね。本当に有り難う御座います。又ね。」と見送ってくれた。

私はその足でポン川村の店に立寄って水割り一杯を飲んで、彼と別れてホテルに就いた。今夜は「Ｅｔｕｄｅ／大連／ひびき／ステージＪＪ／すいれん／Ｂｒｉｌｌｉａ／リウォード／リエ／花れん」の9軒で唄った。

売れない夜は一番頑張った日・下積みが一番大事

２０１４（平成26）年３月20日（金）晴れ、名古屋テレビ塔開設60周年記念日。いつもは７００円で上れる90メートルのタワーに今日は50円ポッキリで上れるとの情報を得た私は、早速上って観る事にした。１本道の様な緑の街中公園や景観豊かな名古屋の中心市街地ビル等々が一望できるから爽快である。家内に話したら「へえ〜ホント、それは運が良いね〜ラッキーだね！　いつか一緒に見た〜い！」と。（株）アスタエンタテインメントの土屋誠社長から紹介されて、中日ビル８階にある名古屋「音楽堂」本社の内田社長を訪ねたら、三越地下街の「音楽堂」でポスターを張らせて貰う事になったから訪ねた甲斐がある。その事を家内に報告すると又しても「うえち雄大ここに有り〜！　頑張ってる〜！　体調に気をつけて下さいね〜」と喜びの声。

夕食には名古屋の名物・味噌豚カツ定食を食べて「必ず勝つ」夜に備えた。さて、夜が来て「ボンソワール」という店で〝ふる里は胸を射す〟を唄うと「意味の深い歌だわ」という女性客がいた。次の店「クインビー」のママ（安奈）さんも「珍しいわねぇ〜！　マネージャー無しで一人で頑張ってるなんて、ましてや本当に沖縄からなの？　凄いわねぇ〜まるで営業の神様だわ。縁起物だと思って私が買うわ」と、自らCDを買って歓迎してくれた。その次の店「メンバーズこずか」のママ（良美）さんも「飛び込みだから凄いわよ～」と自ら2枚買って激励してくれた。お陰で俄然勇気百倍！　通りに出ると「幸坊」という店のマスターが「店では唄わせて上げられないけど、僕がCD買うよ」と応援してくれたのも嬉しく、心励まされた。運の良い日は続くものである。「ハーディスト」という店では、ボックス席で飲んでいた団体客の立木彰一（宮吉硝子株式会社社長）と名乗る大柄の男性客が「いま唄った〝ふる里は胸を射す〟これは良い歌だ！　もう一回掛けて、一緒に唄わせてくれ～」と席を立ってきて寄り添いながら、そっと1万円札を握らせてくれてマイク片手に私の肩を組んで唄ってくれた。

お陰で遠く名古屋まで来た甲斐があり、パワーも漲り、「元気付けてくれて有難う御座います」と手を合わしつつ、店を出た。不思議なものだ。旅に出ると、いつも切ない心に想像力が生まれてくる気がする。色々様々な人間の心の風景が良く見える、この道に誇りを持って精進して行こう托鉢演歌道。60軒以上の店の扉を開いて8勝の今夜も唄わせてくれた8軒の店「ナカママ／クインビー／ハーディスト／ナイトインこずか／どのぼん／紫陽花／コモビップ／縁」に心の中で感謝を唱えながら眠りに就いた。

3月21日（土）今夜は10軒の店で唄って、1枚も売れない店が6軒もあって心疲れたが、そんな自分の閉塞状態を打破したい為の苦肉の策（創造）なのかも知れない。売れない日に限って一番頑張った自分を自分が一番よく知っているから、売れる為には何を成すべきかを考えながら、見知らぬ街で頑張った分だけ、悔いのない汗を流す心は充実している。今夜の様な日はＣＤの売上も少ないからと納得し、ホテルの小部屋で独り安い焼酎を呷りながら、これからの事を思い巡らし、人生を懸けた大舞台を成功させる為の案を練る私。

今の内に何とか絶対的な成功への戦略的構築力を身に付けたい托鉢演歌道。４勝６敗の今夜は「フリフリ／おとぎ／クラブエンドレス／キングスコート／くじら／ｃｂｕｃｋａ／ラウンジペガサス／ワンスとリート／円／Ｐプラ」の10軒で唄った。その翌日、22日は日曜日だけど「宿代だけでも頑張らなくっちゃ～」と自分を奮い立たせて出向いたが、名古屋錦のネオン街は、お休みモード。なあに最初っから上手く簡単に出来たんでは成功した時の醍醐味がない！神仏からの試練に心磨いて今夜は、ゆくっり休んで明日から精魂込めて唄い流そう托鉢演歌道。

自分を変えよう！　28年間もネオン街行脚キャンペーンを展開して来たのだ。このままネオンの川に流されて終わってはいけない。その28年間の実績をさげて大勝負に出よう！　いよいよ年齢的にも健康である内に、やらなければならないタイミングが近づいている。

人頭税に懸ける思いだけは、世界中の誰にも負けない位に実績を踏んで来たという自負がある。もう世間に認められる実績は構築されている筈である。「人生は下積みが一番大事」と言えるような人間に成ろう托鉢演歌道。

托鉢演歌道は日々是好日

3月23日（月）愛知県名古屋錦行脚キャンペーン。わざわざ名古屋までネオン街行脚キャンペーンに来たからには、宅配で沖縄から送られて来たCDを完売する事が、旅行く先々での最低限の目標である。

売れ残れば、また持ち帰る為の宅配代金が掛かるし、容赦なく現金で手元から出てゆく全ての活動費が赤字となってしまいかねない。売り切りさえすれば日銭が入ってくる強みがある托鉢演歌売り歩き。現金さえ稼げれば、全てがクリアできる全国一人旅（仕組み）なのだ。したがって托鉢演歌道の基本は仕入れたCD在庫を早く完売する事が当たり前であり、小さな目標達成なのだ。

今夜は8軒で唄って7軒の店で売れて、1軒の店で1枚も売れなかったから7勝1敗と自分に言い聞かせて自分で自分を誉める私。自分磨きの吾が托鉢演歌道は、冷たい夜雨が降ろうが、厳しい北風が吹こうが、どんな日でも日々是好日なのだ。

カウンター席が満席状態の店「華」で、笑顔の美しい小柄な若いママさんが「一人で全国飛び込みキャンペーンだなんて凄いわ〜！　とっても勇気の要る素敵な生き方だわ〜！　私、こういう生き方、共感できるからＣＤ２枚頂戴」と言うと、他の顧客も全員買ってくれた。本当に精度の高い仕事をするママさんのお陰で、私に対する店の空気が一変した瞬間であり、私も最高に「嬉しいなぁ～楽しいなぁ～今日も素晴らしい托鉢演歌売り歩きが出来て幸せ～」と、上機嫌になるではないか。いつの日か、お礼に訪ねて飲みながら今夜の事を感謝したい心境である。なのに名刺交換出来なかったのが残念である。次の店「ルーチェ」のママ（慶子）さんも「メンバーズ加茂川」のママ（愛）さんも「メンバーズシュ・シュ」のママ（みき）さんも自らＣＤを応援してくれたのが嬉しくて有難い。

沖縄での私は、ネオン街行脚キャンペーンを終えた後、自宅の駐車場に車を入れる前に必ず、明日の為のポスターやパンフレット冊子、ＣＤの補充及び、マジックや画鋲に名刺等々の準備を怠らない。全てを点検チエックしてから２階の事務所に上がり、パソコンにその日の出来事を打ち込んでから家内が待つ３階で汗を流して、１缶のビールと３杯の泡盛で心体を労いつつ、自分のラジオ番組放送の収録ＣＤを聴きながら、番組作りのチエックに誘われて眠りに就くのが常である。だが、ホテル暮らしの場合は、歩いて通える距離に宿を取り、準備の為の準備は全てホテルの１室でやっている。パソコンを持ち歩かない為、スケジュール表に、その日の出来事を書き記し、帰路に着いた時にまとめて事務所のパソコンに整理している。

７勝１敗の今夜は「サザンクロス／シュシュ／メンバーズ加茂川／蝶の／華／ｃａｓａｒｉｎ／ルーチェ／幸進」８軒で唄った。

今夜は80軒の扉を開く

3月24日（火）さて、今夜は泣いても笑っても最後の名古屋錦ネオン街行脚キャンペーン。だからこそ「頑張らなくっちゃ〜」と気持ちを奮い立たせて扉を開いても開いても「そんな余裕は御座いません」「CDは勘弁して」「大丈夫です！　間に合ってます」「またこの次に〜」「内はそんな店じゃありません」「どうせ売れたら、今の気持ちを忘れて威張り腐るんだろうから、いらないよ！」等々と噛み付く人ばかり。

吾が道は独自の托鉢演歌売り歩きだから、人の真似など出来ない。真似られるような相手さえいない。もはや同業の俳優兼歌手から学ぶ事は極めて少ない。テレビを見ても、ネオン街のキャバクラ嬢達と同じ様な人気投票扱いの売り込み合戦で、CDを沢山買った人には握手券がある等と、CDを買い溜めする手法を取って何百万枚売れようが、何百万人が手に入れた訳ではない。組織買いや一部の集団によるまとめ買いかも知れない。

地道に頑張って1枚1枚手売りする托鉢演歌歌手を「もはや時代遅れ」と馬鹿扱いするネオン街の坩堝から花咲く演歌の醍醐味を発想するのが、吾が托鉢演歌道。

ネオン街で巡り会う方々から自分の至らなさを学び、さり気なく改めて行く。時には一般常識に縛られてもがいていると言われようが、吾が托鉢演歌道を片意地張らずに自然体で、突き進んで行くだけである。

連日連夜自分で荷物を背負って、マネージャーや付人役も自分でこなしながら前に進む托鉢演歌売り歩き。

過ぎてしまえば、全てが素晴らしい思い出の数々。思い残す事のない名古屋錦行脚キャンペーン千秋楽は60軒以上の扉を開いて12軒で９勝３敗の成績。これで安心して明日は帰路に着ける。沖縄に帰ったら放送業界との人脈交流を大切にして行こう。今夜は「Ｐｕｒｅ／ジャスミン／季林／奈月／あうん／ディアナ／瀬音／こころ／ｍｏｔｈｅｈ　Ｃｏｕｎｔｈｙ／美樹／安里／ｙａｕｓａ」12軒で唄った。

充実の青息吐息

３月25日（水）早いもので、あっという間の１週間だった。充実の青息吐息、ようやく終わった名古屋錦行脚キャンペーンを振り返りながら、セントレア中部国際空港の屋台横町で、頑張った自分への褒美に味噌豚串カツと鶏ごぼうにぎりを肴に缶ビール１缶を開けて開放感に浸った。

托鉢演歌道に慣れは禁物、油断した分だけ思い上がっているやも知れない自分の心をいましめて勇める為には、県外のネオン街行脚キャンペーンが一番効果的である。地元でラジオ番組「雄大の夢圓歌」と「雄大の夢航路」いずれも30分放送を毎週2本持って、各種イベント等にも出演していると、いろんな事に慣れてきて托鉢演歌道の基本姿勢を忘れてしまうやも知れない。気が付けば謙虚さを失って夜の巷の扉を開く勇気さえ失いかねない自分を素直に知るには、自ら誰も知らない県外のネオン川に飛び込んで泳いでみる事が、手っ取り早い方法である。初心を忘れない「人間修行」と云う基本姿勢を取り戻す為に、敢えて県外で自分を試す托鉢演歌道。

スカイマーク中部18時発に搭乗して帰宅したら、東海愛知新聞と東愛知新聞が届いていたから嬉しい！　2社とも大きく取り扱ってくれて何よりの土産に感謝感激の私。特に東海愛知新聞は1面に記事掲載、東愛知はカラーで今日の紙面「島民苦しめた人頭税を歌い継ぐ。うえちさん来社11面」扱いで取り上げてられている。

私は早速、2社の記者の方々にお礼のメールを打ってから休んだ。すると榊原菜月記者から次の様なメールが届いた。「無事にご帰宅されたんですね。豊橋まで足を運んで頂き有難う御座いました。お疲れ様でした。新聞読んで頂けて何よりです。私が対応できれば良かったのですが、お休みの時で、すみませんでした。内勤の藤田彰彦記者が対応させて頂きました。今回は郵送代金等もサービスさせて頂きますので全国行脚、お体に気をつけて頑張って下さい。また宜しくお願いします！」と。岡崎駅改札口まで出迎えてくれた竹内雅紀記者からも「こちらこそ、有り難うございました」と。アスタの土屋社長からは「大変、大変お疲れ様でした。雄大さんの根性で乗り切って下さった事、そのガッツに敬服します。お帰りになり、充分に体を休ませて下さい」と。飯村部長からも「名古屋キャンペーン、お疲れ様でした。天気不順で昼夜の温度差があるこの頃です。うえち様も気をつけて帰路に着いて下さい」と。皆の期待に報いられるような自分になる為に、益々全国一人旅を展開し続けて自分の感性を磨いて行こう。

不器用な私は見知らぬ夜の巷の新しいネオン街で、色々様々な人間の心の風景に巡り合い、強烈な体験をさせて頂く中で作詞心が芽生えたのだ。この体ごと打つかって感じない事には、次に進めない私は、托鉢演歌売り歩きをしながら考案するしか夢の続きはない。

再び博多区中洲キャンペーン「現実の風」

２０１４（平成26）年４月14日（月）福岡空港へ到着。近鉄地下鉄に乗って博多中洲川端駅で下りて、予約してあった東横イン博多西中洲に荷物を預けて、その足で福岡市民会館まで歩いた。右に那珂川の出逢い橋や弁天橋を過ぎて辿り着いたら、既に沢山の人が並んでいる。

夢グループ主催：特別企画２０１４「小林旭・浅丘ルリ子の日活ゴールデンコンビの戦国の夢追い人・熱き心で突っ走れ！」お芝居と歌謡ショーが一度に楽しめる2本立ての最終公演とあって、既に日本全国約25会場で約10万人を動員していた。二人の共演復活は、マスコミでも話題となって、二人の姿を見ようと凄い人気である。共演が夢であるならば、歌での共演は奇跡的。出演者は松方弘樹や亀石征一郎、高田美和、堤大二郎、チェリッシュ、三善英史、狩人、保科有里他。

15日（火）私は、午後の特急に乗って天神駅から久留米駅に着いてバスに乗り換え、久留米市民会館へ到着。昨日に続いて「熱き心で突っ走れ！」の夢コンサートを観た。入場前にRBC（琉球放送）ｉラジオ番組「雄大の夢圓歌」の電話出演をやってから入場した。夜の部の千秋楽とあって今日も超満員。芝居では、斉藤道三に扮した存在感溢れる松方弘樹の会場を飲み込む迫真の演技に惚れ惚れするほど酔ったし、小林旭の信長も素晴らしかった。浅丘ルリ子の濃姫も凛とした品格があって、皆さん70代とは到底思えない位に若々しくてエネルギッシュで歌謡ショーのトークも銀幕のスターらしく面白いものだった。今思えば東映時代の松方弘樹先輩の最後の舞台勇姿を神仏が観せてくれたのかも知れない思いに心癒される。

今年2月以来の博多区中洲ネオン街は、那珂川の周辺には桜の花が咲いて奇麗だ。流石に福岡は沖縄と違って、朝夕は冷える。下着2枚を着けないと寒い位だ。昨夜に続く今夜も、冷んやりと汗一つ掻かないキャンペーン日和。春吉橋を渡って中洲のネオン街を流す私は運がいい。人は貯金を叩いて公演や旅行を楽しむが、私は旅先で稼いで楽しむ事が出来る。それが自ら築き上げた托鉢演歌売り歩きの強みである。

二日間も銀幕のスターを追い駆けて、豪華絢爛の舞台を観た後の現実の風（ギャップ）は過酷で厳しいものがある。私も弱い人間だから、あのまま劇場で味わった余韻を引き摺って心地良い酒を飲んで眠りたいが、そうも行かない。自分で選んで決めた托鉢演歌道。

吾が道は小林旭でも松方弘樹でも出来はしない自負がある。かつては私も劇団の座長として劇場にお客を集客して舞台公演をしたからこそ、小林旭座長の心境で観る事が出来た私。今はネオンの数だけ私の劇場はあると思っているし、マイクを握れば何時でも何処でも舞台はあると、自分自身を奮い立たせて来たから今がある。地道な托鉢演歌道でも今まで通り、大切にして行こう。

川沿いの通りから地下1階にある店「面」のママさんが「沖縄の子がいるから唄って聴かせて」と歓迎してくれた。百恵と名乗る沖縄の子は、何と私と同じ宮古島市上野の体格の良い明るい大柄な女性で、勤めて5年になると言った。

ボックス席で盛り上がっていた店「セレーノ」の美和と名乗るママさんが快く唄わせてくれた。すると年輩の男性客が「ママの顔を立てて俺がＣＤ買うよ。この〝おふくろ慕情〟はいい歌だ」と買ってくれた。「どうぞ飲んで下さい」と私にビールを注いで上機嫌のママさんが「うえち様、今日はお越し下さいまして、本当に有り難う御座いました。お客様も大変喜んでおりまして、愉しゅう御座いました。宮古島の切ない歴史も子供達に、一人でも多く伝えたいと思います。本当にお逢い出来て感謝です。こちらには20日まで行脚中でいらっしゃるのですね。ではでは、うえち雄大様の歌声が中州いっぱい広がる中で、私もほろ酔い気分で、お仕事頑張ります。また、お会い出来る日を楽しみにしております。有り難う御座いました」と、山ねこ焼酎のボトルを1本くれた。思い掛けない真心に触れた店の繁盛を心から祈る私……。

博多人情あふれるネオン街の心を癒す焼酎

帰り掛けに1本の「山ねこ焼酎」を貰った私は「飛込みにも関わらず、こんなに良くして貰って有り難う御座いますママさん。宿に戻ったら、素敵なママさんに巡り合わせた演歌の神様仏様に感謝しながら、この焼酎を飲んで休みます。ママさんもお体に気をつけてお仕事、頑張って下さい。お店のご繁栄を祈っています」と御礼代わりにCD冊子を差し上げて店を出ると、エレベーターの中まで一緒に入って来たママさんは「こちらこそ出会いに感謝しております。沖縄の大スターの、うえち様に、わざわざ足を運んで頂きまして本当に光栄です。それに何曲も唄って頂き、有り難う御座いました。応援しております。頑張って下さいませ。また、いつでもいらして下さいませ。お会い出来る日まで福岡より応援しております。うえち様の素敵な歌声で中州のお客様を癒して下さいませ！」と、エレベーターから下りて、キャンペーン荷を担ぐ私に深々と頭を下げて、見送ってくれたのが印象に残る。

縁もゆかりもない土地を巡る托鉢演歌道は楽ではない。地元の沖縄でさえ、10軒の扉を開いて回って唄わせてくれるのは１・２軒。酔客に罵倒され、酒をかけられ、殴られる事さえある。それなのに他府県で、こんな素晴らしいネオンの花に励まされるなんて有難い事である。また「蒼唯」の桂子と名乗るママさんも「昨日は大勢さんでバタバタしていて相手出来なかったけど、今日はいいお客さんばかりで、ゆっくりと飲んでいたから良いわね」と、４枚も買ってくれたのが嬉しい。見知らぬ街の色んな人が様々な形で応援してくれるから有難い托鉢演歌道。飛び込みだからこそ、人生は甘いものじゃないと言う自分磨きの人間修行がある。昨日も今日もキャンペーンを休まなくて良かった。

昨日でなければ……今日でなければ出会えなかった出逢いである。宿に戻って気が付けば、那覇の街をキャンペーン同行取材してくれた沖縄タイムスの矢島大輔記者から次のようなメールが届いている。「中洲もハードな現場ですね。毎夜の托鉢演歌道。福岡出張お疲れ様です。反響があるようで何よりです。大変な日々かと思いますが、御身体ご自愛しながら、頑張って、ゆっくり休んで下さいね」と。「山ねこ焼酎」のお湯割３杯を飲んだ私の束の間の休息が、深い眠りへと誘う。今夜は「ゆうき／ぺペルパート２／面／ニュースゥイング／セレーノ／蒼唯

／マコん家」の7軒で唄った。16日（水）最初に扉を開いた店「カルディア」の初美と名乗る素敵な若いママさんが、「折角こられて、唄って頂いたのだから、私が応援するわね」と、CDを買って丁寧に見送ってくれた姿が、この上もなく美しく見えたのが印象に残る。また「リリ」のカウンター嬢が「作詞がとっても感動的で良かった」と。今夜は「カルディア／雅masa／リリ／JUN／燈／MARIE／たなか／花水／妙」の9軒で唄った。

叔母は仁支川峰子（元西川峰子）

4月17日（木）、韓国人や中国人に台湾人、フィリピンやロシア人、白人に黒人そして日本人と国際色豊かなで賑わう中州でも、テナントビルの中にはシャッターを下ろしている店が多い。本当にバブル期以来、日本経済の不況の大波が全国のネオン街の灯りを消しており、「夜の街で生計を立てる人も大変だな」とつくづく思う。

バブル期の頃は、この街で唄えば一晩に30枚から50枚は売れたものだが、今回は川沿いの屋台ラーメンも大分減っている。あの頃は一人で20枚も買って屋台ラーメンをご馳走しながら励ましてくれる粋な博多人情に絆されたものである。

さて、今夜は「スナック遥」で売れて幸先の良いスタートが切れた。何はともあれ今はここでしか吾が托鉢演歌売り歩きは出来ない。この街で１軒でも多く唄う事が大切な私。絶え間ない活動の日々においても頭の中では、次回作の全国メジャー第３弾をイメージしながら、作詞作曲を再点検し、理想に近付く為の第１歩の夢扉を開いて１軒１軒、唄い流している。何としても私がプロデュース企画制作した伊良部大橋開通記念作品「伊良部大橋／オリオンの星／雨の宮古島海峡」を広めたいのである。

その為にポスターを持って「失礼しま〜す！　沖縄から来ました、うえち雄大です。こちらのカラオケに私の歌が配信されていますので、１曲披露させて頂けませんか〜！　宜しくお願いしま〜す！」と声を掛けた店「ＣＯＣＯｐｅａｒココパール」のママ（西川あゆ美）さんが即、カウンターから出てきて「わざわざ沖縄からご苦労様です。どうぞ唄ってください。私の叔母は西川峰子です。私もリヤカーを引いてドレスを売って周った事がありますわ。これも何かのご縁でしょうから、ママがＣＤ買うわね。」と微笑んで唄わせてくれた。そして唄い終わった私に「有り難う御座います。これからも雄大さんを応援してまいります。頑張って下さい！お時間があれば、遊びにいらしてくださいい！」と明るい笑顔で握手までして、見送ってくれた美しさが印象に残る。

また壁には、八代亜紀さんの素敵な自画像が飾られている店「メンバーズ由美」のママ（由美）さんが「これからも頑張って下さいね」と、ＣＤを買ってくれた。また次の店「ハイハイ」の扉を開くと店のマスターに門前払いされたが、ボックス席の男性客に「歌わせてやってんかぁ〜！　何ぼするんや〜！」と言われた。他の席からも拍手が起こって唄う事になった。するとと各ボックス席からチップが届いたからビックリ。自らCDを買ってくれたママ（理英子）さんも「こんなにもお客様が喜んでくれて、私も嬉しいわ！　盛り上げてくれて有り難う御座います。また来て唄って下さい！　お待ちしています」と見送ってくれたのが嬉しくさせる。

ネオン花に魅せられて

4月18日（金）雨、今朝は「メンバーズセレーノ」のママさんから次のようなメールを貰った。「うえち様、お早う御座います。すみません昨夜は、お付き合い頂きまして本当に有り難うございました。お疲れ様でした。お客様も大変喜んでおりました。昨日は店が終わって屋台へ行きました。今日は着物ですが、雨ですね。うえち様、今夜も頑張って下さいませ。もし宜しければ、10時以降に、いらして下さいましたら、盛り上がるかもです」と。夜が来て人通りの賑やかな中州で「大丈夫です」と笑う某店に「唄っても大丈夫ですね」と精一杯、切返した私に、「いえ大丈夫です。うちのお客はみんな歌手ですから」と、挑発的な態度で言われた私は、「唄えなければ、大丈夫じゃないじゃないですか」と切返したい思いを堪えて店を出た。また「うちはいらないけど頑張って下さい」と言う店にも「頑張らせて下さいよ」と言いたい思いを堪えた。真に「人生は情けを訪ねる旅」だから、心を込めてはじめて唄える托鉢演歌道。

そこで最後に意を決っして美和さんの店「セレーノ」に入ると、丁度お会計を済ませて顧客が帰る所だったが、私の顔を見るなり、ママさんが「先程から噂して居た沖縄のうえち雄大先生がお見えになったわよ～！　みんなお席に座って、歌を聴いてからお帰り下さいねぇ～！」と全員を呼び止めて唄わせてくれた。お陰で大分盛り上がった。ママさんが「ＣＤを買って下さ～い！　頑張っている、うえち先生を応援してくれる人はママ大好きよ～！」と声掛けしてくれたお陰で、売上高も良かった。本当に有難いママさんである。帰り際にもエレベーターに一緒に乗って見送ってくれたママさんは、次のような事を語ってくれた。「熊本に遠征に行っていた娘が帰ってきました。うえち様は帰ったらラジオ番組ですか～お帰りになられて早々、大変ですね博多のいいところ、いっぱい話してね。今度は、私の行き付けの屋台にも行きたいですね。うえち様から、いっぱい幸せを貰って季節も変わった。また、明日どんな花を咲かせられるだろう、うえち様、楽しみにしてて、必ず大輪の花を咲かせて見せるから必ず、沖縄に帰られても、たまには私の事も思い出して下さいね。名残り惜しいですが、また、お会い出来る日まで、頑張って行きます」と。

素敵な出会いをありがとう博多

4月19日（土）沖縄県人会の西表宏会長に誘われ、二人で2軒「メンバーズセレーノ」と「スナック遊娘SUN」にお供して会長と別れた後、ホテルに戻った私は、遅い時間から中州キャンペーンの千秋楽に挑んだ。

8軒目の店「キャッツ」のボーイに門前払いされて、次の店の前に佇んでいると後から「あぁ、見つかって良かったぁ～！　お客様がお呼びしていますので、うちの店にいらっしてください」と声を弾ませて微笑んだ。カウンター席に座っていた二人組の吉田多加義と名乗る男性客が「わしは常に意識して、相手の立場になって考えるんよ。小さな仕事でも心を込められるように……。もし、わしがうえちさんで、うえちさんがわしやったら、1曲歌うて～とうえちさんが言うたら、わし〝よっしゃ～有り難う御座います〟となって嬉しくなるやろなぁ～ってねぇ。そんな体質やから、わし仕事を更に楽しく出来るよ。CD持ってたら、これだけ分頂戴！」と1万円札を出した。私は心から有難くて、演歌の神様仏様、吉田様に深く感謝した。

この店で一番輝いている吉田さんは席から立ち上がって「よし！　これから、わしの馴染みの店に行こうや。キャンペーンに行くんや！　うえちさん心を込めて唄うんやでぇ～！」と、吉田さんは先に歩いて次の店「志ん」と「秋」を案内してくれた。お陰で瞬く間にＣＤは売切れ状態となって完売した。今夜は「瞳／つり／ベルアーム／ハイハイ／さくら／メンバーズ／伝説／キャッツ／志し／秋」の10軒で唄った。

20日（日）は、早起きしてホテルのレストランへ、窓の外は雨。携帯を見ると西表会長から次のようなメールが届いていた。「昨夜は、お付き合いいただき、洵に有り難う御座います。セレーノでは愉快なひと時と人儲けが出来ました。お気をつけてお帰り下さい」と。

「セレーノ」のママさんからも次のようなメールが届いた。「もう空港かな～！　うえち様と、お逢い出来て素敵な1週間でした。嬉しいです。西表先生まで繋がり、なんだか不思議な1週間、夢を見てたようで、私は一杯、うえち様から人生のパワーを頂きました。私めが沖縄の大スターと語り合えて本当に夢のようです。

人頭税制度についての悲しい歴史の記憶、うえち様が教えて下さらなかったら、私は、知らずに日本人失格だった。有り難う御座います。お帰りになられたら博多の良いところ、いっぱい存分に話してね。」

愛媛県松山での歌謡ライブ

２０１４年５月14日（水）愛媛県松山入りした私は、明日のライブ打ち合わせの為、21時に徳子ママさんが営む店「琉球」を訪ねてから、キャンペーン開始。

最初に入った店「渚」で、芥川豊と名乗る男性客が２万円分のＣＤを買ってくれた。運が良いとは、この事。本当に助かったものである。「あもん」でも３枚売れた。このまま順調に展開して欲しいものである。その考えが注意力を散漫したのだろうか？　心がぬるま湯に浸かった状態になったのだろうか？　次の店の扉を開く勇気が萎えていた。

５月15日（木）は松山の店「琉球」で１時間の歌謡ライブ。宮古島出身のママ（徳子）さんは、愛媛の松山で28年間頑張っているという。ママさんは姉妹や長男の同級生、店の顧客にも声掛けしてくれていたから歌謡ライブは大盛況。チャージ料金代わりにＣＤも全員に配ってくれたから有難い。ますます勝って兜の緒を締めろで頑張らなくっちゃ〜！

歌謡ライブのおかげで親鸞聖人の浄土真宗派「西清寺・西楽寺」の後継者・林教信和尚とも親しくなった。

徳島県眉山口ネオン街キャンペーン「感謝を込めて」

５月17日（土）松山大街道から徳島へ向かう高速バスの中、この先に、どんな出逢いが待っているのやら分かりはしないが、自分の全存在を懸けて遣り切るまで油断は禁物。自分の中のもう一人の出来ない言い訳をする自分に振り回されないように自分を信じて、ぶれない姿勢で自分を発揮して遣り切ろう托鉢演歌道。

高知と愛媛に続いて徳島上陸は、自分の将来性に懸けて成功ありきの人生だから、焦らずに地固めして行こう。托鉢演歌売り歩きで大切なのは勇気だけなのだから、勇気を持って夢の扉を開く事である。ネオン街で唄ってＣＤを、どう売るか？　全国的に厳しい夜の街で挑戦すべき事は、自分のＣＤを今夜、どう売るか？　唄い流す知恵を出すだけである。

人間が他の動物と違うのは、食う為に働くのではない、働く為に食うのだ。お金の為に働くのではない、夢や目的の為に働くのだ。

チエックインした後、ホテルの自転車を借りて明日の記者会見時間に遅れないようにと徳島新聞社を視察した。そして徳島に来たからには徳島ラーメンを食べて頑張ろうと、食べたらこってり感があって美味しかった。

人頭税と言う世界一の悪税が吾が故郷に存在した事実。その撤廃の為に闘った誇り高い祖先の歴史を背負って歩き続けよう！　神から与えられた使命を果たすべく、世界の果てまで行動し続けよう！　祖先が見守って支えてくれている。そのせいか幸先の良いスタートが切れた。

扉を開くとカウンター席に女性二人が飲んでいた店「桂」のママさんが快く唄わせてくれた上に「一人で、飛び込みキャンペーンじゃ大変ですね」と、店の看板を下ろしてご自分の馴染みの店5軒を一緒に歩いて紹介して唄わせてくれた。そして別れ際、「余計なお世話ですが、高い宿泊でしょうから、当店のフェア最終日に尋ねて来た事が、何かの御縁だと思い、微力ながら応援しました。しかし今日、私が紹介した同じ店にキャンペーンに行くのは、ご遠慮下さいね。紺屋町に〝沖縄〟という店があったわよ。明日にでも尋ねてみては如何ですか？　では、お元気で頑張って下さい」と、見送ってくれたのが印象に残る。

当番組のネタ創りや記者会見等のネタ作りにもなるから、苦しくたって頑張らなくちゃならない。懸命に真剣に自分の居場所を守らなくてはならない私。唄い流せる喜びと幸せを守る為に進んで行こう。これからの事など色々ごちゃごちゃ思いが駆け巡る毎日。何はともあれ此処は徳島眉山口ネオン街、現実を受け止めて積極的に1軒1軒、楽しく唄い流そう托鉢演歌道。感謝を込めて頑張って行こう托鉢演歌道。

今夜は「リンセットプール／ファード／有馬／桂《ケイ》／フロンティア／イチロー／深雪／ミアリ／エニタイム／リサ」の10軒で唄った。

油断は禁物――負けない力

5月18日（日）宿代だけでも稼ぎ出さなければ安心できない。、父の「働かざる者は食うべからず」が私にもある。托鉢演歌の旅は、活動費に負けたら終わりであるから油断は禁物。日曜日で開いている店は少ないが、私は「フロンティア／韓国スナック釜山美美／大森」の３軒で唄って宿代が稼げた事に安心して眠りに就いた。「神仏は準備の出来ていない人を助けない。成功への道は信用を得る事だから頑張ろう！」

19日（月）最初に徳島新聞社の木村恭明記者を訪ねた。私は木村記者の取材に対して、唄わせてくれるくれないは別にして、いつものように軒並みに扉を開いて唄い流す決意である旨を語った。そして夕方にはラジオ番組「雄大の夢圓歌」収録中継電話出演で松山での歌謡ライブの模様と徳島眉山口ネオン街行脚キャンペーン初日の模様を伝えた。

今朝、取材を受けたばかりなのに、何と夕刊に大きな見出しで「宮古・八重山島民２６６年間苦難の歴史〝人頭税〟歌で伝承〝語り部〟来県し訴え」とカラー写真入りで、「１１１年前に廃止されるまで沖縄県の宮古・八重山地方の島民を苦しめた人頭税の事を後世に伝えるため、同県の演歌歌手、うえち雄大さんが史実を基に歌を作り、全国ＰＲ活動の一環で17日から徳島県を訪れている。島民の過酷な暮らしぶりを歴史に埋もれさせないようにしようと、25日までマイクを握り、県民に訴える（省略）」と掲載。

旅先で自分の新聞記事に出会うと勇気付けられるものがあり、頑張り甲斐がある。不況の波は、ここ眉山口ネオンにも押し寄せている。どの店も顧客の勧誘が厳しく必死に今を耐えているであろう。それでも「うさぎ億園／酔いどれ天使／JUN／kankan／我亜留」5軒で唄った。

20日（火）は午前中、部屋の掃除日で弾き出された。午後になると天神社の上にそびえる眉山も重たそうな雲を支えきれずに、雨が降り出した、私は傘を差して眉山口の天神社参りした。おみくじを引くと「安心してことに当たりなさい。疑いが解けて、良き縁結びがととのう」と縁起が良い。

自然体で夢の扉を開くのが一番大事。土砂降りの雨に、傘を差してビルの中へ飛び込んで巡り会うネオンの風景を真剣に唄い流せば、必ず神様が帳尻を合わせてくれる。今夜は8棟「ACTY21ビル／ACTY異人館ビル／コンパビル／カーニバルビル／ACTY22ビル／池田ビル／味園ビル／森ビル」のテナントビルを梯子して102軒の扉を開いて、漸く10軒で唄ったが、閉まっている店や客一人いない店が多かった。もっとも大雨注意報が出ていたせいかもしれない。次の店「貴族院／fraume／エミール／ブイワン／花・花／CARDEN／花めぐ美／マリー／桜花／煌《かがやき》」10軒で唄った。

沖縄は見つからない、その先に

5月21日（水）この町へ来た時から、一度は上って見たいと思っていた「徳島市のシンボル」眉山ロープウェイに乗って、山麓駅から山頂まで6分、超高２９０メートルの山頂から澄んだ景色を楽しんだ。徳島市街地はもとより、淡路島や紀伊半島まで見渡せる展望台には、遠足で訪れたのか赤い帽子を被った園児達が賑やかにに楽しんでいる。後を振り向けば緑の山並みがお椀を伏せたように広がって爽快である。私は、ゆっくり山の帆影を散歩しながら新鮮な空気を吸った。

徳島新聞記事掲載を読んだという東根泰章作詞家（別名：高須郷）から35年ぶりに会いたいとの連絡があった。私は思い出せなかったが、どんな作詞家なのか興味が湧いて会う約束をした。

夜になって紺屋町を流したが、「桂」のママさんが尊敬する店「沖縄」は見つからなかった。その先にこそ花は咲くと信じて現実の扉を叩いて夢に向かって唄い流した托鉢演歌道。「ひめ」のママ（めぐみ）さんが、「今日は素敵なお歌を有り難う御座居ました。知らない土地を回るのは大変な事ですが、くれぐれもお身体には気をつけて頑張って下さいね」と見送ってくれたのが印象に残る。今夜は「おしゃれ泥棒／グランディール／ナイトチャイナダイヤモンド／CLATHAS／エニタイム／ひめ／ティアラ／ドールズ／TAKASE／想soh〜」の10軒で唄った。

22日（木）紺屋町はお寺の多い街である。午後は天神社や春日神社及び各宗派の寺巡りを楽しんだ。宗派の違うお寺が競い合うようにして立ち並んでいる。どの宗派の仏像であれ見ているだけで不思議に心が癒される。「私はどんな苦しい時でも、人間の尊厳を守る為に人頭税廃止運動に敢然と立ち向かった祖先に応えよう！　人頭税に喘いだ祖先を思えば、やれば出来る！　何でも出来る。祖先に選ばれた自分にしかこの仕事は出来ない！　自分が適任だ。信頼が高まるまで努力して祖先の期待に応えよう雄大」と、お参りした。

全国一人旅で必要なのは、せめて一日一日掛かる自分の活動費が、捻出できる様な托鉢演歌売り歩きをしなければいけない。そうすれば私が潰れる事はない、「負けない力」を意識的に計画して此処まで来た私である。本当に年々厳しくなるばかりのネオン街では、巡り会う顧客の購買力に応じたCD枚数をしっかり考えて、その街のキャンペーン日数分に相応しいCD枚数を滞在するホテル宛に宅配準備しなければならない。そこで送ったCDを完売（成功）するまでは、諦めないで夢の扉を開く托鉢演歌道。今夜は「スナック雅／カルメン／小料理一鶴／ラウンジレイナ／ジェイド／闘牛／アジアン」の7軒で唄った。

泣いても笑っても今夜限り・徳島眉山口ネオン街

５月23日（金）晴れ、泣いても笑っても今夜で徳島眉山口ネオン街行脚キャンペーン千秋楽。しかし、今夜に限って嫌な年輩客がいる。

某店のカウンター席に座っていた男客に「お前、昨日も歩いていたじゃないか！　ちょっと来い！」と廊下へ連れ出され、「お前帰れよ！」と胸を突かれた。私は無視して次の店の扉を開いた。すると「こいつ相手にしないで！　明日もまた来るけん」と私の後から野次を飛ばす。その次の店も、そのまた次の店も後から付いて来て同じ嫌がらせをした。「仏の顔も３度まで」と思う私は、問題として認識せざる得ない。５軒目で堪忍袋の緒が切れた私は、エレベーターに乗りながら「私が、貴方に何か悪い事でもしたんですか?!　年甲斐もなく、人の心の痛みが貴方には分からないんでか?!　あなたの様な人に出会うと、つい昨日まで素晴らしいと思っていたこの街が、今夜は台無しになったじゃないですか!!」と、エレベーターのドアが閉まる寸前まで70歳前後の男の顔を睨みつけた。

「何の権利があって人のやる気を失くさせるのか！」と、遣る瀬無く細い路地裏の店「真」の扉を開いた。「神は細部に宿る」のか、カウンター席のアベック客と男性客二人が快く唄わせてくれた。嫌な事があった後だけに、高ぶる思いを堪えつつ、丁寧に感謝しながら唄うと大拍手が起こり、「とっても心癒されて感動したわ〜こうして頑張っているキャンペーン歌手に逢うなんて初めての事よ私。嬉しいわ〜何かのご縁だから記念に、サインを入れてCDを2枚頂戴！」と、アベックの女性客が席を立って握手を求めてきた。ママ（ちかえ）さんも「私にも2枚頂戴」と名刺をくれた。汗をかく事により「捨てる神あれば拾う神あり」、本当に天国も地獄も彼の世ではなくこの世にあると思えた瞬間である。お陰で今夜も自ら「唄ってCDが売れた」と言える負けない力が湧いてきて更に良い事が連鎖した。「礼」と言う店で、CDを買わなかった男性客が「俺について来い！　客の多い店を紹介してやるから」と、「都わすれ」のママ（幸子）さんを紹介して疾風のように去った。カラオケが一杯詰まって満席状態だった店のママさんは、割り込みで唄わせてくれた上に、自ら客席を回って5枚売ってくれた。

みんな知らない顔ばかりが通り過ぎて行く寂しい街で、じっと耐えながら自分で知恵を絞りつつ、ひた向きに色々な人間の喜怒哀楽を心の風景として、さり気なく唄い流している内に1週間がアッと言う間に過ぎた。重たくて肩に食い込んでいたネオン街行脚キャンペーンに伴うパンフレット冊子も完売。お陰で身軽に帰路に着ける私は幸せ者。旅往けば巡り会う方々に支えられる托鉢演歌道。今夜は「ディアンミーミー／REX意／ネクストワン／アクセス／真／あうん／礼／都わすれ」の8軒で唄った。

自分の好きな道を一生懸命走れ「自力こそが本当の力」

5月24日（土）晴れ。朝10時20分にホテルまで迎えに来てくれた東根泰章作詞家の車に乗って、彼の案内するうどん屋で昼食しながら35年間も私の事を忘れないでいてくれた事に対して有難く、感謝を込めて35年ぶりの再会を語り合った。

彼は私の元妻の知り合いで、若かりし頃の事を良く覚えていて色んな話をしてくれた。その目的は、ご自身の作詞を私に歌って欲しいとの事だったが、私には私のモチベーションを保つ為のポリシーがあり、無理な相談である。それはＣＤが売れる売れないは別にして私は今、自分の人生を懸けて祖先への供養とする鎮魂歌「島の夜明け～宮古島人頭税物語」を全国へと托鉢演歌売り歩きを展開し続けているからだ。他の事に一喜一憂している場合ではないし、次へ進まなければならない私としては、他の方の作品を背負って歩く時間がないのだ。

第一自分の作品でさえ制作費を捻出するのに毎回、困難な状況であり、ましてや人様の作品に賭ける制作費を捻出する力なんて無いのが正直な応えである。作品創りの度に自ら明確な目標設定を掲げ、それに対する達成感をバネにして来たからこそ今がある。遵って「未熟であろうと自分で産んだ吾が子（作品）は宝物であり、例え売れなくても私はその格別な感動事を大切にして生きたい」と丁寧に断って彼と別れた。その後、徳島駅12時10分発の高速バスに乗って松山へ向かった。

どんな街であろうとも諦めない姿勢で自ら知恵を絞り、売れるまで挑戦する以外に術はない托鉢演歌道。

25日（日）夢のような四国の愛媛県松山と徳島県眉山口行脚キャンペーンから無事に帰路に着いた。「一度っきりの人生だから、自分の好きな道を一生懸命走れば良いのだ。偉大な記録は、小さな一歩の積み重ねの上にある」等と耽りながら明日の番組収録の為に、徳島眉山口ネオン街行脚記録を整理しようとパソコンに向かうが、緊張感から解放されて旅の疲れが出たのだろうか、私は仮眠についた。目が覚め何気なくテレビを点けるとオーストラリアとの決勝戦。なでしこジャパンがアジアカップ念願の初優勝。勇気と感動を貰い私の睡魔を撃破！　お陰で元気も出てパソコンの前に座る事が出来た私。

自力こそが、本当の力。他人を頼りにするような弱い心では物事が成就し得ないのは、昔からの相場で当たり前の事。自分を信じて、今の何十倍もの忙しさにチャレンジし、自分の能力のある限り質の高い、負けない力を発揮して行こう托鉢演歌道。

過ぎる不安が的中・愛知県名古屋錦行脚キャンペーン

２０１４（平成26）年6月18日（水）那覇発スカイマーク10時35分の名古屋行きに搭乗して12時40分にセントレア中部国際空港到着。ＪＲ快速電車に乗って、名古屋駅で地下鉄桜通り線に乗り換えて久屋大通駅までの道程は左手にトランク、右手にはキャンペーングカーをコロコロ引いたり担いだりして地下鉄の階段を上ったり下りたり。もはや62歳という年齢のせいなのだろうか、腰や肩に食い込む荷物を意地で支えて大変である。改札口を出て漸く階段を上がると、久屋大通りは雨が降っていた。

最近は天気不順が続く、一瞬「これは困った」と思ったが、運よく4番出口の傍にコンビニがあった。私は中へ入って傘を買ったが、その後が大変！　左手にはトランク、右手にはキャンペーングカーを引いている。私はこの際、キャンペーングカーを持ち上げる右手で傘を差した。腰に食い込む痛みを意地で堪えて急ぎ足で漸くホテルまで辿り着いて、時計を見ると午後3時。受付でタクシーを呼んで貰い「掛かる往復のタクシー代は、宣伝費と思えばいいか～！全力を尽くそう」と、タクシーに飛び乗って朝日新聞社を訪ねた。

「記事になるか如何か聞いて見なければ分かりませんが、伺いましょう」と影山と名乗る若い記者に記者会見室へ通された私は〝今日の取材は大丈夫だろうか〟と一瞬不安が過ぎりつつ「人頭税問題を風化させない為の活動を歌に託して～」と語るが、影山記者は「それをどうしようと言うんですか？」という程度で余り感心がない様子。案の定、私の不安は的中した。彼から「うえち様、スペースの都合と私の力不足で記事になりませんでした。また別の機会に記事に出来ればいいなと思っています。うえち様の更なる活躍を期待しております」と連絡が来た。せっかく沖縄からアポを取って、わざわざ訪ねたのに作った時間も費やした足代も何もかもが梅雨と消えてしまった。「長い人生には、こういう時もあるさ」と自分を慰める私。

夕食は吉野家牛丼大盛りを食べて備えた。「らうんじ姫」のママ（まり）さんが全席回って「はな花～！」と千円ずつ集めて胸ポケットに差し込んでくれた。久しぶりにバブル時代の様な景気の良い頃の贅沢感を味わった私は、思わず「今、私にお祝儀を下さった方は手を上げて下さ～い！　後５００円ずつ頂ければ、私の歩みの冊子とＣＤを全員に差し上げま～す！」とＣＤセットを高々と掲げると、皆さん全員が5百円ずつ出してくれた。ママさんは「また新曲が出たら、いらっしゃい！　その時は、うちの店も何周年記念になるかは分からないけど、あなたの歌で記念パーティーが出来るといいわねぇ～」と見送ってくれたのが印象に残る。お陰で幸先の良いスタートが切れた初日の今夜は「らうんじ姫／紅花泉／ジョルダン／クラブ花組／ＣｏｏＫｉｅ／ＳＰＥＥＤ／スターローズ」7軒で唄った。

沖縄よりも熱帯夜の香川県高松

２０１４（平成26）年7月22日（火）晴れ、ＡＮＡ１８８４便那覇発13時10分に搭乗して松山空港到着。リムジンバスに乗って松山駅で高松行き高速バスの乗車券片道（４千円）を購入して、愛媛の松山から香川の高松へ向かう夜行高速バスの窓の外は月も星も見えない。真っ暗闇の山また山ばかり、その前方の闇に高速バスのライトが目的地へと真っ直ぐ一筋の光を放つ！　自分の気持ち一つで痛快に進む全国一人旅。夢を追いかけて追いかけて、年齢と時間に追われ追われて前人未到を往く托鉢演歌道。

東横イン高松兵庫町にチェックインしたのは23時。急いでシャワーで汗を流した私はネオン街を視察した。翌朝、アポ取りしてあった四国新聞社の田中茂雄記者を訪ねた。沖縄が好きで何度か沖縄に来られていると言う田中記者と意気投合し、「日本最南端の島で起きた人頭税問題を知ってますか?」と語る私に、「全く知らなかった。記者として恥ずかしい」等と田中記者は2時間も取材した。

さて、テレビでは四国の気温37度弱と報じている高松キャンペーンの初日は沖縄よりも暑い熱帯夜。このアーケード通りは兵庫町から丸亀町、南新町、田町商店街と繋がっている。兵庫町の宿から歩いて丸亀町商店街通りに古馬場中央通とライオン通があり、此処が高松ネオン街最大の坩堝である。

扉を開くと夏風邪を引いているママさんがいる。「無理をしないで」と言いたいが、ご事情があるだろうから黙って扉を閉める。私の場合、風邪を引いただけで唄えなくなり、収入も途絶えて即命取りになると心得、予防接種して旅に出るのである。挑戦に生きる人間は体だけが資本だから、体を壊さない様に自ら気を付けないといけない。私が風邪を引いたまま唄い流したらウィルスを撒き散らして、巡り会う方々のご迷惑になるに決まっている。風邪気味の場合、「大病になるな！」という神様からのお告げだと、素直に受け止めて薬を飲んで休んだ方が治るのも早いし、病院代も掛からない。しかし、背負っているものが多くて責任感の強い店のママさんに限って「風邪ごときで店を休んだら命取り！　休みたくても休めないわ」と、仕事をしながら治そうとする。飲みに行って風邪を移される顧客の身にもなって欲しいものである。

「何で今の時代に、誰も知らないような時代の歌を何の目的があってＣＤ化したんですか？　こんな歌は私たち女性では唄えないわよ」等と、１枚も売れない店が４軒あったが、ＣＤが売れる売れないは別問題と唱える私にとって、見知らぬ此の街で人頭税を語り唄うのは祖先への供養である。夜空に浮かんでは消え、また浮かぶ雲のように、虐げられて苦しみ喘いだ想念は消えるものではない。やるべきことは、ひたす供養するだけである。７勝４敗の今夜は「あんじょばあじと／ニュー橋本／ペプシー／ＡＣＡＩＮ／マラケッシュ／虹／薩摩／カサブランカ

／ｄｙｏｕ／シエロ／新珠はな」11軒の店で唄った。

30年目の托鉢演歌ネオン街行脚キャンペーン

７月24日（木）晴れの熱帯夜。１枚も売れない店が１軒あり、９勝１敗の今夜は「おニイＭＡＮＳ／スナックラン／鼓撞／心町／あん／デッドビート／エネル／心花／ＴＨＥＰＯＯＬ／花」10軒に唄った。翌25日（金）も晴れた熱帯夜。昨夜に続く丸亀町のライオン通り行脚キャンペーン。真にレコード店でＣＤが売れる時代は終わった。オリコンチャート１位と、中央のマスコミで騒いでいても実際には「１日に１枚売れるか、売れないかだよ」と、レコード店主達は口を揃える。

若者達は簡単に数百円で楽曲をパソコンにダウンロード出来る時代となり、わざわざレコード店まで足を運ぶ必要がなくなった。ニーズも多様化し、ＣＤをレコード店で並べても売れない。特に昭和生まれの団塊世代は、未だにＣＤ機材が無いとかでカセットテープに拘る方も居る位だから、ＣＤを買いにレコード店に行くなんて皆無に等しい。そこで買いに来なければ、弁当屋さんと同じ様に自分の歌は自分で売りに行かなければ売れない。托鉢演歌売り歩きを展開してから29年目に突入している。

バブル時代と違って、手売りして幾らの世界だから安売りは出来ない。常に自分の足元を照らして経済的に無理しないよう自分の体と相談しながら、販売できるCD枚数を決めて作品創りする托鉢演歌道。極めて効率が悪かろうが、赤字借金塗れになるよりは良しとすべきである。何故なら歌は幾ら自分が良いと思った作品でも売れるという保障は無い。それでも次回作の資金が作れるまで売り歩けば百点満点である。

大スターでさえCDが売れないとボヤク昨今。私のCDはネオン街で売り続けて来たから全てを乗り越えて今に至る。それは「必ず、いつの日か大ヒット曲を出そう！　頑張ってさえいれば、その日が来るに違いない」と自分を奮い立たせて来たから29年間もネオン街の扉を叩き続けて来れたと思っている。

演歌道をスタートした時は、石の上にも3年と言う世間の考えと違い、不器用な私は人様の3倍の9年に1年を足して黙って10年、その上只管《ひたすら》10年、更に花を咲かせつつ10年の30年という長期的な視野で目標設定して来たから、ネオン街行脚キャンペーンが習慣化できて今がある。

「CDはいいから北島三郎の山を歌ってよ」等と1枚も売れない店が2軒あったが、11勝2敗の今夜は「スナック花水仙／ノレドゥメン／和処椿／ピアニー／ウイッチ／スナックバーエナジー／ビコッロ／樹林／美／セレブ／だん／パル／蓮華草」13軒の店で唄った。

吾は人頭税を全国に周知させる最後の砦

7月26日（土）晴れ、昨夜に続く熱帯夜。香川県高松市丸亀町のネオン街ライオン通り行脚キャンペーン。人様から見たら不可能（無理だ）に見えるかも知れない祖先への鎮魂歌「宮古島人頭税物語を全国へ」という使命感を持って全国一人旅を展開し、高知県、愛媛県、徳島県を終えて、愈々四国4県制覇を目指して香川県高松まで来た私だが、今夜は唄っても1枚も売れない店が6軒ある。しかし、遠く此処まで来たからには逃げる訳にいかない。62歳という肉体の衰えが否応なく進む、それでも托鉢演歌売り歩きは未だ終わってない。一般的には定年退職を過ぎた年齢で歳かも知れないが、これまで休むことなく積み重ねてきた全国一人旅、これからも幾多の逆境に挑戦しなければならない。本当に歳とると1日が早いから後がない。「もっともっと頑張らなくてはいけない」と、意地で60軒以上の扉を叩き続けて14軒に唄った。

だからと言って単にCDを売る事だけが目的ではない。CDを売る前に、明治の代まで266年間も吾が故郷（祖先）を虐げ続けた人頭税問題を日本全国民に一人でも多く知って貰いたいのが私の祈願である。「過去の事を持ち出して今更、それが何だと言うの？」では、人頭税に殺された数百万人の吾が祖先の命は余りにも軽んじられ過酷過ぎて浮かばれないではないか！　島津薩摩藩の侵略によって、同藩に収める税金に困窮した琉球王府が先島諸島に肩代わりさせる為に賦課した世界に類を見ない制度（悪税）が日本最南端の小さな島で起きていた事実に、日本のリーダー達は心から手を合わし、二度と同じ過ちを犯さないように日本丸を舵取りして欲しいものである。

「これを忘れては正しい方向へ日本丸を導く事は絶対に出来ない」と私は思っている。人頭税問題を全国へとマスコミ各社や大衆の前で、直に語り唄い続けているのは私一人だけだ。自らを最後の砦であると意識して、自己犠牲的精神の積み重ねを創る毎晩「自分でやるしか道はない」と自分自身を奮い立たせている。

今回の香川で四国4県制覇なのだから、悔いが残らないように小さな目標達成をしたいと心に決めている。厳しい夜「夢」に向かって流す汗は充実感で一杯！　自分の人生を諦める訳には行かない。「人生は無理だの向こうにこそ成功はある」と確信している。夢を追いかけて此処まで来た、生活の基盤が脆いと何をするにも動けない状態に陥り、夢倒れになるやも知れない。全てが必然と捉えて心機一転！　ネオン街行脚キャンペーンが円滑に出来るよう、しっかり精進して行こう托鉢演歌道。

結局8勝6敗となった今夜は「ノーティ／神楽／エングロウス／リズ／シルバー宏／あい愛／すなっく案山子／Ａｐｒｉｃｏｔ／あき／サンパギータ／カアーナパリ／モンステイル／アドア／Ａｓｔｙ」14軒の店で唄った。

歌は心を癒すもの「神仏は帳尻を合わせてくれる」

7月27日（日）高松から松山へ移動する高速バスの中。成功して底光りのする花を咲かそう！　神仏が仕組んだサクセスストーリーを立派に乗り越えて行動する人には、必ず神仏は帳尻を合わせてくれる。ピンチからチャンスを掴んで這い上がるのも、その人の力なのだから勇気を持って出来ない原因を変えよう！　人はピンチの時に同じ事を繰り返すからチャンスを掴めない。成功する人間は失敗から多くの事を学んで、ピンチになると精査し原因を変えている。この托鉢演歌道は間違いなく継続していれば、必ずチャンスが訪れる筈である。

「琉球」のママ（徳子）さんから次のようなメールを受けた。「猛暑の中、お疲れ様です。頑張ってますか？　簡単ではないでしょう～！　大変でしょうけど身体壊さないように頑張ってね～！　今宵も素敵な出逢いがありますように。孫が夏風邪引いて、保育園でも預かって貰えず、私が面倒見て病院通いしています」と。先ず、自分自身が良くなれば、自分の様子を見ている周りの人も興味を示すようになる。色んな面で、神仏の試練を受けて唄い流す全国行脚は人間修行（自己反省）の托鉢演歌道。

28日（月）は愛媛県松山1番町街行脚キャンペーン。人頭税を後世に伝える使命に威風堂々と精進して行こう。まだまだ幾山河あると思うが、闇が深いほど夜明けは近い。あらためて「人頭税」を後世に語り継ぐ使命に燃える私は雄大プロモーションの代表者であり、唯一の商品（俳優兼歌手）でもある。私の名前がそのまま事務所名であるから、吾が家のローンや事務所の運営資金及びCD等の製作資金繰りに深く関わらざる得ない。だからこそ赤字を出す訳には絶対に行かない私は「笑顔はどんな逆境にも強し」と、自分に言い聞かせて、今日も笑顔で挑む托鉢演歌一人売り歩きに徹する。今夜が四国巡りの千秋楽。

香川高松で売れ残ったCD5枚を完売するまで頑張ったが、後少しと思えば思うほど、その後少しがなかなか売れない。唄っても1枚も売れないもどかしさが4軒、今夜も厳しければ厳しい程「ナニクソやるぞ」と諦めない。

托鉢演歌道だけは、知識を磨いても目の前の扉は開かない。だからこそ勇気を出してエネルギッシュにカラオケ飲食店の扉を叩いて、心を開いてくれたママさんやお客様方から快く唄わせて貰い、そこで1枚でもCDが売れたら喜びも大きく、お客様からのリクエストも心から楽しんで受けられるものである。歌は心を癒すもの、積極的に許し合い愛し合い慰め合い、笑顔を天地一杯振りまいて体が動ける今の内に仕事意識を持って全てをクリアして帰路に着きたいものである。結局4勝4敗の今夜は「マンゴー／ラビンス／スナックエバモー／えんどれす～永遠～／マリリン／やんちゃ姫／あいん／シーホース」の8軒の店で唄って漸く5枚売れた。

東海愛知新聞社と東愛知新聞社を表敬

８月19日（木）今朝は６時起床。お風呂に入って朝食を済ませ、予定通り久屋大通駅から金山駅でＪＲ線快速に乗り換えて岡崎駅下車。そこに東海愛知新聞社の竹内雅紀記者が出迎えてくれたから有難い。彼の車に乗って東海愛知新聞社へ辿り着いて名刺交換した彼の肩書きは課長である。偶然にも沖縄からアポ取りの電話をした時、私の電話を彼が受けた事により、彼自ら対応してくれるという、昨日の影山記者とは比べ物にならない位に今日の私は運が良い。竹内記者の質問に私は次の様に応えた。

「島民にとっての悪税を風化させてはいけないと思い、徳川幕府が始まって以来、明治36（１９０３）年まで島民に課税されていた〝人頭税〟を広く知ってもらおうと、昨日から愛知県を訪れてＰＲ活動を行なっていますが、愛知県は10都県目の訪問地です。この歌は全国の通信カラオケで配信されており、18日～25日までの愛知県滞在期間中は名古屋市内のカラオケスナック等に足を運んで、１軒１軒飛び込んで私の歌声を披露します。ＣＤが売れる、売れないかは別問題。祖先への供養だと思っています。現在では人頭税の事を伝承しようと動いているのは私だけ、最後の砦と言ってもいい。何とかして後世に伝えたい」と。取材を終えても竹内記者は駅まで見送ってくれた。

私は急いで岡崎駅から豊橋駅へ行き、そこからタクシーを拾って東愛知新聞社訪問。沖縄からアポ取りした時の榊原菜月記者がお休みの日との事で、内勤の藤田彰彦記者が対応してくれた。藤田記者は、ホームページから私の活動を調べ上げ既に記事は書いてあるとの事で早速、写真撮りが行なわれた。そこえ藤村社長が現れたので、名刺交換をして話を聴けば、宮古毎日新聞社と交流があるとの事で歓迎され気分も上々。

夕食は50円の割引券に誘われて昨日と同じ、吉野家の豚ロース丼を食べて二日目のネオン街行脚キャンペーンに備えた。

扉を開いた私に対してカウンター席の男性客が「俺はいいよ」と断った店「メンバーズ藤森」で、ママ（希望）さんが、隣の席を立って「いいわよ〜！　どうぞ唄って下さい。私も、そんな経験をした事があるのよ。色紙にもサインして、私の宝物として店の棚に飾るわ！　CDも下さいね」と、歓迎して唄わせてくれた。すると断った筈の男性客から御祝儀が届いたのが印象に残る。吾が托鉢演歌売り歩きの大半は店のママさんの対応によって精度が高いか低いか左右するものである。次の店「マシェリ」のママ（飛鳥）さんも自らCDを買って激励してくれた。お陰で今夜は、扉を叩いて唄わせて貰った全軒で売れたから頑張り甲斐があり、遠く沖縄から来た私としては有難くて心に沁みる。8勝の今夜は「花みずき／DEW／ラ・ラポール／CAMPBELL／ボンソワール／メンバーズ藤森／メンバーズ由美花／マシュリ」8軒で唄った。

問題解決は自己責任・那覇市桜坂オリオン通り行脚キャンペーン

２０１４（平成26）年9月9日（火）晴れ、著書を書いたり、作詞作曲したり、企画を練る時は、寝る時間を忘れる位に夜中でも常に思考している私。

自分の作詞でプロデュース製作して自ら唄っている訳だから、ＣＤが売れないからと言って愚痴る相手もいない。売れない事情を誰かのせいに出来るものでもないから、問題解決の為には全ての責任を自分で背負って挑むしか術はない。全国ネオン街カラオケ流しは年齢的にも体力的にも限界が近付きつつある、芸能生活現役への挑戦である。

桜坂オリオン通りで最初に扉を開いた店「華月」のホステスさんが「私20代の頃から、雄大さんの大ファンよ！　もう30年位前から頑張ってるのよねぇ～」と歓迎してくれた。お陰でボックス席の男性客3名も「ラジオで聴いてるよ～もっと年輩の方かと思っていたら、こんなに若くてカッコいい男だったんだ～ポスター千円で買うからサインをして頂戴！　俺も宮古の城辺出身なんだ」等々と歓迎攻めに合い、皆でＣＤも応援してくれたから有難くて勇気が出た。

「宮古島人頭税廃止運動を成し遂げた祖先の偉業を思えば、何でも出来る。やれば出来る」と、意を強くして開いた次の店「絞月」のカウンター席では、ママさん相手に飲んでいた顔馴染みの當間先輩が立ち上がって「以前、この店で貴方から買った著書を全部読ませて貰ったが、お寺での座禅修行体験記には深く感動したよ」と握手で歓迎してくれた。しかし生憎、私の持ち歌は1曲しか入ってない。店のレーザーディスク機材で「愛さえあれば」を唄うと、ママさん共々大層喜んで今度の新曲も購入してくれた。私は「今夜はこの通りを唄い流します。夜が短いですので失礼しますね」と店を出た。手の平に「人は死ぬまで青春」と書いて進む夢は無限であり、夢に限界はない。また着物姿の美しいママさんが「ご苦労様です～」と快く迎えて唄わせてくれた店「那覇」のマスターも、わざわざ通りまで追い駆けて来て「CDにもサインして下さい」とベストアルバムにシングルCD2枚を応援してくれたから尚更有難い。「自分にだって無限の可能性がある」と信じて開いた店「ゆき」のカウンター席の男性客も「俺が買うよ」と。更に「大ちゃん」という店でマスター相手に一人で飲んでいた男性客が「ポスター等で、よく見かけるが本物に会うのは初めてだ。是非とも生で唄って聴かせて下さい。マスター此処は僕が責任持つから良いでしょう！　お願いします」と歓迎された。唄い終えると、「感動した～！　僕は上原といいます。プロの歌を生で聴けるなんて贅沢だな～！モットお客が居たら良かったなぁ～マスター！　しかし嬉しいなぁ～！　僕、うえち雄大さんの大ファンになったよ！　有難う御座います。CD持ってるんでしょう。1枚買います」と抱きしめてくれたのが印象に残る。7勝2敗の今夜は「華月／絞月／那覇／ゆき／大ちゃん／十和田／茶蘭花／新茶家／晴美」9軒で唄った。

持つべきものは親愛なる友

正直、素直が一番大事な人生を変えてはいけない！　２０１３（平成25）年11月16日（土）19時から、沖縄市の「ＳＳバンドスタジオ」で歌謡ライブ。訪ねると３名の男性が表で待っていて駐車場へ誘導してくれた。案内された会場入口には「松山恵子を偲ぶ会」の看板が建てられている。好奇心を抱きつつ、中へ入ると大きな拍手で迎えられた。懐かしい顔ぶれに思わず「久しぶり〜！」と握手し合い抱き合い親近感溢れる歓迎を受けた。中には大阪から駆けつけてくれた女性もいる。「祝・うえち雄大全国メジャー第２弾！　島の夜明け／ふる里は胸を射す」を企画してくれたのが、私の後援会事務局長・新垣盛範（株式会社シンコウハウス工業の社長）さんである。うるま市や沖縄市から当店「雄大橋」に通ってくれた模合仲間達が企画してくれた歌謡ライブ。手作りの「歓迎・うえち雄大」の看板やポスター他、インターネットで調べたという私の情報等がステージ前に張られ、各テーブルには午後３時から準備をしたと言う女性達の手料理が豪華に並んで、30名弱の男女が椅子に座って囲む店内。

会食後、祝宴式次第のもと歌謡ライブ。私は自分の全国行脚キャンペーンのエピソードを交えながら持ち歌「雄大の夢扉／おふくろ慕情／愛さえあれば」の他、「ＳＳバンドスタジオ」

のマスター金城善正率いるＳＳバンドの生演奏で懐メロ「高原列車」等も披露した。お陰で大盛況！　思えば、夜のネオン街ばかりをカラオケ流しで唄う私にとって、生バンドで贅沢に唄ったのは、始めての経験である。

マスターが「今までは、生前沖縄へ来られていた松山恵子さんのバンドをやっていましたが、これからはうえち雄大さんのバンドをやらせて下さい」と話され、ＳＳバンドの面々とも握手を交わした。19時から催された祝宴・歌謡ライブはＳＳバンドの早弾きに皆浮かれ、カチャーシーを踊って燃え尽き症候群になったかと思いきや、今度は好奇心旺盛なカラオケ三昧に更けってエネルギー発散！　気が付けば12時前となった。若さをリセットした私は、明日が来ない内に席を立ってマイクを握り、明日への向上心の言葉を述べた。「本日は心温まる会を有り難うございます。皆様の支えをバネに精進しますので、今後とも宜しく御願いします」と。そして最後に「愛の園」を歌うと、皆も立ち上がって一緒に唄いおさめの合唱となり、お別れの握手を代わる代わる交わしながらお開きとなった。

全員が私の新曲ＣＤやベストアルバムも買ってくれた。嗚呼……今夜の必然的な出逢いは20年前、沖縄市ネオン街行脚キャンペーン先の店で知名良雄（実行委員の一人）さんと巡り合い、彼の結婚披露宴に呼ばれて唄った時から始まる。誠実な彼から人柄の素晴らしい新垣盛範さんを紹介された私は、吾が家の建築を新垣さんに依頼した経緯から、今がある訳だから托鉢演歌道の優位特性の価値は変えられない。

島の夜明け／ふる里は胸を射す・嘉手納行脚キャンペーン

私には「沖縄の演歌を全国へ」という目標があるからこそ、「出逢うところ吾が師匠なり」見るもの聴くもの全てを受け入れて人生を懸けて往きたい私。一日でも早く自分の掲げた目標の結果を出したい托鉢演歌道。

左右鮮やかに飾られたグリーン一色の簾（クリスマスツリー）が師走の風に揺れている嘉手納の繁華街通り。２０１３（平成25）年12月３日（火）客足少ない街の灯りが侘びしい。こんな夜だからこそ、エネルギッシュに次々と夢の扉を粘り強く開き続ける私。しかし年末だというのに閑な店ばかりが目立つ嘉手納は、灯るネオンの数も少なくなった。経済のバロメーターであるネオン街にお客様がいらっしゃればこそ、唄い流せる私なのに扉を閉ざした店が多い。「故郷は楽しい正月を迎えることが出来るのだろうか」私は「何の為に托鉢演歌道を進むのか」を思考しつつ、進めば進むほど「何が得られるのかではなく、巡り会う心優しい人々に支えられているお陰で唄い流せる自己の命を只管に生きよう！　それが自分で決めた托鉢演歌道を生きるという神仏への恩返し」と自分自身を奮い立たせる。肩に食い込むキャンペーンの七つ道具を抱えて店の階段を上り下りする連日連夜、男なら酒と女に身も心も溺れて見たい思いが横たわっているのが夜の街。だが私は真面目な生き方を提唱する姉や兄たちのお陰で、誘惑を断り辛うじて托鉢演歌道を27年間継続して来れたから有難い限り……。また健康な体に産んでくれた天国の父母にも素直に感謝の手を合わす毎日、誰かが私の価値を高めてくれる訳じゃない。「念ずれば通ず」一番最初に唄わせてくれた顔馴染みの店「大学」のママさんが、今夜も歓迎してCDを買って唄わせてくれた。カウンター席でカラオケで盛り上がっていた男性客（知念さん）も「あなたの頑張る姿勢が僕の胸を打つんだよ。ラジオでは何度か聴いていますが、本物に会うのは初めてだ。嬉しいから唄って下さい。僕はママと踊るから」と上機嫌。唄う私の価値が高まった瞬間なのだろうか、ママさんと踊り終えた知念さんは私の頬っぺにキスしてCDを買ってくれた。唄う軒数によって売上げが決まる。私は常に、唄い流さなければ収入が減少するばかりか活動費倒れになる。お客様を満足させられる俳優兼歌手に成りたいものである。

特に今夜はベストアルバムを買ってくれた「兄弟船」のママさんやカウンターにグァバ茶を出して休ませてくれた店「お茶」のママさん、そして「この島の夜明けの川満亀吉とふる里は胸を射す、ラジオで聴く度にジ～ンと胸が締め付けられて悲しくなって、泣きたくなる位に励まされてるわ～また来てね～」と見送ってくれた「女王蜂」のママさんが印象に残る。此処からの今、夜の巷で巡り会う色々な人々に自分に出来る精一杯を与える人間に成ろう！　神仏に生かされている命ある限り進んで行こう。半端では進めない托鉢演歌道。今夜は43軒の扉を開いて12軒に唄った。

自己も大事だが自己を忘れる事も大事・読谷行脚キャンペーン

2013（平成25）年12月6日（金）時々小雨に濡れて、昨夜に続く読谷で末だというのにヒマな店や閉鎖している店が目立つ厳しい夜。だが他の歌手に競り勝つ己の強みはネオン街カラオケ流し「大切なのは前向きに進むこと」を粘る事。

伊良部島出身のママの店「残波まつり」には10年前のポスターとサイン色紙が貼られている。その傍に今回のポスターも貼らせてくれたママさんは「うちのお客さんが、あのポスターを見て最近、雄大さん頑張っているかねぇ、なかなか回って来ないねぇと話して居た所なのよ。新曲も応援するわ」と微笑んだ。カウンターの男性客も「自分の道を長年頑張っている雄大さんは、カッコいいよ。俺、20年前から応援しているから今夜も買うよ」と。もはや年齢的にもキャンペーンはエリア拡大をしないで、優先すべきは地元で地道に日々唄い流す繰り返しの中から至らない自分を改善し、輝く価値を発見して行かなければならない。

歴史の真実を明らかにし、故郷が何を学び、次世代に何を学ばせるか、自らの命を懸けて、命の精一杯を与えるべく、人頭税廃止運動の映画化を確実に狙って行こうと思考しながら唄い流す連日連夜。此処から始まって明るい未来に繋がるのだ。心底から大ヒット曲や映画作りを祈願する事で明日への夢扉を開く事が出来る。ラジオで聴いていると言う店の顧客の殆んどが買ってくれるから有難い。

久しぶりに開いた店「シーサーの邦」に入ると、森進一の物真似しながら「港町ブルース」を歌っていたのがG高校の校長先生。同じG高校の教頭先生とカウンター席で飲んでいた校長先生は「あなたが人頭税を歌っているあの雄大さんか！　いや〜あなたは沖縄の財産だ！　これも何かのご縁だ！　この店で貴方に会えるなんて夢のようだ！　うちの学校でも進路指導の一環として講演をして下さい！　お願いします！　子供達に夢を与えてください！」等と校長先生は、お一人で3枚もCDを応援してくれた。「進路指導の一環」思えば浦添工業高校や宮古総合実業高等学校他、私の母校及び中村十作の母校等で、俳優から歌手へと夢を追い続ける人生を時に熱く、時に淡々と語りかけたものである。それは自分を励ます事にもなった。

「ラジオで聴いています雄大さん、来てくれて有り難う御座います。嬉しいわ〜ポスターは私がもっと良い所に移動して貼りますから、サインもして頂戴」と歓迎して唄わせてくれた店「絆」のママ（小百合）さんが、「この〝島の夜明け〟を聴くとジ〜ンと胸が締め付けられて涙が出るわ！　雄大さんが此の店に来てくれたのは初めてよね。どうぞ休んでって下さい」とカウンターにお茶を出して休ませてくれた。虐げられた庶民の魂の叫びだからこそ聴く人の胸を打つのかも知れない。私は最後に「ふる里は胸を射す」を唄って御礼とした。

場末だろうと歌ってこその歌手・石川ネオン街行脚キャンペーン

２０１３（平成25）年12月９日（月）雨、私の歩みを「暫らく様子を見ていよう」と高みの見物をする人もいるが、世の中は自分でやった事は自分に返って来る。マンネリにならないように、常に新鮮な姿勢で挑んで行こう。これまでの時間は実りあるものであったと自負し、常に自分で責任を負う覚悟の托鉢演歌道ではあるものの、全てが必然的な事と受けとめている。だからこそ今までの経験を見つめ直して素晴らしい托鉢演歌道の展開を発見出来ないものだろうか、「知恵を下さい神様仏様」と振り絞る心境の毎日毎晩。その不安や迷いに悩むことよりも私は「自分が俳優兼歌手で生きて行くためには、一体どうすれば好いか」をその時々に、自分で企画プロデュース製作して作品創りを続けている。

人間は誰でも自分の利益を優先すると世の中から嫌われる、自分の利益事はさて置き長期的視野で展開して行かなければ底光りのする本物の成功者にはなれないと思える。何事が起きても大切なのは前に進む事。年末のネオン街行脚キャンペーンに追い込みを懸けなければならない私は、自身が持つラジオ番組も年内に２局とも正月番組まで収録し終えなければならない。吾が家からのキャンペーン先の距離間が段々遠くなってきたが、目標に向かって巡り会う人々に夢が与えられるような元気の出る歌を唄い流そう托鉢演歌道。

今夜は、うるま市石川ネオン街に向かって雨を弾く車のワイパー。新曲を出す度にネオン街で顔馴染みとなったせいか、５００円ずつ出し合ってシングルＣＤを買ってくれる店もあれば、千円ずつ出し合ってベストアルバムを買ってくれる店もある。「セシール」の、まるでモデルさんのようにプロポーション抜群の若いホステスさんが手を上げてＣＤを買ってくれると、回りから「凄〜い！」と拍手が起きて、最初断った筈のボックス席の男性客までが「その頑張るエネルギーパワーは素晴らしい」等と買ってくれたから有難い。私も若くて素敵な女性に演歌を買って貰えると勇気百倍、その女性が益々美人に見えてくる。お陰で希望と勇気が湧いてきた私は次のご縁を楽しみに店を出た。しかし「良い正月を迎える為にも頑張ろう！」と誓願しているのに、今夜は月曜日のせいか閉まっている店が多い。ありきたりでない歌を創りたくて「人頭税」に取り組んで全国メジャー第２弾を発売した。カウンター席に女性一人がマスター相手に飲んでいた店「うたまろ」で、二人とも買ってくれた上に、マスターが〝哀愁の宮古島〟を唄ってくれたのが嬉しくて印象に残る。

中途半端だと愚痴が出る！　いい加減だと言い訳が出る！　油断は禁物の托鉢演歌道は真剣に挑戦すればするほど仕事が仕事を教えてくれる。それは山川を渉るが如く、毎日がリハーサルのきかない即本番、自己自身の人間力を色々試されている人生劇場なのだ。将に自己の全身全霊を込めて挑戦（自己形成）する価値があると私は本気で思っている。私にとって、この世に生きていると言う実感を味わい続けられているのが唯一「過去は宝、未来は薔薇色」の人生を、創作し続けられる托鉢演歌道。今夜は32軒の扉を開いて９軒で唄った。

真ん丸月夜・金武町ネオン街行脚キャンペーン

２０１３（平成25）年12月14日（土）晴れ空には丸い月夜、仕事の出来ない人には何処の会社だって給料は払いたくない、ましてや昇給なんてできないのが当たり前。私はネオン街行脚キャンペーンが仕事だが、そこで愚図って愚痴って何になる。店の扉を開くのは簡単な様だが、いざとなったら難しい。人は何とでも無責任な事を言うが、これは実際に経験した人間でなければ解らない。遵って何を言われても心は何ともないと自分に言い聞かせ続けている私。努力は裏切らないし、頑張った分だけの答えはハッキリしている全国托鉢演歌道だから、人の事を誹謗中傷している暇も無い。「チャンスは貯蓄出来ない」ならば、努力しないで諦めたら元の自分のままである。

私の目的は人頭税の映画化である。その為にも目標に対して明確に思考し、具体的に行動して行かねばならない。それなのに資金繰りに困って艱難辛苦を舐めているように思われては、不安が広がりマイナスなイメージが飛び交っては遣り辛くなる。托鉢演歌売り歩きは行きは怖い、帰りは良い良いで一日を締めくくりたい。

現実は「聴いたから要らないや！」と大声で制止する酔客や「唄っても買わないよ！」と言う酔客が居る。また、お客様全員に拍手で迎えられたが、「うちは良いです。他所へ行って下さい！」と冷たく追い出される店もある。カウンター席の酔客が「いらないから那覇へ帰れ！」と喚く店「桃源郷」で、仲間と名乗る男性客が「そんなこと言わないで下さい。これは凄い事なんですよ。偶然にもプロ歌手本人が現れて生で歌ってくれるなんて滅多にない事なんだから」と自らCDを2枚応援してくれた。更に金武町で一番人気があるかも知れない超満員の店「アスター」のマスターが快くCDを自ら買って歌わせてくれたから有難い、お陰でボックス席の若い女性客が「私、この歌聴いてジ～ンと来たから応援する～！　CDにも冊子にもサインして下さい！　そしてホッペにチューして～」と。また「酒処南風」のママ（初子）さんが、「もう回って来ないのかしらと思っていました。来てくれて嬉しいわ～ラジオで人頭税の歌を聴いて感動して涙が出た事があるわ！　島の夜明けのCD3枚下さい。ぶれない一貫した貴方の姿勢が大好きよ！　また来て下さいね。ラジオ楽しみに毎回聴いています。頑張って下さい」と見送ってくれたのが心に沁みる。こうして金武町で8軒の店で唄えたが土曜日だし、後2軒（合計10軒）は唄って明日はゆっくり休みたい私は、金武町からの帰り道、嘉手納へ寄り道して数軒の扉を開いた。そこで年輩の男性客に「CDは買わないけど唄って」と言われた店「愛二人」で、ママさんが「頑張って下さいね」と買ってくれた事や「ハート」という店のママさんがお茶を出して休ませてくれながら２枚購入してくれたのが印象に残る。今夜は34軒の扉を開いて10軒で唄った。

諦めずに扉を開いた甲斐有・名護市みどり街行脚キャンペーン

２０１３（平成25）年12月17日（火）昨夜に続く雨のみどり街行脚キャンペーン。私にとって全国メジャーへの挑戦は、暗闇の大海を行く船に光明が差し込んで来た様なものである。豪華客船への切符を漸く手にしたのだ。幼い頃から夢見た島の夜明けが待っている。目先の事に囚われたら人相が悪くなる。３年後に目標を持てば人相が良くなる。目先のことを大切にしながら自分の3年後に期待しよう。一日一日が勝負なのだから、立ち止まらずに前進あるのみ！　人様が30年間でやる事を3年間でやろう！　人様が20年間でやる事を2年間でやろう！　人様が10年間でやる事を1年間でやろう！　それが全国発売だと覚悟を決めて挑戦に生きて行こう托鉢演歌道。

今日は朝からハードスケジュール、午前5時に名護から帰路に着いて行脚記を書いてから寝

ROKラジオ沖縄「雄大の夢航路」前仲美由紀と
（番組は８年目継続中）

床に就いたのが7時。11時には起きて諸準備を整えて午後2時から琉球放送（ＲＢＣ）ｉラジオ番組「雄大の夢圓歌」正月版の収録。4時からはＲＯＫラジオ沖縄「雄大の夢航路」を3週分収録、7時からは再び琉球放送（ＲＢＣ）ｉラジオ「団塊花盛り」に生出演。ようやく夕食を自宅で済ませて9時出発！　土砂降りの中、国道58号線を名護に向かって車を走らせたが、睡眠不足で眠たくなった私は、途中で家内に運転を代わって貰い助手席で仮眠を取った。

助手席でまどろみつつ、万国津梁館の美しいイルミネーションを左右に見ながら辿り着いた名護市みどり街。お陰で頑張れたから家内には感謝している。

何度も怪訝な顔をしてキャンペーンを断り続けていた某店のママさんが、今夜は唄わせてくれた。ＣＤも買ってくれた上に「おふくろ慕情」を一緒に唄ってくれたから、諦めずに扉を開いた甲斐がある。「龍華」の壁には私のポスターが3枚も貼られているから有難い。私は大きな声で「こんばんわ〜！　今年も師走の風に追われて那覇から名護までキャンペーンに来ましたうえち雄大で〜す！　1年間のローティションが名護になっていますので今年も最後の締め括りは、みどり街に行かなければ正月は迎えられないという思いでやって来ました〜！　なかなか機会がございませんので、今年の新曲「島の夜明け／ふる里は胸を射す」を披露させて頂けませんでしょうか〜！　すでに此方の店にもカラオケ配信されておりますので宜しくお願いしま〜す」と。するとカウンター席でママさんを相手に飲んでいた居た男性３名が立ち上がって「雄大さん、いつもラジオで聴いて感動しています。私は伊是名出身ですが、同じ離島の人間としてうえち雄大さんが頑張っている姿に出会えたのが嬉しい」と握手を交わしてくれた。仲宗根成通と名乗る男性客も「私は北大東島からサバニを漕いで名護に辿り着きました。是非、北大東島にも来てください！　私が南大東島まで案内します」とお祝儀を握らせてくれたのが印象に残る。

12月18日（水）行きは家内が運転して帰りは私が運転しながら昨夜に続く雨降るみどり街行脚。「出会うところ吾が師匠なり」常に自らの積極的姿勢が問われ見られている托鉢演歌売り歩き。

昨夜1時頃に入ろうとしたらネオンが消えた店「Ｋ」の中から、今夜は賑やかな声が聴こえた。そこで私は、もう一歩踏み込む決意を込めて今夜は最初に此の店の扉を開いた。ポスターを右手に高々と掲げて元気よく「皆さ〜ん！　こんばんは〜今年も師走の風に追われて那覇からやって参りました〜うえち雄大で〜す！　今日も雨の中、名護の七曲がりを車を走らせて来ました〜！　カラオケに私の新曲が配信されておりますので、１曲披露させて下さい！　お願いしま〜す」と頭を下げると満場一杯の拍手で歓迎された。お陰で今夜も絶好調のスタートが切れたから、昨夜でなく今夜で良かった。売れるタイミングとは真にこんなものである。超満席状態であろうとも、店に入るタイミングが合わなければ、1枚も売れない苦渋を私は何度も経験している。だからこそ〝運〟を引き寄せるタイミングは重要である。「黒潮」のママ（比嘉利枝子）さんがCDを買ってくれた上に、おしぼりを持って来て「汗を拭いてお茶でも飲んで行って下さい」と家内の分も2缶くれたから有難い。前回のポスター「おふくろ慕情／哀愁の宮古島」が張られている店「ダンディ」の順子と名乗る女性客が「是非！　聴きた～い！　お願い唄って～！　夫婦で歩いているなんて羨ましい！　私もそんな生き方をして見たい～」と購入、また「ラジオで昨日聴いたばかりだよ。台詞が凄いよね～いい歌だよ。頑張っているからCDを買いましょう。芸能人と直接会えるなんて凄いよ」と言うお客もいる。「若々しさが漲って、いつまでも変わらないね～雄大さん！」と言われる。そんなイメージを巡り会う方々の心の中に植え付けられる托鉢演歌売り歩き、だからこそ生き生き、溌剌と行動しよう。

人生は痛切に健康第一、私も無理の利かない年齢に近づいた。体を愛いながら夢を掴もう。「なんくるないさ」のママさんが自らCDを3枚買って店の顧客にも勧めてくれた。そしてカウンター席の顧客や私が唄っている最中に入って来たボックス席の顧客二人にも勧めてくれた。お陰で勇気百倍の私は、ママさんのリクエストを受けて「島の夜明け／おふくろ慕情／哀愁の宮古島」の3曲を唄って、最後に「ふる里は胸を射す」を唄ってお礼とした。ママさんが「また来てね～！」と見送ってくれたのが印象に残る。「ともだち」でも同じ運の良い現象が起きた。自らＣＤを買ってくれたママさんの応援を受けて唄っている最中に入って来たボックス席の二人組が「島の夜明け」を何度も目頭押さえながら聴いて買ってくれた。これには家内も「もらい泣きした」と目頭を潤ませた。すると初めは断っていたお客様までが買ってくれた。今夜は22軒の扉を開いて10軒で唄った。

俳優の一人芝居

12月19日（木）晴れ、何かがきっと始まる、誰かがきっと私を待っている。島の先輩から「先日お会いした社長が偶然ラジオで雄大さんの歌を聴き感動で涙が出た。台詞が凄い！　雄大さんは大した男だと誉めていたよ。」と言われた。

お陰で良い夢を見ながら今年も昨年に引き続き最後まで充実した1年が終わろうとしている。忘年会で賑わうネオン街で、今夜は私も親友と飲む約束をしていたが、やはり残り少ない年の瀬を休まない事に決めた。国道58号線を自家用を走らせる家内が、しばらくして「眠たい」と訴えたので、私は運転を代わり、目的地の名護市みどり街へと向かった。

何度経験しても最初に唄った店で１枚も売れないと「遠くまで来た」気持ちが廃れて、キャンペーンの七つ道具は尚さら重たくなる。しかし、それが私の仕事なのだからと姿勢を正して積極的に進むだけ……。吾が道は常にお客様の情を訪ねる旅であり、自ら唄って納得、聴いて納得、それが出来なければ邁進できない。どうすれば巡り会う人々に喜んで頂けるか？　俳優兼歌手としての存在意義は今のところ、ラジオ番組や長年継続して来た托鉢演歌道である。特に「島の夜明け～宮古島人頭税物語・川満亀吉編・上原戸那編／ふる里は胸を射す」と「宮古島人頭税物語その人・中村十作」を台詞入りで唄っていると、俳優兼歌手の実感が湧いてくる。

かつて劇団の座長をしていた頃の私はチケット販売をして劇場公演をして居たものだが、今では自らお客の前に下りていってネオンの数だけドサ周りの一人芝居をしているような連日連夜。演技の上手い俳優や歌が上手なプロ歌手と私を比較する人もいる。傍目では私を俳優としても歌手としても素質がないと思われている人もいる。しかし、私には俳優兼歌手として、どうしても遣り遂げなければならないライフワーク（衝動）を抱えている。

10軒に唄えば、1日10回の舞台公演であるから忙しい！　売れている俳優や歌手のスケジュールにも負けない、私のスケジュールであると自負している。昔アイドルだった「あの人は今」どうしているかの番組を観る度、現役の自分を誉めている私。

今夜は満席状態の店「ムーンライト」のママさんに「雄大さんはこの辺りでは、もう有名だわ」と歓迎されて唄って盛り上がり、ＣＤも売れて俄然勇気が湧いた。「ビーナス」のママ（リーミ）さんも「とってもいい歌だわ、もっと早い時間だったら沢山のお客さんに聴いて貰えたのに残念だわ～私の姉がアメリカに住んでいて似顔絵を描いているのよ。雄大さんも描かせてみない」と名刺を出しながらCDを購入。次の店「パール」の壁には私のポスターが3枚貼られていた。その並びに今回のポスターも貼らせてくれた。まるで私の後援会のような雰囲気があるから有難い……。「南国の夜」のママさんも歓迎してくれた。山城と名乗る男性客が「哀愁の宮古島」を一人で唄いながら、梯子酒して居るという。彼は「まさか、こんな日が来るなんて夢のようだ。本物に会えるなんて嬉しいよ！　ついさっき〝哀愁の宮古島〟を唄ったばかりなんだ。雄大さん、僕は貴方と一緒に唄って見たかったんだ。今の〝ふる里は胸を射す〟をもう1回流して一緒に唄わせて下さい」と肩を組んだ。今夜は26軒の扉を開いて10軒で唄った。

無上最高の幸せ者

いろんな人に遭って時には感情的になったりもするが、長年自作の歌を創って唄い流している托鉢演歌道で生活できているだけでも、私は最高の幸せ者。12月20日（金）「おふくろ慕情／哀愁の宮古島」に続く、祖先への鎮魂歌として取り組んだ私のライフワーク全国メジャー第2弾！「島の夜明け～宮古島人頭税物語・川満亀吉」も歴史的に大きな変革期を迎え、カップリング「ふる里は胸を射す」の2曲とも全国通信カラオケ配信という更なる飛躍を求められて意気込んだ1年もアッと言う間に残り僅かとなった。お陰でこの新曲も沢山の方々に愛唱されるようになったから、引き続き来年もこの歌で精進しよう托鉢演歌道。

今夜も名護に入って最初に眼に映る店の順に車を止めて唄い流しながら、みどり街まで辿り着いた。流石に晴れの金曜日とあって賑わっている店が多い。しかし、顧客が多ければ多いほど「今日はご覧の通り、てんやわんやで、ごめ~ん」と断る店や、唄っても盛り上がり過ぎて売れない店がある。「なあにCDが売れようが売れまいが、とにかく何があっても一晩に10軒の店で唄いさえすれば結果は必ず出るのだから、神仏は必ず帳尻を合わせてくれるんだから、今の気持ちを大切に頑張ろう」と自分自身を奮い立たせる「挫けるもんか　自分で決めた演歌道」と。「スナックゆう」で唄っている最中に入って来た男性客が、カウンター席に座りながら「うえち雄大さんだ！　ラジオで聴いてるよ~雄大さん！　僕の家内も宮古の平良なんだ。CD応援するから頑張れよ」とシングル2枚にベストアルバムを1枚買ってくれた。このように名護には宮古島の方々も多いから頑張り甲斐がある。「中国縁」の愛香ママさんが、今夜も昨年と同じ様に私とナオミにお祝儀をくれた上に「体を温めなさい」と、味噌汁を出して休ませてくれたのが身に沁みる。6年前中国から沖縄に来て、お店を出してから4年になると言う愛香ママさんは背が高くてスタイル抜群、明るくて元気で美しい笑顔の素敵な女性である。ママさんが未来に向かって今、何を思い何を念じて沖縄で頑張っているのかは、私には知る由もないが、こんな素晴らしいママさんには沢山、幸せになって頂きたいと祈るばかり……。

　私も何とか次の新曲に繋がる仕事をして、来年も新曲キャンペーンの七つ道具を引っ提げて再会したいものである。師走の風に追われて年々新曲発売へのハードルは高くなる一方の私。どんなに頑張りたくてもＣＤ制作資金が捻出できる力がなくなれば継続（挑戦）できない道であり、同世代が定年退職する中、今まで支えてくれたスポンサーの社長達も世代交代が進んで社長から会長へ、中には勇退リタイヤして行く。新曲発売の度に1軒の店をオープンするようなエネルギーの要る業界で、何処まで托鉢演歌道の現役を続けられるかである。疲れた時は、すぐ寝る生活を心掛けよう。しっかり睡眠を摂っていれば風邪にも強くなる。健康第一、全てが融合しないと夢は達成しない。今夜は25軒の扉を開いて10軒の店」で唄った。

感動の夜空が広がる

12月21日（土）晴れ、北風寒い名護市みどり街行脚キャンペーン。私は、どの店でも同じ事を繰り返しているだけなのに、色んな事が起きる。本当にこの世には泣いたり、笑ったり色んな人がいるものだ。

店が変われば同じ状況は二度と訪れはしない。どの店にも全て出逢うところ一期一会である。超満席の店であろうと顧客一人の店であろうと、私のやるべき事は変わらない。常にリハーサル無しの托鉢演歌道。今夜も昨夜と同じように通りのネオンを拾って唄い流しながら目的地、みどり街へと向かった。「例年より、今年は早いんじゃな〜い雄大さん」と歓迎してくれた満席状態の店「てぃ〜だ」のボックス席で飲んでいた東と名乗る男性客が席を立って拍手してハグハグ「ラジオで聴いて大ファンになって逢いたかったんだ！　あなたの新曲（島の夜明け／ふる里は胸を射す）のCDを下さい」と抱きしめられたのが嬉しくさせる。次の店「ローラン」のカウンターで飲んでいた喜納と名乗るご夫婦が「わが社に貼るから一緒に写真を撮って下さい。娘婿が宮古出身で砂川と言うんだ。いい記念になるからCDも買うよ」と歓迎してくれた。お陰で私も頗《すこぶ》る上機嫌。次に唄った店「パトラ」の団体客の一人が横柄に「こいつは20年前から頑張っているんだけど、売れね〜んだよなぁ〜！　キャハハハ」その笑いに誘われて皆が大声で笑った。するとカウンター席で飲んでいた島袋と名乗る男性客に「おふくろ慕情をもう1回かけて聴かせて下さいませんか？　覚えて唄いたいから」とリクエストされた。私は「有り難うございます。この街で一人でも私の歌を唄って応援して頂ける方に巡り合えただけでも、今夜は那覇から名護まで車を走らせて来た甲斐があります」と述べて再び唄った。お陰で先程まで笑って騒いでいたボックス席の団体客も静かに聴いてくれた。

「この歌は作詞と曲がとってもいい」と握手して買ってくれた島袋さんは、「良かったら傍に座って休んでくれませんか、私も日夜選挙運動を頑張ってるんですが〝茨の道を乗り越えて行くが人生男の意気地〟と唄う、あなたのこの〝おふくろ慕情〟には励まされます。いま彼らが歌っている歌の何十倍も素晴らしい歌だと私は思いますので自信を持って頑張って下さい」と、ノンアルコールビール１本を開けてグラスに注いでくれた。その様に感動感激してくれるなんて感性の豊かな人だなぁ〜と感謝する私も、彼の当選を祈らずにはいられない。感動が連鎖して夜空に広がる托鉢演歌道を唄い流して来て良かったと思うのは、こんな瞬間である。此の道でしか味わえない感動体験が出来る自分は本当に幸せ者、私が作った作品が夢に向かう全ての挑戦者に捧げる歌なら誠に感無量である。俳優兼歌手としての私も、もう直ぐ43度目の正月を迎えようとしている。今夜は11軒の扉を開いて11軒で売れたのが凄い托鉢演歌売り歩き。

人生に無駄はない

クリスマス前の２連休、ゆっくり休みたいが、12月だというのに２日も休んではいられない。師走の風に追われて家族（孫たち）のクリスマスプレゼントを買わなければならないジイジとしては、頑張らなくてはいけない。

12月22日（日）晴れ、私は自分を奮い立たせて家内と出向いた昨夜に続く心もとない灯りに北風が吹く名護市みどり街行脚キャンペーン。最初に「雄大の夢扉」を唄った店「サンダンカ」で3枚売れたから、早くも出向いて良かった。「人生に無駄はない」と思える瞬間である。久しぶりの店「蔵」には自費版の頃の「中村十作」と「OKINAWA I LOVE YOU」のポスターが今でも張られている。私が自ら画鋲を持参し、サインして張ったままの状態で10年以上も張ってくれているなんて有難い。これ以上に選択の良いポスター張りはない。それは自分で自分のポスターを張ったからなのだと密かに倖せ感に心が染まった。カウンター席に男性客一人しかいないにも関わらず、今夜もママさんはCDを買って唄わせてくれた。またアベック1組がカウンター席で飲んでいた店「ま～こ」のカラオケ機種には、私の歌は辛うじて「愛さえあれば」だけが入っている。その1曲を唄うと、女性客が「昔は一人で歩いていたのに、結

「オキナワ　アイ　ラブユー」のCDジャケット

婚したんですねぇ雄大さん」とＣＤを購入。次の店「リンゴの唄」にも歓迎されて「島の夜明け〜宮古島人頭税物語・川満亀吉」を唄うと、カウンター席の男性客が目頭を押さえながらＣＤを購入してくれたのが印象に残る。

連休に入った今夜は日曜日のせいか、ネオンが消えている店が多い。６軒の店で唄ったら行き詰まった。しかし、素晴らしい結果を出したい為に耐え抜く私は名護からの帰り道、嘉手納の「アリラン」という店で、ママさんの許可を受けて唄ったが、カウンターの男性客が何やら文句がましい事をママさんに言っている様子。マイク片手に唄っている最中の私と目線があったママさんは、男性客に対して「いいから静かに聴きなさい」等と私を気遣って制している。唄い終わると、男性客がカウンターに出してあった1万円札を掴んでベストアルバムを買ってくれたから不思議。次の店「ゆうか」では、カウンター席の男性客が「ＣＤは買えないけど気持ちです」と歌い終わった私の胸ポケットに千円札を差し込んだ。帰路に着くまでの車中、「もう駄目かと思っていたのに、アリランのお客さんがベストアルバムを買ってくれるなんて泣きたくなるくらい神様に見えたわよ私〜。諦めないで嘉手納行脚して良かったわぁ〜だんな様の勘は凄いわよ〜本当に〜私はすっかり帰るモードだったのに」と家内の笑顔が弾けた。本来なら休んだ筈の日曜日に、８軒の店で唄い流してベストアルバム5枚にシングルＣＤ７枚の成績。「目的に向かって迷わないで、休まないで良かったね」と、努力した家内を誉めながら交わす美酒は格別なり。今夜は16軒の扉を開いて8軒で唄った。

クリスマス前夜

師走に追われて北風が厳しい、稼いでも、稼いでも暮れの新年を迎えるに掛かる費用を間に合わせるのがやっと、父の「働けど働けど吾が暮らし楽に為らざる」の心境である。

東京の新宿で暮らしている息子ファミリーに、嬉しい祝福が豊かにありますように祈りながら、日付指定でクリスマスプレゼントした。二人分の孫衣装、息子から「御礼の電話遅くなりました。すごく可愛い洋服を有り難うございます。琉心も有り難うって言いたいみたいなので、また連絡します」とのメール。無条件で嬉しくなった私は、息子にして上げられなかった分を孫に遣って上げたい思いに駆られて幸せ気分。お陰で夢に向かってどんな困難な茨の道でも耐えて歩ける。

益々努力する勇気が湧いてきた今夜はクリスマス、遠く昨夜に続く名護のみどり街まで出向いて、もしも休んでいる店が多かったら「時間と交通費の負担が重い」と判断した私は、名護行きを断念して近場を回ることにした。吾が托鉢演歌道は連日連夜、臨機応変に無駄取りをする事で継続できる。巡り会う心の風景も同様に改善しながら唄い流そう！

12月24日（火）晴れの浦添周辺キャンペーン。今夜は普段余り行けないような、ネオン街から外れたローカルのスナックを拾い歩いた。唄っても売れない店が３軒あったが、シングルＣＤ９枚にベストアルバム３枚の成績には充分満足した。努力の数だけ休まなくて良かった。国道58号線沿い宮城の２階にある店「イブ」に入るとボックス席で男性客二人を相手していた可愛いホステスさんが立ち上がって拍手しながら「私のお母さんが雄大さんの大ファンで、ラジオも毎週聴いていると言っているのよ。だから雄大さん、お母さんにサインして頂戴、お母さんの名前は美津子と言うの、今お母さんに電話するから雄大さんの歌声を聞かせて上げてね。お願いします」と頭を下げて、私が「愛さえあれば」を唄っている最中、彼女は携帯で私の歌声を聞かせている。そして唄い終わった私に彼女は電話を代わった。「久美ちゃんの美津子お母様ですか〜！　うえち雄大です。いつもラジオ聴いて頂いているそうで有り難うございます。お母様も良いお正月をお迎え下さいませ」と述べて彼女に電話を戻した。するとボックス席の男性客も買ってくれた。続いて店のママさんもＣＤを買ってホステスさんのお母様にクリスマスプレゼントしてくれたのが印象に残る。

「小料理カラオケ宮国」で「愛さえあれば」をリクエストされて唄うと「頑張っていますねぇ先輩！　そのど根性には感服します！　バンマイ上野のミャ〜グンユ〜（私も上野の宮国よ）外は寒そう〜風邪を引かないように」とベストアルバムを買って見送ってくれたママさんが印象に残る。困難な托鉢演歌道だからこそ耐え抜いて進む醍醐味がある。今夜は20軒の扉を開いて11軒」で唄った。

心疲れた時は言動に注意

12月25日（水）、一晩中降り続けた雨に傘を差して唄い流した私は、家内と共に、今年も恒例の年末名護市みどり街行脚キャンペーンをやり切った。中には雨の中、那覇から名護までわざわざ出向いて来た私に対して、やる気を失くすような言葉や暴言を吐く客もいる。私も人間だから、唄う前にイチャモン付けられたら唄う気力が失せる時もある。そんな人と出会うとその店を出る。「お客様の前で唄えば売れるかも知れない」という期待感があればこそ、見知らぬ街の「夢の扉」を開く楽しみがあり、明日を信じて唄い流せるのだ。平然と「あんたのCDなんか唄っても買わないよ！」と揶揄する人の前では私も唄いたくない。私にだって大歓迎して唄わせてくれる人もいる。私が「失礼しま～す！　メリークリスマ～ス」と店を出ようとする後から、またもや「あんたの歌なんか買わないよ！」と野次る人に対し、敢えて元気よく「本年もお世話になりまして有り難う御座いました～！　皆さんも良いお正月を～！」と扉を閉めた。「あなたに買って貰うCDなんか1枚も持ってないよ」と切返したい思いに堪えた。心疲れているのかも知れない自分を「自分でやった事は自分に返って来る、心は何ともない」と律して傘を差した。雨が酷くなってサミットビルに飛び込んだ。

満席状態で盛り上がっていた店「キートス」の素敵な女性客が手を挙げて「はい！　私が買いますから唄ってください雄大さん」と応援してくれたのが嬉しい。お陰で先ほどまで霞んでいた心が豊かになった。思えば私の托鉢演歌道は、何か有る度、より良い方向へ改善の切り替えを繰り返し求められる旅である。次の店「りっちゃん」のママさんも「この〝おふくろ慕情〟素敵な歌ねぇ〜！　いい歌〜感動したわ〜！　私、２枚買うわ〜！　皆さんも買って挙げて〜！」と勧めてくれた。そしてＣＤを持ってボックス席を回る私の後から「あなたにも歌えそうないい歌よ〜！　買って挙げて〜！」と援護してくれたのが感謝感激の至り。またカウンター席に男性客一人しか居なかったにも関わらず、歓迎して唄わせてくれたママさんの店「ＭＯＭＯ」の壁には、私のポスターが３枚並べて張られている。

今夜も快く新曲「島の夜明け／ふる里は胸を射す」のポスターを貼らせて貰った上にＣＤも購入してくれたから有難い。お陰で店は益々賑やかな私一面の壁になった。ポスターの日付けを見ると２０１３年12月18日、丁度１年振りの再会である。こうして実際に私を心から支えてくれる店が１軒でもあると張り合いが出る。みどり街行脚キャンペーン千秋楽の今夜は、訪ねた時に何らかの事情で唄えなかった店をおさらいしながら、７軒の店で唄った。中でも大歓迎してくれたのが「ラウンジ撫子《なでしこ》」。ママのマリさんは、ファションモデルのように美しく、自らＣＤを購入し唄わせてくれた。帰り際「雄大さん、奥さんとの二人三脚なお姿から、私も学び、パワーを頂きました。またお会いできる日を楽しみにしております。どうぞ健康にお気を付けて下さい。大ヒットを祈っています。エイエイオ～！」と素敵な笑顔で見送ってくれたお姿が、鮮明に残っている。

雨の中、花は咲いて・本部・今帰仁のネオン街行脚キャンペーン

ネオンの数だけ美しい花が一生懸命に咲いている托鉢演歌道。2013（平成25）年12月26日（木）嘉手納、読谷、石川、金武、名護を終えて今夜は本部へ向かう途中、傘を差して開いた某店で「みどり街を昨日まで9日間キャンペーンして参りましたうえち雄大です。今日は本部へ向かう途中、表の看板を見て車を止めました。1曲歌わせて頂けませんか～」と挨拶して唄ったが、CDを勧める段になると、ママとホステスの女性はキッチンの暖簾奥に消えて出て来ない、カウンターで俯いて暗く沈んでいる年輩客たち（4名）からは声が掛からない。その空気にエネルギーを使った分だけ気力を落とした私は、車に戻り「暮だというのに、皆ビール1本で粘って大変だなぁ～！　正月迎えられるかなぁ～、なにくそ～やるぞ～アララガマ～」と、小さいが大きい今夜の目的地（本部）に向かって引き続き車を走らせた。

通りの右側に見えるネオンに車を止めた私は傘を差して店「酒処采」の扉を開いた。マスター

は男性客一人だったにも関わらず、自らポスターを一番目立つ場所に貼ってくれて「雨の中、来てくれて有り難う！　ご苦労さんＣＤ応援します」と歓迎して唄わせてくれた。そして「この通りを左へ真っ直ぐ行けば、本部ですので運転に気をつけて！　頑張って下さい」と見送ってくれた。お陰でキャンペーンの七つ道具も一つ軽くなって、やる気を出させてくれたから有難い。思えば昨年も今夜と同じ様に雨が降っていた。

本部に着いて一番最初に入った店「グレイス」のママさんが今夜も明るく拍手しながら「唄ってくださ〜い！」と歓迎してくれた。唄い終わると「来年も新曲出して、また来てくださいね」と新曲「島の夜明け／ふる里は胸を射す」を買って握手してくれた。ボックス席やカウンター席の男性客たちも「ラジオで聴いてるよ〜雄大さん、本部まつりでも歌わないかねぇ、名刺を下さい」等と言いながら、つり銭をチップにくれた。本部を訪ねる度に可愛い女の子の揃った店である。またカラオケの入ってない店「芭蕉布」のママさんが、唄いもしないのにＣＤを買ってくれたのが嬉しい。気分上々で開いた店「巴里」のママさんも歓迎して「ラジオで聴いて感動しています。みんなもＣＤ買って挙げて〜」と勧めてくれたのが有難い。久しぶりにお会いしたマスターの店「島唄あしび」を最後に今帰仁へ向かった。懐かしい看板の店「花」のママさんも歓迎してくれた。それにしても閉鎖している店が目立つ本部を終えて、そのまま私達は今帰仁へと車を走らせた。「恋《くい》」のママさんが「ラジオで聴いた、あの台詞のある人頭税の歌、あれは凄いわぁ〜」と、自らＣＤを買ってお客にも勧めてくれた。お陰で３枚売れたから有難い。「シャプル」の男性客二人にも売れた。「買わない！」と言いながら千円札を家内に握らせる酔客もいる。ひた向きに遠く本部・今帰仁まで唄い流して完全燃焼の今夜は9軒で唄った。

悲しい島に冷たい師走の風「人頭税から学ぶ」

沖縄には「命どぅ宝」という黄金言葉がある。お金で人の命は買えないが、お金が無くて自殺する人もいる。お金が無くて子育てが出来ない夫婦や治る病気も治せない人もいる。今から110年前まで266年もの長きに亘り、宮古島の人々を苦しめてきた人頭税。人間の尊厳を踏み躙る政治体制に敢然と立ち向かって、沖縄の全域に亘る行政改革を成し遂げた宮古島の若者達による近代沖縄の金字塔的事績を沖縄の政治家達は本当に知っているのだろうか？　知っているなら沖縄を代表する政治家として彼らの偉業を見習い実践して欲しいものである。世にも稀な平和王国だった琉球に、日本人（薩摩藩）が賦課した人頭税に喘ぎ続けた先島と現在の基地問題は全く類似する。当時、薩摩藩出身の松方正義首相と同じ薩摩藩出身の奈良原繁沖縄県知事（別名・琉球王）政権下。彼らは何度も陳情する中で沖縄県知事では埒が明かないと見るや直接、日本帝国議会に直訴する運動を起こした。

今の沖縄も鳩山首相の県外移設発言から10年も時間はあったのだ。その間、沖縄は聴く耳を持たない日本政府では埒が明かないと決断して、アメリカ上院議員自宅廻りを展開し、アメリカ議会に直訴し続けるべきだった。

経済のバロメーターであるネオン街の現実は厳しく、悲しい島に師走の風は冷たい。私もネオン街に灯りが点るのに何もしないで家のテレビ報道番組にしがみついている訳にはいかない。自分で「ネオンの数だけステージはある。マイクを握れば何時でも何処でも此処が即舞台・本番なんだ」と決めた以上、私がカラオケ飲食店に顔を見せて唄い流さないと、ネオン街の顧客満足度は落ちてしまう。

祖先への供養とする鎮魂歌「島の夜明け～宮古島人頭税物語・川満亀吉編／ふる里は胸を射す／上原戸那編」を1軒でも多くの店で唄って一人でも多くの方々に伝えなければならない私だが、「お客様のカラオケが沢山詰まっていますので他所を回って～」等と断られる此処は普天間ネオン街。「さっきまで超満席だったのに残念ねぇ～もっとお客の多い時に来て～」等々……。今夜は32軒の扉を開いて11軒の店「フォエバー／りとる／花いちもんめ／真知子／紫陽花／器／路／映美子／民謡酒場でいご／Ｒｏｏｔｓ／円」で唄った。

地元から、地道に丁寧に唄い流す事を習慣化した托鉢演歌道

12月28日（土）普天間ネオン街行脚キャンペーン。もう直ぐ正月かと思えば、何となく心ざわめいて眠れない私だが、今年も沢山の方々と巡り会い支えられてキラキラと輝く日々があって、大きなステップを踏んだ年となった。挑戦者の私に北風厳しい師走も後僅か……なのに街の雰囲気は沈んでいる。

満席状態の店で声を掛けても返事のない店が数軒続き、唄っても「CDは勘弁して」という店も4軒ある。「りょうへい」という店のカウンター席で男性客から「俺、CD買うから、帰り船を歌ってくれないか」とリクエストされて、今は懐かしい大好きな田端義夫さんを偲びつつ「根強いなぁ～田端義夫さんは～私も見習いたいものだ」と思いながら唄った。「金と銀」や「翔」や「舞」という店で売れたのも有難い。今夜は23軒の扉を開いて10軒の店「M／舞／美奈／琥珀／りょうへい／金と銀／翔／G&S／CHANPION／べネ」で唄った。

12月30日（月）県庁前では、政府の流れに沿って県政の舵を取る仲井真弘多沖縄知事に対し、辺野古基地承認反対運動が広がりを見せている。私は小雨降る普天間ネオン街行脚キャンペーン。坩堝《るつぼ》のネオン街では腹も立つ事が度々あるが、絡んでくる酔客にいちいち取り合って怒っ

ていたら必ず自分に返ってくる事を私は知っている。お客とのイザコザは心身ともにやる気を失くすから何一つ良い事はない。顧客は自分自身を映す鏡だから歓迎しない雰囲気の店に出遭ってしまったら、自分自身のエネルギーを落とす前に「失礼しました～良いお正月を～」と素早く店を出る。そんな心構えが大切な吾が托鉢演歌道は、日々改善し無駄な雑草が生えないように精進し続けなければならない。

今夜も小雨に濡れまいと心の置き所を探し求め、勇気を出して飛び込んだ店「すがこ」の男性客が「ママ～！　俺が百円出すから、雄大さんに唄わせてくれないか～」と言いながら、私に千円札を握らせてくれた。お陰でＣＤ「島の夜明け～宮古島人頭税物語・川満亀吉編／ふる里は胸を射す／上原戸那編」が３枚売れて気分上々の私。次の店「たかこ」でもカウンター席の男性客が「ＣＤは買えないけど、これで歌って聴かせて下さい」と、偶然にも千円札を握らせてくれたのが摩訶不思議。「心」という店でも「可奈枝」という店でも「北谷ぬ前」という店でもＣＤが売れ有難い限り……。最後の店「ブーム」のボックス席で、ママさん相手に飲んでいた男性客３人が「流石はプロ歌手だ！　この〝ふる里は胸を射す〟という唄はいい歌だ！売れると思うよ」と拍手して３人とも買ってくれたのが印象に残る。無心に今を唄おう托鉢演歌道。今夜は34軒の扉を開いて８軒で唄った。

天地一杯の自己という月を求める托鉢演歌道

12月31日（火）晴れ、流石に大晦日は多くの方が、自宅のテレビでNHK紅白歌合戦を観ながら新年を迎えるのだろうか、宜野湾市普天間ネオン街も、ほとんどの店が休んでいる。それでも私は天地一杯の自己を求めてポツンポツンと点いている店の灯りを訪ねて唄い流した。ナマの命がナマの命として息づいている今夜も身をもって月に響かせよう托鉢演歌道。

某店のカウンター席で飲んでいた女性客が「どう見ても私より年下よねぇ〜」と私の耳元に囁いた。そこで私は「そうですねぇ、私は昭和27年1月5日生まれですが、貴女はお幾つですか？」と切返すと、女性は「失礼致しました。ゴメンなさい！　10歳も上です」と頭を下げた。また新曲「島の夜明け〜宮古島人頭税物語・川満亀吉編／ふる里は胸を射す／上原戸那編」が配信されていない機材には「愛さえあれば」の1曲しかない。その1曲を唄わせて貰った店「きよちゃん」の男性客が、「中村十作のCDを持っていたら下さい。ラジオで聴いたけど、あれは凄い歌だ。何故にあなたは人頭税の歴史に詳しいのか、あれが本当の話だとすれば、あなたのやっている事は沖縄県の文化功労賞に値する仕事だよ」と買ってくれたのが印象に残る。

お陰で「宮古島人頭税物語その人・中村十作」もカラオケに配信させたくなるではないか、

夜空を見上げれば浮雲ひとつない師走も今日でお終い……。

星が小さく瞬いて普天間神宮前の通りでは、もう露天商が立ち並んで元旦参りに備えている。私も遠く32年前（29歳の頃）１年間雪籠りして、禅の修行をした兵庫県浜坂町で雪山に登って修行僧たちと温かいうどんをすすりながら見下ろした銀世界の美しさと、日本海に面した厳しい久斗山が甦る。きっと死ぬまで忘れることはない。

今頃は久斗山に大雪が降り積もり、隣の山々はおわんを伏せたように見えているだろうに……迷いも悩みも大自然の流れに逆行するところから生まれる。私の紅白出場は、ネオン街カラオケ流し。私は紅白歌合戦に負けじと唄い、新年を迎えた。

今夜は19軒の扉を開いて7軒の店「アレイン／コウダ／白い恋人たち／カトレア／きよちゃん／カーズ／夢茶巣」で唄って感謝の締め括り。

出逢いはチャンス「おふくろ慕情／哀愁の宮古島」関東行脚キャンペーン

２０１２（平成24）年6月15日（金）、新宿から京王線に乗って調布駅でＣＤ発売元（株）アスタエンタテインメントの土屋誠社長と待ち合わせて、プロデューサー新田健次さん宅を訪ねた。芸能界は何処にチャンスがあるか分からないから、メーカーさんに紹介されたら何処にでも出向く姿勢を崩さない私。お陰で6月23日（土）午後4時「バラが咲いた」でお馴染みのマイク真木さんの番組、渋谷ＦＭ「サウンドエコロジーチューン」に出演が決定した。土屋社長に「インターネットなら全世界で、エリア制限なしで聴くことができる」と言われ、訪ねた甲斐があった。

うえち雄大「おふくろ慕情・哀愁の宮古島」で全国デビュー

　新田宅を出た私たちは、新宿へ戻って山手線に乗り換え、品川から京浜東北線に乗って鶴見で下りた。すると、オウムの高橋克也容疑者が鞄をロッカーに隠したという鶴見駅では、マスコミ各社の報道陣でごった返していた。蒲田で逮捕された瞬間を報じた号外飛び交う中、私たちは宮古島出身の下里さんが営む鶴見の「おきなわ物産センター」を訪ねてＣＤ販売コーナーに、私の全国メジャー第1弾！「哀愁の宮古島／おふくろ慕情」を置かせてもらうことになった。その足で東横線に乗り、反町駅近くで伊良部島出身の豊里盛泰さんが営む店「おきなわ家」で1時間の歌謡ライブを催した。ライブが終わると謝花明次と名乗る男性客が、「涙が出てたまらんよ、このおふくろ慕情には感動するよホントに！　歌を聴いて俺が泣くなんて、こんなこと初めてだよ。おふくろを亡くしたせいかなあ、おふくろへの思いは万人に共通するものがあるから、この歌は凄いよ。きっと売れると思うよ！　いや、俺の持ち歌にして、関東で大ヒットさせるから、あんた沖縄へ帰ったら頑張って沖縄中に広めてよ」とポロポロこぼれる涙を拭きながら微笑む姿に、私も思わずもらい泣きした。思えば、母が健在だった25年前、「僕は僕の道を頑張るから、母ちゃんも身体を大事にしろよ」との想いを込めて作詞をして、市川昭介師に作曲してもらった曲である。

飯村英也マーケティング部長（左）、土屋誠社長（右）

今回の一番の収穫は、ＣＤ発売元アスタエンタテイン

東京錦糸町・セキネ楽器店前でキャンペーン

メントの土屋誠という社長に巡り会えて、中央のレコード業界に信頼できるブレーンができたこと。また竹村次郎先生との懇親が深まったこと。それに関東宮古郷友会との交流が本格化したことである。

翌日は土屋社長と恵比寿駅西口で待ち合わせ、飯村英也マーケティング部長を紹介された。その後は渋谷で竹村先生と昼食をご一緒した。自作のほとんどが竹村先生の編曲である。市川昭介師亡き後は、竹村先生との作品を一曲でも増やしたいと願いつつ、夕方は東海道線川崎駅東口で平良郷友会事務局長の嵩原信夫さんと合流。彼の紹介で、平良出身の仲宗根夫妻が営む「沖縄そば・ゆんたく」にて歌謡ライブ。

ステージでは自分の道を何処までも熱く届け伝えること、その姿勢が大切である。己の心情だけで不平不満を発しては、幸せな演歌道は歩けないのである。関東滞在10日間、私は毎日歌える場所を段取りしてくれる関係者と、その場所を提供してくれる店主たちがいることに感謝。歌えばきちんと聴いてCDを買って応援してくれる方々がいることに対しても感謝。さらに販売するCDがあることも感謝である。疲れた時とか、行動が鈍足になった時は、感謝の心を忘れた時である。そのことを体験から熟知している。さあ！　もう一度、大きく深呼吸して「出遭う所わが師匠なり」に感謝する自分磨きを唱えよう明日のライブのために。

自助努力＆プロ意識

「雄大君はいつまでも同じ事をやっているではないか！　人間、自分だけで出来る事は所詮知れている。人に任せてもいいのに、長い間に業績の上がらない様な体質を作ってしまう君の何でも自分でやってしまう演歌道は、それ以上は伸びなし、続かないよ！」と言う人がいる。なるほどと拝聴する。

仕事は毎日、同じ事を繰り返し、やる事が大切であり、生涯学び、このまま現役を続けたいと私は、思っている。その為にも、やる事が毎日変わったら持続できないし、同じ事を繰り返す中にこそ、気付く瞬間があり、自分にあったやり方で進化できるものである。人任せの托鉢演歌道は、一時的に業績が上がるかも知れないが、それを長く継続できるかどうかは怪しいものである。専属マネージャーが付いていても厳しい業界で、私は自分のやり方で40年間愉しんで来れた。それが答えである。

人任せの人生では、肝心要の「自分で自分を自分する」育成（人間修行）が出来ない。自分自身の「挑戦・挫折・成長」が無ければ、ＣＤが売れても成功とは言えない。私が人様の頭の物差しで計られた通りの人生を目指して何になる。人様はもっともらしく、私の箸の上げ下げまで指示し、何も考えない人間にしてしまいたいのだろうか！　その人の言う通りにやっても上手く行くと言う保障は微塵もない。例え上手く行ったとしても、自分が納得の行かない人生は無意味であり、自分で選んで決めた道を自分で究めるのが私の人生。誰にでも出来る事を誰よりもやる！　そんな自問自答をしながら邁進する。組織の肩書きをチラつかせ、部下任せにして来た人に限って、定年退職すると、諸行無常の雨に打たれて「老後を生きるのがこんなに辛い事だとは思わなかった。」等と愚図る。私の場合、最初から自分次第の人生（自由業）。だからこそ自助努力の道だと認識し、自分らしく生きる存在意義が、そこにはあると思っている。

6月10日（雨）托鉢演歌道の目標達成に向かって、発売元のアスタも役割を全うしてくれているから感謝感激。渋谷から東横線横浜行きに乗って日本大通り駅三番出口で飯村部長と待ち合わせ、横浜産貿ホールマリネリア「ウチナー祭」で、会場入口にＣＤ販売コーナーを設置させてもらったが、人は素通りするだけで1枚も売れない。そこで飯村部長と2人で露天商を一軒一軒回って店主たちに頭を下げて歩いたら、ほとんどの店主が買ってくれた。やはり物事は自分の足でコツコツと開拓する方が結果はついてくる。

ウチナー祭が終わって、午後6時から平良郷友会事務局長の嵩原夫妻が川崎で営む「スナックうりずん」にて歌謡ライブ。「頑張りたくても頑張る場所がなければ頑張れない夜のいく度か」を体験している私は、深く頭を下げてマイクを置いた。すると嵩原さんが即「おふくろ慕情」を唄った。お陰でCDが全員に売れた。9時からはママ（康子）さんの「スナックつくば」で歌謡ライブ。ライブ中、口ずさむお客さんがチラホラいた。ライブが終わると、この店でも嵩原さんが「この歌は俺らの歌だよ」と唄ってくれたおかげでCDが全員に売れた。するとアンコールが掛かって再び私の出番となり、30分の予定が1時間延長した。

演歌の神様に感謝

6月11日（雨）今夜は城辺郷友会の福里正行会長紹介の下、板橋の「パブひろし」と「スナックどんぞこ」で各1時間の歌謡ライブ。

「パブひろし」のマスターは「この歌どっちも好き、とてもいい歌、店で毎日唄うよ私」と女

「おふくろ慕情・哀愁の宮古島」CD ジャケット

性っぽい口調で語りながら「おふくろ慕情」と「哀愁の宮古島」を合唱して、「今日はとても楽しかった」と見送ってくれた。次の「スナックどんぞこ」のママ（千鶴子）さんは宮古の下地出身で、顧客には平良出身の若者たちが指笛吹き鳴らし「是非！宮古島を全国へＰＲして！」と盛り上げてくれた。

発売元の土屋誠社長自ら先頭を切って、沖縄から上京した私にいつも血の通う対応をしてくれた。私は「この道を継続してきて良かった」と演歌の神様に感謝している。東京での歌謡ライブ開催では、毎日必要なことを土屋社長や飯村部長と協議するので、現場では阿吽の呼吸でそれぞれの役割分担が進行され、ＣＤ販売業務もスムーズに行われ有難い。お陰で関係者とのコミュニケーションも上手く運んだ。この調子で関東宮古郷友会関係者との信頼関係も築けて次回作に繋がりそうな布石もできた。

6月12日（火）雨「積極的姿勢が人生を好転させる」私は、新宿駅から埼京線に乗って赤羽駅で土屋社長、飯村部長と合流し「赤羽美声堂」での歌謡ライブに向かった。

動けば障害に遇う

雨後の６月13日（水）私は新宿から山手線に乗って有楽町駅で下車。引っ越したばかりだという銀座四丁目の琉球新報社と銀座二丁目にある沖縄タイムス社を訪ねたが、生憎記者は国会へ取材に出ているとのこと。当てが外れた私は、スポーツ報知、デイリースポーツ、日刊スポーツ、東京中日スポーツにアポ取りした。すると各社とも記者は皆午後出勤だという。そこで私は午後からのアポをお願いしたが、「松田聖子再々婚取材のため対応できません！　明日も無理です」、あるいは「歌のキャンペーン？　それどころじゃないよ！。今は松田聖子の取材で手一杯だから！」等々まったく取り合ってくれない。それではと直接某新聞社を訪ねてみた。すると「困るんだよ！　直接来られても。来るんならメーカーさんと一緒に来てよ！　今、松田聖子の記事を書いてる最中だったのに！　記事にできるか分からないから資料だけ置

浅草観音様へ「おふくろ慕情」と「哀愁の宮古島」大ヒット祈願参り

いていって、記事になりそうだったら此方から連絡するから」と、にべもない態度。私も「せっかく沖縄から来たのに、何て言い草だ」と憤懣遣る瀬ない。さらに次の某社では「記者は入れ代わり立ち代わりだから取材はできないよ！　はい、そういう事です！」と門前払いされた。

大都会の記者たちは、スターのスキャンダルや凶悪容疑者等の取材に日々追われて、いらついているのかもしれない。そんな中訪ねた私のタイミングが悪かったのかも知れないとも考えた。おかげで吾が地元新聞記者やローカル新聞社の対応が神対応のような素晴らしさに気付くことができた。

全国メジャー第1弾！『おふくろ慕情／哀愁の宮古島』の広報活動は、大都会の新聞社には迷惑がられたが、動かなければ障害も何も起きない。将に障害は動いている証明なのだから「問題を問題としない心構えが大切なのだ」と、私はこれから先の成功を築地本願寺の親鸞聖人像に祈願した。「昼の星は目に見えぬ　見えぬけれども　あるんだよ、見えぬものでも　あるんだよ」たんぽぽより。

この日の夜は、川崎駅北口改札で飯村部長と合流して平良郷友会の嵩原さん紹介の「カラオケ居酒屋きよくら」で歌謡ライブ。２ステージこなして大盛況！　伊是名出身のママ（稲子）さんと宮古民謡（なりやまあやぐ）を一緒に唄うと、ママさんは自らＣＤを五枚買って顧客にも勧めてくれた。その上、傘を差して店を出る私たちを見送りながら、通りを行く人にも「あんた～１２００円持ってたら頂戴！」等と呼び止めてＣＤを勧めてくれたのが印象に残った。

「人生は人の情けを訪ねる旅」制作費や宣伝費の乏しい私が、まるで飛び職人のように全国キャンペーンを展開している。そんな私が継続して前進できるのも、挑戦させてくれる方々協力のおかげである。だからこそ前向き思考で取り組んで行こう。「今こそ真に私を応援してくださる方々に私の人間力が試されている大事な時、そのご恩に報いる為にも心を磨いて心服される人間に成ろう！　その絶好のチャンスは足元にあるのだ」と降る雨に誓う。

６月13日、今夜は城辺郷友会の福里正行会長紹介で、中野のママ（貞子）さんの店「風恋人《ふれんど》」にて、１時間の歌謡ライブ。演歌不毛の地と言われた定説を崩したい！　沖縄にだって演歌はあるんだ！　目指さなければ達成も感動もない！

私の演歌メジャー挑戦は沖縄から北海道まで、ネオン街行脚キャンペーンの実施である。活動範囲を県外に広げれば、膨大な活動資金が必要なのは、前にも体験しているからある程度予測がつく。今回私が取った戦略は、県外では発売元アスタの拠点である関東地域に絞って活動すること。また関東沖縄県人会の方々に受け入れて頂き、関東地域で活躍する同県人の方々のお力添えを糧にしながら全国へ挑戦する。夢に向かう自分の思いと現状には大きな隔たりが横たわっているが、一歩一歩確実に踏みしめながら目に見える演歌道のＣＤ販売に取り組む。

私が創った作品は吾が子であり、自分にも出来るかも知れないという考えに気付いたからこそ、私も子や孫の未来と人間の尊厳を守る為、伝道活動として托鉢演歌道を展開している。多くの方々に、南海の小さな宮古島で、名も無き農民達が敢然と立ち上がり「悲しい島に終止符を打とう」と、無血で国を動かし改善させた。その偉業は坂本竜馬のような若者達が起こした青春群像物語。多くの方に認知させるため私は唄の活動を邁進する。

6月14日、地下鉄都営新宿線に乗って神保町駅AI出口でCD発売元の土屋社長に飯村部長と待ち合わせた。今日は日本教育会館にて「関東沖縄経営者協会定期総会懇親会」での歌謡ライブ。音響設備が悪いのか飯村部長が悪戦苦闘し、音出しをしてくれたから助かった。関東キャンペーンに来たからには一人でも多くの方に出逢い触れ合い、生で唄って聴かせ、即その場でCDを購入してもらうことが一番大事。一度よりも二度三度と唄って聴かせて覚えてもらい、カラオケで唄ってもらうことが狙いである。常に心強くプラス発想思考と積極姿勢で挑もう！　前向きな人生に失敗はないのだから……。

6月16日、今朝はホテルをチェックアウトして新宿湘南線籠原行きに乗って桶川駅下車。10日間の関東キャンペーンを無事やり遂げた私は、北本市の「湯楽の里」の湯に浸かった。夕方「沖縄料理ちゃんぷる」を営む親友の島袋正さんに荷物を預けた。私は桶川駅から埼京線に乗って浦和駅中央改札口で待っていた土屋社長と、浦和の某店を訪ね1時間の歌謡ライブ。マスターは作曲家のKKと名乗った。店の壁一面に彼が作曲した曲を唄っている歌手のポスターが飾られていた。しかし、前宣伝に10枚届けたという私のポスター『おふくろ慕情／哀愁の宮古島』は1枚も貼られていない。しかも店内の客はまばらである。どんな状況であれ、吾が托鉢演歌道のCD販売業務は総て結果で評価される。それでも客が少なければ人間修行道場と位置付け、己のハングリー精神「なにくそやるぞ」に火を灯しライブを全うする。

関東宮古島市平良郷友会の嵩原事務局長から次のような電話連絡があった。「いま関東で１日に35回は雄大さんの〝おふくろ慕情〟がカラオケで唄われているデータが出たよ」と。お陰で来る11月３日～13日まで展開する３度目の関東歌謡ライブキャンペーンに弾みがつく。全国制覇への術はＣＤ販売業務のスピードであると分かっていても、私はネオン街の扉を１軒１軒開いて店の顧客の前で直に唄ってＣＤを１枚１枚手売りするという地道な活動しか出来ない。スピードのない今のやり方では、確かに生存競争に勝てないと抱きつつ、自分の歯がゆさと対峙しながら前に進む。夜の巷で「宣伝が足りないよ！」と言われる度に、「製作資金を取り戻すまでは迅速な行動が必要。資金さえ取り戻せば、次回作へ挑める。その繰り返しこそが大ヒット曲を呼び寄せるのだ」と、自分を奮い立たせて来たからこそ今がある。行動を早く起こして間違っていれば直ぐ修正すればよい。時間が掛かっても今まで通り、心の触れ合いを大切にして行こう。

毎日の積み重ねが素敵な人生を育むのだから……自分らしく最終目的に向かって、唄って唄い抜いて達成するまでは休まないとがむしゃらにやってきた。ここにきて身体との相談が難しい年齢に差し掛かった。ある日突然、体調不良に見舞われるかもしれないが、それを受け止めて進むのも吾が托鉢演歌道。

時は炎の如く過《よぎ》り

都営新宿線に乗って九段下のグランドパレスホテルにて催された「関東宮古郷友会／下地・上野定期総会懇親会」で歌謡ライブ。すると上野中学の頃の同級生達から花の首飾りや千円札の花輪を掛けられての歓迎攻めに合い、私の歌謡ライブは大いに盛り上がった。フィナーレでは会場全体が『おふくろ慕情／哀愁の宮古島』を肩組んで合唱。CDも全員が買ってくれたからなおさらである。私は宮古島に生まれて良かったと「感謝・感激・感動」の内に幕が下りた。その後、わざわざ横浜の津久井浜から駆け付けてくれた従弟（盛男）と私はホテルの部屋で語り合い、久しぶりの再会を愉しんだ。従弟は18歳の頃、銀幕のスターに憧れて東映テレビプロ入りを果たした私を追い駆けて上京してきた。

彼は「兄貴が好きで、兄貴のそばにいたくて、芸能界で兄貴を手伝いたかったんだが、人生は思い通りには行かないものだよ。兄貴を訪ねた時は、僕も女房と付き合っていて、間もなく子供も出来て、安定収入が得られる仕事に就かなければならなくなって……」と申し訳なさそうに語った。

彼の話に、私も貧しかった20代の頃がよみがえった。あれから都会暮らし40年（祖国復帰40

周年）の月日が流れている。振り返るといろんな事があった。彼もまた「その間、いろんなことがあったよ」と語り、感慨深げに目を閉じた。私は立派に成長した従弟と会えてただ、ただ嬉しかった。従弟と別れ、いまの私は、関係者と決めたスケジュールを一生懸命こなす事が大切だと考えていた。常に、きちんと約束を守る仕事を構築して行かなければ信頼関係は保てない。いま関東で展開している歌謡ライブも軒数重ねるごとに小さな輪が波紋のように大きく広がるはず。こうして関東にも真心から応援してくれる仲間が一人でも居る限り大丈夫！　私は『夢の舞台』を目指して、『全身全霊一生懸命』頑張れる。人は行動と言葉によって思いが強化されるのだ。吾が托鉢演歌売り歩き。

生きる悲しみ

作詞・上地雄大／作曲・芳賀邦彦／編曲・宇都宮安重／歌・うえち雄大

悲しみは救えない
人間のこの悲しみを
誰が救えましょう
自分で自分を知るだけさ
人生は一人旅だと

この命　愛しいですね

生まれても老いてゆく
人間のこの悲しみを
誰が救えましょう
これほどに寒いことはない
人生は一降りの雪
人間は淋しいですね

愛しても逃げてゆく
人間のこの悲しみを
誰が救えましょう
大空さまよう雲のように
人生は過ぎてゆくだけ
人間は淋しいですね

従弟の盛男と私

第二章　夢の扉

譲伝寺の「おさずけ地蔵」

罵詈雑言も甘露を呑むごとく

道に迷って苦しかった時、良い師匠達に恵まれたからこそ、励まし合った良い友達にも恵まれて今がある。その出会いの一つでも欠けていたら、今の全国メジャー第４弾「宮古島人頭税物語・その人中村十作と駆ける南海の若き５人衆アララガマ魂」ＣＤ発売を迎える機会に遭遇できなかった。全ての出会いが私には必要だった。

夜の巷で私を鍛えて下さった酔客の罵詈雑言さえ甘露を呑むがごとく、心から感謝している。私の托鉢演歌売り歩き人生のバイブルは安泰寺で発見した道元禅師の「正法眼蔵随聞記《しょうぼうげんぞうずいもんき》」であり、手放せない宝書である。

日本復帰２年前の１９７２（昭和45）年１月28日にパスポート片手に上京した私は、自分の痕跡をこの世に残したい一身で芸能活動を始め、早47年が経った。いろいろな事があったが諦めずに続けて来た。やり続ける事、諦めない事、進めば進むほどそこに学道があり、それが信用を高める。一度っきりの人生だから自分で決めた道を自律して行こう！

人は誰でも人知れず苦悩を抱えて生きている。同じ苦悩を抱えて生きるなら、自分で選んだ道で苦悩する方がいい。「自分を如何するか」。真剣に悩んだ29歳の頃、兵庫県の久斗山・紫竹林・安泰寺に上山して体感した「只管打座（ひたすら自己に落ち着いて自己の道を行く）」。自分の心の奥底の悩みは誰も助けてくれない。求めて期待しても無駄、誰も己の身になって手などさしのべてくれない。自分で「小さな灯り」を見つけて独りですっと立って、遠い地平に向かって歩き出さなければならない。その行為は前を見据えて進む孤独な長距離ランナーの苦闘なのだ。あの頃、天上界の恩恵を授かったからこそ私は、下山後の今日まで「前人未踏の夢に向かって螺旋階段をコツコツと上って来られた」と信じている。お陰で芸能界という虚栄の世界に身を置きながら、色んな方々に支えられて悩み尽きない独自の「托鉢演歌」の世界を築いて33年目を突入修行している。道元禅師の「学童の道は須らく貧なるべし」に習い、安泰寺での托鉢体験を応用し「托鉢演歌道」という夜の巷を自分探しの全国独り旅に出て必死で唄い流してきた。夢は果てしなく「分け入っても分け入っても山また山」（山頭火）の心境である。

天地一杯

作詞・上地雄大／作曲&編曲・アルベルト城間／歌・うえち雄大

小さなこの芽から大きな花が咲く
他人が蒔いた種じゃない
自分で蒔いた種だから

心にひとつ　小さな灯り　持っているね
それでいいのさ　そうではないですか
あなたはあなたに私は私に
出遇える愛の花を優しく
天地一杯に咲かそう

あなたは解ってる人の幸せは
他人が決めることじゃない
あなたが作るものだから
心にひとつ　小さな灯り　持っているね
それでいいのさ　そうではないですか
自分の荷物は自分で背負って
情けが沁みる歌の温もり
天地一杯に唄おう

心にひとつ　小さな灯り　持っているね
それでいいのさ　そうではないですか

「天地一杯」のCDジャケット

あなたはあなたに私は私に
出遇える愛の花を明るく
天地一杯に咲かそう
二人の夢の扉ひらいて
天地一杯に唄おう
ラララ　ラララ……

夢に向かって粘り強く精進する全ての人々の求道心《ぐどうしん》を称える・この歌が一人でも多くの方々にご愛唱いただければ幸いです。

堕落も向上も自分次第

29歳の1981（昭和56）年4月8日、禅寺へ篭って30歳までの1年間、私は兵庫県久斗山の紫竹林・安泰寺で、「なぜ俳優であらねばならないか」と自問自答した。自分にうえち雄大と名付けた時から始まった。苦しみに絡まれて家庭生活を崩壊（離婚）。自分の愚かさに気付

「天地一杯」を作曲してくれたアルベルト城間さん（右）

いた時は、周りから雄大と呼ばれる事さえ嫌になっていた。それまでの人生の全てを焼き尽くされたかのような自分の人生を久斗山から見下ろせば、雄大と言う名前に押し潰されそうで、名前を変えなければと本気で思い悩むほどになっていた。凡人でいい、馬鹿と言われてもいい、喉が渇いて死にそうだ。今はまるで水のない山の頂上で苦しすぎて、普通に生活して行きたい。本当の意味の雄大になるとはどういう事なのか。

見渡す限り山々に自分と同じ木が無数に空へ向かっている事に気付いたら泣けて来た。この大自然とともに大宇宙に出逢えて感動している自分が少しずつ好きになった。一体未知の世界に何があるのか、大きな夢を持って大自然の優しい空気と大宇宙の力強い光を浴びて生きて行きたい。だが情熱の火が燃えてもそれを消す調和の水がない。水が欲しい、調和が欲しい。小川の流れの傍でいつかは自分もあの山の頂上に上ってみたい。自分とは何だ、自分は誰だ？「雄大です」と返答するしかない。名前を変えるより、自分の心を変えなければ座禅をしても何にもならない「無限空間有限」と。

悩む私に、渡部耕法堂頭老師は「お前は雄大がピッタリなんや。雄大とは一つの出会いを大事にする事が雄大なんや、生きているうちは、うえち雄大で良いが、お前の出家名は〈一遇雄《いちぐうゆう》大《だい》〉や死んでもお前は永遠に雄大や」と名付けてくれた。お陰で、土は天の水を飲み、刻々と冒険と若さを持って大地から生まれ出た一念の一本の木は、広がりがあり、情熱があり、忍耐があり、力強さがあるように見えた。

木は自己の全体である。
木は自己の中の自己である。
木はそのままで一本の木である。
木は一個の自己の存在である。
木は一人で生まれ。
木は一人で枯れる。
木も自己も一つである。

空が一つであるように何もかもが一本の糸で結ばれている。それが自己の存在の証明である。それに気がつくか気が付かないかで人生の価値観が圧倒的に違う。今は遠く懐かしい久斗山。下山以来、こうして独自の托鉢演歌の世界を築き、30年余も作品創りを愉しんで来られた。これも、安泰寺での座禅修行が物を言うからだ。お陰でオリジナル作品も膨大な財産となった。故郷の先人が教えてくれた「アララガマ精神（ナニクソ負けて堪るか）」で、自分だけが頼りのネオン街行脚キャンペーンを沖縄から北海道まで展開した後、虚栄蔓延の華やかな大都会東京での芸能界に見切りをつけて、拠点を沖縄に移し、更に沖縄本島から宮古八重山まで毎年、粘り強く自己探求道を続けて来た。一度っきりの人生、夢に向かう精神状態は創業者やアスリートたちと同じような自己への挑戦「堕落するも向上するも自分次第」。

人生の主役は自分自身。わが道は当たり前に出来る事だけで済ませていたら何も変わらない。成功する為には無我夢中！　どうすれば上手く行くのか？　結果を出すため何をすればいいのか？　どこを目指すのか？　だからこそ少し上に挑戦するのである。とにかく自分の納得が行くまでやり続けるだけである。夢にはクオリティー（質）の高さが必要だし、人とは違う事を始める勇気も大切だ。もっと強気で自信を持って日々の「人頭税」活動にコツコツと一生懸命取り組んで行く「托鉢演歌道」と誓願するのである。目指した道を潰れそうでいて潰れない只管《ひたすら》の道。売れる売れないは神様任せで「山川《さんせん》を渉《わた》り豪快《ごうかい》に遊《あそ》ぶ」を信条とした。

「裸一貫、道窮って尽きず。いいか、人間は糞度胸があれば、どんな難関でも突き抜ける事が出来る。人生にひと苦労もふた苦労も重ねた奴が、何処へ出ても人前に人生を押し通せる。他人の真似をせず、独りでスッと立って行け。やりてぇー事があったら大っぴらにやれ！　人間という奴は不思議なもので、何かを求めていなければいけないのだ。求めるものが無くなった時は死ぬのだ。」ある日、上京してからの日記をめくっていたら、こんな文章が目についた。誰が誰に言ったか忘れてしまったが、この文章が17歳の頃の私を捉えたのは間違いない。痛快な文章である。私もいつの日か、こんな事を言えるような人間に成りたいものだ。

オリオンの星を目指して

「人頭税」をライフワークとする托鉢演歌道の私は、人様に頭を下げて唄い続けるのがプライドであると思うからこそ夢の扉が開ける。「成功とは、無理だ、大変だの向こうに待っている」。成功すれば全てが笑い話で待っている。先ずは熱い想いを胸にネオン街に出向こう！「馬鹿でなければ歌えない　馬鹿でなければ踊れない　役者馬鹿だよ人生は」と開き直った人生、「夢に向かってネオン街で殺されりゃ～それで本望じゃないか」と挑んだ若かりし頃、前のめりに野垂れ死にする覚悟の「托鉢演歌全国独り旅」だった。

オリオンビール創業者・具志堅宗精さん

経済力の乏しい私は毎回、各業者や姉兄弟にも頭を下げ続け、ネオン酒場で巡り会う沢山の方々に支えられ握手して乗り越えてきた。これまで新曲発売や著書出版の度、自己奮起する。その私が刺激を受けた人物が一人いる。その人は何と、私よりも遥か昔に地元沖縄で「ネオン街の扉を一軒一軒開いて飛び込み営業を展開した」というではないか。私も全部が自分の作品だから熱くカラオケ流しをやればやるほど親近感が湧いてくる。噂の人物はオリオンビール創業者・具志堅宗精翁（アメリカ統治下・民政府時代の宮古知事）である。その営業戦略「なにくそやるぞ」精神に感動し、勇気を貰い、一軒一軒唄い流してきた。私の生活報酬は、自分の歌をネオン街のカラオケで唄って、お客様方から頂いてきた。だからこそ柔軟に作戦を立て、気迫を持って積極的に進んで行こう！

オリオンの星

作詞・上地雄大／作曲&編曲・竹村次郎／歌・うえち雄大

この道の夢に向かう
厳しさを愉しんで
どんな事も過ぎてしまえば
チッポケな笑い話《ごと》
オリオンの星　オリオンの星
笑顔絶やさず　歩いて行こう

関東駅前キャンペーンで熱唱するうえち雄大

夢無しじゃ人は誰も
生きられぬ　踏まれても
叩かれても　思い湧く湧く
コツコツと積み重ね
オリオンの星　オリオンの星
握手交わして　進んで行こう

新しく生まれ変わる
運命の分かれ道
だからこそ　今を大事に
悔いのない人生を
オリオンの星　オリオンの星
花の咲く日を　信じて行こう
オリオンの星　オリオンの星
風に吹かれて　只管《ひたすら》行こう

うえち雄大＆ナオミ、「オリオンビアフェストin宮古」にて

情熱の夏「オリオンビアフェストin宮古」への恩返し

世の中には一緒に仕事をするスタッフ仲間から好かれる人と、嫌われる人が確かにいる。それは夜の社交場でも同じこと。同じ店で同じホステスという仕事をしているのにしぐさや言葉遣い一つで好かれる女性と嫌われる女性がいる。単純に考えても、明るい女性と暗い女性とでは当然、明るい女性の方が男性客には好まれるだろうし、暗い雰囲気が漂う女性は嫌われるはずである。常連客も明るくパワーみなぎる男性がホステスさんたちには好かれる。逆にどんなにバリバリ仕事ができて明るい人でもスタッフや仲間から嫌われる人がいる。それは、地位や学歴をひけらかす人に多く見られ、自己主張が強く他人の言葉を傾聴せず、威圧感を持って己の固定観念を周りに押し付ける人である。

そういう人は夜の街を飲み歩いても横柄な態度で振舞うから、同席している方々からも内心嫌われていると思って間違いない。人間は見栄を張って自惚れた分だけマイナスのパワーを放っているのである。困った時に皆を勇気付けて助けて挙げられる様な人は、他人に対しプラス思考のメッセージで接するから一緒にいて楽しいし、誰からも好かれる。

私も笑顔で明るくプラス思考で仕事し、顧客たちから好かれたいものである。「好きこそものの上手なれ、諦めないで頑張ってさえいれば必ず花は咲く。その事を実証できる人間になろう」と無我夢中！　我武者羅にやっているうちに、声が掛かるようになって、大勢の市民や観光客らで賑わう真夏の最大イベント「オリオンビアフェストin宮古」で、持ち時間30分間の歌謡ライブを思い切り愉しんで8年になる。

イベントでは夜空を彩る花火も約２００発打ち上げられて歓声が沸き起こる。そんな活気あふれる楽しい会場で、感動的な凱旋歌謡ライブをさせて貰って感謝感激の私。毎回、家内と午前9時半に楽屋入りしてリハーサル。本番後、弁当をお供に飲むビールは格別にうまい。午後9時半に終わった後のお疲れ会で、オリオンビールのジョッキを高々と上げて「カリーサビラ！（乾杯）」と関係者全員で雄叫びを上げて飲むビールも格別である。私達夫婦は、その為に朝から一日中頑張れる。

私のネオン街行脚キャンペーン・カラオケ流しもオリオンビール創業者・具志堅宗精翁が実践した「なにくそやるぞ」の魂と同じ事。１軒１軒「夢の扉」を開いて唄い流した後のビールを家内と美味しく呑む為にこそ、夢を諦めない。昨今、あらゆる分野で競争が益々厳しくなっている。私も油断すればＣＤ販売業績の向上に支障が出てしまう。数ある歌の中から顧客に自分の歌を選んで貰いたいが為、他の歌手には真似の出来ない托鉢演歌道を実践する私である。県内各地で催されるオリオンビアフェストに毎回出演させて頂いた恩返しに、私はオリオンビール讃歌「カリーサビラ」を作詞作曲した。

カリーサビラ

作詞＆作曲・上地雄大／編曲・仲本政國／歌・うえち雄大

一番大事な宝物　あなたに届けましょう
沖縄《ウチナー》うまれで育んだ　素朴で豊かな心
あなたが花よ　三ツ星かがやいて
羽ばたけオリオン　世界へぞんぶん　広がれオリオン
皆様　オリオンビールを片手に（コーラス繰り返し）
オリオンビールを片手に（コーラス繰り返し）
カリーサビラ

太陽《ティダ》の子《ヌファ》ちからを一つにし　笑顔を届けましょう
健康安心自然との　共生しあわせ願う
自信を持って　人生の夢舞台
羽ばたけオリオン　世界へぞんぶん　広がれオリオン
皆様　オリオンビールを片手に（コーラス繰り返し）

オリオンビールを片手に（コーラス繰り返し）
カリーサビラ

明日への希望の温もりを一緒に唱《うた》いましょう
手のひら合わせる海原に　キラキラ広がる絆
なにくそやるぞ　精神を胸に秘め
羽ばたけオリオン　世界へぞんぶん　広がれオリオン
皆様　オリオンビールを片手に（コーラス繰り返し）
オリオンビールを片手に（コーラス繰り返し）
カリーサビラ　グスゥヨー　カリーサビラ　嘉例《カリー》！（コーラス一緒に）

「グスゥヨー・カリーサビラ」とは「皆様、乾杯しましょう」
「嘉例」とは「良い縁が訪れますように」の意

愛（オリオンビール）さえあれば広がる絆

２０１９年６月20日木曜日、私たち夫婦はオリオンビール（株）の嘉手苅義男会長と会うため浦添市にある本社を訪ねた。案内された部屋には創業者の具志堅宗精翁の写真が飾られ、「嘉例《カリー》」の掛け軸もあった。

宮古島で初めて催されたオリオンビアフェストの打ち上げ会場で、私は乾杯の挨拶をお願いされた。挨拶が終わり、いざ乾杯をしようとしたその時、宮里政一イベント戦略現場監督から、「雄大さん、乾杯はカリーサビラと大声で言ってください」と言われ、普段使わない言葉に戸惑いながらも、カリーサビラと言ってビールジョッキを高々と上げて祝った。

宮里さんになぜカリーサビラなのかと、問いただすと。宮里さんは「オリオンビールは、昔から沖縄に伝わる縁起のいい島言葉をウチナーンチュの世界交流の場で未来永劫伝承して活きたいのです」と応えてくれた。カリーはまさに言葉による発展的な絆の表現なのだ。

カリーは翁長雄志知事が酒宴の席でよく使っていて、その声を聴くと私も元気が湧いてきたのを想いだす。

嘉手苅会長は、今日から僕は決裁権がないからと、代表取締役に就任した宮里政一さんも同席させていただき、懇談は弾み50分間はあっという間にやってきた。帰り際エレベーターまで見送ってくれた会長が「雄大さんは『愛さえあれば』だが、僕は『オリオンビールさえあれば』だよ」と微笑んだ。エレベーターの扉が開くとランの甘い香りが私たちを包んだ。ロビーには各界から贈られた宮里さんの代表取締役就任を祝うランの花々が生き生きと規則正しく陳列されていた（おめでとう宮里さん）。

表玄関まで見送ってくれた宮里さんは「沖縄のオリオンビールの発展のため全力で頑張って参りますので、今後ともどうぞ宜しくお願いします。7月27日のオリオンビアフェストin宮古で会いましょう」と再開を誓った。

外はまだ雨が降っていた。帰りの車中、ワイパーが私の出番だと嬉しそうに規則正しく雨粒をはじき飛ばしている。私たちの視界を守るの

オリオンビール㈱会長・嘉手苅義男さんと代表取締役・宮里政一（右）著者夫婦

が仕事だと、誇らしく存在感を示しているようだ。自然界も臨機応変な対応ができなければ、存在価値は失せてしまう。人間界の社会情勢も常に変化していく、お客様も競争相手も変わっていく、日々成長しなければ時流から取り残されてしまう。そのためにも現状に満足することなく、常に自己改革を意識し、一歩一歩進まなければ、今日のような有意義で感激に包まれた空間を共有し、満喫することはできないのだ。

他人の人生と比べて何になる

大阪有線放送の局長ＳＳ氏が東京から二人連れで私を訪ねて来られた時、仕事柄丁寧にキャンペーンを休み居酒屋・雄大橋で、一席設けた。その私に対し、ＳＳ氏は「売れない演歌歌手が家を建てた話なんて聞いたことない。あんたよっぽど女を泣かしてきたんでしょう」と薄ら笑い。沖縄から北海道まで地を這って、東京から沖縄に活動拠点を移すべく、やっとの思いで建てた家のローンに追われる毎日毎晩、休む間もなく一軒一軒夜の巷の扉を開き続けている実情も知らないで……。歓待も、泡盛の土産もやるんじゃなかったと憤りを覚えた。人様の私を見る物差しなんて無責任極まりない。だから自分の始末は自分でつけるつもりで、夢に向かって独りの座を生きる。自分の人生を「山川を渉り豪快に遊ぶ」だけである。それは厳しければ厳しいほど醍醐味があり、どんなに貧しくとも捨てられない自分の人生が愛しくなるばかり……。人様の人生と比較して何になる。自分の肉体を媒体として作品を創り続けることで、生活できるなんて素晴らしい仕事である。いつの時代でも、俳優兼歌手であり続けるには難しいことなのに、私のような並の人間が、これを自分のものにする為には、並の努力で勝ち取れる筈がない事は最初から判っていた。

他人の豪邸よりも、自分で苦労してやっと建てた小さな家の空間が安らげる。心地よい緊張感を保ちながら生きるには、自分で選んだ道以外に他はない。自分で決めた道を何処まで継続できるか！　自分自身の人生の花を自分で決めた道で咲かせたい、それだけである。

下段左より長男の真勝、四男・雅彦、次男・哲誠、上段左より三男の筆者、六男・文勝、五男の良淳が実家の当主。実家玄関前にて

那覇の栄町行脚キャンペーンの時、「雅代」店のママさんが、中村十作のポスター張りを手伝いながら「サンエーの社長が兄弟だって？　そんな噂よ。それが本当なら、一人でこんな難儀な事して歩かないで、サンエーに頭下げて応援して貰えばいいのにぃ、その方が自分の持ち歌を大ヒットさせて世の中の脚光を浴びるには早いんじゃないの？　それが無理ならサンエーで働いた方がいいんじゃないの」と真顔で話しかけられた。

私は「ママさん、組織を預かる人間は兄弟だからこそ、出来ない事もあるんですよ。（株）サンエーの創業者でもない兄が、会社のお金で自分の弟を応援したりしたら、創業者及び株主や社員、関連会社、世間様に対して示しがつかないじゃないですか？　私が社長でも、そんな事は出来ません。兄の信条は〝組織に私情は禁物〟。劇団座長を経験した事のある私は理解しています。ママさんやお店の皆様方と直接ふれあい、勉強させて頂いているお陰で、オリジナル作品創りやラジオ番組作りに活かされて助かっています。そのかけがえのない一期一会の時間が好きなんです。私は自分で作った歌が、通信カラオケに配信されている喜びを伝えたくて、全国のスナック巡りをしているんですよ」と返答してから唄うと、ママさんは「中村十作応援するわね。唄ってくれてありがとう」とＣＤを買って見送ってくれた。

作品を創り表現する自分の能力や可能性を信じること無くして成功は手にし得ないと私は思っている。カラオケ流し歌を続けていてよかったと思うのは「どこかの街で私を待っている人がいる」という単純な事。そんな人に出会うたび、嬉しい愉しい気持ちでいっぱいになる。

この世に魔法も特効薬もないならば、謙虚な気持ちで天の声を聴きながら全てを前向きに精進して行こう托鉢演歌道。神様はいつでも平等だから準備の出来ていない人間を助けてはくれない。夢の扉を開いて飛び込んだ偶然の出会いほど美しいものはない。私のステージはネオンの数だけある。

島の男ぐせ

作詞&作曲&歌・うえち雄大

真っ白い　砂浜に
波と戯れ　水平線の
彼方に美しい七色の
夢を見る男ぐせ
どんな苦しみにも耐えよう
ふるさとのいたましい
裸のデイゴに咲く
真紅の花のように

一本の　男道
よどみに浮かぶ　うたかたの様に
儚いものだとか険しくて
不安定なものだとか
せまる茨の道　覚悟で
決めた道　生きて行こう
ひた向きに黒潮が
岸辺を洗うように

すみきった青空の
言葉なまりを　かなぐり捨てて
流れる白雲に　百合の花
海はエメラルド色
胸に生きてるという確証
情熱を秘めて行こう
踏まれても摘まれても
芽を出す雑草のように

上地浄妙利《じょうちじょうみょうり》＝文化の世界へ

天皇・皇后両陛下は退位を控えて、在位中6度目で最後とされる沖縄を約4年ぶりに訪れた。皇太子時代を含めると来県通算11回目。2018（平成30）年3月27日は真っ先に糸満市の国立沖縄戦没者墓苑と平和祈念堂を訪問された。天皇陛下の名の下に20万人が犠牲となった沖縄戦。親が子を殺し、住民同士が殺し合わなければいけない状況をつくったのは、天皇を神とする皇民化教育。日の丸はその教育に使われ、天皇制の象徴だった。戦後、戦争責任を取らない昭和天皇家への複雑な思いが県民に残っていた。1975（昭和50）年7月17日、戦後、皇族として初の沖縄訪問をした皇太子御夫妻は、訪問初日に糸満市ひめゆりの塔で火炎瓶を投げ付けられても「沖縄戦で払われた多くの尊い犠牲は、一時の行為や言葉によってあがなえるものではなく、人びとが長い年月をかけて、これを記憶し、一人ひとり、深い内省の中にあって、この地に心を寄せ続けていくことをおいて考えられません」との談話を発表し、沖縄に寄り添い続けて来られた。

両陛下の「慰霊の旅」は終幕を迎えた。高齢となった戦没者遺族らの感情に変化もある。天皇、皇后両陛下が強く希望していたという与那国島訪問は、3月28日、初めて日本最西端の岬に立たれた。外間守吉与那国町長が「私たちは本土とは隔絶された状況にあり、文化の違いもある。そこから生まれる本土との温度差は両陛下の与那国訪問でほとんど消え失せたように感じる」と話したのが印象的。沖縄は薩摩の侵攻以来、４００年余も前から骨の髄まで日本に取り組まれるのを是として来たのだから、いまさら自立を唱えたとて、そこに待っているのは孤立と混乱を招くばかり。人権や個性尊重による「自立」は一面では自我への執着でしかない。だからこそ敢えて「自律」なのです。

ここで「自立」の意味をあらためて問い直してみる時期ではないか。わが故郷で実際に起きた物語は衝撃的で、「人頭税」に感心を抱くようになった私は、ヤマト侵攻によって３００年近くも島民を食い物にしておきながら、ヤマトンチュが「人頭税」を殆んど知らないことに不条理を感じてやる瀬ない。生きながら死んで逝った先祖はいつまで経っても浮かばれない。私は日本国の沖縄県民である以上、しっかり足元を照らし、日本史にも琉球史にも詳述されていない沖縄近代史における金字塔的事績を残した宮古島人頭税廃止運動の実話を全国津々浦々まで周知させたい。30年関わって来た「人頭税」を今年こそ、全国民に「君は知っているか？宮古島の叛乱を！　本土と琉球王府からの二重の差別的悪税と闘った南海の義民を！」と歌で綴り伝承したい。その偉業を絶対に風化させてはならない切なる思いから創作した、祖先への供養である鎮魂歌、「中村十作と駆ける南海の若き5人衆アララガマ魂」は、私の全身全霊を懸けた集大成である。人頭税廃止記念の最も新しい宮古島最後の御嶽・大和神御嶽《ヤマトゥガンウタキ》の由来「上《じょう》

地浄妙利《ちじょうみょうり》　野蛮を捨てて　文化の世界に　上がってゆこう」。つまり地獄、餓鬼、畜生の三悪道の苦を離れ　天上界に　生まれようとする」に繋がる。（詳しくは「宮古島人頭廃止の指揮官・中村十作と駈ける」92ページ参照）

島の随想《ずいそう》

作詞&作曲&歌・うえち雄大

ブーゲンビレア真紅《あか》く咲き
結ばれた優しい
その愛の囁《ささや》き　胸に一つ一つ
拾い集めて　大事にしたい
祈りも願いも私《うち》は
あんた　あんただけ

海開きする島に
逢えそうな気がして
砂山の二人の　面影《かげ》が波に揺れて

今も笑ってる　気まぐれな人
いったい後どのくらい
離れ離れなの

空を飛ぶ白い雲
あの人のところへ
ねぇ私《うち》を運んで　往《い》ってお願いだから
風よ教えて　心があれば
切なるとき何処《いずこ》まで
続く長い空

お金さえも仮想空間という世界に突入しているインターネットの時代、私が後世に残せるのは文化（生き様）だけだ。しかし昨年暮れに著書「雄大の夢扉」を花Ｖｉｅｗ出版より発行したばかり。今年はますます「大変だ！」の世界に突入しているが、出来ない明日を迎えたくない。祖先のため、次世代のための大義名分があるから、世間の風に身体を張って生きられる。「人頭税」の総仕上げをするには年齢的体力的にも、これ以上ないタイミングがやって来たと自らを奮い立たせる。

チッポケなプライドを捨てる

終戦後の貧しい昭和を「働かざるものは食うべからず」と走り続けた厳格な父を敬い、笑顔を絶やさなかった母。上地家の仏壇には、父よりも5歳年下の母が93歳で天寿を全うしたせいか、69歳で亡くなった父に比べ姉さん女房の様な顔をして微笑んでいる。父と母は千の風となって私達兄弟家族をいつでもどこでも見守ってくれている。朝は眩しい光となり、夜には優しい星となって輝いている。上手くいかなくて落ち込んでも星空に歌い流す姿は美しいはず。頑張ってさえいれば、必ずどこかで誰かが見ていると信じられる。

アメリカ統治時代、「将来は大工になれ」と父にすすめられて通った琉球政府立・那覇産業技術専門学校・家具木工科。実習時間に丸鋸旋盤で右手の親指を切断する事故を起して以来、一度っきりの人生を親に背いて単身上京（18歳）。大泉の東映撮影所でスタッフとして働きながら東映演技研修所第5期生別科卒業後、東映製作所芸能部俳優として21歳でデビュー、24歳から36歳までの12年間は劇団の座長として芸能界に身を寄せていた。だが今や歌手として独自の托鉢演歌・全国独り旅「山川を渉り豪快に遊ぶ」をテーゼに夜の巷を唄い流す。ネオン川に溺れ死んでしまう恐れもなきにしもあらず。体力が衰えても今なお「扉の向こうに成功の報酬はある」と、チッポケなプライドをかなぐり捨てて、地道にネオン街で巡り会う方々と丁寧に握手を交わし、頭を下げて托鉢演歌の世界を築いて来た。これが私の本当のプライド（大道）であると自分を奮い立たせている。愚痴る位なら辞めた方が好い、進めば困難が待ち受けている。中央突破するには生活と闘いながら限界まで走り続けるしかない。

他人には「酔っ払い相手に頭を下げて唄い歩いて、お前にはプライドはないの？」と言われるが、私は自分の道のために頭を下げて唄い流しＣＤ販売するのがプライドだと思っている。自分のオリジナル作品を販売して生活するのが夢であり、それを実践しているだけだ。全制作費を捻出しなければならない私も後援者たちも高齢化して新曲を出し続けるのは困難な傾向だ。

もともと歌手デビューのレッスン当初「31歳では遅いスタート。恐らくどこのレコード会社も引き受けてはくれないだろう。問題は自分一人で全国一人旅（キャンペーン）が出来るかどうかだ。歌は自分が良いと思っても売れない曲だってある」と作曲家の市川昭介師匠に言われた。ひと晩に扉を叩く飲食店が20軒から１００軒。唄わせてもらえる店が最低10軒から18軒。テープは月千本ペースが年間目標の１万２千本。とにかく1万本を達成したら、再び市川昭介師匠に次回作の作曲してもらう約束をした。これを貫徹しなければ、私にはもはや演歌を唄う資格はないから断念しよう。もしも達成出来たならば、その時は師匠に作曲をいただこう。この決意を市川師匠にお話して背水の陣を敷いた。

大スターでさえヒット曲を出すのは十年に1曲出せるかどうかというなら、手応えのある曲に巡り会えるまでは根比べしなければなるまい。その高い壁を意識しながら、これまで精魂込めて自分のやりたいオリジナル作品を手懸けてきた。ライフワークとして祖先を供養する鎮魂歌（人頭税撤廃運動に尽力した偉人たちの活躍）を歌謡ドラマにしてプロデュース制作CD化した。少しずつ積み上げた托鉢演歌の世界を、私は生きている今この瞬間しか味わえない。「あんたは好きな事をしているから羨ましい、あんたは運がいい」などと言う人がいる。そう「私は運がいい」と常々自分に言い聞かせている。私の人生が羨ましいなら、ご自分もやって見たら良い。今の時代、誰に遠慮がいるものか。「あんたは歌が好きだから、全国一人旅が出来るのよ」と簡単に結論づける人もいる。世の中には私より歌の好きな人がいたとして、沖縄から北海道までネオン街の扉を一軒一軒開いて唄い流して歩けますか？　好きなだけでは私も出来ない。夢に向かって、この道で生きる活動「生活」を懸けているからこそ、自己の全存在を投げ入れた47年間の芸道、32年間の托鉢演歌道がある。

禅寺を出て中村十作と出会う

36年前、琉大附属病院で私の手のひらに「私は永遠に死なんねぇ、私は農業一筋に生きて悔いない人生だった」と書いた父のように、私も悔いのない、自分で決めた人生を全うしたい。思えば、父が69歳で亡くなり上地家のお墓の立て替え移動を済ませた翌日、故・仲元銀太郎先生から手渡されたのが、山内玄三郎著「大世積綾舟《ウプユツンアヤブニ》」だった。分厚いこの本を当時の私は「慶応」とか「安政」とかの文字を見るだけで眠たくなって閉じたものだ。それは人頭税廃止80周年の頃。父の死後、再び兵庫県久斗山の禅寺に篭って1年間座禅修行したとき、安泰寺の安泰七世盡心大和尚（故・渡部耕法堂頭老師）から「雄大は今にすごい事をやる時が来る。雄大の子孫は7代までも救われるだろう」と言われて30名の修行僧達に万歳されて何もかもが新鮮に映り、下山したのがよみがえる。

69歳で亡くなった父

　下山7年後、私が「中村十作」に惚れて作品づくりをするに至ったのは、宮古文化協会の亡き真喜屋恵義

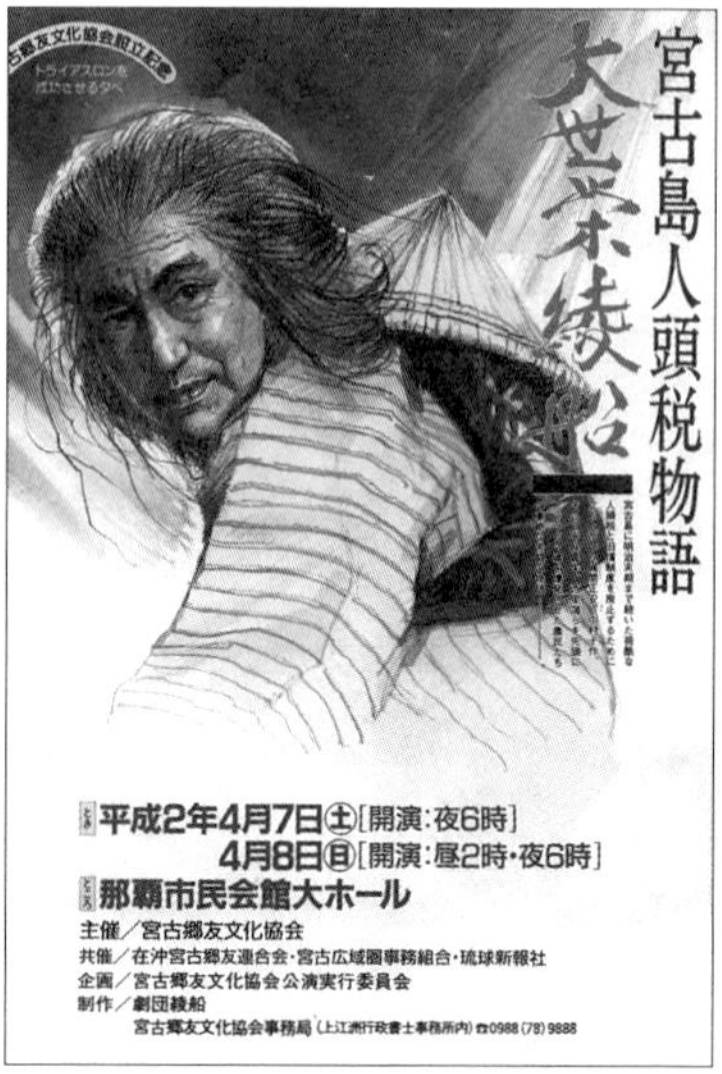

宮古島人頭税物語「大世栄綾船」のチラシ

会長から次のような声を掛けられたのがキッカケである。「雄大君でなければ出来ない役があるので力を貸してくれ。故郷へ戻る日程は取れないか」と持ちかけられた。当時、主宰していた「劇団空華《くうげ》」公演で多額な赤字を一身に背負っていた。その借金を返済すべく劇団を解散した私は、「あなた川／おふくろ慕情」の全国行脚キャンペーンの真最中だった。そこで「二兎を追う者は一兎も得ず、歌で一曲当てるまで芝居はやるまい」と決めていた私は断り続けた。だが行脚先の宿（北海道や関東、関西、四国、西日本）までお電話を頂くうち、何か運命的なものを感じて台本を送って頂き、向島の宿で読んだ。

その時、まるで幻の大作に出会ったような感動を覚えたのが「大世榮綾船」である。

その台本のタイトルが、亡き仲元先生から戴いた本「大世積綾舟」に似ていた。本を十年ぶりに取り出して見れば、中身は中村十作をひも解いた本である事から、十作を演じる私の役作りの探求本となった。読み進むほどにわが故郷で「このような事が……」と思わず涙が落ちて「十作」と「正安」、島の人々に合掌せずにはいられなかった。残酷な悪制に虐げられた苦境の中で、「五つの指は内にぞ曲がる」という祖先の怒りを込めたアラガマ魂とワイドー精神がこの胸を打つではないか。人頭税廃止の請願書を持って漲水の浜から太平洋を東京に向かって航海する宮古丸の雄姿を思い浮かべた。「この人頭税問題は島を越えて日本全国民の問題だ。何としても万人に知って貰いたい！」そんな気持ちが心の底から湧いて「中村十作」の役をお受けした。

役作りを通して知れば知るほど「中村十作」という人物に魅了された私は、リンカーン大統領の奴隷解放にも似た美談を決して風化させてはならない。生涯彼の偉業「人頭税」の語り部となって次世代に伝える決意をした。諦めずに何度も声を掛けて下さった天国の宮古文化協会・真喜屋恵義会長や仲元銀太郎先生に心から感謝している。この巡り会わせが、「人頭税」を私のライフワークに化したからである。

創作劇「中村十作」を演じる

「心貧しければ　大天地大ならず　心豊かなれば　小天地小ならず　チッポケな事で人間は、人格を失う」と知った今、ひた向きに道を求めていれば花は咲くと信じて、いつでもどこでも今が最初で最後の本番・舞台なんだ。

中村十作を演じたのは、28年前の1990（平成2）年の雨の多い4月7日（土）8日（日）昼2時と夜6時、那覇市民会館大ホール。宮古郷友文化協会主催、嶋津与志作、幸喜良秀演出、宮古島人頭税物語・創作劇「大世《ウプユ》榮綾船《パイアヤフニ》」公演だった。東京を拠点に活動していた当時なので、故郷といえども一人旅。故郷の役者さん達と芝居をするのは初体験だった。ここら辺りで新しい空気を吸うのも良いかも知れない。「ちゅらさん」でお馴染の平良さんとも一度は共演してみたかった。「切れ味のいい女優さんだ」と惚れ込んでいたからだ。

劇団創設をしては捨て、捨てては創設し、離合集散を重ねながら最終的には一人で歩く事を決めた私には、役者の少ない沖縄で、出演してくれる人間を探すのは大変なことが手に取るように分かった。特に女優不足で素人を説得して初舞台で重要な役をやらせる、その演技指導もしなければならない座長の平良進・トミ夫妻のご苦労には胸が痛くなるくらいだった。さらに、まるで新国劇のような、あれだけの群集劇（農民一揆）を東京で舞台化するのは不可能に近いと思えた。本当に幕が開けられるのかとハラハラした。

座長は当然ながら演出家との戦いでもある。演出家は40人でも50人でも一斉蜂起のための農民群集が必要であり、座長はどこから大人数を集めてくるか、予算的な事も考えたであろう。

演出家は「誰でも良いから皆さんの友達をだましてでも稽古場に連れて来て下さい」と稽古が終わるたびに頭を下げていた。奇跡は起こり、何と本番の3日前から人間が集り、泊高校や沖縄女子短大の体育館で群集場面の稽古が行なわれ、群集は幕が降りるまで演じ３回公演を見事にこなしてくれた。

真珠養殖の事業を志して新潟（上越市板倉区稲増）から宮古へ来島した中村十作を巻き込んでアラガマ魂を爆発させた農民達の凄絶な苦闘の物語。糖業教師として那覇から赴任してきた城間正安、地元は保良の平良真牛、福里の西里蒲、東の上原戸那、西の川満亀吉らを率い、人頭税廃止闘争の指導者・中村十作を演じた。

私は十作の人物像を知れば知るほど、激しく胸を打たれ、惚れて魅せられて男泣きした。同年11月、宮古島平良市民会館大ホールでの舞台が終わると、ある女性記者から「はっきり言って雄大さん、あなたに歌の道は邪道です。島の後輩達のためにも役者一本に徹して頑張って下さい。あなたの十作は一際目立って好感を呼び、感動しました」とする便りが届いた。私は「中村十作を演じて良かった」と故郷の神様に感謝した。そこで私は「十作を知っている人間が果たして郷土にどれ位いるのだろうか。彼を生んだ新潟に果たしてどれ位いるのだろうか」と気になりだした。

十作に惚れて生誕地の新潟へ

那覇の桜坂ネオン街行脚キャンペーンをした時、新潟からの観光客の方々に出会い、中村十作の話をしたが、誰一人知らなかった。日本史にも琉球史にも詳述されていないのだから無理もない。私自身、人頭税制度やその祖先の痛みを理解できたのは創作劇「大世榮綾船」に出演してからである。そこで私は「これは絶対に風化させないように継承していかなければならない。これは島の命（文化）である。沖縄近代史の金字塔的事績を成し遂げた島の青春群像（救世主）の銅像を建立して、観光客や子供達に伝えたいと真剣に考えるようになった。彼等の功績を多くの人々に伝え、宮古島と新潟県とを結ぶ夢の架橋になればどんなに素晴らしいか」との思いが強くなった。公演直後、私は新潟へ飛んだ。

満開の花々が嵐に吹き散らされてしまうように、私の決意も、私の命も次の瞬間に消えるかも知れない。そう思うと私には何としてもやり遂げなければならない仕事だ。暗黒の島に光明をもたらした先人たちの偉業を、力強く次の時代に継承しなければならない。実際に新潟キャンペーンに行き1カ月間滞在した。展開中だった「あなた川／おふくろ慕情」のネオン街キャンペーンをしながら、昼は新聞社やマスメディア各社を「中村十作を知っている人はいませんか」と訪ね歩いたが、誰一人、知る人はいなかった。

１９９０（平成2）年8月16日（木）の新潟日報（夕刊）芸能7面にミュージックキャンペーンの見出しで【うえち雄大（ポリドール）新曲「あなた川」キャンペーンのため、このほど本社来訪。「沖縄県宮古島から18歳で上京。テレビ「特別機動捜査隊」や舞台「蒲田行進曲」など、俳優として活躍していた。しかし、歌手になる夢が捨て切れず、作曲家の市川昭介に弟子入りし、昭和61年に「ふる里は胸を射す」で歌手デビューした。「あなた川」は自作詞に市川氏が曲をつけたもので、これがシングル3作目。全国のネオン街をたった一人でキャンペーンに回っている。先月末に新潟入り。秋にはふるさとで、新潟県出身で、人頭税廃止にかけた中村十作の生涯を描いた創作劇『大世栄綾船』を上演の予定だ。それだけに新潟には愛着が深く、ここを突破口に沖縄の演歌を全国に広めたい」と抱負を語った。「あなた川」（上地雄大作詞、市川昭介作曲、池多孝春編曲）、B面「おふくろ慕情」】と掲載された。

「あなた川・おふくろ慕情」のカセットテープ

　それから3年後に、中村十作の生誕地・板倉町と、宮古島農民代表として上京した平良真牛や福里蒲、東の総まとめ役として活躍した上原戸那らの生誕地・城辺町が友好関係を結んで姉妹都市になった。喜んだ私は、どんな友好関係を結んだのか、自分の目で確認したくて、板倉町で1カ月間の滞在を計画しながらじっくり作品創りに取り組んだ。

「中村十作」を世に広く知らせるためには、歌の力が一番早道と判断した。これは郷土の祖先からのメッセージだと自分に言い聞かせて、２００２（平成14）年の日本復帰30周年および芸能活動30周年を迎えた私の全てをかける思いで、一番手応えを感じる「宮古島人頭税物語その人・中村十作」のプロデュース制作を進めた。ＣＤ買取りの資金繰りに難航していたが、同年9月13日（金）14日（土）の地元新聞に「中村十作」の完成を報告し、「ＣＤ化に向けて協力者を募集している。制作費として一口3千円を募り、協力者にはＣＤ（定価3千円）を無償配布する。詳しくは雄大プロモーションへ」との戦略に出た。上野村敬老会でも「中村十作」を披露しながら「歌の背後にある問題に関心を抱く人が一人でも増えてほしい」と協力を呼びかけた。これが奏功し２００３（平成15）年1月5日「人頭税廃止百周年」記念盤「中村十作」を自費盤扱いでＣＤ化に漕ぎ着けた。

ロベルトソン号救助物語

新潟から帰宅した私は、川田正一上野村長（うえち雄大後援会会長）から「村制55周年、ドイツ村10周年を盛大に催したいので協力してほしい」との話を受け、上野村政施行55周年並びにドイツ文化村オープン10周年記念という絶好の機会に「中村十作」に続く歌謡ドラマ第2弾として、私は博愛美談をテーマに「ロベルトソン号救助物語・愛の舵」を制作した。ヨーロッパ人の生活に欠かせない茶を中国で仕入れる目的の為に1871年の冬、ドイツのハンブルグ港を出港して長い航海の末、中国の広州で茶や食糧を積み込んだ。途中福州に寄港して1873（明治6）年7月3日の木曜日、オーストラリア、アデレードへ向かったドイツ商船ロベルトソン号が台風に遭い宮古島上野の宮国沖に座礁し遭難した。島民は荒れ狂う波の中、身の危険も顧みずクリ舟を出して、生き残った乗組員8人を全員救出した。人頭税時代の厳しい生活の中で島民たちは国籍や民族や言語の壁を乗り越えて最善を尽くして帰国させた。

船長のエドワルド・ヘルンツハイム氏が、彼らがどのように救出され、保護されたかを報告するとともに、ティピンサン（大平山＝宮古島）人に対しての提案と嘆願書を政府に出した際、次の様に語った事によって、ハンザ同盟都市ハンブルクの市参事会にセンセーションを巻

上・うえち雄大「ロベルトソン号救助物語・愛の舵」を唄う

うえち雄大後援会元顧問の下地一弘（元上野村長）左側
うえち雄大後援会会長・川田正一（上野村長）右側

右側から宮国恵徳・那覇市議会議員、下地幹郎・衆議院議員、うえち雄大後援会元会長の砂川功（元上野村長）

き起こした。「東シナ海にある、歴史に置き忘れられたような、小さな島ティピンサンで遭難した異国の我々に対し、34日間も本当に心のこもった優しさと人情で、世話をしてくれた。

文明人はこのような気持ちをなかなか持っていない。人に尽くすということは、宗教的な立場からか、あるいは単なる義務でもって行うか、のみであるのに、ティピンサン人の気高い行動と、彼らの私欲のなさは、親を大事（神仏）にする先祖崇拝からくるものである。言葉に例えるのなら博愛の一語に尽きる。彼の地の人々の暮らしは、決して豊かと言えるものではなかった。だが彼らが我々に示してくれた人間愛は人種、国境を越え、永く歴史に記されるべきであろう」と。

新聞でこの事を知ったドイツ政府は、宮古の人々の荒波の中の果敢な救助活動と親切なもてなしに感激した。皇帝ウィルヘルム一世は、１８７６（明治９）年、軍艦（チクロープ号）を派遣して「島の住民たちが、異国人に対して大そう親切に保護してくれた事に対する感謝の気持ち」として、宮古平良の西里に「博愛記念碑」を建立した。記念碑は上海で造られ、特に力を尽くした何人かには、ドイツと中国語の二か国語で書かれ銘刻された4つの望遠鏡、４つの金時計、４つの銀時計が皇帝の誕生日に合わせて特別に贈られた。その品名はウィルヘルム皇帝のサインで囲われていた。この皇帝のサインのため、贈り物の価値は益々高められていた。

この美談は昭和12年文部省発行の小学校用教科書に「博愛」の題で掲載され、全国の小学生に知らされたと言われている。このように宮古島民の「博愛の心」は未知の過酷な状況にも果敢に挑む「ワイドー・アラガマ精神」と表裏一体であると言っても過言ではないであろう。更に昭和54年3月には上野のドイツ文化村（島の救出された海岸のところ宮国沖）にも「ドイツ商船遭難之地碑」が建立された。

明治政府は、ロベルトソン号救助物語から6年後の１８７９（明治12）年に琉球処分した。それまで福建省福州は古くから琉球の対中国貿易の拠点として知られているが琉球処分によって廃止されたのである。あれから１３０年経った２００３（平成15）年7月30日（水）私は郷土の祖先たちが難破したドイツ商船を救助、手厚く介護して祖国へ帰した博愛精神を歌にして、上野村役場を訪ねて完成した「愛の舵」を川田正一村長はじめ各課長、根間昌利上野小学校長、与那覇正博上野中学校長に寄贈した。川田村長は「ＣＤは村に夢と希望を与える。村内の小、中学校や老人クラブなど各団体に配布して雄大さんの心を伝え、村発展につなげたい。今後とも活動に頑張り、村を励ましてほしい。先人の博愛の心を児童生徒に引継ぎ、村発展に前進していきたい」と話し、博愛精神と上野村の宣伝に尽力したとして感謝状を贈られた。

私は「デビュー以来20年余り、郷土の宣伝マンとして沖縄から北海道まで全国キャンペーンをしてきました。故郷の皆さんが後援会となって応援していただいたからこそ、頑張って来られました。村の素晴らしい節目に協力できることを心から喜んでいます。私の方こそ心から感謝します」と頭を下げた。そして8月1日の記念式典の舞台で「これまで歴代村長はじめ村民、私を支えて下さった後援会の皆さん有難うございます。今日は感謝を込めて、この歌『ロベルトソン号救助物語・愛の舵』を思い切り歌って、お祝いしたいと思います」と述べて披露した。ちょうど人頭税廃止より30年も前、まさに人頭税で苦しんでいた時代に外国船救助の素晴らしい美談があったなんて、わが故郷の誇りである。

ロベルトソン号救助物語・愛の舵《かじ》

作詞・上地雄大／作曲＆編曲・水木聖二
ナレーション・柳卓／歌・うえち雄大

〈ナレーション〉今から１３０年前の１８７３年、ドイツ商船ロベルトソン号が台風で座礁、難破した乗組員を荒波の中、クリ舟を漕ぎ出して救助した島（祖先）の人間愛は人種、国境を越えて、世界は一つである、国際平和は博愛精神から生まれるものであると今も教えてくれる。それがドイツ皇帝ウィルヘルム一世が永遠の友情の証として宮古島に建立した、博愛碑（博愛の里・上野村）の由来である。

（台詞）アガンニャ　（大変だーッ！）カリユーミィール（あれを見ろーッ！）　ダイバンフニヌド（大きな船が）
ピシンカイヌゥーリー（干瀬に乗り上げて）　ビラキカイラッティーウーッ（ひっくり返りそうになっているーッ！）
ノーバシーガスーッチャーッ（どうしたらいいかーッ！）　ダイズドーダイズーッ！（大変だぞーッ！　大変だーッ！）

嵐逆巻く　波の狭間に　命のかがり火燃やす
島の人々　台風に叩かれて　捕らえられてる

宮国沖の異国船　救わにゃならぬ　舵を取れ

人を助ける事は自分を助ける事だよ　海に
溺れ死のうとしている者を見逃せば　男腕《かいな》が廃《すた》る
人には人の　道があり　海には海の　道がある

（台詞）カマドーッ（砂川蒲戸）！　ボウーッ（宮国坊）！　あの波しぶきの下には干瀬（ピシ）がある、近づくと木っ端微塵だぞ！　気をつけろーッ！　いいか！　このマツ（垣花真津）の言う通り、波の狭間を右へ左へ、いいか！　右へ左へ、ジグザグに縫うようにして進め！　進めーッ!!

息も出来ない　黒潮しぶき　吠えるな　サバニの舵よ
板子一枚　その下は地獄でも　命を張って
離しはしない　死んだって　お前は俺の　愛の舵

（台詞）アララガマーッ！（何糞ーッ！）　サアーティクギッ！　サアーティクギッ！（早く漕げッ！　早く漕げッ！）
ワイドー！　ワイドー！　ワイドー！　ワイドー！　ワイドー！　ワイドー！（頑張れッ！　頑張れッ！〜〜〜）

「愛の舵」のCDジャケット

５市町村合併に伴い挙行された２００５(平成17)年９月21日の上野村閉村式典の祝宴にて、村から感謝状を頂いた時は、上野という父の代からの村が事実としてあったんだという証明と思い出となることに嬉しさと切なさが交錯した。閉村式の前にみんなで村歌を唄いながら、57年間続いた村旗を降納した時は涙が落ちた。思えば、生まれた時から上野村であったから、さぞや長い歴史かと思いきや、私より３歳年上にすぎない。還暦も迎えないままの短さだったのかと思えばなおさらだ。

日本海海戦と久松五勇士

「人頭税物語」と「ロベルトソン号救助物語」に次ぐ、宮古島３大事蹟の一つ「久松五勇士」も紹介する。久貝徳三著「宮古島物語」に次のような記述がある。『日本海海戦から25年も過ぎた昭和５年のことであつた。第六師団長の福田中佐がいきなり平良町役場に訪れ、久松村の５人の家庭を訪問し「諸君の勇気ある忠誠心によって、我が大日本帝国の連合艦隊は、バルチック艦隊を撃滅し世界の列強に肩を並べる事ができた」と全員に感謝の言葉を伝え、諸君の行為はあっぱれであったと「久松五勇士」という言葉を残して帰った。石垣島まで舟を漕いで行った5人の男がこの時から「久松五勇士」と言われるようになった。海軍記念日に岩田貞喜宮古支庁長から、「日本海海戦の際の5人が行なった壮挙は宮古の誇りである」として、5人の表彰状の授与式が行なわれた。また井野次郎沖縄県知事（昭和5年8月26日～10年6月28日）から明治節（11月3日）に表彰状を授与。その1カ月後、皇太后陛下から5人に記念品として扇子1本ずつ与えられた。昭和10年には日本海戦・戦勝30周年記念で、5勇士が戦争美談として新聞紙上に取り上げられる。同年5月27日の海軍記念日には海軍大臣大角峯生から5勇士に「献身報告の至誠は誠に日本国民の鑑である」として賞状銀杯が授与された』と。日本国小学校教育読本修身の本に掲載されたのはそれからである。

博愛「ドイツ商戦ロベルトソン号救助物語」も掲載されている。確かに宮古・八重山は「人頭税廃止運動」と「久松五勇士」の実話は、祖先の英知、勇気、博愛心に誇りを持ち真実を次の世代に継ぐべきである。

久松五勇士顕彰碑の公園

1905（明治38）年5月22日の午後、富裕でない奥浜牛は宮城次郎という船主から山原船《やんばるふに》（宮城丸）を借りて雑貨を積んで宮古島へ売りにゆくため那覇港を出港した。その航行中、慶良間と宮古の真ん中辺りでロシアのバルチック艦隊と遭遇した。

この話は司馬遼太郎著「坂の上の雲」で決戦前の「宮古島」がリアルな雰囲気で描かれている。「この日は西風の細雨が海上に降りしきって、波涛のうねりが大きく、海の色が黄色く濁っていて、各艦の艦首で砕け散るしぶきが、そのまま霧になって吹き飛んだ」と。そこから創作意欲が湧いた私は「久松五勇士」の歌謡ドラマをCD化し、宮古市町村会に贈呈。その足で現地（久松）に建立されている5勇士の碑を実際に自分の目で見た時、彼ら5人がサバニに乗って櫂《かい》を漕《こ》いだ時の座った位置などが司馬遼太郎著と違っている事に気付いた。宮古島出身者の私としては地元に耳を傾け、史実に添って作詞・作曲をやり直す事にした。

久松五勇士顕彰碑＝宮古島

久松五勇士《ひさまつごゆうし》

作詞&作曲&歌・うえち雄大

〈ナレーション〉時は、日露戦争が勃発した明治末期、ロシアの最強と言われたバルチック艦隊が、何処から進撃して来るか、日本軍は、その針路が運命を左右すると、頭を悩ませていた。その時、粟国島の奥浜牛（29歳）から、宮古、慶良間の間に、敵の大艦隊が見えるとの情報を得たが、宮古には、無線設備がない。島庁から、祖国日本への打電を頼まれた垣花善は、仲間を集め、指揮者となって、与那覇蒲、垣花清、与那覇松を舳先から順に座らせて櫂を漕ぎ、舟のしりで舵取りをする、もう一人の与那覇蒲の勘を頼りに、電信局のある石垣島へ15時間、力漕した。

激しい西風　寄せる大波　舳先《へさき》で切って　ゆくサバニ
アララガマ　負けてたまるか　おお　久松五勇士よ　漕げよ漕げよ漕げよ
力の限り　男を賭けて　悔いない海道《みち》　命知らずと
命知らずと鳴くな　カモメ鳥

宮古島から　石垣島へ　白波蹴って　吠える櫂《かい》
アララガマ　負けてたまるか　おお　久松五勇士よ　急げ急げ急げ
沖の煙が　続々増える　ロシア艦隊　早く報せにゃ
早く報せにゃ祖国一大事

（台詞）泣くな松ーッ！　泣いてどうなるか!!　妻（トゥジ）と生（ナス）たばかりの子供たち（ファガマ・ヤラビガマター）はどうなるんだ（ノーンガナラッチャ）。松ッ清ッ蒲ッ蒲ーッ！　トビウオ漁から帰ったばかりで疲れてる事は解っている。それはこの善も同じだ!!　体力の限度をとっくに超えている。しかし、国家存亡の危機に関わる一生一度の天に仕える道、人間の損得を超えて無条件で男の命を懸けようではないか。それが宮古（ウィガガミドミャーク）のアララガマ魂だ（タマスーダラ）、ワイドー魂だ（タマスーダラ）！　そうだろう（アンシーダラ）皆（シーナ）ーッ！　神が（カンヌド）守っているから（ヌゥリュウリバ）心配するな（シュワスーナッ）！　蒲の言う通り（カマガアーガニャーン）北極星（ニヌファブシュー）目当てに（ミャーティン）早く漕げ（ピャーマイクギ）！　早く漕げ（ピャーマイクギーッ）！　敵艦隊見ゆと（ティ）報せなければならない（スサダカーナラン）！　力強く漕げ（ワイティクギーッ）！　力強く漕げ（ワイティクギーッ）！　是は（クリャー）国家機密だから（ヤイバ）、誰にも（トーンカイマイ）物を言うなよ（ムヌゥアズナヨーッ）！　漕げ漕げ（クギクギーッ）！　速く漕げ（サーティクギーッ）！　速く漕げ（サーティギーッ）！　今（ンナマー）死んで堪るか（スニャーナランドーッ）！

走るサバニに　波のうねりが　砕けて散って　霧になる
アララガマ　負けてたまるか　おお　久松五勇士よ　走れ走れ走れ
頼れるものは　お前の灯かり　北極星《にぬふぁぶし》　燃える男の
燃える男の腕《かいな》　見ておくれ

北極星を目当てに八重山まで打電するため、15時間急いだ5勇士は浜に舟を漕ぎ入れようとするが、海がひき潮で思うようにならない、浅瀬に乗り上げてしまった。決断した垣花善と与那覇蒲だけが上陸して深夜の山道を走ることにした。仕方なく陸に上ることを諦めた残りの3人は、そのまま海の上で夜を明かした。そして夜通し陸路を走り続けた2人が、まだ人の動きの少ない中、石垣島の島司の門を叩いた。八重山郵便局に飛び込み、宿直の局員をたたき起こしたのが朝4時。かれらは宮古島の島司から渡された御用箱を所員に手渡した。すぐさま八重山海底電信所から「敵艦見ゆ」と発信された電報は長崎県五島列島の福江町に受信され、その跡には石碑が建っている。

「敵艦見ゆ」の電報が旗艦三笠の東郷平八郎大将の手許に届いたのは哨海艇信濃丸の発見より一時間後だった。このため「ああ遅かりし1時間」と言われたが、5名の勇士は認められて海軍省は5人を表彰した。時に明治38年5月27日、日本海軍は勝利した。

司馬遼太郎著では「5勇士の15時間の力漕もさることながら、彼らはその後、昭和九年までの29年間沈黙してしまった。なお彼らは出発についての目的や行き先をその妻にも語らなかっ

久松五勇士が「敵艦みゆ」と打電した記念碑を案内してくれた島哲明さん＝石垣島

た。それ以上にこの時代の日本の田園社会の人間がどういうものであったかを示す極端な例をそこに見る事ができる。御用箱（国家機密）というおもおもしいものを預かった緊張がそうさせたのかも知れない。その緊張も機密性も無用になってしまったはずの戦後もなお彼らが口外しなかったというのは、この時代の田園社会に住む人々がほぼそうした精神であったと思われる」と述べている。「久松五勇士」より、２年前の人頭税廃止の偉人「中村十作」が人々に知られなかった情況が理解できるではないか。

歩いて書いた私の「中村十作」

今から28年前、「大《ウプ》世《ユ》栄《パイ》綾船《アヤフニ》」で中村十作の役を演じて、15年前にＣＤ「宮古島人頭税物語その人・中村十作」を自費出盤し、その翌年に著書「宮古島人頭廃止の指揮官・中村十作と駆ける」を新星出版社から発行した。だからこそ私は痛切に体感している。人頭税問題を万人に伝えるには著書だけでは難しいと。以来、放送業界では自分でやるしかないと決意し、５年前には「島の夜明け～宮古島人頭税物語・川満亀吉編」と「上原戸那編」をＣＤ発売し、活動してきた。宮古島農民の様々な資料は旧宮古島各市町村に協力してもらい、農民代表が上京した際に尽力してくれた越後人達の資料は中村十作の生誕地（旧板倉町役場）から頂いた。こうして得た知識は現在、各ラジオ局で放送中。その傍ら托鉢演歌売り歩きで連日連夜唄い流し、語り続けている。

２００４（平成16）年10月13日、関東宮古島郷友会・アララガマ実行委員会が「人頭税石」周辺の整備と、東日本大震災で被害を受けた岩手県の「宮古市」の復興支援を目的として、上野の水上音楽堂で人頭税廃止１００周年！　チャリティーコンサート「宮古アララガマフェスタ」を開催した。その時には、当時の瀧澤純一板倉町長や新潟日報社の武藤斌編集委員を案内し、ご挨拶をしていただいた。土砂降りの中、「宮古の先祖が歓喜の涙を流していますね」と語り合い、「宮古島人頭税物語その人・中村十作」を思い切り歌い上げた。那覇まつり１万人会場でも披露し、ＲＢＣｉラジオ「雄大の炎歌ＤＥ演歌」で放送したら、反響が大きく「この歌の背後にある問題を知りたい」とリスナーからの声に、途方にくれたが、私は自分でやるしかないと決断した。２００３（平成15）年11月18日、那覇市内で開かれた会合で、宮古市町村会の伊志嶺亮会長から感謝状が贈られた。人頭税廃止１００周年を記念して作詞した「宮古島人頭税物語・その人　中村十作」を歌って古里をアピール、県外で宮古郷友会づくりに協力したことなどが評価された。その年は芸能活動30周年の記念すべき年。これを励みに歌手に専念して頑張りたいと強く思った。お陰で中村十作ゆかりの新潟県を訪ね歩いた成果を出版しよう、私にしか書けない十作もあるはずだと執筆に励んだ。

出版祝賀会会場でのスナップ写真。上野中学校第19期同窓生に囲まれて

新潟中越地震の被災者支援活動

２００４（平成16）年10月26日には、著書「宮古島人頭税廃止の指揮官・中村十作と駆ける」（新星出版）の出版祝賀会を那覇市内のホテルで開いた。宮古からも後援会が駆けつけたお陰で盛大に催すことが出来た。本を出すのは全く初めてのこと、こんなに大変な作業だとは思わなかったが、そのぶん手応えもあった。人頭税問題を題材とした芝居への出演がきっかけとなり、以後、新潟と宮古の交流にも力を尽くす気になった。本当に最初は新潟でも中村十作のことを知っている人は少なかったものだが、10年前に続いて昨年１カ月間のキャンペーン活動を展開した私としては、新潟と宮古の橋渡し役を担っている意識が強い。中村十作の活動に改革の信念を感じるからだ。

宮国米男氏の看板協力を背に街頭募金活動に取り組むうえち雄大＆美智子夫妻

この出版祝賀会当日、新潟中越地震が起きて私達を驚かせた。わざわざ新潟から来賓で来られた武藤斌さんはかなり悩んでいた。こんな非常事態に新潟日報の編集委員記者として沖縄にいる自分に苛立ちを隠せない様子。彼は「雄大くん、中村十作に恩返しすると言うなら、新潟のために何かアクションを起してくれないか？　街頭募金活動でもチャリティーコンサートでも何でもいい」と真剣な眼差しを私に向けた。「何でも協力します。やり方を教えてください」と即答し、武藤さんのアイディアにうなずいた。

私は、武藤さんを連れて親友の宮国米男氏が営む看板屋（有）オキミヤを訪ね、「命懸けのボランティア活動を始めますので、私のワゴン車に無料で看板を書いて下さい。沖縄本島から宮古八重山まで街頭募金活動を頑張って、救援金を届けたいと思いますのでご協力をお願いします」と頭を下げた。武藤さんの指示通り、看板「新潟震災救援緊急募金・明治の沖縄に夜明けをもたらした中村十作の故郷・新潟に恩返しを！」を書いてもらった。

新潟のために何かしなければ、厳しい冬を前に少しでも役に立てれば「110年前に沖縄・宮古・八重山を解放した恩人・中村十作を生んだ新潟県に恩返ししたい」と決めた。那覇市の沖縄県庁前広場や国際通りのむつみ橋などで、宮古島人頭税廃止の指導者・中村十作を紹介しながら、買い物客や観光客にマイクで「皆さんの善意を私が間違いなく新潟に届けて、被災者を励ましたい」と家内と二人で呼び掛けると、快く協力する人が相次いだ。その街頭募金と、出版祝賀会での募金10万円を携えて新潟へ行く準備をしていた夜8時40分頃、またしても新潟・中越で震度6弱の余震が起きた。

11月4日、那覇発羽田経由で新潟空港に着いた家内と私。「時間がないから、このまま新潟県庁へ直行する」と、家内はホテルに行くように告げた。到着口を出ると新潟日報社の武藤斌さんが迎えに来ていた。県庁では就任3カ月の泉田裕彦新潟県知事に代わって高橋正樹副知事が応対してくれた。お陰で予定通り浄財を届ける事が出来た。

同日夜は、新潟市役所裏の「磯寿司」店で新潟日報社の方々から歓迎を受け、著書も皆さんに買って貰い、色紙に寄せ書きまでして激励された。新潟県で初めて自分の著書が売れるなんて感無量だった。家内は出版祝賀会の受付接待係と、慣れない街頭募金活動で疲れたせいか、新潟駅前のホテルにチェックインすると高熱を出して寝込んでしまった。家内の傍で100年前の宮古島での中村十作を体現しているような思いに耽った。

道路陥没、土砂崩れの被災地

２００４（平成16）年11月5日と6日の両日、最も被害が大きいとされている小千谷市を回り、被害者を歌で慰問する企画を小千谷市議会議員の長谷川きよさんが打ち出した。私達は早速、武藤さんが手書きした「沖縄の恩人中村十作の故郷・新潟に恩返し激励演歌」の横断幕をワゴン車に張り付けて、運転手の佐藤さんと大渕さん、長谷川議員の長女有理さんをアシスタントに、もう一人名古屋からボランティアに駆け付けた鈴木さん、司会を武藤さんが務めて、小千谷総合体育館前、池ケ原、岩山、ほのぼの川井、城内4丁目焼き出しテント前、山谷の介護老人保健施設「春風堂」、震度7を記録した隣接の北魚沼郡川口町の川口中学校体育館、田麦山小学校

高橋正樹新潟県副知事に義援金と著書贈呈

武藤斌さん手書きの横断幕をワゴン車に貼り付けて被災者を激励演歌で慰問

新潟中越地震の爪痕

グラウンドの順に2日間、避難所を次々と訪れ、計8カ所で慰問歌謡トークショーを展開した。

「愛さえあれば」や「中村十作」の歌を唄い終わって被災者と握手すると大変喜ばれ、「勇気付けられたわ」と泣き出す婦人もいた。「何が一番お困りですか」と尋ねれば「下着、食器、現金」と口をそろえた。その時、すべてを失った古老が「今まで沢山の恵みを受けてきたのだから、これくらいは我慢しなけりゃ」と語ったのが印象に残る。

帰沖したら引き続き街頭募金活動を展開し続けなければなるまいと思いを強くした。移動途中、山崩れのひどい所は車を止めて視察した。ひび割れや切れ落ちた傷痕が生々しい道路に比べて信濃川に架かる橋は全て被害が少なくて丈夫である。11月6日(土)の新潟日報特集面に「沖縄出身俳優・歌手うえち雄大さん、歌声高く心癒す小千谷」の大きな写真入りで次のような記事が掲載された。

被災者を激励演歌で慰問

被災者を前に激励演歌トークショーで励ますうえち雄大

―沖縄の恩人を生んだ新潟に恩返ししたい。沖縄県宮古島出身の俳優・歌手うえち雄大さんが5日、小千谷市内を回り、中越地震の被災者を歌で励ました。うえちさんは13年前、宮古島の人頭税廃止に尽力した中村十作（中頚板倉町出身）を芝居で演じて以来、本県との交流を深めている。中越地震の報を聞き、沖縄県内で募金活動を行なうなど被災者支援に立ち上がった。避難所となっている市総合体育館の隣で、うえちさんは〝愛さえあれば歩いていける〟と沖縄の調子を織り込んだ演歌を熱唱。中村十作をテーマにした歌も披露した。被災者は足を止め、珍しそうに耳を傾け、最後まで聴いた女性は〝すてきでした〟と話した。募金と、著書〝宮古島人頭税廃止の指揮官・中村十作と駆ける〟の出版祝賀会で集った寄付金は4日、県に届けた。―

７日夜は中村十作の生誕地・板倉町を訪問すると、25名の有志の方々に歓迎され、著書「宮古島人

避難所を案内してくれた長谷川有理さんと武藤斌さん（右端）

頭税廃止の指揮官・中村十作と駈ける」出版を祝福された。8日午前10時30分頃、また震度5の地震が起きた。これで4度目の直下型大地震である。11月9日（火）の新潟日報には「中村十作の功績本に、俳優・歌手のうえちさん、板倉・豊原小に寄贈の著書を寄贈するうえちさん、（右）熊谷君」の写真入りで、次の様に報道された。

―明治時代、沖縄・宮古島で人頭税廃止に尽力した中村十作の業績を紹介する〝中村十作と駆ける〟を、同島上野村出身の俳優・歌手、うえち雄大さんが出版、中頚板倉町の十作の母校、豊原小学校を8日訪問し、労作を寄贈した。うえちさんは十作の功績を広めるためのCDを出し、PRのためにしばしば新潟を訪れている。今回の出版は出演する地元ラジオ番組がきっかけとなり、1年半かけて完成。自身の文章のほか、豊原小児童の作文なども盛り込まれている。同小を訪れたうえちさんは〝武器を持た

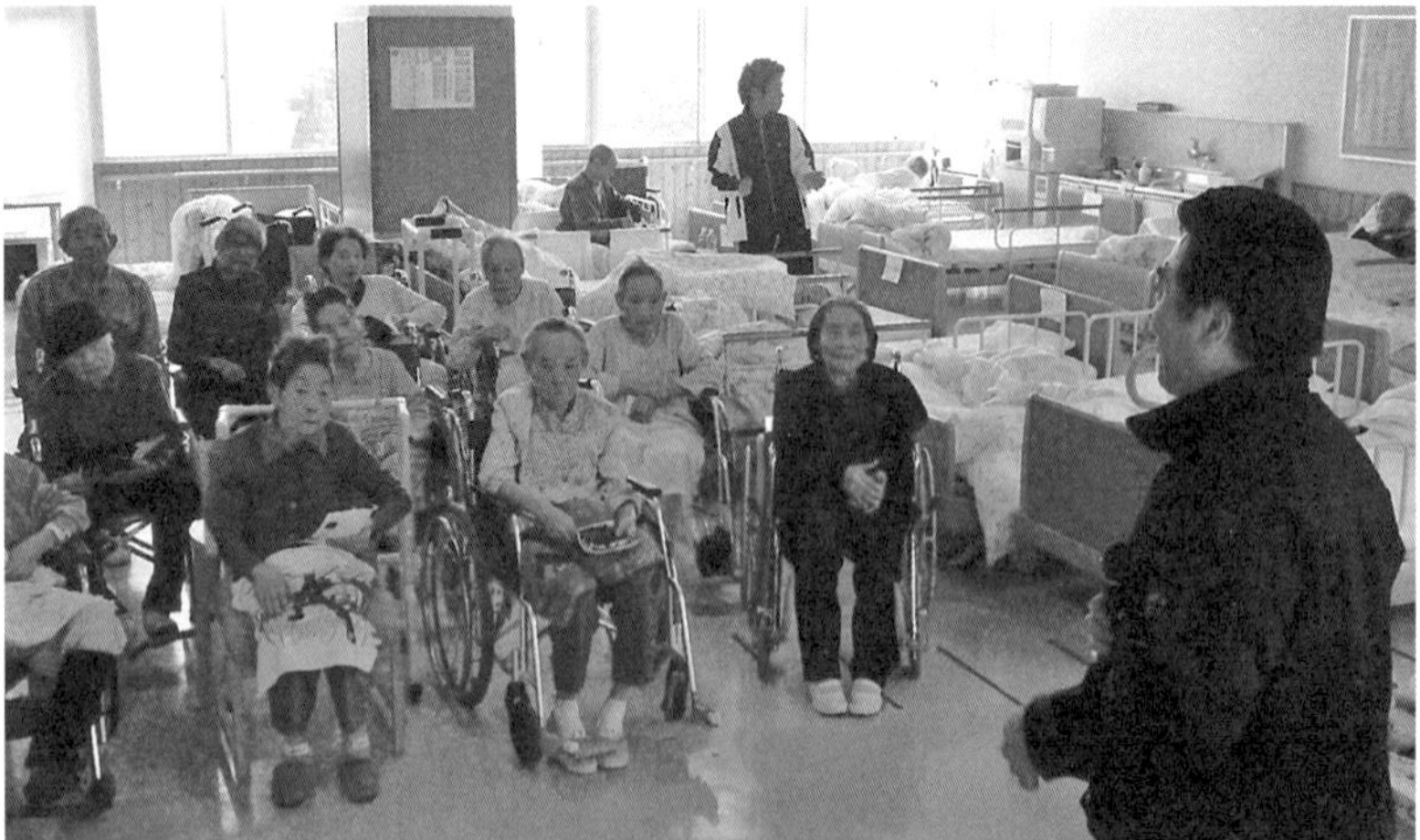

熱心に聞き入る福祉施設のみなさん

ず平和と人間の尊厳を勝ち取った十作はみんなの素晴らしい先輩〟とあいさつ。6年生の熊谷健太君が著書を受け取り〝これからみんなで勉強に使わせていただきます〟と感謝した。うえちさんは、板倉町が来年1月、上越市と合併を控えていることから、上越市内の小、中、高校、大学にも著書を寄贈した―と。

同日付けの上越タイムスでも「中村十作のように〝宮古島のうえちさん、板倉など訪れ著書寄贈〟」の写真入りで記事掲載された。

帰沖して11日、地元新聞に「新潟訪問して救援金の寄付や激励演歌は大変喜ばれた。現地は、われわれが生徒のころコラ台風（1966年）で被災した宮古島の状況と似ている。ただ台風は過ぎ去れば何とかなったが、新潟は余震も続き、これから冬に向かうので降雪の前に緊急な整備が急がれる」と報告した。その日から県内での本格的な緊急募金活動を

福祉施設ボランティア活動の皆さんと

宮古、八重山まで展開して「沖縄の恩人のふるさと新潟へ救援の手を」と協力を呼び掛け、さらに琉球新報ホールで新潟中越地震チャリティーコンサート及び被災地の写真パネル展等を企画し、琉球新報社を通して救援金を送る募金活動を展開し続けた。

祖先になり代わって恩返しを

２００４（平成16）年11月20日、合併される板倉町閉町イベントとして町民らと宮古島を訪れていた一行が那覇市のホテル日光へ来られたタイミングを見計らって寄贈式を開いてもらい、同町の小学校、中学校、高校、福祉施設に「厳しい冬を前に、募金が少しでも役に立てば」と街頭募金や書籍の売上げの一部と著書「宮古島人頭税廃止の指揮官・中村十

中村十作の生誕地・豊原小学校の熊谷健太君６年生に著書贈呈

作と駈ける」10冊の寄贈目録を瀧澤町長に手渡した。「うえちさんは地震発生直後から募金や慰問活動をしていただいている。中村十作への恩返しとして義援金活動だけでなく、昨年はCDを学校に寄贈して貰った。うえちさんの温かい気持ち、沖縄県民の素晴らしい気持ちに深く感謝する。板倉町は来年1月に合併し上越市になるが、宮古との友好関係をさらに深めていきたい」と話してくれた瀧澤町長に義援金10万円を託した。

一行を見送った後、キャラバンカーで本島各地を一巡し、12月2日には新潟中越地震の被災者支援キャラバンで石垣入り、9日までの1週間滞在してスーパーの駐車場などで、「被災地はこれから雪に覆われる。被災者が安心して暖かい生活を送れるよう協力をお願いしたい」と市民に呼びかけて募金活動を行なった。8日（水）に私は石垣市教育委員会を訪ねて、著書を30冊贈呈しながら、願いを込めて

瀧澤純一板倉町長に義援金と著書贈呈

「私は10年間中村十作を唄っていることから、人頭税廃止に立ち上がった中村十作の功績を一人でも多くの人々に知ってほしいとの思いから出版しました。石垣市の小中高校、市立図書館へ贈りますので、子供たちにも読んでいただきたい。中村十作の功績はリンカーンの奴隷解放の日本版。世界に誇る事ができます。人頭税問題を風化させないでほしい」と強調した。

内村英忠教育長も「八重山も宮古も人頭税で苦しい思いをした。さっそく各学校図書館に配布して多くの子供たちに読んでもらえるよう伝えたい。今の世の中にも十作のような人が必要だ」と応えてくれた。著書には八重山の記述もある事から、同市教育委員会は「過酷な人頭税を宮古島の農民らとともに廃止させた歴史的偉業を踏まえ、沖縄だけでなく日本の政治を大きく動かした功績は大きいなどと綴っている。同書は人頭税を考える上で貴重な資料とな

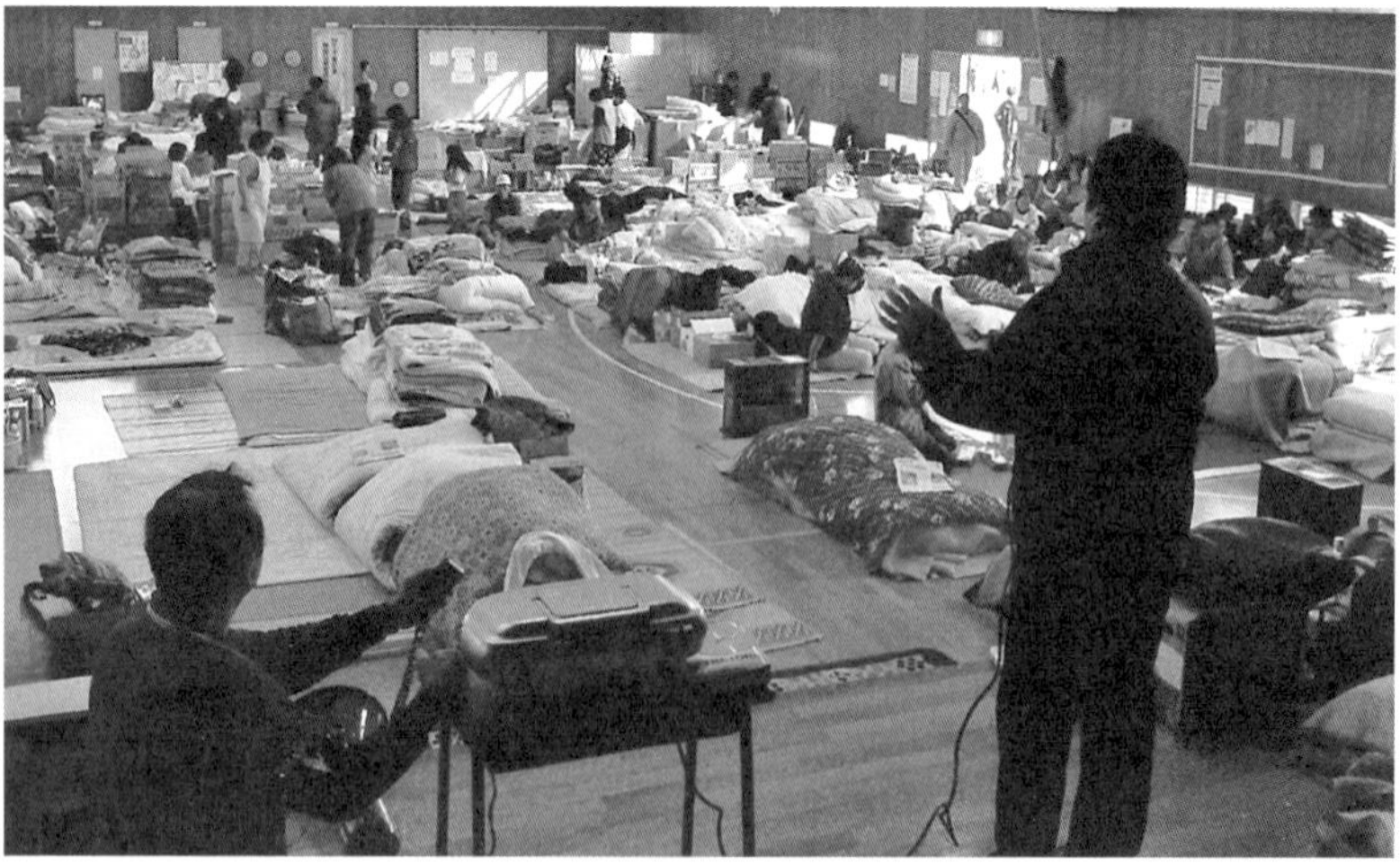

避難所での激励演歌トークショー

り、与える影響も大きい」として感謝状が贈られた。

翌9日午後には宮古入り、平良市内のスーパー前で「新潟では住み慣れた家が崩壊し、歩き慣れた道は寸断して苦難の生活を強いられている。沖縄の真心を届け、少しでも心穏やかな年末年始を迎えて欲しい。宮古の皆さんにも協力をお願いしたい！　先人に成り代わって恩返しをしよう」と1週間呼びかけを行なった。そして12月17日午後、宮古と八重山で実施した街頭募金と著書「中村十作と駆ける」の売上金一部を合わせた新潟中越地震への義援金50万円を家内とともに琉球新報社の高嶺朝一常務に「明治期に宮古島の人頭税廃止へ新潟県出身の中村十作が尽力して沖縄、日本を動かした。その恩に報いる志で今後とも中村十作の故郷である新潟を支援したい」と述べて託した。

被災者から勇気をもらったと笑顔で受け入れてくれた

新潟支援公演と地震写真展

２００４（平成16）年12月19日には、新潟中越地震の被災者支援を目的に、「主催＝うえち雄大プロモーション、沖縄越後会（新潟県人会）、共催＝沖縄宮古郷友会連合会、琉球新報社、後援＝宮古毎日新聞社、宮古新報社、宮古市町村会、協力＝全日空、新潟日報社、新星出版、（有）オキミヤ」でうえち雄大「新潟支援」公演と「新潟地震写真展」を那覇市泉崎の琉球新報ホール、同ロビーで開催した。公演は中村十作への恩返しの意味も込めて自ら企画した。私財をなげうって帝国議会に人頭税廃止を訴えた十作の偉業をたたえ「１００年前、社会正義を貫いた十作に応え、今度は私達が善意を届ける番」と語りながら、「宮古島人頭税物語・その人　中村十

土砂崩れで寸断された生活道路

作」やオリジナル曲を披露しながら2時間半のトーク歌謡ショーをやり遂げた。

ロビーでの写真展は、新潟日報社と全日空の協力で実施した。来場者は被災写真を食い入るように見つめていたのが印象に残る。沖縄越後会の山崎崇会長は「公演の収益が故郷・新潟の皆さまの正月のもち代の足しにでもなれば」と話してくれた。経費を除く収益は、琉球新報社から新潟日報社を介して被災者へ送られることになった。地元宮古の各新聞社は「新潟に恩返し、うえち雄大さんが公演」「雄大さん新潟支援で公演、歌を熱唱し復興願う」と大きく取り上げた。

同年12月20日（月）琉球新報「うえち雄大さん新潟県人会・慈善公演で善意募る」の記事。

23日（木）には「公演収益金など70万円を新潟へ、うえち雄大さん・越後会」の見出しで次のように掲載された。「歌手のうえち雄大さん、在沖新潟県人・

地震で多くの家屋が倒壊した

越後会（山崎崇会長）から琉球新報社に託された新潟中越地震の義援金70万円が22日、新潟日報社東京支社を通して被災者に送られた。うえちさんらは、人頭税廃止に尽力した中村十作の故郷・新潟の被災者を支援しようと街頭で募金活動し集めた50万円、それに支援公演の収益金、うえちさんの著書〃宮古島人頭税廃止の指揮官・中村十作と駆ける〃の売上金の一部など20万円を合わせて義援金として送った」と。

少しは武藤さんの期待に応えられたことが嬉しい。本を書き上げた思い出にもなる。中村十作の功績を多くの人に知ってもらいたいと願いつつ人頭税問題を探求した甲斐があった。政治の過ちを繰り返さないよう、次代の子供たちに歴史的事実を知ってほしい。これからも島に残る歴史、文化を掘り起こして伝えていきたい。

私は「中村十作」に続く第2弾も密かに考え始めた。今回の人頭税歌謡ドラマ第1弾「宮古島人頭税物語・その人　中村十作」は旅人から見た人頭税物語であるが、歌謡ドラマ第2弾は宮古農民（地元住民）から見た人頭税も創ってみたい。宮古の土着性を出して描けないものだろうか、祖先が残した「なにくそ負けて堪るか！」のアラガマ精神は、暗黒の世界に光明をもたらす。不況や戦争・新基地建設問題などで揺れる沖縄をはじめ日本社会を勇気付けるためにも、「なにくそやるぞ精神」を発信して行きたいものだ。

何もかもが重なって大変な時期だったが、瀧澤板倉町長や企画課の皆様方と新潟日報編集委員・武藤斌記者のご尽力のお陰で著書を板倉の児童生徒達にも寄贈と講演が出来て、人頭税廃止１００周年をやり遂げた。

身体の弱い家内にも頑張ってくれて深く感謝している。皆さんの力を借りて「いい一日になった」と思えるように、自分を追い込む環境を自分で作って力を付けて乗り越えて来た。原点を忘れず、愚直に積み重ねるのが托鉢演歌道。進めば進むほど自分がここまで来られたのは大勢の方々のご支援のお陰である。

２００４（平成16）年12月26日、旧板倉町の中村十作遺徳顕彰会会長の清水郷治さん（元町長）からは便りが届いた。

──（概略）中村十作の事で大活躍して頂いて、一人でも多くの人達から理解を深めて頂く様になり感謝いたしております。11月、閉町記念イベントで八重山諸島旅行団の一員として初日の城辺町、続いて石垣島、竹富島、西表島、由布島など見学でき、有意義な旅ができました。うえちさんには、新潟中越地震支援金カンパ運動でお面会でき、その際には多額な支援金を瀧澤町長に託していただき誠にありがたく、お礼申し上げます。政治のことなど一切遠ざかりましたが、ただ中村十作遺徳顕彰会の責任者として最後の任務を完うすべく、十作ふるさとの稲増に資料館が建設し、来春に完成予定です。合併で、あとは町行政としてタッチできないので、地元集落に一任し側面から協力することになります。私も高齢ですが、生ある限り人頭税関係のこと頭から離れません。人頭税の歴史について広く理解を深める運動は時間をかけて推進できる事を切望しています。うえちさんには何もお礼もできず恐縮です。間もなくお正月ですか

中村十作記念館＝板倉区稲増

ら心ばかりですが、「モチ」を少々ながらお届けします。ご笑納下さい。来年は無難な良い一年でありますように。そしてうえち雄大さんのご活躍を祈念します。

２００４（平成16年）11月、板倉町立豊原小学校の小川久昭先生からの便り　―（概略）

今回うえち雄大さんが、新潟県中越地震の被災者を励まそうとの思いで実施された募金とご著書の出版祝賀会で集まった浄財を新潟県庁に義援金として届ける為に来県されていることを知りました。また、この機会を逃さず板倉だけでなく「豊原小学校も訪問して著書を寄贈したい」との思いを抱いていらしゃることの連絡を町教育委員会より頂きました。

早速、職員と相談し贈呈式が可能かどうか打ち合わせをしたところ、職員の方から「是非来校して頂き、子供たちの前で本の贈呈式をしてほしい」という強い申し出がありましたので、町教育委員会・小林一夫教育課長さんに「お願いします。」の返事を致しました。

そこで、子供たちに「昨年度、私たちに歌を唄って下さったうえち雄大さんが、8日（月）に、またいらっしゃいます」と、各担任が話をしたところ、子供たちは歓声を上げ、うえちさんと会えるのを大変楽しみにしていました。当日は、大変お忙しい中をお出で頂き、全校児童の前で、代表の6年生熊谷健汰君に著書を手渡して頂き、ありがとうございました。彼は緊張していたようですが、うえちさんから直接本を頂いたことを大変喜んでいました。

子供たちが著書を読むことで、母校の大先輩である中村十作さんのように苦労を乗り越え、夢に向かってチャレンジしてくれることを心から願っています。それは、うえちさんの生き方とも重なり、子供たちに勇気と感動を与えてくれると思います。

うえちさんのご訪問は、当校の子供たちが、将来世界に向かって羽ばたく為のエネルギーにもなった筈です。

遠く沖縄から来校され、熱く語られた、うえちさんの言葉一つ一つを強く受け止め、沖縄と新潟の架け橋となってくれることを強く願わずにはいられません。

今後も健康にご留意され、益々ご活躍されることを願っています。

お忙しい中、当校にお出で頂きましたことに心より感謝申し上げ、お礼の言葉に代えさせて頂きます。

２００５（平成17）年1月、新潟県小千谷の長谷川有理さんからの便り

うえち雄大さん「昨年は大変お世話になりました。思ってても見なかった大地震に遭い、経験

してみなければわからない大規模災害の様相にびっくりの毎日でしたが、北海道から沖縄まで先輩や友達、たくさんの人たちから支えられ、励まされて、被災地で私が出来ること、すべきことが少しでも、できたかなと思っています。唄での温かい励まし、心遣い本当にありがとうございました。どれだけ勇気付けられたかしれません。地震に負けずに、これからも頑張ります。（こうして書くと、「頑張り過ぎないように」って言われちゃうんだよな。）また是非とも小千谷にいらして下さいね。本年もどうぞよろしくおねがいします。」

帰郷の夜

作詞＆作曲・上地雄大／編曲・竹村次郎／歌・うえち雄大

何にもしてやれずに
とうとう十年が
過ぎた吾が家の屋根は
こんなに低かったのか
痛む心の　ふるさとよ
獅子《しし》のように強かった

父の面影が
今は淋しくさせる
こんなに弱かったのか
涙流れる　天の川

生まれ変わって今日から
家を背負いつつ
歩こう心配するな
こんなに軽いと言えば
泣いているよな　母の影

幼馴染と遊んだ
森のガジュマルに
今も何故泣く千鳥
こんなに可愛《かぎ》かったのか
妖精の様な　君いずこ

新潟でセリフ入り中村十作は、三波春夫が唄いそうな歌だと騒がれ、三波春夫顕彰碑に案内された＝塚山にて

2004年12月19日（日）新潟支援公演の舞台で「中村十作」を激唱するうえち雄大＝琉球新報社ホール

先輩に学ぶ「うえち雄大の夢扉」

2005（平成14）年3月24日（木）私は、母校（上野小中学校）の全校児童・生徒の前で「先輩に学ぶ・うえち雄大の夢扉」をテーマに、夢に向かって努力することの大切さを強調した。

小中学生の頃は、砂糖キビ畑で草を刈りながら歌を練習し、那覇で過ごした高校生時代にはアルバイトで稼いだ金で夜の俳優養成所に通ったことなど、自ら積み重ねた経験を語った。九州大会で準優勝した同中学男子バスケット部には「ルールを守り生徒としての配役をきちんと演じなさい。生徒として悩んでいる姿はとても真剣で美しい。自分が良くなれば皆が良くなり、皆が良くなれば自分がよくなる。優勝したから、準優勝したから偉いんじゃない。そこに向かって一生懸命努力した過程がすごい」と健闘をたたえ、また「世の中を

唄も交えて講話する筆者

うえち雄大の講演会を楽しそうに聴く宮古島上野村立上野小中学校の児童生徒たち

前に進むのに度胸が一番大切」と、夢を持ちそして実現に向けて努力することの尊さを強調した。

講演の合間にデビュー曲「ふる里は胸を射す／愛さえあれば／哀愁の宮古島／雄大の夢扉」など4曲を織り交ぜた。毎日生徒と接している先生方は大変だと思う。人間をつくるのは神様の次は教育者だから。「私は高校時代に丸鋸旋盤で作業中、右手の親指を切断する事故を起こし、これが転機となって〝一回きりの人生だから〟と俳優の道を目指して上京し。映画会社の東映に入って、働きながら夜間の東映演技研修所へ通って、俳優生活していたころ、父が病死。のち禅寺で修行して、下山してからは、作詞を手掛けて、歌手に絞って芸能生活を歩むようになった。下積みの頃は、3日間飲まず食わずのことも何度もあった」と語った。子供たちを通して自分自身を励ます事になった。

上野村後援会での出版祝賀会

地震で寸断された道路も今は雪に覆われて危険な状況が続いているのかも知れないと思うと胸痛む。あれから私は相変わらず「中村十作と駆ける」の日々を続けている。宮古島の上野村後援会での出版祝賀会を1月に終えたばかりなのに3月25日金曜日に平良市内のレストランで2度目の出版祝賀会を催して頂き、身に余る光栄と神仏に感謝している。出版祝賀会がこれほど島を挙げて取り組むのは異例の事と聞いて、私も驚いた。

宮古市町村合併問題も、「宮古島市」決定の調印式が行われたばかり。今度は上越市と宮古島市が、さらには新潟県と沖縄県が中村十作の縁で友好都市を築かれるよう心から祈るばかりである。

ちなみに新潟県知事の泉田裕彦様と新潟県上越市長の木浦正幸様から祝電が寄せられた。木浦市長の祝電の概要は―宮古島での出版祝賀会開催を心よりお祝い申し上げます。うえち雄大様からは、平成15年当市への表敬訪問の際、人頭税廃止の立役者　中村十作のCDを小中高等学校に寄贈頂いたことが昨日のように思われ、改めて敬意と感謝を申し上げます。当市は、本年1月1日に旧板倉町をはじめ、14市町村が一つとなり、人口21万人の新生〈上越市〉が誕

祝賀会を主催したうえち雄大後援会会長・上野村長の川田正一さん（中央）

うえち雄大著書出版祝賀会＝上野村農業改善センター

生したところでありますが、引き続き宮古島とは友好関係を続けて参る所存であります。うえち様には、今回の出版記念を契機に、さらに中村十作や、先人達の偉業が風化されることなく、後世に伝えるため、アラガマ魂でのご活躍と10月に誕生予定の新生宮古島市と当市との友好関係構築のお力添えをご期待申し上げます―と。

　また上越市板倉区稲増、中村家の現戸主・中村武彦様からも祝電が届いた。

　―１００年以上前の先祖の出来事にもかかわらず、一生懸命にご支援いただき感謝致しております。木浦市長もぜひ沖縄へうえち様に会いに行きたいとお話しておりました。その時は、ぜひ小生も同行したいと思っております。ますますのご活躍をご祈念申し上げます―と。

ほか東京沖縄県人会はじめ、ふるさと芸能文化を育てる会、宮古郷友連合会並びに政財各界の方々から身に余る光栄の祝電が届いた。

戦争をなくし平和を考える歌

いつか誰かが神輿を担いでやらなければならない事なのに、なかなか出来ない。神輿は一人では担げないからだ。私は明治維新150年、中村十作生誕150年、宮古島人頭税廃止115周年の今年、全国津々浦々から呼応する人々が現れてくれる事を期待しながら再び「中村十作」を放つ！　それは宮古島の祖先を持つ私の体内に脈々と流れる血があり「気概」からだ。やむにやまれぬ思いを、先祖が子孫の行く末まで案じ、決死の覚悟を持って行動し、人頭税廃止を成し遂げた。これは大変な歴史であり、大切な教訓でもある。

宮古島市平良の鏡原馬場や城辺および下地には偉人達の碑が建立されているが、「形は心を求める」ものと思う。私は地元農民「正安」「真牛」「蒲」「戸那」「亀吉」からみた「人頭税」を描き残したい衝動に駆られた。彼等は島政改革運動に立ち上がり、島役所や県知事に人頭税を軽くするように幾度も直訴するが、「日本政府からの許可がなければ出来ない」の一点張り。

「これでは埒が明かない」と追い込まれた農民側は、巨額の旅費を工面して、大胆にも日本帝国議会へ直接請願する。農民代表が上京したのが明治26年11月４日、人頭税廃止の請願が第八帝国議会を全会一致で可決したのが明治28年１月16日、そして宮古・八重山から人頭税が廃止されたのが明治36年１月１日。

沖縄は琉球王府時代から、近い国々と交流し、武器一つ持たない平和王国として良き隣人関係を維持し、ナポレオンが称賛するほど隣国との対立を嫌い、和平を重んじる独立王国だった。そこへ江戸幕府ができてから薩摩の島津藩が侵略。植民地化されて薩摩の言いなりになった琉球王府は人頭税を宮古島と先島諸島に賦課した。特に台風銀座の宮古島は作物が一瞬にして全滅するため、過酷な人頭税上納にあえいだ。

明治末期まで続いた人頭税からようやく解放された歓びも束の間。第２次世界大戦後は日本と米国の間で、行き場のない怒りに迷い苦しめられる沖縄の日米安保問題。日本復帰後も居座り続ける米軍基地、それが故に起こる米軍人による犯罪・人権侵害問題。日本復帰とは何なのか？　政治家も宮古島人頭税廃止運動から学んで沖縄の日米基地重圧問題や尖閣諸島国境問題の解決に生かさなければならない。ドイツ帝国の宰相ビスマルクは「愚者は経験から学び、賢者は歴史から学ぶ」と言っているではないか。祖先が道筋を示す。素晴らしいアラガマ魂（なにくそやるぞ）を生んだ祖先の体験を伝える歌、宮古島人頭税物語・その人　中村十作と「南海の若き５人衆アラガマ魂」が平和を考えるきっかけになってほしい。

友情出演直前なのに声帯に腫瘍

ある日、琉球放送ラジオ番組「雄大の炎歌ＤＥ演歌」パートナーの柳卓さんから、「雄大さんの声枯れ、気になるねぇ〜。一度声帯を見てもらったらどうかなぁ〜。声帯専門の先生を紹介するから。僕もその先生に声帯のポリープを取ってもらったことがあるよ。手術して1カ月位は仕事を休まなければならないが、回復した時は自分の声はこんなに奇麗な声だったのかとビックリするくらい」とのアドバイスを受けた。まずはラジオ番組「雄大の夢扉」の頃のパートナー金城まり子さんに紹介されて以来、通っている耳鼻咽喉科の先生に相談した。鼻からカメラを挿入されて調べられ、ポリープがあると診断された。柳さんが手術を受けた先生のいる病院へ紹介状を書いて貰い、その病院へ行くと「これはポリープではなく腫瘍です。ここの設備では腫瘍手術ができないので、紹介状を書くから、その病院へ行きなさい。詳しく検査診察を受けた方が良い」と言われた。

「まあ、1カ月位休んだって番組の事なら心配しなくていいよ。雄大さんはカラッ風の中、新潟救援募金活動で街頭演説したりして全国飛び回って来た疲れが出て来たと思うから、この機会にゆっくり休むといいよ。発見が早くて良かったぁ〜大丈夫さ」と柳さんは励ましてくれた。

琉球放送ラジオ番組「雄大の炎歌 DE 演歌」パートナー柳卓さん（左）と
「雄大の夢扉」パートナー金城まり子さん

紹介された病院で、またしても鼻からカメラを挿入されてテレビ画面で自分とは別物のような不気味な形が映し出された。確かに小さくて白い細長い物が声帯にこびり付いている。これが声枯れの原因なのか、こんなものがあるだけで声がしわがれるのか。

担当医師から「小林幸子沖縄特別公演は、キャンセル出来なければ、そのままの声でやるしかないね」と言われた。よりによってこの時期に、「強運の運勢と自分を信じて今日まで来たのに」と思いながらも脳裏では「何とかなるさ」。この程度の腫瘍で折角の公演を降りる訳にはいかない。第一自分が病気だなんて、ピンと来ない。目先の様々な事柄よりも緊急に喉を直さなければならない。

「小林幸子新潟中越チャリティ沖縄特別公演」の友情出演をこなすことが、私にとって重要な価値の高い仕事なのだから、預かったチケットを完売して公演の舞台で「宮古島人頭税物語その人・中村十作」を歌う事が最優先であると思った。

小林幸子さんの優しさに触れる

いよいよ本番当日の朝、シャワーを浴びながら発声練習をした瞬間、今日は大丈夫行ける……そんな気がして劇場へ行く前に1曲歌って見たら、昨夜より声が楽に出るではないか、「強運」、やはり天が味方しているのかも知れない。そんな気がして約束の時間に沖縄コンベンションセンター劇場へ到着した。２００５（平成17）年4月17日（日）、小林幸子さんのリハーサルの最中。「終わり次第、すぐうえちさんのリハーサルをやりますので楽屋で待っていて下さい」と言われた。舞台袖に行くとき、小林幸子一行とすれ違い挨拶を交わした。小林幸子さんは丁寧にお辞儀して「よろしくお願いしますぅ」と笑顔を見せて楽屋へ消えた。昨日までの声枯れはどこへやらリハーサルではスムーズに声が出て、本番でも気持ち良いくらい声が出たから自分でも何ひとつ悔いのない舞台を昼夜、務めることが出来た。

「中村十作」を歌って一生涯忘れられない思い出ができた。本当に夢は語った瞬間から実現に向かうもの。まるでNHK紅白に出場したような豪華絢爛、本物の舞台に立てた喜びを実感した。

１１０年余前に雪深き北国・板倉村（新潟県上越市板倉区）から来島し、明治の恩恵に見放された宮古島の祖先を地獄の苦しみから解放してくれた「中村十作」を宮古島の救世主として未来永劫語りついで行かなければならない。この使命感を抱いている私は、社会正義実現を果たした中村十作と同じ新潟県出身である小林幸子さんの沖縄特別公演が開催されるとテレビＣＭを見た瞬間、これは絶好のチャンスと思い、小林幸子様に「中村十作」を同じステージで一曲歌わせて下さいとの手紙に、「中村十作と駆ける」の著書と、自分の活動が報道された新聞コピー、琉球放送ラジオ番組〝雄大の炎歌ＤＥ演歌〟の収録ＭＤなどを同封して送ると、友情出演が実現した。

小林幸子新潟中越チャリティー沖縄特別公演に友情出演＝沖縄コンベンションセンター

本番は昼夜とも開演時間ピッタリに「中村十作」の歌で幕開けさせていただいた上に、私の歌を舞台裏でジッと聴いていてくれた小林幸子様から「ショーはパッケージになっていますので、このような形でしか出演させてあげられなくてゴメンネ」と微笑みの握手を交わされ、舞台でこの一枚の写真を撮っていただいたときは、人柄の優しさがにじみ出ていて、小林幸子演歌の真髄に触れたような気がした。

公演が新潟中越地震チャリティとなっていたことから、出演の申し出をして良かった。全ては神様仏様小林幸子様のお陰と心から感謝感激した次第。本当に昼夜とも二階席まで超満員。さすがに歌い甲斐があった。幕が降りて「あなたも一人前になったね」と劇場ロビーで姉にも喜ばれた。姉は何気なく言ったのかも知れないが、私には、芸能活動35年および演歌道20年でようやく神様から頂いたご褒美のように聞こえた。

この公演の1週間前に「声帯に腫瘍があり、検査入院が必要です」と診察されて、もしかしたら私の俳優兼歌手生命もこれで最後になるかも知れないと入院を先送りしながらの決死の舞台だった。沖縄に来る演歌歌手の中ではダントツの値段＝SS席8500円、S席7500円、A席6000円というチケットだった。にもかかわらず、本公演を観に来て下さったほとんどの方々から「チケット代金以上の素晴らしい出来だった。いい物を見せてくれてありがとう」との声があり、中には「10万円出しても惜しくないくらいのショーだった」などと絶賛するご婦人もいたりして小林幸子様の絶大なる人気に感動した。私も大ファンになって敬意を表した。

その公演翌日（月）から琉球大学附属病院に検査入院した。その結果、白斑症《はくはんしょう》と診断された。検査入院から本手術を受けた私は、口をきく力をはく奪されて、初めて声が出ないことの不自由ないら立ちと声のありがたみを半年間の筆談で体験した。農家生まれで貧乏性のせいか、何もしないでいると不安ばかりが募り出す私は、「雄大の夢扉」執筆を考えながら入院していた。そんな時、小林幸子様から思いがけない数々のグッズが届き、サッちゃんのど飴を看護師や周りの方々と分け合い、私も元気をいただき甘い気分にひたった。

スター未経験だからくじけない

「沖縄から全国へ」失敗を恐れず精進して行こう。この世で燃えて生きることが何にもなくなったという人は悲しいと思う。世界全体の表れとして私たちは今働いている。働くことによって世界を保っている。今、何をするかによって未来が変わってくる。今、己は何をやっているかが大切である。体がバラバラになるくらいに粘り強くわが道を生きるのだ。

私の願いは宮古島の全児童生徒に自著「宮古島人頭税廃止の指揮官・中村十作と駆ける」を行き渡らせて、祖先たちの偉大なる偉業を継承したい。もう一つはライフワークとして宮古島の三大文化「人頭税物語／ドイツ商船・ロベルトソン号救助物語／久松五勇士物語」を歌謡ドラマ化して次世代に継承したい。沖縄から北海道までの全国行脚記の出版もしたい。誰かに頼まれたわけでもないのに夢は広がるばかり。

私はスターの経験がないから何でも出来る優位性がある。ポスター張り1枚と云えども他人にさせたのでは、人間修行にならない。托鉢演歌道を修行と考えているから自分以外には誰もいないのが当たり前。もう一度宮古島を皮切りに南西諸島から沖縄本島をめぐり、北海道まで全国行脚を成功させる目標を立てよう！　今まで病で休んでいた分、精いっぱい稼いで次へ進もう！　雄大プロモーションの仕事を本格化させることが一番大事！　人がどう思おうと自分が最高の生き方をする。晩年に咲く花を大輪の花という。私はそれを狙っている。

心配ない、人はその様に考えて生きるのが一番の幸せなのだ。スターだった人は人気があった分、仕事がなくなった後の寂しさに耐えられないんじゃないか。私は人気が出ない分、餓えて苦しさに耐える力を神様からいただいた。人間はどんなに貧しくたって夢があるうちは自殺をしない。人生は思い通りには行かない。スターを経験した人は、いざお金に困って、お金が欲しくても、それを口には出来ないであろう。昔売れっ子だった人の晩年の悲劇は想像を絶するものがある。「若いうちの苦労は買ってでもしろ」とは、そう言う事かも知れない。

私は今まで餓死寸前まで追い込まれても、あるいは座禅の痛みに耐えかねて気絶しても、山の切り出しのワイヤーに弾かれて倒れたときも死ななかった。淋しく切なく寒さに耐えながら夜の巷をさ迷っても売れなかった。スターになれなかったお陰で40年余、遠くて長い旅を愉しみ続けて来られたと演歌道の神様や仏様に感謝している。「花が咲くまで挫けるもんか」と、ひたすら我が托鉢演歌道を歩んできた。老いた酔客が「一生下積みが良い、人生は下積みが一番だ」と言っていた全国行脚の夜を思い出す。だが誰か聞き手がいることが大切であり、夢は愛する聞き手がいるからこそ頑張れるし、嫌な夢も怖い夢も心の癒しとなる。

宮古島・鏡原中学「雄大の夢扉」講演

「うえち雄大さん感動をありがとう！」という鏡原中学校80名の生徒さん達から感想文が寄せられた。感想文を拝読しながら、こんなにも真剣に聞いていてくれたのかと、涙が落ちた。宮川時子校長先生からも「本校の子供たちのメモリーシートを整理しながら、うえち様の力強いメッセージが確実に一人一人の心の中に届いていることを確認し、嬉しい気持ちで心が温かく満たされております。本校においては〝本物にふれさせる教育〟を目指しておりますが、うえち様の重厚な人生の一端にふれることができた本校の子供たち、職員、保護者は本当に幸せ者です。学校を預かる者として、心から感謝申し上げます。今後も貴殿の御厚意とご支援を深く心に留め、子どもたち一人一人の自己実現を目指し、全職員一丸となり、誠心誠意、取り組んでいく所存です」との便りと次の感謝状が添えられていた。

『貴殿には著書「中村十作と駆ける」講演及び「うえち雄大の夢扉」を通して本校の生徒たち

仲宗根玄忠さんが母校の鏡原中学校全校生徒に「宮古島人頭税廃止の指揮官・中村十作と駆ける」を寄贈した

に対し中村十作やご自身の生き方をお話くださり、大きな夢と希望を贈っていただきました。依って本教育へのご尽力に対し感謝をこめて本状をおくります』と。これは2005（平成17）年10月14日（金）宮古島市立鏡原中学校の体育館で、「うえち雄大の夢扉」と題して行われた講演に対する返礼だった。

私は声帯腫瘍摘出手術後、初の講演で次のような話をした。

—（概略）生まれて数秒間の短いドラマを演じて幕を閉じてしまう赤ん坊。何十年間もの長いドラマを演じて終わる老人。私は一生に一度、自己の人生という名のドラマを精一杯演じて見たい。

若いあなた達は逃避的な考えではいけない。あなたも私もお母さんの体調次第では生まれて来なかったかも知れない。私たちがここで向き合っているこの瞬間でさえ奇跡的な事なんだ。それなの

うえち雄大後援会会長・上野村長の川田正一さんから仲宗根玄忠さんに対し感謝状が贈られた

に私たちは一人で生まれて大きくなったような顔をしてはいけないと思う。

人生は一度っきりだから、自分に出来ることから、今を大切にこなそう。半歩でも良い、前へ進まないと夢は叶わない。自分で決めた道なら諦めないで粘り強く、やり遂げるまで一生懸命頑張ろう！

親や先生があなたを叱るのは誰よりもあなたを愛しているからだ。あなたがあなたの人生を〝自分の荷物ぐらいは自分で背負って歩ける強い人間に成長してもらいたい〟と願うからだ。叱るのはあなたのため、だから無視せず叱られた事と真摯に向き会い考え、納得できなければ問いただすのも大事。中学の頃のいじめは社会人になってから後悔しても消えはしない。

たった14、15歳の頃のあやまちが自分の一生を台なしにする。人を傷つけたり、人にやる気をなくさせたりする権利は誰にもない。たとえ、いじめられても、し返しはするな。グッとこらえたその時、あなたの命の芽が大きく育ち、いつの日か必ず、あのとき、いじめをしなくて良かったと思うときがくるだろう。

かのシェイクスピアは言う、宇宙は劇場、地球は舞台、人間は俳優であると。その俳優がまた俳優となり他人を演じる。他人の前で役を演じて共感を呼ぶためには、その配役に全身全霊を打ち込み成りきる事が必要。俳優という字は人に非ず、人として非情に優しい。人として非情に優れている。人として憂いていると書く。あなた達一人一人がそれぞれの配役を持って生まれて来た、優れた俳優であり、主役なんだ。だから今は、ルールを守って生徒としての配役をキチンと演じて快適な学校生活を送ってほしい―と。

しかし、内実は声帯白斑症手術後、歌手活動が出来なくて生活苦に陥った私が、生き延びるための苦肉の策として九州の博多で成功している島の先輩・仲宗根玄忠氏に私の著書を買い取ってもらい、それを彼の母校である鏡原中学校に寄贈してもらい、経済的に救われた。その上に講演「うえち雄大の夢扉」となった。仲宗根玄忠先輩には同校から感謝状が贈られ、私も感謝感激した。

鳥取市の「譲伝寺43世・平澤峻山和尚」を訪ねて

梅雨が明けて夏空が広がる２０１６（平成28）年６月22日（水）、家内に見送られて９時15分の那覇発ＡＮＡに搭乗して関西空港へ。そこからＪＲ「特急はるか」で新大阪へ。既に汗ビッショリの私は、車内のクーラーに冷えて風邪を引いてはいけないと思い、駅のトイレへ駆け込んで下着やティーシャツを素早く取り替え、倉吉行き「特急スーパーはくと」に飛び乗った。15時54分鳥取着、改札口で坊主頭の精かんな若者を見た瞬間、私は「優峻君だね」と声を掛けた。「はい優峻です。父は今法事の最中ですので、私が代わりに迎えに来ました。どうぞ」と促されて車の後部席に乗った。彼は運転しながら「私は26歳になったばかりです。駒澤大学を卒業した後、永平寺で２年間の修行を終えて父の仕事を手伝っています。父から雄大さんの事は度々聞かされていました」と語った。私も29歳の４月８日（お釈迦様の誕生日）に兵庫の久斗山に上山し「紫竹林・安泰寺」で１年間坐禅修行して30歳を迎え、当時の安泰寺堂頭だった渡部耕法老師から得度（出家）を受けて下山したのが甦る。明日は、その安泰寺を開闢して安泰七世盡心耕法大和尚となった渡部老師の49日法要と納骨式が執り行われる為、峻山和尚と参列する。同歳の峻山和尚は現在、３人の子宝に恵まれ、生まれたばかりの初孫（娘）も

左より平澤優峻君、筆者、と峻山和尚ゆり子さん夫妻

居ると。あれこれ優峻君と語り合っている内に譲伝寺に着いた。「今、法事が終わったようです」と言われて見れば、一般の方々が本堂から降りて来た。

優しげな〃おさずけ地蔵〃の大きさに見惚れて「明星の光さやけき譲伝寺　仏を拝む身こそ楽しき　井上龍二郎作詩」白い着物姿の峻山和尚とゆり子奥様に「いらっしゃい」と笑顔で歓迎された。曹洞宗の峻山和尚は延徳元年（１４８９）亀井茲矩《これのり》が帰依した事でも有名な由緒ある菩提寺「少林山・譲伝寺」と上砂見にある「慶徳寺」の住職として、二つの寺を行き来して多忙な様子。

天保9年（１８３８）に造られたと言う築山の息づかいに囲まれた「譲伝寺」の庭園には、樹齢２００年以上のツツジが多く、閑静で見事な雰囲気の禅寺である。お陰でゆっくりと流れる時間に身心をほぐした私。夕方は峻山和尚が予約してあった温泉宿「夢彦」で二人きりの豪華な夕食。美味い酒を交わしながら34年振りの再会を思うぞんぶん愉しんだ。すると私が夢見ている新曲「天地一杯」で、お寺回りの歌謡ライブへ話が進むから不思議。峻山和尚から「雄大さん、良かったら内の寺で日本一のカラオケ流しの講話をやって見んか？　そろそろそんな活動をやってもエエとわしは思うでぇ〜！　托鉢演歌の世界を30年以上も築いて来た雄大さんにしか出来ん講話や〜檀家の方々には刺激的かもしれんでのう。早速、今年の11月20日の日曜日に、どうや〜」と言われた。

「峻山さんの今の話し光栄です。是非ともやりましょう！　いや〜実は私も今度の新曲〝天地一杯〟で、お寺回りの歌謡ライブをやってみたいと思っていた矢先でした。願ってもない有り難い事です。是非ともやらせて下さい。鳥取まで訪ねて来た甲斐があります。これは天の導きかも知れません、今すぐスケジュールを入れます」と峻山和尚の目前で家内に電話した。すると「無事に出会えて良かったね。峻山さんにはお世話かけます。〝ありがとう〟とお伝え下さいね」と言う家内に、私は「自分で言いなさい」と、峻山和尚に代わった。

お陰で二人の会話もはずんだようだ。電話を終えた峻山和尚は「ほならわし、いつも夕方7時には寝るよって、失礼するわな。朝は3時から起きて毎日、独りで坐禅をしとるわいな」と席を立った。さすがに峻山和尚は凄い！　独りで座り続けるなんてなかなか出来る事ではない。しかも「壁に向かって座るのは窮屈で精神上、自分にはむいていない」と言う。「お釈迦様のように自然に囲まれて座る方が心地良いと思うから、わしは本堂から外に向かって坐禅しとるわい」と、将に〝独座大雄峰〟の世界である。安泰寺での修行時代から雰囲気があったから、彼の経験から語る言葉には納得するものがある。さて、私にとって経験した事のないお寺でのカラオケ流し講話だが、目標は此処ではない。自分のやるべき事をやって譲伝寺でのカラオケ流し講話を絶対積極姿勢で成功させ、その感覚を掴んで今まで築き上げて来た托鉢演歌の世界を徹底して出し切って、内容のある真の講話で天地一杯に臨んで行きたいものである。

雨の翌朝、朝食を終えた私の時間を見計らって約束通り8時半に峻山和尚が車で迎えに来て宿の会計まで済ませてくれたから感謝感激。梅雨明けの沖縄と違って梅雨入りの山陰。雨が止むまで譲伝寺でお茶をいただき、色とりどりの鯉がはしゃいでいる庭園の美しさを心ゆくまで愉しみ、県保護文化財指定の歴史的な本堂内から峻山和尚のご家族の住処まで案内され、優しい景観と豊かで幸せそうな清々しい暮らしぶりに触れながら貴重な時間を満喫。雨も上がり、昼食を鳥取砂丘傍のレストランで済ませた私達は、暫し佇んで雄大な鳥取砂丘の景色を眺めた。峻山和尚は、ラッキョウや長芋などを毎年送ってくれるのである。

渡部耕法老師「安泰七世盡心耕法《じんしんこうほう》大和尚」追悼

２０１６（平成28）年６月23日（木）雨のち晴れ、私は兵庫県浜坂駅で降り迎えに来た峻山和尚の運転する車の助手席に乗って久斗山《くとさん》にある安泰寺へ向かった。車窓からは久斗山、カサ八久斗山、蓮台山から下りてくる風がお帰りなさいと心地よい。一般的には３つの山を含めて久斗山と言われている。標高６７１メートルでブナ林が豊富な自然豊かな山である。しばらくして懐かしい池ケ平へ着き、これから先は曲がりくねった細い山道を上って行くのだが、誤ってハンドルを切り損ね滑落すると命を落とす危険と隣り合わせの山道である。車の速度が落ちゆっくりと上がっていく。

私が安泰寺の座禅道場で修行していた冬、新米の小山勇悦修行僧が民家へ降りて郵便物を受け取った帰り道、雪崩に巻き込まれ亡くなった。また、渡部耕法老師の安泰寺堂頭を引き継いだ安泰八世無外信雄《むがいしんゆう》大和尚は、除雪作業中にブルトーザーもろとも転落し命を落とすという事故もあった。それを聞いた私は彼と同部屋で過ごした様々な出来事が蘇って涙した日もあった。今は初夏、しかし山が銀世界一色になる冬は、林道の道幅がどこからどこまでなのか見分けにくくなる。

安泰七世盡心耕法大和尚の49日法要・納骨式

眼前に曹洞宗「紫竹林・安泰寺」が見えてきた。敷地面積50ヘクタールの座禅修行道場に私は帰ってきたのだ。受付を任されていたのは渡部老師・明珠御夫妻の一人息子の自然君で、久しぶりにお会いする東影大地和尚も手伝っていた。そこで34年ぶりに会う修行僧仲間とその息子たち（20～30代）を紹介され、どの方も逞しい若武者ではないか。あちらこちらで34年という年月の華やかさで賑わっていた。

本堂で催される渡部老師の49日法要は、約50名によるお経の大合唱で始まり、その唄声は青空の久斗山に余韻を残すように、優しく慈しみながら流れていった。最後の納骨式が終わると峻山和尚は、私と握手をして鳥取へ帰っていった。私は夕方から行われる一泊二日の渡部老師を偲ぶ会に出席することを決めていた。

参加者は30名で飲み食いしながら順番に渡部老師との思い出を語った。明珠奥様は「これからは自分

安泰七世盡心耕法大和尚の納骨式風景

の好きな事は封印して、人様の役に立つような無駄のない合理的な生き方をするわ」と明るく涙ぐみながら語った。隣の席で感動しっぱなしの私は頭が痛くなるほど飲んでいた。甘い日本酒は泡盛と違って飲み過ぎると危ないと注意していたはずなのに場の雰囲気で飲みすぎたようだ。案の定、頭の回転は鈍り口から出る言葉はどうでもいいような話ばかり、

頭上で聞いている渡部老師が「馬鹿もん！　身心脱落」と苦笑しているではないか。

安泰寺で座禅修行に取り組んでいた私は29歳。毎日壁に向かい足がしびれて動けなくなっても、夏は山の上で薪下ろしや草刈りをしながら蜂に刺され、田んぼ仕事ではブヨに刺されて頭も顔も腫れあがり手足は赤い斑点だらけ、まるで四谷怪談のお岩予備軍のようだった。秋になると大根の収穫と稲刈りの日々、自給自足の生活は辛くてきついがあの時感じた秋風の心地よさは今でも心の中で体感できる。久

渡部老師夫人明珠さんと息子の自然和尚

斗山の紅葉と西日もこの上なく美しかった。
日付は思い出せないが、私は渡部耕法老師に呼ばれてお部屋を訪ねた事があった。部屋にはいると柔和な顔をした老師が微笑み、お茶を入れながら「雄大よ、あの紅葉がなぜあんなに美しいか解るか？　それはな、赤や黄色、オレンジ、いろんな色があるから美しいのだ。同じように人生にもいろんな悲しみや苦しみ、喜びがあるから愉しいのだ。それぞれの生き方があっていいんだ。」とおっしゃられた。そこへ故郷から二度目の父危篤の報せを受け、老師に話すと、直ちに往復の旅費を工面して頂き、私を父が入院している病院へ向かわせてくれた。ちなみに安泰寺7代目堂頭老師であった渡部耕法老師の命名は、安泰寺を創設した澤木興道老師が「心を尽くして仏法を耕す」の意を込めて命名されたと伝えられている。
琉球大学付属病院で父を看取ることができた。享年69歳だった。生前病床にいた父が「君のことばかりが心配だ。君は柳に飛びつく蛙だ。何度飛びついても落ちる。年齢を考えろ、現実の自分を知れ、子どもはどんな財産よりも貴重な財産だ。若い頃、子によって貧乏した者は、

右より渡部耕法・安泰寺七世堂頭老師、東影大地和尚、五十嵐靖雄和尚

いつか子によって幸福を得る。君が持ってきた内山興正の本を読んだが、あれは怠け者だ。ひたすら10年を唱える修行など対したことはない。私は60年以上も農業一筋に生きて悔いのない人生だと思っている。私にとって一番の生き方は、大自然と共に生きる農業だ。」と、また雄大も土に生きよ！　と話してくれた。私にとっての「土」とはなんだろうか？「堕落するも向上するも自己次第」と再び安泰寺へ戻り「なぜ自分は俳優であらねばならないのか？」座禅問答しつつ、お釈迦様の誕生日である４月８日を迎えた。

翌朝家内からの電話で起こされた。「帰りの飛行機は午後４時５分発ですよ～。１時間前に着くように逆算して、関西空港を目指さして動かないと危ないよ～」沖縄から電話してくれた妻に感謝しつつ、ギンギン痛む頭と格闘しながら帰り支度。一泊した湯村温泉から鳥取駅まで五十嵐靖雄和尚親子が車で

9代目安泰寺堂頭老師のネルケ無方さんと愛知県豊田市綾渡の曹洞宗平勝寺住職の佐藤一道さん（兄弟子）

送ってくれた。運転手は息子の正法さんで、新曲「天地一杯」を聞きながら感想もいただき走行した。駅に着くと待ちわびていたのか雨が激しく降った。昨日の納骨式は晴天に恵まれて全てがスムーズに運ばれたから幸い。その前日も大雨だったことを思えば運のいい安泰七世盡心耕法大和尚の49日法要・納骨式であった。新大阪行き特急スーパーはくとの窓から見える山々は土砂降りや霧雨、晴れたりで姿を変え、日本海がどんより寂しく哀しく過ぎていく。

新大阪駅で14時発の特急はるかに乗り換えて関西空港に着いた。14時5分発の沖縄便に搭乗、那覇に着く頃は私も進化する。

神戸震災や新潟中越地震、東日本大震災、熊本地震等のように、美しい花々を咲かせていた暮らしがある日突然、自然の猛威によって一瞬にして破壊されてしまう。人生には予期せぬ災難を経験しなければならない時がある。小松左京の小説・日本沈没がフィクションの世界とは思えないような今の日本国、今、何をすべきか！

信念が時代を動かし、歴史を創るのならば、己の全人生を懸けた永遠の夢も大事。しかし、それ以上に人の命は短くて「今咲く花が一番大事」貧しくて不自由でも困難に立ち向かって真実を求めて頑張っている多くの方々を勇気づけて挙げたい私は、自分の托鉢演歌道でこれからも救援活動をしたい。それが「天地一杯」の仕事である。

那覇空港に到着すると家内からメールで「待機しているよ～！　出口の番号を知らせて下さいね～」妻のメールが旅の疲れを優しく忘れさせてくれた。

鳥取県「譲伝寺」での托鉢演歌カラオケ講話ライブ

２０１６年11月19日（土）「譲伝寺」婦人会（檀家）の方々と触れあい、楽しい時間を共有して、芸能活動の想い出（バイオグラフィー）にしたい誓願を立てて鳥取へ行く決断をした。9時35分ＡＮＡ那覇発で大阪関西空港へ。大阪は肌寒く関空からＪＲ線「特急はるか」に乗り換えて新大阪駅へ。「スーパーはくと7号」に乗り換え、午後4時に鳥取到着。駅の改札口で平澤峻山老師の長男・優峻和尚が待っていた。彼の運転する車に乗り、山々が肌を染めている風景を楽しみながら譲伝寺へ。玄関では、ゆり子奥様に歓待され老師の部屋へ案内された。私

譲伝寺檀家婦人会のみなさんと

達は再会の握手を交わしつつ、庭の紅葉を見ながら打合せをして「お宿夢彦」に案内された。〝こすもす〟の間で一人になった私は、今回の「托鉢演歌カラオケ講話ライブ」を何としても成功させるため「般若心経」を唱えた。すると脳裏に故内山興正老師の「移ろうと　思うこころも　明日はなき　今日はしきりに　花の散り布《し》く」が浮かぶ。私も年齢的に何処まで生きられるか分からない。声帯検査手術後の体調は万全ではないが、今より良くなるという保障もない。だからこそ、ご本尊様の前で全力を出し切って、精度の高い時間を与えられる自分でありたい。

翌20日（日）の本番当日は、朝からシトシト雨が降っていた。少し早い昼食を済ませた頃、大阪からカラオケ業者の二人が到着。11時30分から機材のセッティング及びリハーサル開始。12時半には婦人会の方々がやってきた。鐘の合図に全員が本堂に集って、息の合った平澤老師と優峻和尚の下、13時半から「般若心経」を全員で合唱。その後、老師は次の様に私を紹介をした。

「今日は安泰寺の頃、私と寝食を共にし、坐禅を隣り合わせにしました雄大さんに、わざわざ沖縄からお越し頂きました。雄大さんとは同歳と言う事もあり、馬が会うと言うのか、とにかく元気で明るい彼には、私も刺激を受け続けております。二人は兄弟同様、今日まで親しく連絡を取り合って来ました。彼は沖縄の宮古島から上京して、映画会社の東映演技研修所第５期生として俳優デビュー。

俳優の川津祐介さんや南原宏治さんらに師事。父の他界を機に兵庫県久斗山の安泰寺で１年間坐禅修行。安泰寺を下りてからは、作曲家の市川昭介さんのもとで、演歌歌手として再出発。人間が好き、ふるさとが好きと言う彼は、地元沖縄に腰を据えてラジオ番組を週４本かけ持ちしながら活躍中で、歌も、愛さえあれば、ふる里は胸を射す、おふくろ慕情、哀愁の宮古島、島の夜明け、伊良部大橋、天地一杯、他多数のオリジナル曲を世に出しています。また、本も出版され『宮古島人頭税廃止の指揮官・中村十作と駆ける』があります」と紹介してくれた。

　私は琉球政府時代、那覇産業技術学校の実習時間に丸鋸旋盤で右手の親指を切断する事故を起こして、父が私に期待した大工への道を断念しました。それから俳優兼歌手を目指して上京。俳優の南原宏治師と巡り会い「坐禅が正師なり」と唱える南原師の下で「何故、俳優修業は坐

お世話になった平澤峻山和尚ご夫妻

禅が正師なのか」と思いつつも、座禅を極めるために兵庫県浜坂の久斗山「安泰寺」に篭って1年間坐禅修行した。その時の思いが詰まったのが「天地一杯」の歌です。久斗山を下山した当時、父への追悼歌「ふる里は胸を射す」を作詞して、市川昭介師宅を訪ねて作曲して貰い、安泰寺で経験した托鉢精神を実践。自ら托鉢演歌の世界を築いて今日も歩んでいます。また日本テレビで竜鉄也を演じた時の「奥飛騨慕情／哀愁の高山」に因んで「おふくろ慕情／哀愁の宮古島」を作って全国一人旅に出て、夜の巷の扉を開いて唄い流したエピソード等々を語り終えた。すると「夢の様な時間だった～とても感動したわ」の声が飛び交い、お茶会では土産に持参したサーターアンダギーを食べて貰いながら、平澤峻山老師も「皆が本当に夢の様なひと時だったと喜んでるでのう、やって良かったわ。ホンマに夢を語る雄大さんには、わしも刺激を受けたわ！　上から物を言う下手な坊さんより遥かに得るものが仰山あるでのう」と微笑んだ。ご本尊様の御前で心浄められた私の托鉢演歌も初心に戻れた。

お陰で私にとっても「夢」の様な時間が過ぎた。思えば、私が劇団空華を率いて、銀座みゆき館劇場では別役実の不思議の国のアリス「帽子屋さんのお茶の会」公演。そして宮古市民会館や石垣市民会館、那覇東町会館「悪魔のいるクリスマス」凱旋公演では、当時の新曲「哀愁の宮古島／沖縄」を発表した頃、平澤老師から次の様な便りを貰った事がある。

「拝啓、秋晴れのこの頃です。久しくご無沙汰していますが、御元気ですか！　暑中見舞いを拝見しましたが、雄大さんのバイタリティーをひしひしと感じています。さて、私、３月に住職となり、何とかやってきていますが、この10月20日に結婚する事と相成りました。

愈々年貢の納め時というか、いや新人生の出発と言うかこれからは、もう少ししっかりしなければいけないと自戒しています。雄大さんが鳥取に来る機会があれば是非、立寄って下さい。嫁に精一杯、料理を作らせながら、一杯やりましょう。新婚旅行は九州へ行きます。

沖縄にとも思いましたが、いずれ行ってみたいと思っています。雄大さんのご活躍、心より励みにしています。

私も頑張りたいと思います。どうかくれぐれも御体を大切にお暮らし下さい。１９８７（昭和62）年10月４日　雄大禅兄様　慶徳寺　平澤峻山九拝」としたためられてた。彼は35歳で、ゆり子奥様と結婚した事になる。私は丁度その翌年の秋、36歳で再婚したのが甦る。

「人は死ぬまで青春」と掌に書く、誰もいない露天風呂には白雲が泳いで半月が覗いている。風呂をでて爽快な気分で朝食を済ませる、と９時には迎えの車が来た。

平澤峻山老師の車の助手席に乗って再び譲伝寺へ。老師の茶室でしばしお茶を頂いた後、本堂や譲伝寺門前で写真撮影を愉しんで、老師ご夫妻と別れの握手を交わし、優峻和尚の車で鳥取駅へ。彼とも別れの握手を交わして、私は10時46分発「スーパーはくと」に乗車。窓に広がる山々の紅葉がこよなく美しい……。

「雄大よ、あの紅葉が何故あんなに美しいか解るか。それはな、赤や黄色にオレンジ、いろんな色があるから美しいのだ。同じ様に人間もいろんな生き方があってええんじゃ。在家得度の様な偽物はさせん。坊んさん俳優、坊んさん歌手がおったってええやないか。本物の出家得度をせえ、君は〝一遇雄大〟や、君の席はいつでも空けてあるから帰りたくなったら、いつでも帰って来い」と逝った安泰寺七世渡部耕法老師が浮かぶ。

また故安泰寺八世宮浦信雄《しんゆう》老師からも次の様な便りが届いた事がある。「春とはいえまだまだ寒い日の続く此の頃ですが、元気で行脚されている事と思います。過日は南国のピーマンをありがとう、寒い中に思いがけぬ御馳走を頂き、思いきり賞味させて頂きました。また、この度は新聞の寄稿文、有り難く拝読させて頂きました。演歌道のむつかしさ、また仕事としてビジネスとしての困難さをはっきりと認識させられました。それにしても苦労に負けず一途に進まれる様子に頭が下がります。

お陰様で安泰寺は皆風邪一つ引かず、元気で雪安居に頑張っております。雪積は昔程ありませんが、先月末の寒波は久し振りに冬らしい冬で猛吹雪が荒れ狂いました。そんな中、19日は雪崩で亡くなった故小山君の13回忌に当たり、その法要もありました。また渡部老師からも法要にと、お酒やら菓子等のお供も送ってくれました。早いもので、あれから13年が過ぎたと思う歳月の過ぎる早さに驚かされます。

渡部老師は、とても元気そうで半年前から想像も出来ぬ程の回復ぶりです。それでは寒い中、無理しないように、くれぐれも御体大切に、また近くを通る事があれば立寄って下さい。一杯やりましょう、ではまた１９９６（平成８）年2月20日　信雄」と。

お世話になった人生の師匠や友達がバタバタと他界して行く「移ろうと思うこころも明日はなき　今日はしきりに花の散り布《し》く（興正）」

吾が托鉢演歌道は人生科教室である。

さて、新大阪駅で新幹線に乗り換え、東京駅から中央線で終点立川駅へ。東改札北口で迎えてくれた息子宅で一泊家族団欒。孫達の成長は早い。「ジイジ」と容赦なく飛び乗って動くから目が話せない。将来が楽しみな孫３名を抱き締める無上最高の幸せは、全ての巡り「愛」のお陰であると、感謝一念の帰路に着いた。

同部屋で修行した宮浦信雄老師同部屋で修行した宮浦信雄（安泰八世無外信雄大和尚）

息子よ

作詞&作曲&歌・うえち雄大

息子よ　息子よ　息子よ

サアー　見れば体格　形が好いと
思っていても　良い馬は
乗ってみないと　分からない
息子よ　息子よ　息子よ……
ガールズバーも　油断は禁物
正しい心で　遊ぶが良いさ

サアー　貧し過ぎると　行き場が無くて
苦しいものさ　いつの世も
夫婦《ふうふ》喧嘩《げんか》の原因《もと》になる
息子よ　息子よ　息子よ
努力の波が　足下浄め

孫の琉心《りゅうしん》、琥心《こうしん》、優璃《ゆり》に囲まれて

家庭和合の　縁結ぶのさ
サアー　今日他人様《ひと》　助ける事は
自分もいつか　必ずや
めぐり巡って　救われる
息子よ　息子よ　息子よ
人生《このよ》は夢の　扉を開く
人の情けを　訪ねる旅さ

息子よⅡ

作詞＆作曲＆歌・うえち雄大

息子よ　私が死んだら
出来る限りの力を尽くし
君を必ず　助けてやるよ
貧乏すぎて朝目覚めると

すぐ働きに　出かけて仕事
仕事でいつも　夢中だった
つぐないに……

息子よ　私は倒れて
親を愛してくれてる君の
強い眼差し　いつの世までも
忘れはしない此の嬉しさを
抱きしめながら　彼の世で君の
君の健康と　幸せ家族
守るから……

息子よ　私の宝は
君の外には何にもないよ
君が形見さ　君がいるから
頑張り甲斐も有り生きられた
大切なのは　人間こころ

岡部耕大・作演出「古渡り峠」で西郷信尚役を演じた息子の努樹《どき》＝俳優座劇場にて

心が一番　家族が大事
命より……

第三章　托鉢演歌道　旅日記

うえち雄大&ナオミ（上地美智子）夫妻

試練は次々！　鍛えてくれて有難う「誘惑の手」

人間の能力の差は2～3倍、意識の差は２００～３００倍と言われている。私もこの点を留意する必要があると思っている。人並みに努力しているのに、思う結果が出なければ、やる気も薄れて「ちょっと疲れたぁ～」と落ち込み弱気になることがある。挑戦に生きる者は、常に結果の積み重ねが必要である。結果を出すために時として飴と鞭は効果があるが、それは一時的なもので継続を導くことにはならない。記録への挑戦は、常に自発性を持続しなければできる訳がないのだ。一生青春「夢」に忠実であれ！　１パーセントの可能性があれば、明日に懸けてみよう。喜怒哀楽を持つ色んな人間性。それを自分自身が演じて唄って多彩な人生を知る面白さ、これが私を夢中にした俳優兼歌手の仕事である。

人は誰しも「結果を出して世間に認められたい。夢に向かう自分の可能性を試したい」という願望がある。その欲求を満たす事で生きがいを見出し、生きている証明を感じるのである。

２０１１（平成23）年10月25日（火）私はＣＤの売上状況を確認すべく、沖縄レコード商事の比嘉力営業課長を訪ねた。比嘉課長は「8月・9月・10月の3カ月間、沖縄県内でのＣＤ売上高第一位は、雄大さんの『おふくろ慕情･哀愁の宮古島』で、2位が、きいやま商店です。」と語った。私はテレビCM等で活躍中のビギンやディアマンテス、夏川りみ、下地勇かと思っていたが、メジャーな彼らを抑え、うえち雄大とは、托鉢演歌の痕跡をこの世に残すために更なる意欲が湧いてきた。県内で演歌がCD売上第一位に輝くのは歴史上初めてのことで、痛快すぎてやり甲斐があるではないか。

また、きいやま商店というグループ名もその時初めて聞いて、「なんと奇怪なネーミングですね。」と言うと、比嘉課長は「ネーミングだけでなく歌も凄いらしいですよ」と応えた。

今年も残り2カ月、そのまま一位の座にとどまり新年を迎えるためにも、CD訪問販売もラストスパートだ！　そこに「苦」があれば大盛りで食い、そこに「灰色の人生」あらば、「明星」に築く楽しさよ。人間の常識である。

ダイヤはダイヤで磨かれるように人は人で磨かれる。ネオン街行脚キャンペーンは収入が伴うものだから、夢の扉を開いて唄った後は即レコードやカセットテープ販売をする人間になる努力が必要である。ポスター貼りを自ら一軒一軒一枚一枚貼り巡らすしかない。手伝ってくれないなんて、甘えは断ち切って「力ある者は一人で歩め」自分で自分を切り開く人間形成、自己探求の道。人間修行の醍醐味なのだ。私が厳しい夜の巷を元気で明るく唄い流すためには、オリジナル作品創りが重要であり、制作費を捻出するための経済力も必要である。お金は私が生き抜くための大事なこと。要はお金の稼ぎ方と使い方、人間力の問題である。誰でも最初は小さな勇気と一歩からの奇跡の人生なのに良い奇跡、悪い奇跡と分けて、良い奇跡だけを勝手に奇跡と呼んで自分の都合のいいように自分勝手な解釈をしているが、奇跡には良いも悪いも無い。この世の「宇宙は劇場、地球は舞台、煌めく星達は観客」登場する人間一人ひとりが人生というドラマの中で奇跡を起こす主人公。試練という課題を解いていく過程の中に奇跡がある。私の人生は80歳まで生きれば3万日しかない中で何を志、どういう生き方を選択し。何を叶えるのか。そして後世に何を残し伝えるのか。

1989（平成）元年8月26日（土）、北海道ネオン行脚キャンペーンの時、札幌のススキノ歓楽街で起きた誘惑の手に染まっていたら今頃、人間をやめていたかも知れない。それはいつものようにキャンペーンをしていた時だった。カウンター席にいた常連とわかる中年の女性が、隣の席に座るよう話しかけてきた。

すると、「あんた色男なのに夜の世界では、ダサくて真面目な人は持てないわよ。羽ばたいてみない。あなたが気に入ったから話すけど、どうヤクに興味ない。たまにやると世界が変わるし。歌ももっと上手くなると思うわ。ヤクならあるの、今試してみない。」と、酒が注がれたグラスを手渡してきた。受け取った私の持つ手は緊張で汗ばみ、もしグラスの中に入っていたらと思うと恐ろしくなってきた。これは一刻も早くこの状況から抜け出さなければと考えた。それも話しかけてくる女性とカウンターの中いるママさんの気分を損なわないように。そこで私は「時間を気にしないでお酒を飲みながら、もっとお話を聞きたいのですが、今日も午前3時まで酒なしでキャンペーンを頑張らないといけませんので、これで失礼いたします。」

と頭を下げて席を立ち、グラスをカウンターに置いて店を出た。

私は「自分次第で未来は輝ける」と心に決めて夢の扉を開いて唄い流している。あの時、女性に言われた通りに行動すれば、私は最悪の結果を招いたであろう。

人生は石（意志）村である。それに神の姿を彫刻するも悪魔の姿を彫刻するも個々の自由である。答えはなくとも一歩一歩、新しい創造の世界を求めて行こう！

ネオン街カラオケ流しで身を持って感じている事はタイミングの大切さであり、店の扉を開くタイミングは実力以上の結果を与えてくれる。例えば、顧客がカラオケを唄っている最中に扉を開いても、誰も振り向かない。顧客が唄い終わって次の曲が掛かるまでの静寂の瞬間が、最適なタイミングである。

芸能生活を継続するために、レコードやカセットテープ販売収入を目指して見知らぬ街で唄うからには、意思を強くして熱心にしつこく夢の扉を開こう。努力なくして成功なし。だからこそ集中して唄い流し、確実に力を付けてオリジナル作品を増やし続けよう。カラオケ流しを一日でも一軒でも多く実践するのだ。全ては商品販売数とスピードなのだから、進めば仕事が仕事を教えてくれる。

未熟な点はネオン街で巡り会う方々が気付かせてくれる、黙って見ている千の風が必ず帳尻を合わせてくれる。真剣な姿勢で頑張ってさえいれば、真剣に応援してくれる神様仏様に巡り会える。笑顔で扉を開いてネオン街を盛り上げていこう托鉢演歌道。店が明るく元気になれば確実にパワーアップする。一生懸命の中にこそ、オリジナル作品が誕生し、全国カラオケ機種に配信される近道となる。

私の歌を買って下さる方や有線放送局にリクエストして下さる方々に感謝する。小さなワンチャンスの積み重ねが大きな成功となる。托鉢演歌の継続こそが、オリジナル作品収入で芸能生活を確保できる。オリジナル作品で生活が出来るだけでも嬉しくて楽しくて素晴らしいではないか。諦めないで乗り越えてきた過去は宝となり、未熟な人生を反省する未来はバラ色となる。何事をするにも「ピンチはチャンス」、逆に「チャンスはピンチ」でもある。

「試練を有難う！　鍛えてくれて有難う！　お蔭様」の姿勢で思いきり挑んで行こう。諦めない積極的な心構えだけが人生を大きく好転させる。チッポケなプライドをかなぐり捨てて、ナマで唄って握手を交わす大道を行く本物のプライドを持とう。胸に手を合わせ「自分の事がきちんと出来ない人生が人様に迷惑を掛ける」と自己反省しても、３日経つと70パーセント忘れる托鉢演歌道だから、寝る前に1日の出来事を行脚記に書く習慣を怠らないように進んで行こう。

神様は毎回、困難とチャンスの表裏一体を与えてくれる。「学童の道は須らく貧なるべし」。お金のない現実の中で「どうしたら新曲出盤できるのか」を常に考え、進化しなければ続かない。自分で決めた企画制作がどんなに窮地に追いやられても、命懸けで剣が峰を歩いて行こう。一生涯現役生活を諦めない強気の姿勢だけが今を生きられる。人は誰でもなんとなくから確信へ、やる気へ、本気へと移動して行く。

ナカおばあちゃんとの暮らし

1989（平成元）年10月22日（日）北海道行脚キャンペーンから久しぶりに東京向島の部屋へ戻った私は、「天気が良いから家にいるのが勿体ない」と言うナカおばあちゃんの望みを叶えて上げるため、車椅子を押して一日中東京見物をした。行き交う人々に「いい息子さんを持って幸せだネエ」と声を掛けられるナカおばあちゃんは親子と間違われて、嬉しそうな笑顔を見せながら「わが子でも出来ない事を他人さんがやってくれたよ」と涙ぐんだ。「親孝行をして良いネェ」と声をかけられる私も満更でもない。

ナカおばあちゃんは東京に2人の息子がいるが、2階建ての一軒家に独り住まいをしている。そこへ劇団「空華《くうげ》」を率いていた私が稽古場兼住居を間借りしていたが、沖縄公演を最後に劇団解散をした今でも同居している。稽古場が不要となった今、家賃の関係もあり、引越し話を打ち明けると「家賃を半分にするから出て行かないで居て頂戴、この歳になって知らない人と一緒に住むのは嫌だよ」と懇願されて同居を決め込んでいる。独りポッチのナカおばあちゃん（89歳）は私の帰りを待ちわびていた様子。

それが嬉しい私も全国行脚キャンペーンから戻ると、右足の悪いナカおばあちゃんを接骨院に連れて行ったり、不慣れな手料理を作ってあげたり、「いつまでも元気でありますように」と祈りながら隅田川に桜の咲く頃は車椅子を押し、階段では背中におぶって花見を一緒に楽しんだりしている。奈良県の田舎で生まれ、結婚し貧困の中、姑に虐げられて夜逃げし、２度目の夫には首吊り自殺され、東京で３度目の家庭生活を築いた。吉原の遊女を連れ込む放蕩三昧の年下の夫にあきれ果て、責任感の強いナカおばあちゃんは「恥ずかしいから、せめて従業員の出勤前までは遊女を帰しなさい」等と口論となり、夫に鉄パイプで頭を殴打されて、台所で黒い血を流しながら、「このまま死んでもいい。自分で選んだ旦那に殺されりゃあ本望だと思い、涙も出なかったよ」などと語るおばあちゃんの人生には想像を絶するものがある。

おばあちゃんは働き者で従業員を抱え、鰹や煮干しの乾き物を袋詰めする自営業で生計を立てなが

ナカおばあちゃんと二人ですみだ川沿いの花見を楽しんだ

ら、三菱や住友、安田などの株を買って、その稼いだお金で自動車教習所とタクシー会社を夫に設立させ成功させた。

「ある日、急に優しくなった夫に冗談で、あんた先が短いんじゃないの、そんなにしたかったら吉原でもどこへでも行って来ればいいじゃないと拒んだところ、その翌日本当に交通事故で亡くなっちゃったよ。させといてあげれば良かったものを、私も体調が良くなかったからねぇ、それだけが今でも悔やまれてならないよ」と微笑みながら話してくれた。

夫亡き後は実子（長男と次男）の財産分与をめぐる裁判となり、以来子供との確執が出来て「私しゃあ死ぬまで息子達とは暮らさない。旦那と暮らしたこの家で独り住まいを決めた」と、さり気なく話す爽やかな笑顔のナカおばあちゃんは「強情者でない限り、東京では生きて行けない、成功はしない」と、私にも発破をかけて気丈である。

そんな大好きな、おばあちゃんと語り合いながら2階建ての一軒家で暮らす私は、どうすればおばあちゃんに少しでも喜んでもらえるのか、どうすれば健康で幸せにしてあげられるのか、親身に考えながら、二人きりの家族気分を味わいつつ、東京都内の駅前行脚キャンペーンを展開している。日曜の今夜は久し振りにキャンペーンを休んで、おばあちゃんと語り合い、たくさんの勇気をもらって心も癒された。

北千住・ネオンの数だけ磨かれる

やればやるほど托鉢演歌の世界は、記録への挑戦に生きるアスリート達と同じ精神（自分自身との闘い）である。目の前の扉を一軒一軒開いて托鉢演歌の世界を構築しながら作品創りをしていくことで次につながっていく。

10月20日（金）今日は８軒の扉を開いて７軒の店で唄わせてもらい、カセットテープ７本を販売。１軒で１本の割合では心の芯から疲れるが、１本でも応援してくれる方々のご厚意に添えるよう精進して行こう。休まないで、さらに神経を集中して自分を育んで唄い流していこう。自分で決めたこの道を一筋に歩き続けるのが天運と思い込んだ。

10月21日（土）は12軒の扉を開いて５軒で唄わせてもらい、９本の成績。「込み入ってますのでご遠慮ください」と「小菊」店のママに断られ、「赤れんが」のママにもカウンターから出て来て「結構です」と断られた。「スナックヒロ」のお客に「スターはスタートが大事だ」と言われ、応援してもらえなかったが、「小料理ハート」のお客（杉山国一さん）が「仕事と言っても大変だね。休んで食べて、元気をつけて行きなさい」とご馳走してくれたのが身に沁みる。お陰で小さな自信が湧いてきて唄い流す。

大手プロダクション等のスタッフに恵まれた売れっ子スター達と今の私とでは価値が違うのは当たり前。スター達は1日に何回もテレビやラジオ各メディアで取り上げられて宣伝も行き届くが、スタッフも宣伝力もない私は、こうして一人ぽっちの足で歩かないとCDは1枚も売れない厳しい現実がある。だからこそ私には他人には知りえない価値があるはず。私の価値は、自ら夢の扉を開いて店の顧客の前で唄って、直に反応を知る人間修行の中の作品創りである。そこから私自身の個性が出るのかも知れない期待を抱いている。

10月23日（月）昼はラーメンを作ってナカおばあちゃんと食べ、夕食はお刺身をご馳走してから都内の托鉢演歌売り歩きに出向いた。おばあちゃんの事を思えば、どこへも行かずに傍にいてあげたいものだが、今の私にはそんな余裕が全くない。早く安心させてあげるためにも、わが托鉢演歌道を成功させなければならない。「おばあちゃんが生きているうちに夢を実現して喜ばせてやりたい」との思いを強くした私は、曳舟駅から東武線に乗って今夜で3日目の北千住駅前行脚キャンペーン。わが道は断られても断られても夢の扉を開いて「一曲披露させて頂けませんか〜」と一声かける勇気が大切であり、扉の向こうに何があるかは開いて見なければ分らない。

夜の巷で一生懸命唄っても、テープ1本売れない時のやる瀬なさ。それだけに「国際クラブアミカ」のママ（宗佳玲さん）が全席回って私のカセットテープをすすめてくれたのが印象に残る。台湾人のママさん、とても出来る事ではない。お陰で北千住行脚キャンペーンの千秋楽に相応しい幕を降ろすことが出来た。自分の中で「やれば出来る。他人に出来ることは自分にも出来る」と心に大きな変化が起きて来た。今夜は19軒の扉を開いて5軒で唄って13本の販売成績。最終電車までの限られた時間でしか唄い流せないのだから、唄う軒数が少ないのはやむを得ない。自分の都合を忘れて昨日は一日中おばあちゃん孝行。おばあちゃんがいてはじめて東京生活が成り立っているのだから、一緒にいる間は出来るだけおばあちゃんの役に立って喜んでもらいたいと常々思っている。そんな私の思いが通じているのか、二人は仲良しであり、お陰で居心地もよい。

10月24日（火）竹ノ塚駅前行脚キャンペーンでは23軒の扉を開いて5軒で唄わせてもらい24本の販売。この実践を繰り返す以外に今を乗り越える術はない。翌25日（水）は13軒の扉を開いて4軒の店で35本の販売。自分のオリジナル作品が、こうして確実に売れ行くたびに感動が広がる。それだからこそ精進できる托鉢演歌道。ネオンの数だけ自分の感性を磨いて貰える「有難い道」だから、「難」が「有」って当たり前の「道」。心の片隅には、大ヒット曲を出した時のイメージを楽しみ、出来るだけ明るく大きな声で挨拶して握手を交わす笑顔を意識し、プラス思考の実践力を磨いて行こう。竹ノ塚では2日間とも素晴らしいママさんばかりに出会い、「スナックきんぎょ」のマスターとママさんが店を早じまいしてまで3軒の店を紹介して唄わせてくれた。お陰で唄う軒数が少なかったにもかかわらず成績が良かった。今回の都内演歌売り歩きは最終電車時間までの3時間では5軒の店で唄うのが精いっぱい。限られた時間の中で最大の結果を出すには、どうしたら良いのかを考えながら唄い流す托鉢演歌道。

西荒井・私だけの托鉢演歌道「落胆は顔に出せない」

自作の歌を全国的に広めようという思いで行動に移し、結果を出せば良い。一つ考えて一つ行動して行こう。難しく考えないで目の前の扉を開いて次々に唄おうカラオケ流し。生活が貧しくなるたびに「一曲大ヒット曲を出せば楽になる」と自分に言い聞かせ「苦しければ苦しいほど、何としてもこの道で成功して苦しみからはい上がろう」と精進する私は、夢を諦めない継続力が天職なのかも知れない。常に自分を追い込んでしまう我が人生は、死んで初めて楽になれるやも知れないが、生きているうちに大ヒット曲を生み出す経験もしてみたい。コツコツと歩んで来た道だから色あせる事はないはず。ならば、迷わずにネオン街に出向いてCDが売れるまで扉を開いて唄い流し続けるだけである。スポーツの選手たちのように攻めて攻めて流れをつかむ托鉢演歌道。

10月26日（木）西荒井駅前行脚キャンペーン。「ラッキー」店のママさんには断られたが「せっかく来たんだから唄わせてあげたらママ」とカウンターのお客さんが言うと「冗談じゃない、俺はテープは買わないよ」と、もう一人のお客が言った。すると先ほどのお客が「僕が買うから唄って、それなら良いでしょうママ。これだけの分カセットテープを置いて」と1万円札を握らされ、私は唄ってお礼した。有り難いと心から思う瞬間。私にとって重要なのは、これから先のために今は何があっても常に「今、ここ」で真剣に唄ってＣＤ販売をする行動が大切であり、キャンペーン歌手としてやるべき事なのだ。そのための準備を心がけて完全燃焼するまで唄い流そう。私のように特別な状況で生きるのは稀有であると思える。「托鉢演歌の世界を構築することは誰にも出来ない」という自信を持って、ネオン街で巡り会った方々との感動を作品化する。この世に生きる私の意味は自分で自分を自分して始末する。夢に向かう歌は国境を越えて無限であり、求め続ける人生に完成はない。そのありがた味を感じながらも托鉢演歌道のやるべき事は変わらない。落胆は顔に出せない。

10月27日（金）もまた同じ西荒井駅前の11軒の店の扉を一軒一軒開いて6軒の店で唄い流したが、灯るネオンの少ない街をコツコツ愚直に実践するこんな日は心が疲れる。そのまた次の日は西荒井大師駅まで出向いたが、途中激しく降り続ける雨で引き返した。成果をあげようと一生懸命出向いたが、なぜか弱気な今夜の私は、知らず知らずに「無理をしない、じっくり楽しんで、ゆっくり進もう」と自分に言い訳をして休んだ。「土砂降りの雨だと、テナントビルを探しているうちに紙袋のポスターやキャンペーン荷のカセットテープ類がぬれて使い物にならなくなる。その諸々の損失を考えて休んで良いのだ」と。

宿代を払わなくて済む今夜のように自分の部屋から出向く場合は精神的にも救われる。しかし、雨にかこつけて休みたがっているもう一人の自分が心の片隅に見え隠れして複雑な休みの日となる。土砂降りの中でも、夢に向かって邁進する自分でありたい。弱い自分を振り払って積極的に唄い流さなければならない。プラス思考へ誘うため、次の日の日曜日を休む事にした。

休みと決め込んで休むのは久しぶりである。いつも夜が来るたび、心は必ずソワソワする。休んでも心が休まらない。心が休まるのは、やはり自分との約束（一軒でも夢の扉を開くこと）を着実に実行した日である。前向きなことばかりを考えて売り歩く托鉢演歌は私の生活に習慣化してしまった。だからこそ、疲れた足を慰めるには、ぐっすりと眠れる夜が欲しいだけ。「歩いても歩いても何も見えない暗闇の道をどこまで行くのだろう。私の歌がヒットする兆しなんて見える日が来るのだろうか。このまま夢倒れで、夜に吸われて消えてしまいそうな演歌道ではないのか」と不安になるときもある。だが「いいさ、人の噂や評価を気にして何になる。夢に向かって野垂れ死にするなら、それも運命」と自分に言い聞かせる連日連夜。自らの力で気の遠くなるような長距離の演歌道へ挑戦するには体が資本であり、体を壊したら前進出来ないから体調管理が一番大事、ならば不摂生をしてはならない。

演歌の夢舞台

作詞&作曲&歌・うえち雄大

道は何処まで　進んでるのか
歩いても　見えない
夜の暗さに　悩んだ

ああ　演歌の夢舞台
本気で僕を　支えてくれる
君がいるから　涙もホロリ

落ちる涙を　笑顔に変えて
咲いている　ネオン花
唄い流して　手を振る
ああ　演歌の夢舞台
胸には人に　知り得ないよな
長く険しい　想いがめぐる

雨に霞んだ　裏町酒場
傘を差し　自分を
奮い立たせて　唱える
ああ　演歌の夢舞台
はじめて見えた　灯りが映す
君の情けに　手のひら合わし

立石駅前・ネオン川は修行道場

自分が関わっているレコード会社はどういう会社か？　どういう方向へ行っているのか？　今の私には何も見えない。所属するレコード会社の社長兼プロデューサーから「第3弾までやらなければ男じゃないよ！　第3弾まで頑張ってくれたら、後は雄大には一銭も出させないで会社で全国版を出してやるよ」と言われて、その気になって歯を食い縛って頑張っている。果たして本当にこの第3弾を乗り越えたら、そんな未来が待ち受けているのだろうか？　夢は叶うのだろうか？　気の遠くなるような制作費を捻出して、ここまでやって来た以上、最後まで某社長を信じてやり切るしかあるまい。私の様に、お金がなくて夢に生きて行く人間は大変であるが、人生には誰にでもチャンスが来ると信じなければ自分を賭けてこの道を進む事は出来ない。自費盤で出した「あなた川／おふくろ慕情」もめぐり会う多くの方々がレコードやカセットテープを買ってくれれば……。しかし夢に向かう演歌道は人間を愛して生きなければ作品創りが劣化する。苦しみ悩みながらも徐々に自分のリズムを取り戻して行こう。

10月30日（月）立石駅前行脚キャンペーン。ネオン街では歌手である私が、お客様に手渡し出来る距離で唄って直接、レコードやカセットテープを販売する。一人なので、マネジャーや付人の人件費、時間のムダ・活動費が不要となる。宿泊費や交通費に宅配便代など、3人分の仕事を一人でこなせるのなら私一人で活動したほうが良い。わが道は限りなく遠い！　だからこそ将来の安心のためにも貧しく苦しくたって、歯を食いしばり、活動費倒れにならないように、忍耐強くコスト削減し、チャンスが来るまで我慢しなければならない。何があっても自分で決めた托鉢演歌道をやめない。この道にかける夢を諦めない。

私が一番大事に思っているのは「何があっても続ける事が才能」、上地家の初代芸能人はアジア映画俳優・歌手養成所や東映演技研修所へ通う段階から援助金もなく、弱音を吐いたらアカゾウムヌ（いい加減にしろ）が落ちである。

松葉会上萬一家永作2代目と名乗る方（戸田さん）と事務局長（松本さん）が店を紹介して唄わせてくれた。私は本当に運が良い。これもちょっとした人材育成なのか。どんな人間でも仏心のある人に対しては心から感謝する気持ちが自然に湧いてくる。最終電車に間に合わずに始発の電車で帰ることになったが、お陰であきらめない気持ちが心地良く夜空に広がる。販売成績が良ければ疲れも感じない。私の存在の意義を、自分の足下に発見し自覚できる瞬間でもある。今夜は9軒で唄わせてもらい、30本の成績。

さまざまな巡り会いを認め合い、仲良く一緒に唄おう！　特殊な托鉢演歌の世界を構築する吾がネオン街行脚キャンペーン・カラオケ流しの世界に飛び込むには、哲学を持っていないと継続できない。この世は人間修行道場、底なしの沼に石を投げるが如く答えのない人生。後戻り出来ない。思い悩む毎日毎晩、私は覚悟を決めてネオン川に飛び込むしかない。いかに威圧的な人に罵詈雑言を浴びせられても、怒らず怖れず普通に唄い流し続けることが一番大事。しかし虚栄がはびこる夜は自分を信じていても、嫌な酔客に会うと体と心が一致しなくなって唄う気分が遠くなるから、「負けて堪るか」と自分を奮い立たせる毎日毎晩。一生涯勉強の精神を胸にタイミングを計って強気で店の扉を開く。

11月2日（木）銀座線に乗って上野広小路行脚キャンペーン。吾がネオン街カラオケ流しの仕事相手は店の常連客や酔客、さらにマスターやママさんにホステスさん達が存在する。単にレコード販売を強化するだけでは嫌われてしまう。ネオン街の扉を開けば、素人でもカラオケの上手な人はいくらでもいる。従って巡り会う方々とハートで触れ合いながら唄い流す事が大切。今夜は23軒の扉を開いて8軒の店に唄わせてもらい、15本の成績。『今日も休まないで必ず唄い流して行くんだ！　今日も唄わなければ、夢には近づかない。どんなに辛くたってやり抜くんだ！　ナカおばあちゃんのためにも、故郷（父母）のためにも』張り切って楽しんで行こう托鉢演歌売り歩き。これが私の天職なのだから……。

北海道から帰って来て、つかの間の東京暮らしをしながらのキャンペーンは、次の四国行脚キャンペーンへの旅立ちの準備であり、ナカおばあちゃんを心配させないための大切な触れ合いの時間でもある。従って向島の部屋から通う都内キャンペーンは軽いフットワークのつもりで無理をしない。かといって長期間キャンペーンを休んでしまえば出向くのが辛くなる。それ故にキャンペーンに出向く精神さえ鈍らさなければ良い程度に続けて来たのだ。私もナカおばあちゃんといつまでこの家で暮らせるのやら分かりはしない。旅先での宿代を捻出するのさえギリギリなのに、こうして3カ月に一遍の割合でしか泊らない現状で、この部屋の家賃を払い続けるのは贅沢であり、ナカおばあちゃんが好意で半額になったとは言うものの、実際私にはそれでも厳しいのだ。人生には不思議な勝ちはあるが負けに不思議はない。

高知・アンパンかじり満月仰ぐ

デビュー当初から歌は上手くないし、いきなり売れても大スター達と競うテクニックも強さもない。未熟な自分をさらけ出して真っ直ぐ思い切り唄い流すしか術はない。必ずどこかで壁にぶつかる事を想定して、常に挑戦者のつもりで夢の扉を開いて進んで行く覚悟の托鉢演歌道。マンネリに陥らないためにも、意欲的に頑張る人と組んで芸能活動を展開して行きたいものだ。そんなマネジャーは私の前に現れないものだろうか。挑戦を忘れたマンネリ人間は魅力を失くし、硬直化してしまうから、私もやる気のあるうちにやる気のある人と組んで道を歩みたいものだ。無名でも大ヒット曲を本気で出したいと思っている精神の作曲家に巡り会えないものだろうか。こちらのエネルギーとお金が湯水の如く吸い取られていくように思えるレコード業界。いらだたしさが漂う。

11月6日（月）、羽田から四国の松山空港に着いた。愛媛から高知へ向かうバスの窓から三坂峠の美淀川が見える。ゆっくり歩いて行きたいくらいの美しく長い山道だ。ようやく到着した「はりまや橋」で親友の井上夫妻と落ち合い、一緒に高知城を見学して楽しんだ。井上さんとは、私が東映製作所芸能部所属の頃、テレビドラマ「Gマン75・警官殺し」で3億円を護送する白バイの警官役で2人とも犯人にピストルで射殺される役を演じて以来、意気投合し、当時、倉田保昭アクションクラブに所属していた彼を誘って、私がプロデュース制作した舞台公演「沓掛時次郎」の殺陣回りシーンに出演してもらったのを機に同志となって「瞼の母」や「嵐が丘」等の舞台公演を通し、何でも相談し合う仲となっていた。だが、ある日彼から「結婚をした区切りに芸能界を引退しますので、不必要になった舞台化粧道具を雄大さんに使ってもらえると幸いです」と送られて来たのを思い出す。切なかったものだ。

彼の実家で2泊して遊んだ私はお仏壇に謝礼を置いて別れた8日（水）、高知駅前の岡本旅館に宿を決めた。そして某プロデューサーに紹介されたアダージョ歌謡学院を訪ねて、沖縄のカツ子姉から届いたポスターにパンフレットを受け取って、夜は大雨の中、傘を差してネオン街を歩いて見た。この軒数だと今月末まではかかりそうだ。翌日は高知新聞社と高知ラジオ放送局を訪ねて挨拶したら「他人の力も借りずに、マネジャーも付き人もつけずに一人で歩いて挨拶に来た君のやり方は演歌の本筋ですよ」と、ラジオ制作部長の中島さんに言われた。夢を語ることがいかに重要かと言えば、世の中は全て夢から出来ているからだ。誰でも夢は思いから始まる。思いが強いかどうかで人生が決まると私は思っている。自分は成功するに違いないと思い込むからこそ、体がその通り行動を起こして結果が出る。行動していない人は思っていない。私は自分の歌を引っ提げて全国一人旅への思いが百パーセントになったから高知まで出向いて来たのだ。宿に戻ると「ポリドールからカセットテープが届いています」との連絡を受けて、夜はキャンペーン始動開始。

37軒の店の扉を開いて12軒で唄わせてもらい、13本の販売。厳しいスタートだったが、その翌10日は26軒の扉を開いて9軒で唄わせてもらい26本。11日は40軒の扉を開いて15軒で唄わせてもらい27本の成績。「ぴーち」店のママさんが2軒紹介して唄わせてくれた。またお客が一人もいないのに「唄いなさい。あたしが1本買うわ」と唄わせてくれた「サンピープル」店のママさんが「感動したわ、壁にあなたのサインをして」と歓迎されたのが印象に残る。帰りの帯屋町公園のベンチでアンパン1個にドリンクを飲みながら仰いだ高知のお月様は満月、何かいい事がおこりそうな予感がした。本番待ったなしの高知行脚キャンペーンに立ち向かう。変化に適応し、自信という精神の強壮剤で我が魂に栄養を与え続けよう。

ヤクザの親分に見込まれて

土佐の高知は冷たい風が吹いて急に寒々として来た11月14日（火）。旅館のおかみさんに「今日から布団の下に毛布を一枚足して下さい」とお願いしてから、はりまやのネオン街をキャンペーンするが、36軒の扉を開いて5軒の店に唄わせてもらい、カセットテープ7本売るのが精一杯。満室の店には「忙しいから又にして」と断わられ、忙しくない店には「忙しい時に来て」と断わられる。こういう日はホトホト疲れる。唄わせてもらえなければキャンペーンの仕様もない。「ＩＦ」店のママさんと「メイフラワー」店のママさんが歓迎してくれたのが心に残る。「コメスタ」店の客には「唄うんならここにいる6人の客全員に千円ずつ払ってから唄いや！　そして〝ありがとうございました〟とレコードを6枚置いて行きや！　そうしたら宣伝してやるきい」と言われた。唄わせてもらえなければキャンペーンの仕様がない。心疲れて10時30分、帯屋町公園のベンチで今夜もあんぱん1個にドリンクを1本飲んで休む。目の前を「頑張って下さぁ〜い」と可愛い娘さんが自転車に乗って帰って行く。「ありがとうねぇお疲れさぁ〜ん」と返答しつつ、「はて？　どこの店の娘だっただろう」と立ち上がる。

こうしてはいられない。ネオンが消えない間に頑張らなくちゃあ。高知まで来た以上、自分はネオン街カラオケ流しが仕事だと意識を持っているかどうかだけである。即、動かないでどうするか！　生きている人間は誰でも同じ、仕事がプツンと切れたときは一体どうするか？目的は金持ちも貧乏人も同じ、自分で決めた仕事で生活出来て幸せを感じているかどうかである。健康で経済力があって人間関係の良い自由な時間は自分の力で実現出来ると思っている。この街の扉の向こうに必ず私の夢を応援する方々がいるはず。なのに遠慮して店の扉を開かないでどうする。ちょっとした勇気だけで目の前の扉を開けば全てが実現する事を気付いているのに、遠慮して扉を開かないのはなぜか？　今さら何を愚図愚図しているか。

成功哲学は目の前の扉を開くだけなのに、悩んでいては前に進めないじゃないか、何を躊躇している。もはや成功するためには悩んでも無駄。悩むよりも今夜叶えたい夢のイメージを明確にして、目前の店の扉を一軒でも開いて唄おう！　自分のオリジナル作品のレコードやカセットテープ販売をしたい目標を掲げて高知まで来たのだ。

「ナニクソやるぞ〜負けて堪るか」と気合いを入れて開いた「スイート」という店で豪友会理事補佐、旭成会会長・土井率いる７人の高知ヤクザに出会った。扉を開くと同時に店のママさんがあわてて断ったので、帰ろうとする私を土井会長は「まあ待ちいな、こっちゃ来いや。なんやねぇ独りで回っとるんか。何でうちにあいさつに来ん。根性あるんやなぁ、気に入ったわ、ほな唄うて見い、良かったらワシが買おうちゃるきい」と呼び止められたので唄った。テープを10本買ってくれた土井会長は、私に次のような話をした。「高知の街は閉鎖的なんや、皆が自分さえ良ければええと思うちょる。中央からのスターにはへつらって群がりよるが、地元の人間を育てて中央に送り出そうという人情は全くないわ。そやさけぇワシは腹がたつんじゃ。ましてや旅の無名歌手を歓迎する人は少ないじゃろうと思うとじっとしておれんのじゃ。苦労しおる旅人は大切に歓迎せにゃならん」。

「なあ、しかしお前は37歳じゃもう世に出れん。万人に1人の道じゃろう。もうここらで見切りつけなアカンでぇ。どうじゃワシの下で高知に住まんか。東映の元俳優という売り込みで壁中にお前《まん》のパネルを掛けて、カラオケスナック兼カラオケ教室をやらんか。これは当たるでぇ。宣伝をワシに任しちょけば、お前は高知でスターになれる。そないなテープを一本一本あくせく売って、他人に頭下げてまだるっこしい哀れなことせんかて、ワシらのようにうまい物食うて高い酒飲んで一流のホテルに泊って暮らせるでぇ。よう考えや。お前が高知で落ち着くんやったらワシはなんぼでも応援したる。その気になったらいつでもワシを訪ねて来いや。今日はもうどこも歩くな。歩いたってよう売れん。ぶん殴られるのが落ちや。ワシと次の店に行こうや。心配するな、お前の歌を売り込みに行くんや」。

そう言って皆をゾロゾロ引き連れて朝まで、はしご酒しながら土井会長は万札をきりつつ、私のテープを10本ずつ店のママさん達に売りつけた。私は悪いような思いだったが売り上げ本数はまたたく間に１００本を上回った。別れ際に土井会長はお寿司をご馳走してくれながら「どうじゃ考えちくれたかや、世の中はこんなもんや。頭下げて相手に馬鹿にされて7本しか売れんでも、頭下げんかて、ぎょうさん売れる道もある。今日の売り上げには満足いったかや。ほな明日は坂井組の組長に会わしたるきい。３年間は高知にとどまりやぁ」と言われたので私は「会長今日はお世話になりまして有難うございました。私は今日の会長の御恩に報いるためにも、また、私の歌を買って下さった方々の期待を裏切らないためにも日本全国の旅を急ぎます。万人に一人の道だからこそやりがいもあります。辛くても苦しくとも、私の心はちっとも困っていません。会長のような方にお会いして私はますます元気が出ました。もしも失礼でなかったらこの店のお会計は私に払わせて頂けませんか」と応えた。

土井会長は「ほうか、ほな明日、坂井組長に会うのはやめや。ワシのようなヤクザもんが高知にいたという事だけ覚えてちくれや。お寿司代の心配はせんかてえぇ。オーイコラ、オヤジ～ッお前もこれのテープを５本ばかり買うてやりやあ！」と大声で怒鳴った。オヤジさんは「へイ、そりゃもう頭の言うことやったら何でもやるきい。へい、お兄さん頑張ってやあ」と言って５本買ってくれた。外へ出ると迎えの車が来ていた。私は歩いて帰りますと断わったが土井会長は旅館まで送ってくれた。私は深く頭を下げた。

旅行く私は日曜祭日でも休まず、ネオン街行脚キャンペーンに出向く決断の心構えが大切である。人生は生きていく中で色々な事に直面するけど、一生懸命頑張ってさえいれば今日は大丈夫、明日も大丈夫。人生すべてに万全はないのだから、取り越し苦労はやめよう……。運命の天職に取り組む姿勢、細かく動いて結果を出すための気配りなど、酔客相手のカラオケ流しには誰にも知り得ない切なさや素晴らしい内容がある。目標達成しても原点に戻ってやるべき事をやる。芸能生活をかけて仕事として明るく真剣に挑んで行こう托鉢演歌道。

11月15日（水）。31軒の扉を叩いて10軒の店で唄わせてもらい40本売れた。変化の激しいイメージの芸能界で生き残るために、二度と同じ過ちを繰り返さないように「今夜のペースで毎夜いけたら良いが」と思う。劇団を率いていた頃の凱旋公演で赤字を出して時間とお金と膨大なエネルギーを費やしたことを思ったら、今は大きな利益をもたらさなくとも、とにかく食いつないで、どうしたら芸能界で生活していけるのかを考えながら、小さくとも夜の巷の扉を一軒一軒開いて唄い流す。この継続を積み重ねよう。「彩」店のママさんと「乃里子」店のママさんが大歓迎して唄わせてくれたのが印象に残る。

托鉢演歌道を真剣に歩いて行けば無駄な時間なんて何一つない。全てが必然であると思える瞬間に出会える毎日毎晩。一番大事なのは、今、この瞬間を疎かにしないで自分で自分を自分する自分への探求だ。自分のあるべき姿とは「沖縄の若者は粘りがないとは言わせない。粘り強く演歌不毛の地と言われた沖縄から、必ず沖縄にも演歌はあるんだという狼煙を上げて、いつの日か大ヒット曲を飛ばして沖縄演歌の夜明けを迎えたい」勇気を持って唄い流そう。今やらなければ吾が将来はないと決断して即行動に移す。お金がないからこそ、稼ぐために兄弟親族から、お金を借りてレコード制作費を捻出して、全国一人旅に挑戦しているのだ。挫けないで粘り抜いて進む以外に術はないこの托鉢演歌道。

高知の歌手・有馬京子さんと出会う

托鉢演歌道は、本気でネオン街行脚キャンペーンを体験してみようと思う気持ちがあれば誰でも出来る。厳しければ厳しいほど醍醐味があって頑張り甲斐があるから「嬉しい、楽しい、簡単」と思えば出来るはず。簡単だったら面白味がない。見知らぬ街の扉を開くなんて、誰にでも出来そうでいてなかなか出来ない道だからこそ全国一人旅の挑戦を愉しめるのである。夢に対する思いを強くすれば体が自然に動くから、何事をするにも「でも、しかし、そんな、だって」の言い訳が壁となる。

プラス思考で行動すれば、情熱を探す一人旅は自分を成功へと導いてくれるものと確信している。無我夢中の最初の頃は「応援するよ。手伝うよ」と言う兄弟や親戚・友人知人に依存していたが、何回も無償でカラオケ流しの手伝いはしない。「あとは、私一人で頑張りますので、御客様は此の店でごゆっくり愉しんで下さい」と断るのも仕事である。その方が自分のカラオケ流しをやる理由や目的意識を明確に出来るからだ。何のために全国一人旅をやるのか？　何のために歌に賭け、巡り会う方々の前で語り唄うのか？

一生懸命さが直に伝わるからこそ「応援するよ」と直接テープを買ってもらえる。その出会

有馬京子さんと

いが広がり、感謝となって次の作品創りにつながるのである。夜の扉の向こうには自分の歌を聴いて応援してくれる方々が大勢いる。「ネオンの数だけステージはある」と、マイク片手に自分を確立するのがカラオケ流しである。横柄な酔客の傍には身を置かないように、さり気なく唄い流して次の店の情のある人の傍でゆっくり休めば、人間社会のバランスに気付く事が出来る。

それにしても暇な店が多く閉鎖的なママさんが多い。せっかく高知まで来た私にとって、滞在期間が限られた時間は命であり、結果を出さなければならない連日連夜は戦場である。北海道より厳しいのかも知れないと思い高知沖縄県人会会長である宮良スレート（株）宮良成次社長（八重山出身）を訪ねた。

11月20日（月）私が一人で全国キャンペーンを展開している事を粋に感じてくれた宮良会長は、私のために貴重な時間を空けて、高知新聞社の山口（沖之永良部出身）副部長とＮＨＫの崎山アナウンサーを「小料理雪花」で紹介してくれた。その場で取材を受け１週間以内には高知新聞に記事掲載されるという手際の良さが嬉しかった。そのご三方の後ろから「クラブその」「リンリン」「ドガ」店の3軒をはしご酒しながらキャンペーンさせてもらい、どの店でも売れた。「お金の事だけ考えたらいかん、店でゆっくり休んでハートの余韻を残す事が大切や」と語る宮良会長のネオン街での顔の広さを感じた。「ドガ」店のマスターに明日、私のキャンペーンを手伝う約束をさせた宮良会長は体調を崩しているらしく先に帰った。

その後、山口さんに誘われて崎山さんと私の三人で先夜、私がキャンペーンを断られた「コロンボ」店に飲みに行った。「お前ら雄大のキャンペーンを断ったそうやないか！」と、店に入るなり山口さんが声を張り上げて「おい有馬！　お前も歌手やろ！　キャンペーン歌手の気持ちがなぜ分からん唄え！　唄ってみい」と言うと、「わては店に出る間は歌手やないき、唄う唄わないは、わての勝手や！　ましてや命令されたら唄う気にならん」と切返す有馬のママさんに、私が「いやママさん、ママさんの歌を聴くのを楽しみにここに飲みに来たんです」と取り持った。するとママさんは素直に唄った。しかし唄っている最中、崎山さんが私に話し込んでしまった。山口さんも店のマスターと話し込んでしまった。それを見たママさんは「自分で唄えと言っといて、唄ったら聴いていない～！　NHKだろうが何だろうが、もう二度と来るな～！　明日からNHKの受信料は払わん～!!」と物凄い形相をした。すると「俺が連れて来た客になんて事を言うんだ！　言いたい事があったら俺に言え!!」と今度は山口さんが怒鳴り返した。村田英雄を親父と慕い、高知を拠点に歌手活動をしていると言うママ（京子）さんは「火傷した腕に包帯をしてホステスをしていた時、〝そんなものはたいしたことはない〟とウイスキーをかけられてケロイドになったことがある。そのときの客が当時、この辺を取り仕切って悪さばかりしていた沖縄県人やったきい。以来わては沖縄の男嫌いになったんよ」と着物の袖をまくって、ケロイド状の痛々しい左腕を見せてくれた。そして11月24日（金）に新阪急ホテルで開催された「スナック綾野」10周年記念パーティーでの有馬京子歌謡ショーに私を紹介してキャンペーンさせてくれたのが印象に残る。

11月22日（水）高知新聞のぴーぷる欄に「托鉢演歌でヒットを〟高知でキャンペーン中のうえちさん」との見出しで記事掲載された。「〝沖縄にも演歌はあるんです〟と力を込める演歌歌手のうえち雄大さん（37）沖縄県＝。新曲〝あなた川〟をさげて初の全国キャンペーンを展開中。北海道を降り出しに東北、関東と厳しい一人旅を続け11月初めに高知入りした。自ら托鉢演歌という。訪れた先々でネオン街のドアを一軒一軒たたいて歌を唄わせてもらい、テープを売って歩く。一晩で40～50軒回って唄わせてもらえるのは12、3軒。〝でも、1人でも2人でも聴いてくれる人があれば、どこでも精いっぱい歌います〟沖縄は演歌不毛の地。今まで1人も全国で成功した歌手がいないそうだ。うえちさんは18歳で上京し、テレビや舞台で俳優を続けていたが、どうしても歌手の夢が捨てられず、作曲家の市川昭介さんに弟子入り。自作の詞に曲をつけてもらい〝沖縄の演歌を全国へ〟と奮闘の日々。〝石の上にも三年〟と言うけど、私は〝石の上にも九年〟と思ってます。沖縄県人は粘りがないなんてとんでもない。それも、

〝沖縄の海の自然に立ち向かって耐えてきた。本当の海の歌は沖縄から〟と信じているからだ。〝それにしても高知で沖縄県人会の方々に応援してもらって本当に嬉しかった。街の雰囲気にも一気に親しみを感じました〟と最後に顔がほころんだ」と。

愛媛を回って師走の徳島ネオン街
「大ヒットしない歌は価値がないよ」と言われても……

カセットテープ販売代金だけで飛行機代や現地での宿泊代に交通費および食事代等々諸々の活動費を捻出しながら、次の作品創りの制作費を貯蓄するのは大変厳しい。それを覚悟のうえで自己の全存在を投げ入れて進んでいるからには後戻り出来ない。今の頑張り、踏ん張りが年末の明暗を分ける。今しかない、やるしかない、笑顔絶やさず、一人でも多くの人前で唄って、在庫を早く完売することが最大の目的だから、ネオンの川に流されちゃいけない。今年もカウントダウン。積極的な心構えが人生を大きく好転させる。前向き思考の情熱だけが成功への近道であるならば、愚図らない、マイナス発想しない、人のせいにしない、傲慢にならない、眉間に皺を作らない、落ち込んだ顔を作らない。明るく、元気でない限り、扉の向こうの神仏は微笑んでくれない。罵詈雑言を吐く人の前には身を置かないように、サッサと唄い流して次の扉を開こう托鉢演歌道。無駄なエネルギーは使わない。

全国一人旅を展開しているからには、前向きに進むことしか考えまい。宣伝のために新聞マスコミ各社を訪ねて取材してもらい、記事掲載のタイミングでネオン街行脚キャンペーンを開始するのが、私のいつものパターン。なぜなら宣伝をしたからといって、わざわざ私のテープを買いにレコード店まで行く人は皆無。宣伝と同時に、こちらからテープを売りに出向くことが重要である。それは建築現場に足を運んで売りに行く弁当屋さんにも似ている。「大ヒットしない歌は価値がない」と言われたからといって、自分の人生を即刻やめるわけにはいかない。いつの日か価値のある歌にすべく我が道を継続し続けるには、レコード会社との買取り条件であるカセットテープやレコード枚数分の在庫を処理することが一番大事。それこそ完売するまでネオン街行脚（カラオケ流し）を繰り返しやらなければ手抜きになってしまう。

私の場合、いま出来る事は、いつものカラオケ流しを精魂込めてやることが大きな価値を生むと信じて進む以外に術はない。毎日コツコツと自分の立てた目標に自分を駆り立てて、カラオケ流しすることが重要不可欠である。それがいつの間にか習慣化して新曲発売の原動力となっている。巡り会う人々は私がどれだけの費用をかけてレコード制作をしているのかについてはほとんど想像出来ない。そんな無関心な人々を相手に私という歌手を印象づけるためには、目の前で唄って直接聴かせるしかない。「さあ、今夜も店の扉を開いてお客様の前で唄い流そう」と気合いを入れて出向くわけだが、正直に言って毎晩のテープ販売は辛く厳しい。

12月22日（金）徳島新聞の〝ローカル線〟の欄にも「無名の演歌歌手が、自主制作テープを持って徳島市内のスナックを回り、話題になっている。一軒ずつドアを叩き、自作の歌を無料で披露するユニークなキャンペーン。この全国行脚を自ら〝托鉢演歌〟と名付けている。うえちさんは作曲家・市川昭介さんの内弟子。歌っているのはうえちさん作詞、市川さん作曲の『あなた川』と『おふくろ慕情』。6月にポリドールから発売し、出身地の沖縄を皮切りに北海道と東京、11月からは高知、愛媛を回り、この16日から徳島でキャンペーン。18歳で東映の俳優に。10年前に市川さんに出会い、昭和61年、レコードデビュー。兵庫県の禅寺で1年間修行したこともあり、『1人で全国を歌い歩こう』と〝托鉢〟キャンペーンを決意。『売ることよりも歌を磨くため。いろいろな人に会うことが勉強です』と、1日50軒ほど訪ねるが、歌わせてくれるのは10軒前後とか。徳島には23日ごろまで滞在する」。写真入りで記事掲載された。

わが托鉢演歌道は、自分を励まし、自分を律しながら探求し続ける旅であり、誰が選んでくれたのでもない。自分で決めた托鉢演歌売り歩きを自分がやらずして誰がやると言うのか、自分の将来を明確にして今、この街を唄い流すだけである。今が大切に思えるのは「過去は宝、未来は薔薇色」の自分の姿を想像するからだ。レコード業界やネオン街の環境も常に変化し続けている。この変化に対応するのも、歌手のほかに雄大プロモーションの代表者としての私の役職である。人間修行やテープ販売の成果が目的である以上、ネオン街の扉を開いてマイクを握った瞬間が托鉢演歌売り歩きの原点であり、テープを購入してもらったら終わりではなく、皆さんに唄ってもらえる夢の始まりである。たとえ大ヒットせずとも、そこそこでも良いから次の作品創りにつながって初めて、自分の目標達成と言えるのである。

博多っ子の人情にほだされて

どんな苦境の中でも暁闇がある。それが心の余裕であり、ゆとりである。托鉢演歌道、誰かにやらされているという感覚は微塵もない。どんな小さなことも自分で一生懸命取り組まなければ、天が与えてくれたこの道は開けない。向上心を持って自分を奮い立たせて進まないと何の価値も見出せない。貧しさに負けず真剣に挑めば、突破口を見出せる托鉢演歌道。

１９９０年（平成2年）1月23日那覇を発ち、粉雪の舞う福岡空港に着いた。空港からタクシーに乗って「福岡で一番のネオン街に連れて行って下さい」と告げ、博多区中洲に案内してもらった。いつもの予算3千円以下の宿はなかなか見つからず、やっと春吉川の橋あたりで朝食付き２５００円の「シティーサウナ二幸」に案内された。雪は降り積む。福岡では72年ぶりの記録的雪となった。「今日の寒さに耐えれば明日からの九州の夜は軽いテンポで歩けるはず……」。

私は傘もなく中洲のネオン街に向かってスタートを切った。数軒の店に門前払いされてやっと唄わせてもらえた店「ミル75」で、カセットテープをバックから取り出すと若いママさんが「テープ販売ですか、それはやめて下さい」と断った。私は「どうも失礼しました」と店を出た。博多の雪の冷たさは心までやる気を失わせた。

宿に戻ってサウナ室に入って体を温めた。するとフロントの井上正忠さんがテープを2本買ってくれ、鳴尾崇総支配人に紹介してくれた。支配人に誘われて私は再度、中洲のネオン街に戻った。店「シーナ」で唄うことになり、私はいつものように歌詞カードを配りながら「よろしくお願いします」と全客席を回った。お客の1人が「いらねえよ。こんなとこ歩いているなんてよっぽど売れないんだね。売れねえ歌は唄っても買わねえよ、売れたら買うよ」と罵声した。私は「聞くだけでも良いですから唄わせて下さい」と挨拶して唄った。客席では1本も売れなかったが、カウンターで鳴尾総支配人の相手をしていたホステスの純子さんとマスターが1本ずつ買ってくれた。マスターは電話で「クラブウィンザー」の店長を紹介してくれた。

シティーサウナ二幸前にて

私は鳴尾総支配人と別れて「クラブウィンザー」を訪ねて武広康則店長の紹介の下に唄っ

た。大拍手がおこり、全客席で売れた。三光冷熱（株）野田親寛専務の席に呼ばれ「俺はメッタに人をほめないが、あなたはいつか世に出る良い人相をしている。どうだ俺と1軒つき合わないか。この店の5倍の広さはあるクラブを紹介するからそこで思いっきり歌って男を見せてみろ。あなたの歌は唄えば売れる。自信を持って良い。行けるぞ！」と席を立った。

福岡空調設備（株）岩津実社長が加わり3人で「クラブジョオモン」に行って唄ったら、本当に全客席でまた売れた。野田専務は「ホレ見ろ、俺の言った通りだろう。何か食べるか、飲みな、今日は俺とつき合え。他の店を10軒歩く分を一軒で売れりゃ文句はねえだろう。あとでもう1軒連れて行ってやるから飲め！」と言った。そこで私は「いや、専務これで充分満足です。本当に有難うございました。こういう事がタマにあるから頑張れるバネになるのです。これ以上専務に甘えてしまいますと私の心が、ぬるま湯に浸かり、怠けてしまいますので専務と社長はどうぞこの店で、ごゆっくり楽しまれて下さい。あとは私一人で行きます」と握手して席を立った。

野田専務と岩津社長は立ち上がって拍手して見送ってくれた。

甘えてしまうと、次の扉を開く勇気が衰えてしまい、明日からのさらなる挑戦をするハングリー精神が失われてしまう。

「クラブジョオモン」を出て、6軒の店に門前払いされながら「マダムK」という店に入った。お客は2人しかいなかったがママ（桂子）さんは「雪の中ご苦労様、どうぞ唄って下さい」と迎えてくれた。私は感謝の念を込めて唄った。二人の客は「おふくろ慕情」が大変気に入って何度も唄わせてくれたうえに10本も買ってくれた。ママさんも御祝儀とナシを一個くれた。野田専務と別れて、一人になって扉を開いた甲斐があった。「常に目標を高くしよう」と誓う。時計は午前2時を過ぎていたが、今夜はツキがあるからと歩き続け、梶原店長の「上高地」で歓迎され7本売れて、午前3時ごろ店「あけみ」に入った。男性客一人にもかかわらず、ママ（あけみ）さんは大歓迎して唄わせてくれたが、男性客は「演歌は大嫌いだ！」と怒鳴って席を立った。慌てたママさんはエレベーターまでお客様を見送って来た。ママさんは「気にしなくていいのよ。かえって気まずい思いをさせてゴメンなさい。私は演歌が大好き、演歌がなくなったら日本に人間の情愛が失くなってしまうような不安な気持ちになるわ。店には沖縄のお客も多いのよ。私が皆さんに宣伝するわ」と微笑んで10本買ってくれた。私はあけみママさんに深く頭を下げて雪の春吉橋を渡った。

「シティーサウナ二幸」に戻るとフロントや喫茶室、マッサージ室のいたる所に、「あなた川」のポスターが張りめぐらされていた。私は鳴尾総支配人とフロントの井上さんに合掌した。サウナに入った後、喫茶室で野菜炒め定食を食べながら酎ハイのレモン割1杯を飲んでカプセルに入った。世の中には素晴らしい方々がいるものだ。この世はピンチのときこそ、心を磨く最大の成長チャンスかも知れない。雄大よ！これが自分の天職なのだから、閉塞状態に陥りやすい自分の弱さを徹底的に打破して行こう！

「**博多っ子の人情にほだされ……中州を歌い歩くうえち雄大、自作の演歌をひっさげて**」という見出しで3月2日（金）西日本新聞の夕刊に記事が掲載された。

「博多の人は実に面倒見が良いです。気に入れば損得抜きでトコトン面倒をみてくれる土地柄ですね」自作の演歌をただ一人で全国キャンペーンの途中、1カ月余り、博多・中州のネオン街のスナックなどで、飛び込みで歌って歩き、博多っ子の人情の厚さをそんなふうに受け止めている。うえち雄大（36歳）一晩に60軒のスナックなどのドアをたたき、「今晩は、1曲歌わせてくださない」と声を掛けて回る。「さざんかの宿」「大阪しぐれ」の市川昭介が作曲し、自分で作詞した演歌シリーズ第3弾「あなた川」「おふくろ慕情」をもっての演歌托鉢だ。客から声が掛かるとギターなど楽器なしで歌う。今はやりのアカペラである。無論、無料だけど、自費で作ったカセットテープをその場で買ってもらった。その演歌を気に入った客が「よし、あの店で歌ってもらおう」と、さらに他の店へ一緒に連れて行く。そんな面倒見の良い博多人情を胸に抱き、今、九州各地で、こうした飛び込みの1人キャンペーンを続け、うえち演歌を着実に売り込んでいる。

出身は沖縄・宮古島。那覇工業高校を卒業して、上京。テレビの「特別機動捜査隊」「金曜日の妻たち」や南原宏治演出の舞台で俳優、役者として名前を売った。が、父の死で、10年間の芸能生活に区切りをつけるため、兵庫県の久斗山、安泰寺で1年間余の修行も。俳優、役者として目標にする高倉健のように歌も歌えるようにと、昭和56年夏、作曲家市川昭介氏の門をたたいた。5年後の61年、ふるさと沖縄を歌った「ふる里は胸を射す」で再出発。

ネオン街の歌い歩きも、演歌修行と思っている。演歌の星めざして意欲満々のネオン街ひとり旅は昨年7月、北海道からスタート。関東、四国のネオン街をしらみつぶしに回り、1月23日福岡入りした。歌わせてくれる店は5軒に1軒ほど。60軒回って7軒しか歌えない場合もある。中州の店はキャンペーン慣れしているのか反応が厳しい。石の上にも3年と言うが、不器用な私の場合は石の上にも9年と覚悟している。業者が私の存在を認めて買いに来るようになるまで、一人で歩き続けるつもりだ。

記事は大きく写真入りの特報扱いで掲載された。

大都会行脚・銀座の桜が散る頃

1992（平成4）年4月9日（木）雨あとの晴れにホッとしたのか、すみだ川の桜が舞い散る。その美しさに誘われてお隣の〝ふか美おばあちゃん〟84歳が82日間の闘病にピリオドを打って安らかに逝った。花咲く頃はいつも乳母車を支えに一人で散歩していたおばあちゃん。私が「おばあちゃん」と声をかけると決まって「誰ね、目がよく見えないんで、もっと近くに来て顔を見せてよ。ああ誰かと思ったら、雄大さんじゃないか」と両手で私の手を握り人懐っこそうにニッコリ笑っていたものだが、人間の命は本当に分からない。桜のようにはかなく、明日は散るかも知れない。いや、今夜にも散るかも知れない。一瞬にして灰になってしまうのだから……。こうしてはいられない、東武曳舟駅から浅草駅で地下鉄銀座線に乗り換えて銀座行脚キャンペーンをしてから早や1カ月になろうとしている。すずらん通りを軒並み訪ねて西五番街を歩く今夜は41軒の店の扉を開いたが、1軒も唄わせてもらえない。心疲れ、ビルのエレベーター横の階段に座ってため息をついた。「プロダクションには所属してないんですか。マネジャーは付けてくれないの。一人で歩くんじゃあ大変ね、お店は沢山あるから頑張って」と着物姿の奇麗なママさんらしき女性が声を掛けながらエレベーターに乗って行く。「はて、どこの店のママさんだろう」。座っているとピアノの音やギターの音、カラオケで唄う声、笑い声、ざわめき、いろんな音がごちゃ混ぜになって聞こえてくる階段。ガラス窓から見下ろすとアベックや酔客、花売り娘達が行く賑やかな通りの両側には高級車がズラリ駐車している。そこへお客を見送るホステス達。ラーメン・うどん・いそべ焼等の屋台や銀杏細工に花売り店・似顔絵画き・易者みんなが幸せに見える。世間から弾き出されてしまったのは私だけなのか。まるで申し合わせたかのようにどこの店も受け入れてくれない。今夜の銀座は心も体も疲れるばかり。

招かれざる客の私だ。今夜は諦めてこのまま帰るべきか？　次の店に向かうべきか？　タイル張りの階段で寒くなって来た私は、バックから父の形見のベストを取り出して着こんだ。

まあいいさ、こういう日もあるから好日もある。自然と駅に向かう足にもう1軒だけと言いきかせて店「火山」に入った。70歳位の白髪で品のいいマスターが「キャンペーンなら、ここは歌う設備がないからもう一つの店がいい」と「クラブ久美」を紹介してくれた。そこで唄ったら6本売れた。単純に元気が出た私は行脚を続ける事にした。『ｎｏｎａｍｅ』店に入ると「うちはキャンペーン歌手を断ったことはありません。どうぞ唄って下さい。今ちょうど〝さやま友香さん〟の5月発売の新曲『悲しみが輝いて』の前祝をしているところなの。ご本人もいらっしてるわ。私もモデルをやってたので、この世界には縁があるのよ。だから頑張ってる人は大好きよ。今日は辻村寿三郎先生もいらっしてるから貴方にご祝儀よ。先生の住所をお教えするから、これも何かのご縁だと思ってお礼状出しとくと良いわ。店にも10本頂戴」とママ（栄美）さんは辻村先生のご住所とご自分の名刺にテープ代金を添えて下さった。

唄いながら見たお店の壁にはキャンペーンに訪れたであろう歌手達のレコードジャケットが沢山貼られていた。「人生、真面目にコツコツ一つの事に取り組んで邁進していると、きっと良い事があるんだ。今夜はさらに良い事が待ち受けているのかも知れない」と、ますます力が湧き出た私は『夢』の『扉』を叩き続けて17軒目の「ｂａｒ伊藤」で唄った。

しかし、唄ってる最中「こんな所まで唄いに来るなんて押し売りじゃないの、ママ追い出してよ」とカウンターの男性客に言われたママさんが「ちょっとお客さんがカラオケを歌いたいと言うんで辞めてもらえませんか」と私をにらんだ。

店を出た私は「ナニクソ負けて堪るか〜！」と奮起。さらに24軒に断わられた後、店「芙蓉」に入った。「プロだろう、俺より上手く唄えるんだろうなあ唄え」とお客が千円札を握らせた。私は「有難う御座います」とカセットテープ1本を差し上げて唄った。が、〝おふくろ慕情〟の1番を唄う途中で咳が出そうになり、声の調子が出なくなった。「どうしたんだよ！　ちゃんと唄え!!」と男性客が怒鳴った。「すみません」と頭を下げ、間奏中にお客の失礼にならないように祈りつつ、喉の奥でウグーッ、ウグーッと咳払いをして淡を出し、また飲み込んで2番と3番を汗みどろになりながら唄い「大変失礼致しました」と詫びた。

「プロフィールによると俳優をやっていたのか。俳優がいいだろうに何故にまたこんな大変な事をして歩くんだ」と、お客はもう一人の男性客にニヤニヤしながら言った。すると「俺はこの歌好きになったから買うよ」と隣席のお客が2本買ってくれた。廊下に出ると汗が冷えたのかまた、咳が反射的に起きた。「気持ちです、受け取って下さい」。その声に振り返ると、テープ2本買ってくれた先程の45歳位のお客が「体に気をつけて頑張って下さい。」と御祝儀を握らせた。私はご名刺だけでも頂けませんかと聴いたが「いや、いいんだ。」とお客は店に戻っていった。私は再び階段で「この感謝の気持ちを忘れずに志を貫こう」と、喉アメを含んで額の汗をふきながら咳が治まるのを待った。

東京夜霧

作詞・上地雄大／作曲・橋田みつのり

本当ならこの風景を
あなたと眺め……
あなたの肩に　もたれたかった
密かに結ばれたって　かまわない
一緒になろうと　心に決めて
ふるさとを捨てて来たのに
出迎えてくれない　あなたは何処よ
ああ　東京夜霧

切なくて思い乱れる
私の指を……
あなたの腕に絡めたかった
この恋　よくぞ来たねと抱き締めて
くれる筈だった　ちらちら見える

街の灯を独り眺める
手紙で呼んだのは　あなたじゃないの
ああ　東京夜霧

密かに結ばれたって　かまわない
一緒になろうと心に決めて
ふるさとを捨てて来たのに
出迎えてくれない　あなたは何処よ
ああ　東京夜霧

大阪の女神・金城美津子さん

東京都北大塚の店「リベルテ」で私がバーテンダー（アルバイト）をしていた時のママ（廣子）さんの義母が95歳で亡くなった。その義母が住んでいた大阪市淀川区の小さな古い一軒家（歩くたびに床がきしむ。トイレのドアも歪んで閉まらない、色あせて黒ずんでいる畳が雨の日は蒸れてダニの天国となり、寝ている間に手足をチクリ刺し切られたりする。もう何十年間畳を取り替えてないのだろうか……）を月３万円で半年間借りた。そこから御堂筋線の電車に乗って曽根崎北新地を皮切りに大阪行脚キャンペーンをしてから1カ月間が過ぎようとしていた9月26日（土）午後2時頃、「今夜8時に沖縄県人の方や常連の客を呼んであるからキャンペーンに来ませんか。8時頃には皆さんお揃いになると思いますので、その時分に中津駅の東洋ホテル前までいらしてくださいね。こちらから迎えに行きますから。そうそう、うちのカラオケ機にはカセットテープは使えませんが、大丈夫でしょうか？」との電話があった。

私が「マイクが使える機材であれば問題はないです」と返答すると「ああ良かったぁ〜、駄目だったらどうしようと悩んでいたのよォ〜、今日はお昼からあっちこっち忙しく電話のかけっぱなしよ、じゃあね」と電話をくれた「エル・パティオ」店のママ（美津子）さん。

金城さんとは、雨の北新地を60軒位の店に断わられ続けて歩いた夜、大阪屋堂島ビル1階「和風スナック加代」で出遇った。いつものように運を天に任せて飛び込んだ私を店のママさんは断った。だが、たまたまお客として飲みに来て三度傘を持って踊っていた金城さんが右手に掲げていた私のポスターを見て「あんた沖縄の人やないの。運がいいわ、私に逢うなんて。私の主人も沖縄の粟国出身よ。ママいいでしょう、唄わせてやっても。私がレコード買うから」と渋る店のママさんを説得して唄わせてくれた。「北新地はどう、バブルが弾けたせいで今は不景気よ。あなたも大変ね。よし、私があなたを応援するわ!」。今日は自分の店を閉めてお客2

人を連れて久しぶりにこの店に飲みに来たのよ。5分前に来たばかりなのよ。あなたの大阪での連絡先を書いといて。お客を集めて連絡するわ。私の店は沖縄県人の集まる店よ」と、金城さんは店の電話番号を書いたメモをくれた。

約束の東洋ホテル前に着いて間もなく「雄大さあ〜ん」という声。振り向くと金城ママさんが右手を上げて近づいて来た。「後ろに乗って」と言われて、車のトランクに荷物を入れて乗りこんだ。「エル・パティオ」店に入ると大きな拍手が湧き起こり歓迎してくれた。9坪くらいの店内は満席だった。しかも年輩のお客が多かったので演歌を唄う私としては心強く安心した。30分間の歌謡ショーのつもりがお客さんとデュエットしたり、リクエスト曲を唄ったり。気が付くと2時間半のショーになっていた。その甲斐があってか、お客全員がテープを買ってくれた。金城ママさんは御祝儀を握らせてくれた。その後、沖縄県名護市出身のママ小浜裕里さんの「喫茶&スナックメルシー」にも引率してくれてキャンペーンさせてくれた。

私は帰りのタクシーの中で「今日はお陰様で、たった2軒で、いつもの3倍の売り上げになりました。有難うございます」と金城ママさんに御礼を言った。「そう良かったわ、私に出来ることと言ったらこの位の事よ。あなたの歩みの冊子を読ませてもらって、何か私に出来る事をして上げなくっちゃあという気になったの。私たちの仕事も波あり風ありよ。厳しくても頑張ってね。運転手さん、そこで一人降ります。後は東洋ホテル前まで行って頂戴」とママさんは、タクシー代を私に握らせて降りた。自分の店のお客を置き去りにして私のために歩いてくれたママさんに手を振り、頭を下げた。

曽根崎北新地・怒声の次は微笑み

自分を信じ続けていれば何か形になる日が来ると信じて開いた夢扉だが、「何や〜! いきなり来て図々しいやないか!」と激怒されて即店を出た。私だって、歓迎してくれる人の前では唄いたい。夜は短い。私を揶揄するような人に付き合っている暇はない。「心を磨いてくれて有難うございます」と心で唱えて進む托鉢演歌道。

10月2日(金)扉を開けると〝考える人の像〟のようにママさんが椅子に座っている。カウンター嬢も申し訳なさそうに一人ポツンと立っている。客1人いない店。声をかけるのも悪いと扉をそっと閉めた。ここは曽根崎北新地。「キャンペーン? うちの店、そういう状況やないんや」という店のマネジャー。無表情で手を振って断わるクラブの受付のおばさん。「おやすみなさい、おやすみなさい」と扉を閉める店。次の店では「せっかく来たんだから唄ってって」とお客に声をかけられた私が「ありがとうございます。ママさん唄わせて頂いてもよろしいでしょうか」と尋ねると「イヤうちかなわんわ、何でうちへ来たん、帰ってんか」と追い出された。「ママ聞くだけでもええやんか、1曲くらい唄わせてやってんええやんか、お兄さん、えらいすまんなあ」とお客が私に頭を下げた。「タダですね、後でテープ買ってくれとか言わないよね。何の要求もしないよね、なら唄っても良いです。どうぞ」と言われた店で私は歌わなかった。

いつか歌わせて頂いた折に「また寄ってね」と言われた「五十嵐」店に行きたいけど行き辛い。何度もママさんに負担をかけてしまいそうで胸痛むからだ。だから私は同じ曲を持って同じお店には出来るだけ行かないようにしている。今夜も駅の階段からテナントビルの階段を重いキャンペーン荷を持って上り下りして疲れて来た。「どこでもいいから唄わせてくれ」とうなだれる右頬を何かがいきなり打った。「痛ッ!」はたくと、大きなゴキブリが足下にバタバタしている。

いろいろな感情が込み上げてきた私は己に〝願〟をかける。「断わられたら、それでも良いではないか、駄目でもともとの道を悔いが残らないように、今夜1軒でもいいから夢の扉を開こう。扉を開く勇気だけが、明日への道を開く鍵である」と。今夜ももう60軒は断わられたのだろうか。「ファミリーサノ」店のママ(恵美)さんが2本買って下さったが、カウンターで飲んでいた中年男性客に「君の今の持ち歌では君の良さは出ていない。その曲をいくら歌い歩いても売れないと思う。ハッキリ言って済まないが市川昭介の曲は君には向いていない」と言われた。

「スターセブンV」店のママ（弘子）さんが「一人で頑張っている、こういう人好きやわ」と３本買ってくれた。「レニール佳子」店のママ（大塚佳子）さんも２本買ってくれた。

その大塚ママさんに「私は元宝塚女優・初根レイ子の姪になるわ。私のパワーは強く、私の霊感は当たる。絶対にあなたは後３年したらビッグになれる。先祖に大きな仏像を拝んでいた人が必ず３代か４代前にいるはずだ。調べてごらん、その地蔵があなたを護って芸能界に入れた。その地蔵に手を合わせなさい。間違いない、あなたは子供達や老婆達にも好かれる筈だ。だから大きな地蔵にミカンでもお菓子でも、子供や老人が欲しがる甘くて美味しい物を供えなさい。私が言った通りにすれば、ビッグになれる。大阪へ来て困った事があったらいつでも寄りなさい」と言われた。

私は「本当かなあ」と不思議な気持ちになった。私がどこからこの世へ来て、これからどこへ行くのか、この機会に静かに考えながら祖先を訪ねるのも良いのかも知れないと思った。だが、そんな地蔵を調べる時間なんて私にはまったく作れそうにもない。「十時館」店のママ（敏子）さんも「また大阪へ来た時は寄って下さい」と２本買ってくれた。すると「１本だけでいい、後は他の人に売って頑張れ」と丸坊主の男性客が２万円下さった。驚いて「失礼でなければ御名刺を頂けませんか」と頭を下げた。が、「私の名前なんかどうでもいい、君が頑張ってさえいれば、いつか必ず逢える時が来る」とお客は微笑んだ。

埼玉県大袋駅前「その歌、島で聴いた」

唄うほど作詞が書けて新曲を出したくなり、発売の課題も増えてくる。諦めきれない夢の続きは死んでも続きそうな気がする。この道は終わりのない天職かも知れない。

11月9日（月）、お客一人しかいない「居酒屋千代ちゃん」で唄わせてくれたママ（千代子）さんは私のプロフィールを見て「あら、〝哀愁の宮古島〟を唄ってるうえち雄大さんね。懐かしいわ、4年前、幻の大陸めぐりツアーで〝八重干瀬《やびじ》まつり〟の船に乗ったとき、あなたはその船で唄っていたわよね。〝哀愁の宮古島〟という歌を。私、あの時テープ買ったわよ。〝クイチャー〟という島踊りを習って港に着くまで踊りっぱなしだったもの。踊りの好きな明るい島よね」と声を弾ませた。思いがけないことに驚き「はい、宮古島のうえち雄大です」と返答すると「外は雨なのに、こんな小さな店まで良く来てくれたわねえ、頑張ってるのねぇ」と1本買ってくれ、「哀愁の宮古島」をリクエストした。本当に奇遇だと思い、なぜか懐かしい大切な人に出会ったような、そんな気がして唄いながら涙が落ちた。知らない街の知らない人が、私を覚えていてくれたなんて何と言う素晴らしい演歌道だろう。この店のママさんの事も忘れないように記しておこう。いつの日か、そっと飲みに行って今夜のお礼をしたいものだ。

本当に将来そんな日が来たら、どんなに幸せな気分に浸れるやら。その楽しみのためにも旅を続けよう。

「Ｐｕｂくんしらん」で2本、「居酒屋ぴぃまん」で4本、「スナック秀」で1本、「ラッキー」は0本、「居酒屋はるか」で1本、「リムジン」で3本売れた。この「リムジン」店では沖縄県読谷村出身の「新城」と名乗る若い男性客が「頑張って下さい」と握手して見送ってくれた。「ダーリン」店では「時間がちょっと早かったわね、お客1人でも良かったらどうぞ」と唄わせてくれたママ（桂子）さんが1本買ってくれた。「居酒屋庄助」では「頑張って下さい。ポスターもサイン色紙も貼っといてあげるわ」と2本買ってくれた。

幻の大陸「八重干瀬まつり」の船上でクイチャーを踊るうえち雄大

「京さん」店では「昨日開店したばかりなのよ。1曲いくらとかで唄うんですか」とママさんに尋ねられた私は「唄うのは無料です。聴いて頂いた後で、この曲を気に入って頂いた方にカセットテープを一本買って頂けるだけでいいんです。」と返答した。「そんなんで本当にいいんですか、ならどうぞ唄ってって」と言うママさんの許可を得て唄うと2本売れた。「サロンドネオYB」では「またいらっして下さい、いい曲だから売れると思うわ」と韓国人ママさんが2本買ってくれた。「もう少し早く来てくれれば良かったのに、ついさっきまで満席だったのよ」と言われた「大衆居酒屋力」のカウンター席には男性客2人、奥座敷では年輩の男性客が碁を打っていた。「どうぞ、商売は厳しいのよね。頑張って」とママさんが快く唄わせてくれたが、「こんな曲を持って歩いているあんたが可哀そうだよ。市川昭介もダメだなあ、無名のキャンペーン歌手だよ。もっと個性的な曲でなきゃあ。ただ、あんたの頑張りだけは買うよ。雨の中ご苦労さん、テープはいらないよ」とカウンター席の男性客が2千円くれた。「人それぞれ好みがあるからね、いちいち気にしないで、私はこの曲好きよ。1本色紙もつけて頂戴。お店に貼っとくから頑張って」とママさんが微笑んだ。

武里駅前・ママは拒み客は歓迎

「好きこそ物の上手なれ」ではあるが、托鉢演歌道だけは決して甘くない。人様から「好きだから出来るんでしょう?　うらやましいわ」と言われても、好きなだけでは一生涯の仕事として継続するなど到底出来るものではない。自分の好きな道を語る人はごまんといる。しかし、その好きな道を一生涯貫ける人は限られる。社会人になったとき、結婚したとき、また子供が出来たときなどに、それでも自分の好きな道を続けていけるかどうかの分岐点に必ず立たされる。そこで自分の道を継続して行くためには、具体的な目標を決めて仕事にする必要がある。人生いろいろあり。顧客に歓迎されても店のママに歓迎されてない場合がある。「ＣＤ買わなくていいわよ」などと嫌味っぽくさえぎるママの目の前で顧客が逆にＣＤを買ったりすると、まるでご自分が損をしたような気分になるのだろうか。ますます不機嫌な形相を露骨にされるときが幾度か。

「よろこぶ顔の　人前で　艶出る歌も　けげんな顔の　人前で　のど元渇き　声艶失くす」。某店でも男性客は「唄え」と言ったが、「マスターがいないから駄目よ」とママが断った。「キャンペーンだべ、べつにお店からお金を取る訳じゃねえべ」と私を振り向いた男性客に「はい」と返答すると「俺が唄えと言うんだから唄ってもいいべ」と真剣に言うお客の声を受けて「それではママさん唄わせて頂いてもよろしいでしょうか」と尋ねた。が、ママさんは沈黙した。「唄ってもらってもいいべ、ママ」とお客がさらに声を重ねると渋々ママさんはうなずいた。唄って３本売れたが、私はママさんの胸中を察して切なかった。人の情けを訪ねる旅のためには唄わない方がいい。私も精神的には楽なのだが、カセットテープを売るのも演歌道のため、辛くて苦い思いを押して唄う。唄っても唄わなくても私としては押して押して夜の巷に灯るネオンの扉を開く。後は、唄わせてもらえるかどうかは、神様仏様任せと自分に言い聞かせている。

一晩に2回も3回も会う男性客に「縁がありますね」と声掛けしたが「縁はないよ」とにべない返事。唄っても「他所で頑張って売ってくださ～い！」とつれない店。武里駅から歩いて10分位離れた畑のそばのアパートの1階にある「カラオケスタジオアトム」で唄って5本売れた。「スナック富士」で7本買ってくれた男性客佐藤さんにリクエストされて、店のママさんと「二人の大阪」をデュエットして喜ばれた。「ファミリースナックよしえ」のママさんも2本、「美代ちゃん」店でも2本売れた。「ながらみ」店の男性客が2本頂戴と言ったが「1本でいいよ」とママさんに言われて切ない。「スナックあさみ」のママさんが「前もって連絡してくれれば商売になるようにお客を呼ぶわ」と2本買ってくれた。

「キャッツイン」店の赤いスーツ姿の似合うママさんが「困っている人を助ける人は大好きよ。買ってあげてね」とお客に声を掛けて4本売ってくれたのが有難い。黒いスーツが似合う娘さんもいる母子の店だった。「酒処睦」店では、いつぞや応援してくれたアベックが拍手で迎え唄わせてくれた。お陰で4本売れた。有難い。次の店「飛鳥」では5本売れたが、男性客からリクエスト攻めに合い、最終電車を気にしながら焦った。

ようやく間に合った駅の上りホームには誰もいない。下りホームにはベンチで一人転寝している男に懐中電灯を点けた駅員が最終電車であると告げている。

春日部「小さな日記」店に共感

元気よく扉を開いたら店の顧客全員に拍手で迎えられたが、「いいえ、うちはいりませんので他所へ行って唄ってください」と追い返された。なにくそ～やるぞ～！　こんな店なんか軽いテンポで飛び越えて行くぞ～！　と奮起。次の満席状態の店に入った。その瞬間、しかめっ面で首を振るママらしき顔を見逃さなかった。だが、カウンター席の男性客3名に「どうぞ唄って下さい」と歓迎された。躊躇した私は「お店の方はいかがでしょうか？　お客様がよろしくても、ママさんの許可がいただけなければ唄うことが出来ません。ママさ～ん1曲披露してもよろしいでしょうか」と声掛けしたが返事がなくて沈黙状態。男性客に「唄ってください」と席を立って促されたが、私は店を出た。

「お金がないわ！　聴くだけで勘弁して。犬の餌を買うのも大変なんだよ！」などの店が4軒続いた。さらに某店の扉を開いたら、カウンター席の男性客が拍手して「ぜひとも唄って聴かせてくださいさい」と歓迎してくれたが、ホステスが「ママが来ていないので、またにしてください」と断った。すると隣席の男性客が「ママなら目の前にいるじゃないか！　頑張っているのだから断ったら駄目だよ」とテープを買って唄わせてくれた。

11月11日（水）昨夜に続く東武線武里駅前の「居酒屋藤」では感じの良い優しそうなママさんと明るい20歳位の娘さんが「疲れたら休みにいらっしゃい」と2本買ってくれた。「ナイトら、ぱん」店では「気に入ったよ、沖縄から出て来て大変でしょうけど頑張って、売れたらまた来てこの店で会いましょうや」と3本買ってくれた男性客に「長良川艶歌」をリクエストされて快く唄うとママさんも2本買ってくれた。「小さな日記」店からは「小さな日記」の歌声が聞こえた。その美しいデュエットに聞き入りながら，ここで店の扉を開くのは悪いと思って、唄い終わるまで佇んだ。店に入った瞬間、マイクを置いて席を立ち「お一人で歩いているのですか。何かお手伝いすることはありませんか。どうぞ唄って下さい」とセッティングまでしてくれたママさん。私が唄っている最中、御祝儀を割りばしに挟んで持たせてくれた。

唄い終わった私に「何か好きなお飲み物をおっしゃって下さい」とママさんが言うと「ビールを飲ませ」とテーブル卓の客が言った。「いいえ、ご本人が欲しいものを飲ませてあげたいの。カクテルでもお作りしましょうか」と微笑む。私は「そうですね、あまり強くなく」と手を合わせた。

「いろいろ大変でしょう。私も主人と歩いたことがあって、そっけなく断られた店、応援してくれた店、いろいろあったわ。主人は今カラオケ教室を開いて指導しているわ。現役は引退よ。私もおばさんになって今はこの通り。お客に言いたい放題言われて店をやってるわ」とカクテルを作ってくれた。「お客が言いたい放題言って楽しめる店っていいお店ですね」と微笑みながら、私は壁の額にあった「愛の迷い道・女心／歌・久米よしあき」のポスターを見た。ここから始まって明るい未来に繋がるのだ。

コインシャワー室で始発を待つ

自分で決めた道で成果を出せなければ、どんな仕事に就いても本当の成果は出せない。また、他の仕事で成果を出したところで、成功とは認めない自分がいる。自分が本当に進んでやりたい生き方ではないからだ。それは一軒でもよいから勇気を出して夢の扉を開く。小さな積み重ねだけが信じられるし、目標達成につながる事を連日連夜体感している。テープが1本でも売れたら自信になりモチベーションを維持していける。

11月13日（金）晴れた春日部から越谷行脚キャンペーン。「スナック和」で「私も営業でいろんな思いをした事がある。あなたは歌手なのに自分でテープを売らなければならないし、もっと辛いだろうと思う。必ず報われるときが来る。それまで頑張れ」と10本買ってくれた「内田」と名乗る男性客に誘われて春日部の「カラオケ酒場友達」に同行する羽目になった。「行けば最終電車に乗り遅れる」と思ったが、応援してもらった手前断り切れない。男性客4人の雰囲気に引き込まれて唄い3本売れたが「参ったなあ、どうしようか」。周りは民家と畑ばかり。「どうせもう最終電車もないし、始発まで時間をつぶさなければなるまい。ゆっくり歩こう、長い旅だ。こんな夜があったっていいさ」と帰り道。タクシーで来た道を頼りにポツン、ポツンと灯るネオンの扉を流しながら東武線武里駅に向かった。

「スナック美松」を開くと男性客3人が拍手で迎えてテープ2本買ってくれた後、吉幾三の「酒よ」をリクエストした。私が快く受けて唄うと大変喜ばれ、店を出る時は「私が鞄持ちしてマネジャーになりま〜す!」と階段下までキャンペーン荷を持って降りてくれて元気よく「ガンバレー雄大」と声をあげて見送ってくれた人懐っこそうな娘がいじらしい。

「スナックアミーゴ」では「20歳違うけど私と同じ誕生日、1月5日だわ。嬉しい、何かのご縁だから1本下さい」と応援してくれる娘さんがいる。演歌を応援してくれる若者たちが最近少ないと感じているだけに嬉しかった。「キャンペーンに来て〝商売繁盛〟と書いてくれたのは、あなたが始めてよ、この色紙大事に貼っておくわ」とママさんも買ってくれた。「モンシェリー」店のお客に「せっかく来たんだから客2人で良ければ唄って行け」と言われて歌ったら「地をはって歩いているのか、今どきそういう人がいるのか。俺も沖縄へは12回ばかり行ってウチナーグチも覚えているくらいだ。」と島田正人元越谷市議会議長が2本応援してくれた。

深夜2時ごろ、たどり着いた武里駅前で「マスター、この辺りにカプセルサウナはありませんか」と居酒屋の暖簾をくぐった。「せんげん台まで行けばあるわよ」と、どこかの店のママさんらしき年輩者が教えてくれた。しかしタクシー代がもったいないので「やはり始発の電車を待とう」とカウンターに座り、煮込みうどんを食べて体を温めた。腹を空かして夜風に当たれば風邪をひくかもしれない。始発を待つ都会の秋の夜は冷たく長い。

11月半ばの寒さにたまりかねて「24時間営業コインランドリー」無人店のシャワー室に入った。鍵を掛けると室内の電灯が点くと書いてあったので鍵は掛けない。灯かりが外へ洩れて誰かに見つかるのが怖いからだ。見つかったら何と言い訳しようか。物音にビクビク。ドロボウも今夜の私のような心境かも知れない。「コイン機はお金を入れるとシャワーが流れる」と書いてあるからお金もいれない。しかしタイルの床は水滴が残っていて座れなく眠れそうもない。それでも外の夜風にあたるよりはまだいいと膝を抱えていた。すると車の止まる音がした。「ハッ?!　コイン機の持ち主がお金を取り出しに来たのかも知れない」と慌てた私はとっさに息を殺して耳を澄ました。車のドアを〝バタン〟と閉めた足音は私に近づいて、よもやと思ったとき、隣のトイレへ駆け込んで激しく扉を閉めた。その音よりも自分の心臓の鼓動が大きいように思えた。「助かった！」その人が出てこない前にと急いでキャンペーン荷を抱えて外へ出た。

「風邪を引いてなるものか」と体を左右によじったり屈伸運動をしたり。駅の改札口で、犬を2匹つれて朝の散歩をさせている男が立ち止まって私を見る。犬も同じ視線を浴びせて通り過ぎる。紙袋やバックを持った労務者風の男達が増えて来た。「朝だ！」５時を告げる時計に切符販売機の電気が点き、５時15分始発の電車が来た。温かい。電車がこんなに温かく感じられるのは久しぶりだ。無口な男達ばかりの車内で、私の脳裏には上京の頃、山谷通いの現場仕事で餓えをしのいでいた俳優修行の頃の始発がよみがえった。（貧しくて若かった挑戦の日々だけが思い出を満足させる）。今の私はこのままで満足とは言えない。

父は「病人にとっては眠れる事だけが一番の幸せだ」と69歳で逝った。ならば毎晩出逢うさまざまな人間風景に、心疲れて眠りに入る私は、このままで幸せ者ではないか。酔客の罵詈雑言も天上からの甘露かも知れない。有難く飲み干して大人《だいにん》になりたいものだ。

一ノ割駅前・扉の向こうの愛

「この扉の向こうには愛があります」という札が掛けてある「酒処鮎」店の扉を開くと「お客たったの３人だから、歌ってもらうの悪いからいいわ、今度にして」とママさんに断わられた私は「今夜はお客様が入っておられる店は良い方です。線路沿いのスナックを軒並み開いて歩いて来ましたが、どこの店もお客が入っていなくて私もまだ1軒も唄っていません。１人でも2人でもお客様がおられましたら、聴くだけでもいいですから唄わせていただけませんか」と尋ねた。「でも、お金ないわよ、テープ売れなくてもいいの?」と切り返されたが、「はい、先ずは私の歌を聴いて下さい。その後でこの歌を買うか買わないかはお客様次第ですので、全く気にしないで下さい。私は全国このようなキャンペーンの仕方で歩いていますので、何卒よろしくお願いいたします」と頭を下げた。

「それで良ければ歌っていいわよ」と許可してくれたママさんに「有難うございます」ともう一度頭を下げてから唄った。すると男性客の1人が「〃おふくろ慕情〃がいい、こっちをA面にした方が売れる」と言い、ママさんも同調して頷いた。「いや、俺は〃あなた川〃の方がいいと思う、絶対こっちだよ」ともう1人のお客が言い出した。その間に４人の男性客が入って来た。

「丁度いいわ、もう1回歌ってキャンペーンしなさい」と微笑むママさんの声を受けて唄うと6本売れた。「鮎の3周年記念のときの品・ペン付きアドレス帳が残っているからプレゼントするわ。ゆっくりしてって」と酎杯のレモン割を作ってくれた。

「酒処いしから」店では口髭を生やし、鳥打ち帽を深く被った中年の男性客が「売れて有名になったら俺が無料で内装をやってやるから、頑張って成功して家を建てろ」とお客全員分の7本買って応援してくれた。「スナックマコ」でも2本売れた。

「スナックようこ」では「後で何か売りつけても買わないかも知れないよ。それでもいいの?」と入口傍のカウンターにいた中年男性客に言われた。「はい、聴いていただく分には無料です。後で、テープを買うか買わないかを決めるのはお客様次第です。私の歌を聴いて頂くだけでもいいですから唄わせて下さい」と頭を下げると「どうしましょうかねえ、お客さん」とママさんが他のお客に促がした。「本人がそう言っているんだから歌わせてあげてもいいんじゃないの」とカウンター中央で飲んでいる男性客が言った。「では、どうぞ唄って下さい」と言うママさんの許可を得て唄うと2本売れた。その後、「カスマプゲという歌を唄って頂けませんか、あの曲には懐かしい思い出があるんです」とのリクエストを受けて唄ったら「有難う有難う、とても良かったよ。応援するから頑張って」と年輩の男性客が涙ぐみ握手を求めながら私の掌に御祝儀を握らせてくれた。私にはその方の思い出がどれ程のものかは解らないが、あんなに歓んでもらえたことが嬉しかった。

人はそれぞれ、いろんな思いを胸に抱いて生きている。「スナックタイム」の扉を11時頃に再び開いて「そろそろ如何ですか」と尋ねたら「また来たよマスターどうする？」とカウンターで飲んでいる2人組の中年の女性客が怪訝な横顔を作った。マスターがマイクで「唄わせてあげようかねえ、皆さん」と司会をすると「それがいい」とテーブル席のお客たちが大拍手した。

暴力団員に因縁をつけられて

「死んだのだろうか、それとも大怪我をしているのだろうか」東京は向島の部屋で心配で悶々としていた１９９２（平成４）年８月20日（木）、沖縄県具志川署の儀武刑事から「相手の男を逮捕した」との電話を受けた。私は男の怪我の具合を尋ねた。すると「傷を負っているが大丈夫だ。あなたに全治１週間の傷を負わせた証拠として具志川署に提出した。キャンペーン用法被《はっぴ》に白いワイシャツ、ネクタイ等の処分について、所有権放棄書を投函するから書いて送り返して欲しい」と言われ、ホッと胸をなで下ろした。

夏の沖縄本島名護祭り、石川祭り、そして久米島の仲里村祭りに出演した後、いつものように「俺の演歌」「那覇の女」の具志川行脚キャンペーンをして、県道75号線沿いの「スナックＮ」に入った。「どうもお久しぶりです。２年前の〝あなた川〟と〝おふくろ慕情〟ではお世話になりまして有難うございました。お陰さまで、また新曲が出来ましたので、よろしかったらポスターだけでも１枚貼らせて頂けませんか」と挨拶した。「あら久しぶりねえ、あなたの好きな場所に貼っていいわよ」と顔馴染みのママさんは微笑んでくれた。マジックと画鋲を取り出し、ポスターにサインして壁に１枚貼った。

「ヤー本人やるばぁーなあ」との声に振り向くと「エエー兄さん歌って見い〜」とテーブル席のお客から声が掛かった。「歌ってもいいですかママさん」と尋ねる私に「いいわよ」とママさんが快く返答してくれた。A面B面2曲続けて歌い終えたばかりの私に「エエーッ！　ヤーヨーもういいからこっち来い」とママさんの右隣に座っていた二人組のパンチパーマの男が威圧的な声で呼んだ。

「歌い終わったばかりですので、自己紹介をさせて下さい」と頭を下げて「私はうえち雄大と申します。宮古島出身ですが、こうして故郷を皮切りに北は北海道までキャンペーンを続けて6年になります。歌とカラオケ付きのカセットテープ、またはCDを持参しています。それにデビューの頃から今日までの〝私の歩み〟のブックを添えて1500円で販売しながらネオン街を軒並み訪ね歩いていますので、よろしかったらご支援くださいますようお願い申し上げます」と挨拶を終えて「はい、何でしょうか」と男の傍に行くと「もういい、俺は気が短いんだ！　絶対お前の応援はしないから帰れ」と怒鳴られた。私は「はい、どうも失礼致しました。ママさん、お店の雰囲気を壊してしまい大変申し訳ございませんでした」と頭を下げて店を出た。

その後、「ナポリ」「小夜」店でも同じようにキャンペーンして帰ることにした。途中「モデルクラブ」店の前で「オイオイ」と呼ぶ声に振り向くと、「スナックN」で因縁をつけられた2人組だった。私が「どうも先ほどは失礼致しました」と頭を下げて去ろうとすると「ヤーヨー、何でさっきは俺が来いと言ったらスグ来んかった」と近づいて来た。「挨拶を終えてから直ぐ、お席へ行ったじゃないですか」と返答するとパンチパーマの男は「エエ、ヤーよォ、ないちんちゃ風じゃあしい（内地の人みたいに）キャンペーンするばあなあ〜、エエ今度具志川ん歩いち見い、ヤー叩《た》っ殺《くる》さりんどォ！」と私のネクタイをギュンギュン引っ張り絞めながら言った。苦しくなり「やめて下さい！」とネクタイを持つ男の手を振り払った。すると男は形相を変えて「こっちへ来い」と私の首のネクタイを右手でつかんで「モデルクラブ」横の暗い路地へ強く引っ張った。

頭部打撲に顔面挫傷で血だらけ

「キャンペーン歌手を殴る　具志川署、組員を逮捕」の見出しで1992（平成4）年8月20日（木）の琉球新報夕刊。「具志川署は19日午後9時5分、宣伝のためスナックを訪れていた歌手の男性を角材で頭を殴打するなどの暴行を加えた具志川市宮里の3代目旭琉会錦志一家の組員M容疑者(37)を傷害の疑いで逮捕した。同署の調べではM容疑者は11日午前2時半ごろ、具志川市内のスナックで飲酒。宣伝のためスナックを訪れた東京都墨田区に住む男性(40)に、あいさつに来なかったと因縁をつけて、路上で角材を持って頭を殴打し、さらに顔を殴るなどして頭部打撲、顔面挫傷の全治1週間の傷を負わせた」という記事が掲載された。

9月1日（火）、大阪北新地行脚キャンペーンを始めたばかりの私に、沖縄県具志川署の儀武刑事から「暴力団の男を起訴に持ち込みたいので警察へ協力してもらえませんか。佐藤検事からそちらへ電話がいくまで外出せずに待機していて下さい」との電話があった。間もなく検事から電話が来た。「沖縄へ戻れませんか」との声に「大阪へ来たばかりでしばらくは帰れそうもありません」と返答すると「彼はあなたには全く手出しはしていない。殴ったのは一方的にあなただと言い張って弁護士を立てています。あなたが証言に立たなければ、不利になりますよ」と言われた。

「キャンペーンのため部屋を借りたばかりですので、帰沖する経済的余裕がありません」と返答すると「航空賃に1泊のホテル代金は国税で賄《まかな》います。来られるスケジュールをなんとか作って下さい」と言って検事は電話を切った。

それにしてもあの男、一方的に私が殴ったとはどういう奴だ。あの時、男に「モデルクラブ」横の暗い路地へネクタイを引っ張られて「私があなたに何か悪いことでもしたんですか、警察を呼んで話し合いましょう」と抵抗すると、男は「警察を呼ぶーッ！　オオー呼んで見い！」と怒鳴って、私のネクタイを強く引っ張り上げて首を絞めた。すると連れの男が「店に電話が掛かって来ているよ」と男を呼びに来た。男は「ヤー逃げるなよ、逃げたらヤー、とことん探し出しちからに殺《くる》さりんどーッ！」と捨て台詞を残して「モデルクラブ」に入っていった。

この間、逃げた方がいいかどうか迷った。しかし、具志川どころか沖縄全島のネオン街に私のポスターは貼りめぐらされている。今逃げたら今後、私はビクビクしながら郷土を歩かねばならなくなる。弱気になったらいかん、逃げたら本当に探して来るかも知れない。沖縄での連絡先である姉宅にも迷惑をかけてしまう、と気をもんでいるうちに、戻って来た男は私のネクタイを右手でいじくりながら「ヤー根情あるなあ、エエ上等や来い！」と今度は左手でキャンペーン用法被《はっぴ》をつかんで暗い路地の奥へと引き摺った。その拍子に法被はビリビリ引き裂かれ、ワイシャツの胸ポケットも引き裂かれた。姿形、喋り具合から暴力団員かも知れない。

この「モデルクラブ」の２階が組事務所で、そこへ連れて行こうとしているのかも知れないと思った。一瞬怯んだ。その隙に男は金縁メガネを外したかと思うといきなり背にした角材（暗くてよく見えなかった）を取って力の限り、私を殴打した。反射的に左腕で受けたのだが角材が真っ二つに折れた勢いで頭部左顔面にも当たった。まさに一瞬だった。私はとっさに男の両腕を押さえて取っ組み争いとなった。その間、私の生温かい血が左頬を湿らし、耳たぶやあごからポタポタ落ちてくるのが解った。

首を絞められ角材の殴打に反撃

12月8日（火）裁判の前日に帰沖した私は、約束の時間午後1時半を守って沖縄法務合同庁舎・那覇地方検察庁沖縄支部・佐藤隆文検事事務所を訪ねた。「よろしく」とはつらつとした30歳位の検事は、右手で名刺を差し出しながらソファーに座って「わざわざのご協力ご苦労様です。どうぞお掛けください。俳優さんでもあるんでしたら、ドラマでこういう経験をした覚えはありませんか。主にどんな役が多かったんですか」と尋ねられた。

私は「よろしくお願いいたします。テレビではGメン75や少年探偵団、刑事くん、新宿警察で刑事役や新聞記者にお巡りさんの役を何本か演じました。特に思い出に残る作品と言えば故沖雅也さんとコンビで十朱幸代さん原田芳雄さんを尾行する熱血刑事役を演じた日本テレビの〝甦る日々〟です。そして高橋英樹さんと松尾嘉代さんが検事役に扮した〝判決〟というドラマで航空機ニアミス事件の被告人（官制塔員）役を法廷の証言台に立って演じた事があります」と返答した。

「それなら大丈夫。法廷では上がっちゃって何も話せなくなる人もいますから」と、検事は調書を捲《めく》りながら「あんな奴は何としても留置場にぶち込まなければならない奴ですよ。しょっちゅう、因縁をつけた暴力や若い娘達への嫌がらせ・暴行といった小物事件ばかりで来るどうしょうもない奴だ。どうぞ聞かれた事だけをありのままに。明日は裁判の30分前にここで軽い打ち合わせをやってから10時10分前に一緒に法廷に入るというのはいかがですか」と言われた。「おっしゃる通りに致します。他府県でならまだしも、郷土であんな日に遇うなんて残念でなりません」と返答しながら、男に角材が真っ二つに折れるほど殴打されて喧嘩となった夜がよみがえった。

私の白い車のトランクにポタポタ滴《したた》る自分の血を見て逆上した私は「貴様、貴様が酒飲んで意気がって遊んでる夜に、俺がどんな思いをして歩いてると思ってるんだ！　どれほど命を張って暴力団やってるか知らんが、貴様のような奴が怖くて夜の街が歩けるか、俺は貴様のような奴が百人タバになっても歩けない道を毎晩命懸けで歩いてるんだーッ」と、力を振り絞って逆転した私は、右手で男の顔や顎《あご》を強く車のトランクに押しつけ「俺の血が止まるまで、とことん相手になってやる」と込み上げる怒りをまくし立てながら男を歩道へ押し倒した。

何人かの酔客や見送りのホステス達が見て見ぬふりをして行く。男は立ち上がって、また人目につかない暗い路地へ「来い来い」と手招きした。「こうなったら、どこへでも行ってやる」。開き直った私は「モデルクラブ」のコンクリート壁を背に男と相対峙して路地に行きかけた。するとと男に殴打された際に折れた角材の半分が足下にあった。〝男に拾われたらいかん〟と思った私は素早く角材を拾って身構えた、と同時に突進して来た男は私の首を両手で絞めた。首を締め付けられたまま、左手で男の胸を押しながらコンクリート壁奥のカドまで取っ組み合い、執拗《しつよう》に首を絞めてくる男の馬鹿力に息苦しくなった私は無我夢中で右手に持った角材を男の頭に振り下ろした。

「アーッ！」と声を上げて男はうつ伏せに倒れた。月灯かりの駐車場でピクリとも動かなくなった。「ゼーゼー」息切れして気分が悪くなった私は角材を放り、やっとの思いで車のハンドルを取って那覇方面へ向かった。しかし、男の事が気になりだして途中でUターン。現場で男はまだうつ伏せに伸びたままだった。

「まさか死んでしまったのではないだろうか、起き上がって歯向かって来るのではないだろうか」という不安に揺れながら、私は「大丈夫か」と恐る恐る男の右肩を触って見た。すると男は「う〜ん」とうなって仰向けに寝返った。思わず「ハッ」と驚いて飛び、身構えた私は「大丈夫だな」と思い再び車に戻った。傷口をタオルで押さえながら右の片手で運転しているうちに胃袋の異物が大波のように喉元まで寄せては返す。堪《こら》えきれなくなった私は途中で停車して3回嘔吐《おうと》した。

血だらけの姿、旧友の店で治療

深夜にこんな血だらけの姿で姉宅へ行くわけにも行くまい。傷の手当てをどこでやったらいいのか。頭部左から滴る血が襟首を染める。出血多量で気を失いはしないか、那覇への道が遠い。喧嘩とはこんなに疲労するものなのか。今頃になって腕の筋肉がパンパン張って車のハンドルを握る手にも力が入らない。ようやく国道58号線沿いの那覇市前島にある「居酒屋とり一」の扉を開いた。「いらっしゃい」と声を掛けるマスター（同級生の親友・新里博正）に「ゴメン博坊、救急箱はないか」と尋ねた。

「どうしたの？」私を見た親友はカウンターキッチンから足早に出て来てウイスキーを傷口に吹きかけて洗ってくれたが、血が止まりそうにない。従業員の娘（正美）さんに薬と包帯を買って来てもらい、素早く手当てしてくれた。血に染まったワイシャツも鍋の湯で洗い、私には自分のTシャツを着させてくれた。「手が震えて上手くふき取れないよ〜」と正美さんは懸命だったが、空手4段の親友は落ち着いていて、流石《さすが》に手際が良かった。これが姉宅だったら夜中の大騒ぎとなって大変だったかも知れない。親友の店に来て良かったと思った。心で博坊に合掌した。

上野小学校6年の頃、父を亡くした博坊は生計の都合上、那覇へ転校することになり「いつまでも僕の事を忘れないでよぉー」と新品の鉛筆を1本、私にくれた。新しい鉛筆は誰でもが貴重（貰えるのは正月か運動会くらい）なものだった。それが忘れられず22年ぶりに再会したときは鉛筆の話をしたのだが、博坊はすっかり忘れていた。残念に思えたが、それからは沖縄行脚キャンペーンの際には南部、中部、北部どこだろうと、帰りは必ずこの店に寄って、博坊のメニュー通りの美味しい夜食を取りながら語り合う時が、唯一疲れを癒《いや》す休息となっていた。

傷口の手当てが済んで落ち着くと、私はまた男の事が気になりだした。電話番号を調べ、「スナックN」のママさんに男の名前を尋ねたら「Mという遊《あし》バーよ」と教えてくれた。男が脳内出血をしてないだろうか、まだ倒れていたら病院に連れて行こうと思って「もう1回現場を見に行くよ」と席を立った。「ちょっと待て、心配だから俺もついてってやるよ。もしも仲間でも来ていたら大変だから、俺の車で行こう」と言ってくれた親友と現場へ行った。男はいなかった。私が「博坊、遊《あし》ばーって遊び人の事かい」と尋ねると「暴力団の事さあ」と親友は返答した。やっぱりそうか。「暴力団と関わりをもってしまったのか、困ったな」と思った私は「博坊、今から警察に届けに行こうか、相手が生きてるか死んでるかも分からないし」と相談した。「その方がいいさあ、暴力団なら後から嫌がらせをするかも知れないし、俺も手当てした状況を話すからこのまま那覇署に行こう」と運転する親友。

那覇署の第一刑事課へ行くと、「いま強盗事件が発生してごった返している。何で具志川で起きた事件を那覇署へ持って来たんだ。衣類に付着した血はなるべく拭き取らないようにして、朝になったら病院へ行って医者に診断書を書いてもらい、それを持って具志川署へ行きなさい」と言われた。那覇署を出て親友と別れた私は宿に戻ってひと眠りしてから浦添の丸勝中央クリニック科で診察してもらい、「これは傷が深い。念のため頭のレントゲンを撮って見よう」と言われて撮られた。頭部に異常はなく、傷口を8針縫って、破傷風止めの注射を左肩に1本打たれた。「頭部打撲、顔面挫傷の全治1週間の裂傷」の診断書を持って具志川署へ行った。儀武刑事が調査室で取り調べ後、現場検証で写真を撮られ、また調査室へ案内された。昨夜から何も食べていない。午後3時頃に空腹を訴えると刑事は沖縄そばを取ってくれた。

取り調べに「私を角材で殴打した男は40歳位で金縁メガネをした色黒のガッチリした小太りの１７０cm位の男」と返答すると、刑事は「この中にいるか」とナンバー付きの分厚い写真本をめくらせた。「ナンバー3の男です」と指差した。男はM37歳と判明した。調査というものは、ドラマの世界と違って現実は長い時間がかかる。儀武刑事は「話を聞いていると最初は相手が悪かったが、最後は相手にケガをさせたあなたも悪い。そこで相手を殴った自分も悪いと思い、ケガをした相手が心配になって警察へ届け出たのではないのか」と鋭く胸中を射された。「はいそうです。申し訳ありませんでした」と私は素直に頭を下げて詫びた。「暴力団の手口は最初は低姿勢で近づいて来て骨の髄までしゃぶりつくす。今後彼らから電話の呼び出しや告訴取り下げの話があっても、自分の判断で彼らとの話し合いに応じてはいけない。この問題は全て警察に委ねてあると伝えなさい。それで決着がつく。彼らの口車に乗ったらズルズルと泥沼へ落ちて行く。あなたは警察に届け出て良かったのだ」と刑事は微笑んだ。「有難うございます。お手数お掛けしてすみませんでした」と頭を下げて具志川署を出たら夜9時半になっていた。長い緊張から解放されたのか、全身が気だるく、首も腕も脇も胸も背中も痛い。車を運転し、国道58号線沿い大謝名のラーメン屋に入り、味噌ラーメン・ライスを食べて痛み止めの薬と内服薬を飲んで車に戻った。

威圧感みなぎる中で法廷証言

12月9日（水）雨、那覇地方裁判所沖縄支部の法廷傍聴席に座ってしばらくすると裁判長に向かって左側の扉が開き、手錠をかけられたあの男Mが警官二人に連行されて入って来た。前列席中央まで来て立ち止まったMは横目で私を一瞥した後、警官に両側から挟まれて座った。と同時に右側の廊下から暴力団風の男達がゾロゾロ入って来て全員が私をにらみつけ、瞬く間に傍聴席を威圧的な雰囲気で埋め尽くした。「暴力団員の裁判ではいつもの事だ。あのようにして無言で証人を脅かすのが彼らのやり口だ」と後に佐藤検事から聞かされた。

裁判長に呼ばれ私は席を立って証人台に進み「良心に従って何事も隠さず、偽りを言わず、正直に述べます」と宣誓して証言した。

日本全国行脚していろんな人々に出会って来たが、殴られるようなことは一度もなかった。6年間も夜の街を歩いているのだから、こんな事が1回くらいあっても不思議はないのかも知れない。これがキャンペーン先の店内でなくて済んだのが、せめてもの救いである。

１９９３（平成５）年３月11日（木）「Mの懲役2年、実刑判決2年が下りた。Mからの控訴なし」との電話連絡を受けた。名護で見た順則聖人碑の「静かなれそめれ　常に身が心　波立たん水ど　影やうつる」が浮かんで、自分の未熟さがまた浮き彫りになる。

東京・新宿歌舞伎町の吹雪

墨田区向島の部屋を後にして吹雪の中を担ぐキャンペーン荷は重たい。傘を差して、いつものように東武曳舟駅から亀戸行き夜10時５分の電車に飛び乗った。総武線に乗り換えて、アジア最大の歓楽街といわれている新宿歌舞伎町を行脚してから1カ月間が過ぎた。

１９９２（平成４）年1月31日（金）、森進一新春特別公演を飾っているコマ劇場の通りでは、いそべ焼、タコ焼、大判焼、おでん、ラーメン等の屋台が並び、地べたでは外国人たちのアクセサリーや絵画にオモチャ等も店頭を出す。

シャッターが降りた店の前では手相占師がいたり、外国人がいろんな楽器を使って演奏をし、ギターケースに投げ銭を受けていたりする。ほかにテレクラ、ファッションヘルス、のぞき部屋、ソープランド等のプラカードを持って立っている人、客引きをしている人、寒そうに店のサービス券を配っているミニスカートのギャル達、酔いつぶれているアベック、グループで大声をあげて言い争っている若者達の興奮のるつぼ。歌舞伎町はさすがに不気味である。それに今夜は吹雪が舞い、無口で急ぎ足の人ばかりだ。

ビルの谷間の路地は、みるみる傘に雪が積り重たく体にも雪が打つ。とにかく早く飲食街ビルの中へ飛び込まなければぬれてしまう。立ち並ぶ1つのビルには、大体40軒位の飲食店が入っているが、そのうち唄わせてもらえる店は3軒位だ。都会はいい服を着飾っていても心は貧しく、淋しく、他人に情けを掛ける余裕はなさそうだ。それを思えば40軒のうちの3軒のお店は私にとって、感慨深い歌舞伎町行脚だった。

今夜は丸源ビルを9階から地下1階まで叩いた店の扉が54軒、歌わせてくれた店が5軒だった。「スナックゆう」のママさんが「雪で大変でしょうけど頑張ってね」とご祝儀をくれた。私はお礼にテープとブックを差し上げながら名刺をいただきたかったが、「名刺はないの。気にしないで。頑張って新宿を回ってみて」と微笑んだ。カウンターに座っていた男性客2人もテープを買って応援してくれた。「ON&ON」店でも3本。「折鶴」店でも奄美大島の3人がカウンターで飲んでいて「ウチナーンチュー、頑張れーッ」と3本応援してくれた。某店では「歌うだけならいいけど後でテープ買えと言っちゃあ嫌よ。どうせ買ったって聴きゃあしないんだから」とママさんが煩《わずら》わしそうに言った。するとソファー席のお客から「唄わせてあげてもいいじゃないか、唄って勝負してみな！」と声が掛かって、歌うと4本売れた。「早苗」店には「ゴメンネ、お客が1人もいなくて閉めるとこなの、外は雪だし」と言われ、他の店の扉を叩き流しているところへ「早苗」のママさんが下の階段まで、わざわざ私を探しに来て「今、お客が1人入ったから唄いに来て、後30分で閉めるから早くね」と声を掛けてくれた。思いがけない事に嬉しくてお客1人とカウンター嬢とママさん3人の前で唄った。

「3人分頂戴、残りは応援金よ」とママさんはテープ代金にご祝儀を添えてくれた。そして「新宿キャンペーンの間はいつでも来てね。お客さん3人位しか入らない店だけど、あなたが来たらお客には必ず買わせるわ。知ってる店も2、3軒は紹介するわ。雪が晴れたら来てね。1本でも2本でもいいでしょう、今夜はヘネシーをおごるから体を温めて帰んなさい」と言った。

私はグラスに出されたヘネシーを飲んで体の芯まで人の情けに励まされながら、最終電車の時間が迫る駅へ急いだ。やっと地下への階段を降りると駅への通路はもうシャッターが降りていた。やむなく階段を上がって吹雪の中を改札口へ急いだ。新宿駅ホームにも雪は激しく、線路も雪に埋れていた。電車の遅れが幸いして無事に乗車が出来た。亀戸駅ホームも横殴りの大雪だ。早くドアが閉まればいいのに車内まで追いかけて来る風雪に吐息は白く肩も震えた。ああ故郷は今頃、砂糖キビ収穫の真っ最中かなあ……私も4月までには新宿キャンペーンを終えねばなるまい。

雨の那覇東町キャンペーン

限られた時間内に那覇の東町をカラオケで唄い流すことに挑む。「今夜1軒でも多く夢の扉を開こう」と精進する托鉢演歌道をスピードアップするには不要な手間を省く。歌わせない店やCDを買わない言い訳をする人の前ではいつまでも立ち止まらない。ガラの悪い人に絡まれる場には、出来るだけ身を置かない。そんな場合は思い切って立ち去ること。でなければどこかの店で私を待つ必要な人に出会える時間がなくなる。

「なんでラジオ番組まで持っている有名な先生が1人で回っているの」と言う声が聞こえる。自分でやらなければ自分の人間修行にならないから、他人がどう見ているかなんて、小さなことにこだわっている場合じゃない。連日連夜、私は自分のオリジナルの歌を唄い流している。それを「カッコいい」と見る人がいれば「カッコ悪い」と見る人もいる。そういった見方に振り回されてジタバタしない。飛び込み、行き当たりバッタリ、無条件だからこそ人間修行になると自分で決めた托鉢演歌道。

「Ｂａｒｌ貴」で「僕は服でも定価で買ったことがないんですよ。ＣＤ安くなりませんか」という男性客に対して、難しく考えないで即「いいですよ～！　幾らでなら買っていただけるんですか」と明るく返答したら「頑張ってよ。あの大泉の〝孫〟という歌だって売れたんだから」と定価どころか１万円で買ってくれたプーさんと名乗る男性客が印象に残る。「ラジオで聴いていますよ～雄大さん、レーザーディスクの〝愛さえあれば〟で映っている〝居酒屋泉〟、今はもうなくなったわ。一緒に映っている稲嶺盛吉先生の琉球泡グラス、私も持っているわ。ＣＤ私にも２枚頂戴」と歓迎してくれた女性客もいる。「夜釣りをしながらラジオで聴いて、すごい人が沖縄にもいるなぁと思っていました。僕にもＣＤ頂戴。つり銭はいいよ。頑張って」と激励してくれた男性客もいる。

　人は生まれてから死ぬまで多くの人の恩を受けているのだろうか。受けた恩は返さなければならないと思うと切ない。次の店「磯花」のママさんが「奇遇だわ～雄大さん、きのう噂してたのよ！　応援するわ」と歓迎してくれた。今夜も私を待っている有難い人がいた事に、自分の道の大切さを知って素晴らしい夜となる。「スナック銀馬車」のママさんが唄い終わった私のＣＤを５枚購入して「いいとこへ来たわね、雄大さん。ここに来て座って。ここにいる皆さんは宮古のＪＡ伊良部町の方々よ」とボックス席の男性客５名にプレゼントした。渡久山と名乗る男性客が「うえち雄大さんは農協のカウンターで唄ってキャンペーンしてくれた事があるよ」と握手。懐かしい。「家庭スナックあり花」のママさんが「私も店の3周年をやりたいと意気込んでいます。ぜひキャンペーンにいらして唄って下さい。日当を払いますから。こんなにしてね、雄大さんみたいに頑張らないといけないわよね」と微笑みながらCDを購入してくれた。私もママさんを応援したい気持ちになる。同じ夜の仕事をして時間を費やすなら、ママさんのように目的を明確にして愉快な雰囲気の店で唄いたいものである。やる気のある人は傍から見ていても活気があり､楽しい気分になる。やる気のない人の陰湿な空気は伝染しやすく、憂鬱《ゆううつ》な気分になる。考え方次第で人生は愉しくなる。「居酒屋かあちゃん」で働いているオカマのチーコさんが「雄大さん久し振り〜！　唄ってって〜！　ねぇみんなもCD買って上げて〜」と歓迎してくれた。お陰でCD「雄大の夢扉」を3名の男性客も買ってくれた。

わが托鉢演歌道は、形式にとらわれないでCD販売の成果を上げるために唄い流すことと、酔客の席に呼ばれてグラスを交わす仕草などが混在している。例えば、お客様より自分のグラスを上にして交わしてはいけない。常にお客様を立てて自分のグラスはお客様より少し下げて交わすのが好まれる。「桜小路酔処」のマスターが「誰に聞いてこの店に来たの？　本当に1人で歩いているの？　イヤーよくぞこんな場末まで来てくれて有難うございます。イヤーなんて言っていいか、偉《えら》い！　CD応援させてもらいます」と感心しきり。

カウンターで飲んでいた女性客も「豊見城で飲んでいたとき聴いたことがあるわ。〝愛さえあれば〝だったわね。でも今の〝雄大の夢扉〟内容がよくて、今の歌の方が好きさあ、1枚頂戴」と激励してくれた。ああ、こんな方々がいる限り、何があってもポジティブ街道まっしぐら！　今すぐ出来ることは、マイクを握って唄うことだから一生懸命唄い切ろう！

那覇ブルース

作詞・上地雄大／作曲&編曲・竹村次郎／歌・うえち雄大

ネオンの隅の薄明かり
今も影ふたつ　揺れてる前島で
少ない言葉だったけど
近く感じた夫婦橋　ああ夫婦橋

夜景を観てた　泊港
そっと抱き合った冷たい風の中
確かめ合った若狭まで
流されていく安里川　ああ安里川

愛する事を怖がって
指の先までも冷たい久茂地川
あなたの温もりくださいね
歩き疲れた桜坂　ああ桜坂

福岡市天神の親不孝通り

東京で劇団仲間だった典本一馬さんが、福岡市天神の親不孝通りで「キッドブルー」店を営んで5年になる。38歳を迎えた彼から「誠に恐れ入りますが、結婚披露宴当日一言お言葉を賜ります様お願い申し上げます」と案内状をもらい出席した。私はお祝いの言葉を述べた。「一馬さん、悦子さん、ご結婚おめでとうございます。育った環境も、生きて来た歩みも違う男性と女性が一緒になるのです。性格の不一致は最初から当然あるのです。それを埋め合わせてお互いが成長して行くのが夫婦生活です。それには愛情が最も大切です。どうか愚図り合い責め合うよりは、いたわり合って精神的に豊かな家庭を築きあげて下さい。詩人あいだみつをさんの詩を贈って終わりにします。

―いのちの根、涙をこらえて　悲しみに耐えるとき　愚痴を言わずに　苦しみに耐えるとき　言い訳をしないで　黙って批判に耐えるとき　怒りを抑えて　じっと屈辱に耐えるとき　あなたの眼の色が深くなり、命の根が深くなる―

１９９８（平成10）年９月12日（土）結婚式に招かれたのをキッカケに８年ぶりに福岡行脚キャンペーンをして、天神の親不孝通りを歩いて見た。中洲のネオン街も歩いた。昼でも人通りが多い。夜ともなれば、年輩客も多く演歌が似合う街だったが、果たして今回はどんな体験が出来るのか楽しみでもあり不安でもある。

８年前は５軒に１軒のペースで歌わせてくれる店はあったが、今回は歩いて見なければ分からない。私にはこの街の印象は良く、「博多の人は実に面倒見が良いです。気に入れば損得抜きでトコトン面倒を見てくれる土地柄ですね」と１９９０（平成２）年３月２日（金）の西日本新聞に掲載されたものだ。

劇団時代の仲間、七浦一典さんが悦子さんと結婚。披露宴で祝辞を述べた私

懐かしい春吉川のほとりには相変わらずラーメ

ン屋台がズラリと並んでいる。８年前の真冬、粉雪舞う春吉川の橋を渡ると「シティーサウナ二幸」があった。朝食付き２５００円のカプセルを宿にして2カ月間、博多区中洲のネオン街をキャンペーンした。

だが今は「シティーサウナ二幸」も駐車場に変わっていた。再会を楽しみに来たのに残念である。あの時お世話になった鳴尾総支配人や井上さん達は今頃、どこでどのようにしているのだろう。８年の歳月で世の中はさらに厳しくなったようだ。明日から覚悟してネオン街に飛び込んで店の扉を開かねばなるまい。あれこれ思案しながら春吉三丁目でようやく素泊まり３千円の宿を見つけて「古い宿だけど寝られれば良い」と予約した。

翌13日（日）福岡ドーム傍のシーホークホテルからタクシーで到着すると、おかみさん（みわ子・70歳位）が出迎えた。「あなたの靴、新しいから靴箱には入れないで、自分の部屋に持っていかれた方がいいですよ。誰かに履いて行かれるといけませんから。浴場は夕方5時過ぎなら、好きな時間に入って下さい」と案内される「旅館ふる里」の廊下も階段もギイギイきしむ。階段は急で、重いトランクを運びながら私は「危ないな」と思い、手摺りに頼りながらゆっくり上がった。６畳の部屋にはゴザむしろが敷かれ、ちゃぶ台に小さなテレビが置いてある。その横に寝床。カーテンを開けると窓はホコリだらけだ。「１００円入れると2時間クーラーが付きます」と案内された。

「おかみさんは甘い物はお好きですか。お近づきのしるしにどうぞ。これはとりあえず今晩の分です」と3千円を添えて、結婚披露宴の引き出物アンコ饅頭を箱ごと差し出すと「甘い物は大好き」と大層喜んでくれた。「明日も泊るんでしょう」と尋ねられ、「はい、よろしくお願いします」と返答すると、安心した表情を作ったおかみさんはカギを手渡して階段を降りた。座ると、なぜか足がかゆい。ダニがいるのだろうか、しかし素泊まり3千円の宿、仕方があるまい。

沖縄訛《なま》り・日本映画界の矛盾

お茶も出ない、何にも出ない部屋でテレビをつけると粒子が粗い。目に悪いと思いスイッチを切ると耳元でブーンと蚊《か》がうなった。もう一度テレビをつけた。すると「日本人になろうとして日本人になれなかった男、そして沖縄人になろうとして沖縄人になれなかった男」と、作家の市川森一と藤本義一が話すウルトラマンを作った男・金城哲夫の生涯を偶然にも観た。「沖縄にもこんなすごい男がいたのか」と涙が出た。「金城哲夫こそ最も素晴らしい立派な沖縄人だ」と心から思った。大都会にいようが田舎にいようが、沖縄を愛する彼の心そのものが沖縄人の中の沖縄人だ。私にも彼と同じような思いがある。

奇しくも彼が沖縄へ帰還した昭和45年の琉球政府時代、私はパスポート片手に上京した。以来、沖縄なまりがひどいと言われ続け、俳優として非常に苦い経験をした。結局、下積み生活24年間を繰り返した挙句、帰還してしまった私は沖縄芝居が出来ない。沖縄方言がしゃべれない沖縄人になっていたからだ。東京から沖縄に撮影に来る映画やテレビも、私に声が掛かって来るときは、決まって聞かれるのが「沖縄の方言は使えますか」である。そのたびに私は「使えません」とキッパリ断るしかない。「沖縄なまりを直せ、直さなければ使わない」とニヤニヤ笑っていた日本映画界。帰郷した私に今度は「沖縄なまりを出せ、なまりを出さなければ使わない」と声を掛けて来る。「結構です」と返答する私も最近では映画に出たいという気持ちも薄れて来た。

私はウチナー口を使えない沖縄の俳優なのだ。「沖縄なまりを直さなければ日本芸能界では生きて行けない」と言われ続けて、日本語発音アクセント辞典を頼りに東京で頑張った。しかし不思議に思ったのは、左卜伝や伴淳三郎、千昌夫らの東北なまりや関西なまりは通用しているのに「なぜ、沖縄なまりが使えないんだ」という思いでいっぱいだった。

矛盾を感じながら、入って来た仕事の役柄だけはなまらないで演じられるまでに頑張ったのだ。しかし現在、芸能活動の拠点を沖縄に移した私に対して「標準語で演じて映画に出てください。テレビに出て下さい」という状況は全くなくなった。自分で企画するか、自分なりの歩みを続ける以外、私はこの世界で生き残れる方法はないと思える。やたらと忙しいばかりの毎日に、自分で制作出版してネオン街を、荷物を担いで店の扉を一軒一軒開いて、ポスターを張って、唄って、テープ販売をして歩くしか前に進めない。「売り込みが足りないよ。頑張りが足りないよ」との声に返す言葉もなく、拳を握るばかりである。

扉を開ける勇気が湧くまで

「カッコ良すぎます、いってらっしゃ～い」とメガネをかけた小太りの若い女性が「私じゃ駄目よねえ～。お兄さん、これからお仕事？　ねえ、どこまで行くの？」と声を掛けて来る。「今日は会社休んで遊んでるの。私で良かったら遊びに行かない」とジーパン姿の若い娘がなにやらポン引きの様子。春吉３丁目の「旅館ふる里」から中洲のネオン街に出向く通りで、昨日は赤いスーツ姿の娘や黒いパンタロン姿の娘達が煙草をくゆらせてジロジロ好色な眼を向けてくる。声を掛けられるのが煩わしい。私は彼女らと目を合わせないように足早に無言で通り過ぎると、話し込んでいる３人組の１人のおばさんが「お兄さん旅行？　何処から来たの？　とっても可愛い若い娘が来てるのよ。お兄さん運が良いわぁ～、素人の娘よ、ねえ、安くしとくから会って見ない。１時間位なら時間作れるでしょう？　この娘わけありでね、週に一遍だけアルバイトに来るのよ。普段はＯＬよ。会うだけ会って。ね、ね、駄目なら駄目でいいからさ。きっと気に入ると思うの。私が保証するわ。いいでしょう。決まり、決めた、行こ、行こ」と私と並んで歩く60歳位の体の大きな女性は私の右腕を組んで引っ張った。

「これから仕事ですので、申し訳ないが他の人を当たって下さい」と返答すると、その女性は笑っていた表情を閉ざして腕を離した。通りの電柱や木にはダンボールやベニヤ板に糊付けされたさまざまな風俗営業のポスターがくくられて風にわびしく揺れている。ホテル通りを過ぎて大通りへ出ると、夜間の道路工事する人達がユンボでヤンマーを下ろしたり電気コードを引っ張ったりの作業をしている。

春吉のエースタウンビルを7階までキャンペーンしようと決め、エレベーターのボタンを押してドアが開くのを待った。後ろから「お休みなさぁ〜い」と客を見送る店のママさんらしき着物姿の女性が小股で近づいて来た。なぜかエレベーター内で2人っきりは気が引ける。女性が乗るエレベーターのドアが閉まるのを見て次に降りてくるエレベーターを待つことにした。すると今度は「有難う御座いま〜す」男性客を見送る4人のホステス達が賑やかに降りて来た。すれ違いに同伴を装った1組のカップルが乗って行った。私はまたタイミングを逃した。

今度は先程降りたホステス達4人がまたも賑やかに乗って行く。今夜は一体どうしたというのだ。エレベーターに乗る勇気が出ないではないか。博多ネオンの眩しさに負けたのか。こんな気持ちになる事はこれまでにもたびたびあった。そのたびに自分を励ますため「心に扉を開く勇気が湧いて来るまで」1時間でも2時間でもキャンペーン荷を両手に持ってネオン街を歩いて体を慣らせてきた。今夜もいつものように自分の心を暖めることから始めねばなるまい。

華やかな舞台後は心が萎える

結婚当時、たくさんの方々から祝福を受けて新婚旅行は人もうらやむヨーロッパへ。ハッピーな気分で１週間以上も家内と新しい人生の夢を語り合いながら愉しんで帰って来た。その後の現実とのギャップがあり過ぎて、いざネオン街キャンペーンに出向くとなると、心も体も灰になったように何にもしたくない。ハングリー精神はどこへ行ったのやら、扉を開く勇気が出ない。人は華やかな舞台から降りた後は心が萎えるようだ。幸せの後には苦しみが待っている。足元を見て人生を見直せと神様が浮かれ過ぎた私に試練を与えているのかも知れない。博多まで来た以上、重たい足を引きずってでも進まなければならない。

「継続は力なり」とは良くいったものだ。体まずに唄い流さないと、いつものように軽いテンポで進めない怖ろしさを体験している。夢から覚めた後の現実の風は厳しい。エースタウンビル１階から７階まで30軒の扉を開く決心はもろくも崩れ落ち、己の崩れた心を拾うため春吉川の橋を渡って中洲ネオン街を歩いた。そして福岡松竹で映画「ＢＡＥＴ」を観た。沖縄で話題になっていたのを思い出し興味津々だったが、私の期待は見事に外れた。若い女性1人に私を含めた男性4人、たった5人しか客も入ってなかったせいかも知れない。超満員席の中で観ていたら、少しは楽しめたのかも知れないが、今夜の精神状態ではなおさら楽しめなかった。敢えていうなら米兵のライアン役だけが印象に残っている。

映画館を出てまた中州のネオン街を歩いた。8年前に来たときは、3千軒はあるというネオン街に圧倒されたものだ。当時はまるで、東京の銀座が博多に移動したような錯覚に陥るくらいに高級なイメージだった中州のネオン街は、今やノーパンクラブや性感エステにビデオ個室等々の風俗営業店ばかり、まるで新宿歌舞伎町と化してしまったようだ。東京と同じく韓国や台湾、フィリピン人女性らの客引きも多く、チラシを持ったボーイ達の誘いもいちいち断りながら歩くのは面倒である。春吉川の橋を渡って戻った私は漸くエースタウンビルのエレベーターに乗って7階のボタンを押した。ガラスの向こうに色とりどりのネオンが見える。その下では、さまざまな人間模様が毎晩展開されているのだ。

損得を忘れて川のネオン・まだゆらゆらと

再度戻って春吉のエースタウンビルのエレベーターで7階に着く間、なぜかネオンの灯がわびしく見える。

今夜は7階の店の扉を全軒叩いて門前払いされ、次に6階の店の扉も全軒叩いて門前払いされ、合計12軒の店に断られた。そこで私はようやく扉を開く勇気が湧いてきた自分に「大丈夫その調子だ」と言い聞かせる。「断られてもいい。先ずは目前の店の扉を叩いてみなくては始まらない雄大の夢扉である。

1998（平成10）年9月17日「今日はもう帰るんですよぉ～。済みませぇ～ん」と断る「スナックシュガー」。ここは西中洲のライオンビル高山館。「私もシャンソン歌手で九州代表になったんですよ」と右手を挙げて門前払いされた「夢うさぎ」店を出たが「ちょっと、断ったら何だか悪いなあと思っちゃって、今夜はどこか唄わせてくれる店あった？　うちで良かったらどうぞ。カセットテープ持って歩いてるの？　じゃあ僕が1本買うよ。テープだけでいいの？」と尋ねるマスターに「テープも買うかどうかはお客様次第です。どうぞご無理はなさらないでください」と頭を下げて名刺を渡すと「沖縄なんだぁ～、僕、2回しか行ってないけど、沖縄大好

福岡の博多ネオン街行脚キャンペーン中州にて

き。今度沖縄へ行く時、連絡してもいいかなあ」とマスター（省三さん）は微笑んだ。「どうぞ、ぜひいらして下さい」と握手して唄った。1本買ってもらい店を出た。

「どうぞ好きなところにポスターを貼って唄って下さい」と快く迎えて唄わせてくれた店「紳貴郎《しんきろう》」で「少し休んで行かれて下さい。福岡へ来られてどのくらいになるの？」とママさんはお茶と手料理を出してカウンターに座らせてくれた。すると「私にも1本テープをください」と右隣に座っている男性客がビールを注いでくれながら「あなたは本当にすごい人だよ。見知らぬ街の見知らぬ人に、頭を下げて唄い歩いてるなんて」とビールを注ぎ足した。若くて細身のママさんは席を立つ私に「もう行かれるの」と笑顔で扉を開けて「頑張ってください。疲れたら、また休みにいらしてください」と見送ってくれた。満席の店「あんていっくどーる」のママさんに「すみませぇ〜ん」と笑顔で断わられ、「スナックベルばら」では「今日はごめんなさぁ〜い」と若いママさんが1人ポツンと座っている。「和風バーわかたけ」でも「週末に来て下さぁ～い」と若いママさんが笑顔を作る。

「スナックあいつ」では「自分の足で歩いて頑張っている人、大好き。こういう人に大きくなってもらいたいよ」と九州銀行の男性客4人がママさんの分まで5本も応援してくれた。「頑張ってくださいね」と名刺をくれた品の良いきれいなママ（信子）さんが「雄大は読めるけど上地《うえち》は読めないわね。もっと一般の人が分かりやすい読み方のお名前になると良いわね」と言った。

確かに「ジョウチ、ジョウジ、カミチ、カミジ、アゲチ、ウワチ、ウエジ」と間違って読まれることが多い。私は「そうですね。沖縄では漢字の上地で問題ないんですが、東京では上智大学があるせいかジョウチ、関西ではカミチ、東北ではアゲチとかウワチと呼ばれるとこの方が多いです。それじゃ漢字じゃなくて平仮名の〝うえち〟にしたほうが良いですかね」と返答すると「その方が親しみやすそうでいいと思うわ」と微笑み、ママさんは私にまたビールを注いだ。

これ以上心許していけない思い、私は「ママさん、皆さんありがとうございます。皆さんのご厚意に甘えて、ここでゆっくりしたいのですが、私にとって夜が短いので失礼します」と言って、外の通りへ出ると仕事帰りのホステスさん達が足早に行き交う。私も帰りの「福博であい橋」で川に映るさまざまなネオンの風に涼みながら、コンビニ弁当を開けた。キャンペーン後は何を食べても何を飲んでもうまい。

年輩の客と腕を組んで通り過ぎてゆく着物姿のママさんらしき人。ベンチに寝ている人。その傍をうつむいて行く娘、急ぎ足の人、ヨロヨロ行く人、自転車で帰るホステス風の人達。語り合いながら行く若い娘、二人の香水が風に乗って香る。若いアベックがキロロの「未来」を歌っている。二人のギターはフィットして娘の声が美しい。橋から応援してくれた方々の九州銀行が見える。川のネオンはまだゆらゆら揺れている。

夢は追うがお金は追いたくない

私は昼も夜もこの「福博であい橋」が好きになった。この橋の上では昼夜若い男女がギターを持ってフォークを歌い競っている。中州のネオンが消える頃、キャンペーンを終えて帰る道すがら、那珂川の橋の上で彼らの弾き語りを聞きながらコンビニ弁当を開けるのが楽しくなった。何かを探しているんだなあ、青春しているんだなあって、彼らの歌を聴きながら私も一生懸命・一生青春。しみじみと純粋な気持ちになる。

この橋の上で遊んでいる若者達の間で、今や中洲のネオン街はヘルス街と呼ばれていることを知った。やはり私の8年ぶりの直感が当たっていた。もう中洲のネオン街はお金を追い駆ける24時間プレイタイム店の客引きばかり。キャバクラやノーパンクラブの子ギャル達が「5千円で飲み放題よ」と声を掛けて来る。それをいちいち断って歩くのは辛い。風俗店のチラシを配る子ギャル達やボーイ達の目が追い駆けて来る毎晩、ますますネオン街の客足は少なくなる様子。それを証明するかのようにノーパンキャバやノーパンクラブ、トップレス等が入っているるビルのスナックやラウンジのほとんどが閉店している。３千軒あると言われている中洲のネオン街も既に1千軒はつぶれているように思える。不況の波はここ中洲の灯をも消し続けている。地域の活力源・ネオン街はうるおってほしいものだ。

私が毎日歩くホテル通りでは夕方になると決まって電柱や並木に「性感プレイタイム」等の看板をくくりつける怪しげな男達が現れる。朝になると、それをはぎ取る老夫婦が現れる。毎日そのイタチゴッコが繰り返されているこの通りで、決まって声を掛けて来るおばさん達の顔も覚えてしまう。「若い娘がいるけど写真を見てから決めてもいいわよ」とおばさん達がささやく危なっかしい通りである。

最近、歩くと疲れやすくなって来た。年齢のせいなのか、いや多分太り過ぎだ。やせなければいけないと思う。８軒も回ると宿へ戻りたくなる。夢は追い駆けたいが、お金を追い駆けたくはない。ネオン街で千円札を追い駆けてかき集めているのかと思うとたまらなく嫌である。しかし夢を現実にするにはお金に左右される。お金が得られれば夢に向かってまい進出来る現実がある。夢を追い駆けて唄い流した分のお金は入ってくるのだ。だからたくさんのお金が入った日は、夢に向かってたくさん歩いたのだ。そう思えば救われる。

一本道を生涯歩む「求道心《ぐどうしん》」

私もそろそろ歩かなくても、この道で食べて行けることを考えなくてはならない年齢になった。「いつまでも人様の情けにすがって生きていく年齢でもないだろう。これからの若者達のために私は何をしたら良いのか。未来への時代造りに奉仕しなければならない年齢でもある。しかし、それは体裁のいい逃げ口上だ。今の自分にとっては現役であり続ける事が厳しくて困難な遠い道なのだ。しかし世間はどう見る。「いい歳して、いつまで売れない演歌歌手をやってんだ」と笑われてもいいのか。しかし「人の噂は気にするな」と唄い続けて来たではないか。雄大よ、弱音を吐くな。愚図らずに歩き続ける事だ。自分で決めた一本道を一生涯進み続ける〝求道心《ぐどうしん》〟こそが一番大切な若者達への奉仕なのだ。

9月19日（土）「サンジュリア」店のママさんに「いいや、いらないばってん、こんなねえ、たった4人しかいないとこで唄ってもねえ、何にもならんと。大勢のときにしたらどうとねえ」と断られ、廊下へ出ると「キャハハハ」と手を叩いて笑う声が聞こえた。腹が立ったが、「何と言われようと耐えなければならない道だ」と自分に言い聞かせた。「スナック風《ふう》」では快く唄わせてくれて、満席だったから気分も乗った。「おふくろ慕情」が良いと年輩男性客が1本応援してくれた。

西中洲で34軒の店の扉を叩いたが２軒しか唄わせてもらえず、第二フジクラビルでは７軒叩いて１軒も唄わせてもらえない。心が切なくキャンペーン荷を引っ提げて外へ出ると雨が降り出した。荷をぬらしてはいけないと、急いで隣のビルへ飛び込んで階段に座った。「スナック遊」のママさんが「お客さんが15分前に帰っちゃったあ。残念ねぇ頑張って下さ〜い」と１人お茶をひいている。「もう終わりにしますのでスミマセン」と「酒菜やどんこ」のネオンが消える。「SNACK順子」の可愛いママさんと同じく可愛い３人のホステスさん達が暇《ひま》を持て余していた。土曜日の夜だというのに閉まっている店も多い中洲のネオン街。「ポスターだけでも貼って行きなよ。貼り賃20万円くれるんなら」と「SNACKすくーる」の男性客がカウンターでニヤニヤ笑うのが薄気味悪い。その後20軒の店の扉を叩いて全軒に断られてしまった。福岡には丸源ビルが多い。そのどれもが約50軒の飲食店が看板を出している。内山ビルも多い。「スナック美人」のママさんが「30分早かったらねえ」とカウンターでひとり水割りを飲んで座っていた。

「金を持たん人とは付き合うな、もらえる人と付き合え。それが一流になる道や。売れない人と付き合えば売れなくなる。売れてる人と付き合えば売れる。男らしい歌を唄え」と岩原正法と名乗る男性客が20本買ってくれながら、次のような話しをした。「困難を乗り越えて自分の夢の達成のために歩く事が大切なんや。人との出逢いによってしか道は開かない。わしらの営業もそうや。良い人に出会えば営業成績は伸びる。金を持たん人と幾ら付き合っても営業成績は伸びない」と激励された店「飛鳥」を出た。その後は門前払いばかりされ、扉を開いても開いても暇な店ばかりに出会う。私の演歌道は売れない方向へ進んでいるのだろうか。「これでえんか、このままでええんか」自問自答しながら同じことを繰り返すしか術のない托鉢演歌道。「スナック・ディアフレンド」のホステスさんが「済みません、オーナーがいないんですよぉ」と。「スナック菊」のママさんは「キャンペーンご苦労さんですがお客がいないし、どうしょうか、頑張って下さぁ～い」とグラスを拭いている。「つばき」店も「お客さんいなくて済みませ～ん」。「スナックM」も「今日はお客いないから～」。「スナックタカ」も「結構です」と。「スナック青い鳥」も閑古鳥が鳴いている。ここは博多区中洲2丁目プレイスポットしんばしビル。「メンバーズスナックゆうか」のスタイルの良いママ（清香）さんが「もう少しお客さんが多かったら良かったんだけどゴメンネ。私に1本ください。CDの髪型の方が好き。この髪型にしたら」と微笑みながら応援してくれた。

「オスカル」店で「頑張って下さい」と1本。「シャトル」店でも「私も一人で頑張ってるからね。あなたも頑張って」と1本。「SNACKデュエット」でも「頑張って～ッゆうちゃ～んッ！　年末の紅白に出て下さ～い！　那覇の松山でまた会いましょう」と1本買ってくれた。この店では、山本リンダの「狙い撃ち」を見事に唄う20歳後半の色っぽいホステスさんが男性客1人1人の顔をまたぐらに挟んで腰を激しく振りながら上手に唄う。見ている方が恥ずかしいほど圧倒された。

五輪金メダルを掛けられて

中洲大通りで私の顔を見るたび、飲みに誘う24歳位の美人の台湾娘がいる。プロポーションも良いし、まるで売れっ子タレントのようにルックスも良い。「こんな可愛い子が客引きの仕事なんてもったいない」と思いながら、キャンペーン最中の私はいつも断っている。昨夜に続く中洲のプレイスポット新橋ビル４階「スナックゆきこ」のカウンターで「沖縄のテンポで作曲した歌がいいよ。市川昭介じゃあ沖縄テンポは作れないわな。俺、沖縄大好きで泡盛持ち込みで飲んでんだよ」と久米島の久米仙グリーンボトルを飲んでいる客。その隣に座っている男性客の堀さんが「頑張ってください。私も沖縄は２回ほど行ったことがあります。」と１本応援してくれた。続く５軒の店に門前払いされて「スナック志麻の部屋」でも「歌いたい人ばかりだから、よそに行って唄って」と断られた。

「あなたは運がいい。この人はソウルオリンピック・レスリングの金メダリスト・小林孝至さんだ。現在は茨城県の〝いばらぎ大使〟でもある。唄いなさい。唄いなさい」と５人組に大歓迎されてマイクを持たされた「メンバーズエルドラ」店。唄ってる最中「お花お花」と割りばしに挟んだ千円札５枚を左胸ポケットに差し込んでくれた男性客が「どうぞどうぞ座って下さい」と5人組席へ座らせてくれた。そして「いろいろご苦労が多いでしょう。私はオリンピック出場選手達をマッサージしています。あなたの肩もマッサージしてあげましょう」と、私の肩を触って「この人、すごい苦労している。見て、俺の指、冷や汗かいている。ビッショリ。こんな固い肩、初めてだよ。頭が下がります」とビールを注いで「皆さん起立して下さい。うえち雄大さんの歌が大ヒットしますようにカンパ～イ！」とみんなで激励してくれた上に、小林さんの金メダルを私の首に掛けて写真を撮ってくれて談笑。店のママ（真琴）さんも1本応援してくれた。

「スナック百合」のママさんに「お客さん1人しかいないのに、いいの？　もっと大勢いたら唄ってもらえるのに」と言われ、「1人でも聞いて頂けるのでしたら唄わせてもらいたいと思います」と返答すると、唄わせてくれて1本売れた。この道ばかりは超満員の店で唄っても売れるとは限らない。1人でもじっくり聴いて応援してくれることを何度も体験している。「ナイトインらら」のカウンターで飲んでいた男性客が「どうせ沖縄を作詞するんなら、沖縄メロディーがいいんじゃないか。〝おふくろ慕情〟これは歌謡曲だよ。俺、市川昭介の曲は応援しない。けど、あなたの頑張りを応援するよ」と1本。「野口五郎がキャンペーンした時も、テープを買って応援したことがある。そしたら、あれから直ぐ売れたよ」と言う男性客も1本、店のママさんも1本応援してくれた。「かくれんぼ」店のママさんが1人でカウンターのお客8人を相手しながら2本。男性客が2本買って「有線大賞とってよ」とガッツポーズで見送ってくれた。

他国の人情が托鉢演歌の活力源

「スナック聖子」のママ（聖子）さんがお客全員に勧めて8本売ってくれた。出会ったばかりの私のために、このような優しさが自然に出せるなんて、世の中にはこんなステキなママさんもいるのだ。厚い人情に触れるたび、頑張ろうという気力が湧いて来る。巡り合う毎晩の見知らぬ人の人情だけが演歌道を歩む活力源だ。野垂れ死にしてもいい、夜の巷の扉を開いて見て来た夢を諦めたくない。頑張って来た自分を見捨てられるものか。

「見ての通り忙しい、自分で唄うのが必死や、お断り」と門前払いされて静かに扉を閉めて次の店の扉を叩く。「花れん」店の扉を開いて「今晩は、歌のキャンペーンで1軒1軒訪ね歩いていますうえち雄大です。よろしかったらポスターだけでも1枚貼らせていただけませんか」と声を掛けたが、誰一人一言も返事をくれない。沈黙の空気の息苦しさに堪えきれなくなった。仕方なく「失礼致しました」と頭を下げて店を出た。どこの街でもこのような店に出くわすときがある。陰湿な空気が流れる店には私も気が滅入ってしまい、早く外の空気を吸いたくなる。こんなときは「きっと次に良い店が待っているから早く切り上げて早く行きなさいという神様仏様の声なんだ、導きなんだ」と思えるから気持ちの切り換えも早い。「スナック東山」のママさんが無愛想な表情を作った。するとカウンターの男性客が「みんな金持ってないんだ。ツケで飲んでるからママも不機嫌なんだ。唄っても失礼になるから断らせてもらうよ」と言った。「ボンジュール花田」では大歓迎されて唄わせてもらい、若くて明るい可愛いホステスしのぶさんが私と全席回って9本売ってくれた。しのぶさんが天使に思えて、単純にガ然元気が出た。水割りを作ってくれながら「花」と「十九の春」をリクエストされ、私も快く唄い、気分良くしばし水割りを酌み交わした。快く歓迎してくれる店には、私も居心地がよい。「唱歌スナック博多スバル」のマスターが「気持ちは分かるけん、ガンバレ～ッ！」と2本買って大拍手で見送ってくれた。「スナックイブ」のママさんが「私はこうゆうの、いつも断わるけん。あんたが入れたんやから責任持ってや」と怒り口調で言うと、「気を悪くさせてゴメンナ」とカウンターの男性客が3本買ってくれた。

自由な分だけ明日の保障はない

パインコート中州ビルの8階から1階まで22軒ある飲食店の中で2軒だけ開いて、残りは全軒閉店している。9月23日（水）私はその2軒の店に断わられたが「私よりもビルのオーナーは大変だろうなあ」と思う。店を1軒1軒訪ね歩く托鉢演歌道も大変だが、私の場合は地道に頑張ってさえいれば、一晩の目標達成は必ず出来るから飢え死にする事はないし何億の借金を抱えることもない。しかし空き店舗の多いテナントビルのオーナーは多額の借金返済に悩む日もあろう。自由業は自由な分だけ明日の保障がない。私も明日は我が身。覚悟して進まねばなるまい。

「スナック明日」の着物姿が最高に似合う気品漂う美人ママ（智恵）さんが、男性客1人しかいないにもかかわらず「ぜひどうぞ、今日はギャラリーが少なくてごめんなさいね」と微笑んで唄わせてくれた。そして「また、いらっしゃい」と言う仕草も美しく2本買って応援してくれた。「経済的にも大きな人間になって、私がママさんを応援してあげたいものだ」との思いを抱きつつ店を出た。「スナックアップル」の満席のカウンターで飲んでいる男性客1人が上機嫌で「おお、聴きたいねえ、唄わせてやっても良いだろうママ！」と言うと、「カラオケがいっぱい入っているから駄目よ。お客様が優先だから」と無愛想に断わられた。

「スナック恵《めぐみ》」で男性客1人を相手にカウンターで向き合って座っているママさんが「すみません。うちもう閉めますから頑張って下さい」と言ったが、お客は「俺、沖縄の国場組に友達がいるんだ」と1本応援してくれた。

「スナックラッキー」の男性客が聴きましょうと拍手したが、ママさんに合図されたバーテンに「カラオケが詰まっていますので」と門前払いされた。「酒菜唄森田」のママさんが「どうする。お客さん次第だけど」と言うと「ママが決めなきゃあ、ママの店なんだから」とお客もママさんに振る。「うちは声が掛からないみたいね。他の店を当たって」とママさんは決まり悪そうな表情。「フェニックス」店のママさんにも「こういう事はめったにないんですけどねぇ、一応、お断りしておきましょうねぇ」と断られた。「スナック奈美」では「聴くだけなんて悪いから1本頂戴」とカウンターの男性客が唄わせてくれた。「頑張って下さい。〃おふくろ慕情〃が良いと思うわ」とママさんも1本応援してくれた。ああ、見知らぬ街の一人旅は切なく、自分を素直にさせる。人は自分を見つめたいとき、見知らぬ街へ旅をするのも悪くない。

一軒一軒、丁寧に唄い流そう

「若いとき苦労しておけば、晩年困ることはない。苦労して成功した人は、人が協力を頼みに来ているのか、自分を利用しに来ているのか、顔を見れば解るようになる。女との遊びの時間は長く持たないほうが良い。虐《いじ》めにあった人は優しくなれる。虐めた人は自分が虐められた時が弱い。早く虐めにあった人は強い。耐えることを知るからだ。子供の頃、良い子、良い子で点数をつけられてマルをもらってた奴が社会に出て駄目だと言われたら落ち込んでいく。私も大学の頃、大泉の東映撮影所で裏方のアルバイトをしたことがある。あなたのプロフィールを見て、懐かしく思ったんだ。今は、コンピューター会社を5社やっている。大阪へ来たときはいつでも訪ねて来い。今日は女房と飲みに来たんだ」と「ＳＮＡＣＫいずみ」でご夫婦で飲んでいた野村康博さんがテープを10本買ってくれた。そしてメモ用紙に大阪の住所と電話番号を書いてくれた。東映の裏方を経験した私も懐かしく、そして野村さんのお人柄に感服した。

「ＰＵＢパラダイス」で若くて瞳の澄んだ奇麗なホステス恵美子さんが「私もジャズピアニストを目指しているのよ。あなたが作詞してるのね〈おふくろ慕情〉。私この〝ふるさとの空を彩《いろど》る花になろう〟の歌詞がすごく好き。とっても良い作詞ですね」と微笑んで２本買ってくれた。てっきりこの気品のある恵美子さんがママさんかと思った。中洲２丁目の楢崎ビルを出ると、通りはいつの間にか雨が降っていた。私はまたビルの階段で雨宿り。

今夜は祝日であることを知らずに出向いて来た。道理で閉まっている店が多かった。それでも歩いた甲斐があった。何とか今夜も頑張れた。とにかく今日１日の必要経費だけでも頑張ればつぶれはしない。一歩一歩一軒一軒一つ一つ丁寧に唄い流そう。私の托鉢演歌道は運が良いのか、小雨の合間を縫って宿に戻ると外は大降りとなっていた。

エアポート那覇行き

作詞・上地雄大／作曲&編曲・竹村次郎／歌・うえち雄大

あんたを乗せた　那覇行きが
飛んでゆく　エアポート
ひとり佇む　私の涙は　涸れ果てて
消えてしまったのか　何故
流れてくれないのは　何故
あんた　愛してる　愛してる
愛しているのに

あんたを乗せた　那覇行きが
消えてゆく　エアポート
何も言わずに　見送る涙は　形さえ
変えてしまったのか　二度と
逢えないかも知れない　二度と
あんた　何故ゆくの　何故ゆくの

何故ゆくのあんた
あんたを乗せた　那覇行きが
囁くの　エアポート
だから必ず　逢えると信じて　さよならも
言わず見送ったの　そうよ
空行く背中《せな》追い駆け　そうよ
あんた　縋りつき　縋りつき
縋りつきたいの

徳之島・亀徳行脚キャンペーン

1999（平成11）年1月3日（日）午前8時50那覇発、沖永良部経由のエアードルフィンに乗って徳之島空港に到着すると里義久さんが迎えに来ていた。空港から直接里さんの車で彼の同級生が経営する「ホテルにしだ」に向かった。私は車内でここに来るまでの出来事を思い浮かべていた。

里さんとは北九州小倉行脚キャンペーンの時、紺屋町ネオンの「テッちゃん」というオカマの店で顔見知りになった方である。里さんの奥さん、和恵さんもその店の常連客で「里流通サービス」の接待に利用しているらしく、私が訪ねた時も奥さんが居て、快く歌わせてくれた。私がテープ販売をして帰ろうとしたら、ご主人の里さんが三人で入って来るなり「もう一度歌って下さい」と、同じ店で2回もキャンペーンさせてくれた。歌い終わると、里さんが「田舎にいる親父とおふくろの古希の祝いと新年会を兼ねて僕が産まれた徳之島で催したいのです。そこでお願いですが、徳之島へキャンペーンがてら来て、島の皆さんにも〝ふる里は胸を射す〟を披露して貰えませんか、この歌を一度聞いたら気に入って歌も覚えちゃったのよ。往復の旅費や宿泊費用は全額持たせて頂きますので、何とかいらっしゃって下さい」と、依頼を受けたがお断りした。

1月5日生まれの私は、今度の正月は久しぶりに帰って家内とのんびりと正月を過ごし、5日以降から仕事始めをやる計画でいた。また、年の暮れは那覇市民会館で「チャリティー芸能バラエティーショー」の準備もあった。しかし里さんは、沖縄に帰った私に3度も依頼の電話を掛けてきた。私は正月から琉球孤を旅するのも良いかも知れないと思い、決心したのであった。

里家の長男である彼は出稼ぎに行った北九州で地元出身の奥さんと出会い結婚。今は二人の子宝に恵まれ「里流通サービス」業を営んでいる。島に残したご両親の為にと彼が企画した手作りの古希の祝賀会には、140名が出席。受付で手渡配られた二つ折りのしおりには家系図やご両親のプロフィールが掲載されている。その中に私の「ふる里は胸を射す」の譜面付き作詞が挟んであった。

福岡市博多の中洲や天神、北九州市小倉と4カ月間かけて約5000軒ぐらいのネオン店を叩き終えて、正月はのんびり休もうと考えていたが、。里さんの申し出を受けて良かったと思った。里さんを囲む方々は心優しい方々ばかり。彼のご兄弟や、姉の3人やそのご主人達も素晴らしい方々ばかりだ。彼の父（義満さん）は暮れに倒れて病院に入院したが、この日は病院の許可をとり、30分ほどだったが祝宴を楽しみ戻られた。彼の母（スズ子さん）だけが座って、その後も宴会は催された。フィナーレは「六調」という踊りを皆で踊って終宴となった。「六調」は沖縄の「カチャーシー」や宮古の「クイチャー」と全く同じ踊りに思える沖縄の文化そのものに触れて、遠い昔から兄弟親戚であったようなこの島に愛着を持った私はひとり感動していた。「ワイドー・がんばろう」という言葉も宮古の「ワイドー精神」そのものである。出向かなければ今日の素晴らしい方々にも触れ合えなかった。何事も自分の足で歩いて見れば、体で解る新しい発見があるものだ。私はやはり良い旅をしているに違いない。然も、こんなに歓んで貰えたのだから……。二次会は深夜12時まで里さんの実家で皆さんと共に愉しんだ。その後、私は宿に戻って小雨がパラついた中、キャンペーンに出向き「チャラチャラ」店と2軒だけで歌った。

里義久さんと

　1月4日（月）「サトで～す！　昨夜は家まで訪ねてくれて有り難う御座いました。朝5時まで飲んで喋り捲って今日は声も枯れてま～す！　今日は雄大さんを知っているという沖縄のママさんがお客さんを集めておくから是非来てくださいとの事ですので、6時半に迎えて、夕食は寿司屋で済ませてからお店へご案内したいと思いますが、宜しいですかぁ～」との電話を受けた私は、早速風呂に入った。まだ出掛ける準備の最中に、もう来ていた。里さん夫婦は「これから一緒に徳之島一周をしよう」と微笑んだ。小雨降る中、傘を差して犬田布《いぬたぶ》岬、秋利神《あきりがみ》川、犬之門蓋《いんのじょうぶた》を案内して写真を撮り合い愉しませてくれた。明るく楽しい里さん御夫妻である。
　この日も恵比寿寿司で夕食を済ませた後、里さんと彼の同級生の「ホテルにしだ」の西田裕二さんとグリーンストアーの里吉浩さん（義久の叔父）の3人が私を引き連れて7軒の店を紹介して歌わせてくれた。義久さんは私のマネージャーだと言い、西田さんは付人だと言ってポスターを貼り、歌詞カードを配り、テープ販売を勧めて歩いてくれた。里の吉浩叔父さんが途中で帰った後も、「100本は売ろう」と意気込む義久さんと裕二さんだったが、65本売れた結果に大して私は満足し、最後まで頑張ってくれた2人に心から感謝した。キャンペーンを一通り終えた私達は居酒屋で朝方近くまでお互いの夢を語り合いながら奄美の黒糖焼酎を交わした。今夜もいろんな店があった。カラオケ賭博で盛り上がっている店。成人祝いでごった返している店。新宿で10年前にキャンペーンをした事がある「うりずん」のママさんが徳之島で「歌舞伎町」という店をオープンしていると聞いて訪ねたが歌えなかった事や、正月休みの店もあったり、にもかかわらず七軒の店で歌って65本は好成績であった。

海鳴《うみな》りの母《はは》

作詞・上地雄大／作曲&編曲・水木聖二／歌・うえち雄大

海よ　息子《むすこ》を返しておくれ　一番の親孝行者《おやこうこうもの》だから
死ぬはずがない　死にはしないさ
必ず帰って来ると　船に乗り込み　消えた息子を
返しておくれ　返しておくれ　ああ　母の手に

海よ　息子を返しておくれ　十八のあの夢奪《うば》った海よ
噂《うわさ》悲しく　時が過ぎても
どこかで誰かにきっと　助けられてる　そんな気がして
海鳴り聴《き》けば　海鳴り聴けば　ああ　胸《むね》さわぐ

海よ　息子を返しておくれ　紺碧《こんぺき》の海原《うなばら》見るたび今も
信じられずに　合わす手のひら
一度でいいから　強く抱いてやりたい　この胸に
忘れはしない　忘れはしない　ああ　あの笑顔《えがお》

名瀬のネオン街行脚キャンペーン

1月5日（火）奄美大島行きのエアードルフィンは満席で取れなかった。やむなく船で行くことに決めたが、台風接近のせいか10分遅れで徳之島に入港した船の長い階段をキャンペーン荷を肩に担いで上がるのは大変だった。里さんがボストンバックを持って手伝ってくれたので助かった。出港した大島航路が波に荒れて名瀬の港に着いたのは夜の9時半だった。三沢あけみの「島のブルース」でしか知らなかった初めての名瀬は雨が降っていた。またしても長い階段を一人で2往復して荷物を運んでいると、乗船していた男性が手伝いながら降りてくれた。情愛のある島である。これが東京なら持ち逃げされるところだ。私は18歳の頃、パスポート片手に上京した晴海港で煙草とサンゴを持ち逃げされた苦い経験がある。

港からタクシーに乗って「ネオン街に一番近い、一番安い宿に連れて行って下さい」と告げると「ビジネスホテル奄美」に案内され、値段も手頃な３５００円なので決めた。その夜からキャンペーンを展開する事に決めた私は、傘を差して出向いた。山に囲まれた島の道の先には霧に霞んだ山また山が見える。３００件位の名瀬のネオン街は一週間もすれば廻り切れるだろう。八重山石垣のネオン街と同じ雰囲気がする。両方とも山と川と海に恵まれた美しい哀愁のある島である。

「花音」店のママさんが買ってくれて、マスターには「福ＪＯＥ」店を紹介されて歌わせて貰い三本売れた。続く「兎と亀」店でも10本売れた。暫しカウンター席でご馳走してくれた男性客が「一緒に歩いている男が良くない。あれとは廻らん方がいい。まだ俺と一緒に廻ったほうが良かった。付いた男が良くない」と耳下に鋭く囁いた。

1月6日（水）「スナックきゃん」の男性客9人の方々の中の一人がマイクを持って「俺ら喜界島出身の同級生なんだけど、一度喜界島にも行って見て下さい。今日はわざわざ名瀬まで来てくれた沖縄出身の貴方の為に〝芭蕉布〟を歌いますから聞いて下さい」と口上を述べて歌ってくれた。同級生メンバーなのだろうか、若いママさんが3本買ってくれた。いつもの事だが若い方々にテープを買って貰うと勇気が漲る演歌道だ。「スナックつぼみ」でも歌うと武田和昭と名乗る男性客が「波照間島にも5000人の人口があります、是非来て下さい」と買ってくれたが、ネオン街がないのでは何を頼りに行けば良いのか、祭りでもない限り、あるいは徳之島の里さんのように波照間島の誰かが呼んでくれない限り行くチャンスは掴めないだろうなあと残念に思う私である。

頼る当てもない売れる当てもない見知らぬ島のネオン街もない処では「遊び」と割り切らない限り、キャンペーンの成績を考えてしまう今の私の身分では行きたくても行けないのが心境である。

「SNACKきりん」のママさんが「〝ふる里は胸を射す〟の作詞が気に入ったわ」と買ってくれると、カウンターの男性客2人も買ってくれた。「スナック律」のママさんも「SNACKラビアン」のママさんも買ってくれた。「喫茶小料理・和」では島元建設の島元さんが4本買うと、カウンターの男性客も買ってくれた。お客5人さんで聴いて5本売れたのには嬉しかった。宮古民謡の「なりやまアヤグ」もリクエストされて歌った。奄美大島のレーザーカラオケでも我が故郷の宮古民謡が歌えるのかと人知れず喜びを噛み締めた。

1月7日（木）とうとう台風の夜となった名瀬のネオン街だが、台風慣れしているせいか、昨夜と同じように街のネオンは点いている。強い風の中を「負けてたまるか」と私もキャンペーン荷を引き摺りながら歩く。「クラブ紫苑」の扉を開けて声を掛けると「お客に聞いて見て、お客が良かったら歌ってもいいわよ」とママさんに切り替えされた私は、改めてお客さん皆の許可を得て歌い、4本売れた。ママさんは「今日は何軒目ですか、良かったですね。いいお客さんがいて買って貰えて」と見送ってくれた。

「SNACK余胡蝶」のママさんも買ってくれた。「トゥイングル」店のママさんも買ってくれた上に、カウンター席でいろいろ語りながらご馳走を出して休ませてくれた。「小料理かんてら」のママさんも「かんてらを忘れないように」と買ってくれた。「スカーレット」でも歌ったが「今日のお客付けなのよ」と言われて売れなかったが、「そんな日もあるさママさん、お互いに頑張ろうね」と握手して店を出た。次の店でも歌ったが売れなかった。「寿々喜乃」で買ってくれたお客に「歳は幾つですか、お兄さん」と聞かれて、「夢見る夜の数だけ歳もとりました」と返答した。「私の歳が気のなるのは何故?」と切り返すこともあるまい名瀬の風雨。

1月8日（金）昼には大島新聞社と南海日日新聞社を訪ね。南海の記者から「西スポで読んだばかりだ」と言われて、西日本スポーツ新聞のエリアの広さを知った。お陰で「ラウンジ神戸」のママさんも「西スポで読んだきい、直ぐ解ったわ」と3本応援してくれた。「スナックばんじろう」の池畑倍男と名乗る男性客が「俺の感は当たるこの〝ふる里は胸を射す〟はいい歌だ。是非、与論にも来て下さい。お客50人位集めて協力します」と4本買ってくれた。「SNACK伽羅《きゃら》」でも「SNACKキャリコ」でも歌ったが、いずれも若者達ばかりの店。一本も売れなかったが宣伝したと思えば悔いは無い。「スナック寿里庵」でも男性客（高田英義さん）が「与論に来て下さい」と四本応援してくれた。「エテルナ」店のママさんと、男性客（元田さん）が「喜納昌吉やネーネーズのバンドをやった事がある。ドラマーだった」と言いながら買ってくれた。「来夢来人」店の律子さんが「〝ふる里は胸を射す〟聴いて泣いちゃった。上地直子を知ってますか」と言いながら買ってくれた。「カマチ」店のママさんが「カマチというのは〝頭〟の意味よ」と買ってくれた。「頭」と言えば我が故郷宮古島では「カナマズ」と言う、少し似ている気がして不思議。

1月9日（土）南海日日新聞「じんぶつ交差点」欄で新曲引っ下げて奄美で演歌行脚の見出しで次のように掲載されている。「自分の作ったCDを持ち歩いて全国のスナックで一人歌い続ける〝托鉢演歌歌手〟のうえち雄大さんが8日、奄美大島に初来島、（～省略～）兵庫県浜坂町の案泰寺で一年間座禅の日々を送った。この時の座禅の体験から諸行無常の精神を悟り、30歳をすぎてから、僧尼が鉢を持って経を唱えながら家々を回る托鉢のやり方で全国の夜のネオン街のスナックで演歌を歌うことを決心、以来、12年間もの間、このスタイルで全国の夜のネオン街のスナックの扉をたたく日々が続いている。

〝北は北海道の礼文島から地元沖縄まで全国を歩いています。でも、奄美に来たのは今回が初めて〝福岡のスナックでたまたま知り合った徳之島の人の紹介で3日から徳之島にいたが、それ以後は名瀬市に。新曲「雄大の夢扉」「俺は土建屋」＝日本コロムビアレコード＝を引っ下げて屋仁川のスナックを回っている。〝田端義夫さんや三沢あけみさんの歌う奄美の歌は幼い時から聴いていましたが、こうして奄美にいると自分の島（宮古島）にいるような感じですね〟とすっかり奄美が気に入った様子。

昨年の暮れの西日本スポーツ新聞でうえちさんは大きく掲載された。これまで自ら作詞した曲は70曲を超える。〝これをきっかけに奄美諸島や屋久島・種子島も行ってみたい〟と南西諸島行脚に燃えている。」と。同日の大島新聞「コーヒー・ブレーク」欄にも「人情あふれる島」と題して、宮古出身の演歌歌手うえちさん、奄美でキャンペーンと次のように掲載されている。「（～省略～ネオン街でスナックなどを一軒ずつ訪ね飛び込みをしています。断わる店はほとんどなく、人情の熱い島ですね。各島々を回ることで琉球孤を実感しています。祖先を訪ねるような気持ちです。お客さんが少ない店が目立ちます。地域の活力源のネオン街が潤ってほしいですね）と感想を語った。

奄美の人情に感激しながらうえちさんは意欲的に托鉢をこなしている。」と。さて、今日も名瀬に雨が降る。私が来てから愚図つく天気が多い、哲誠兄に紹介された株式会社グリーンストアの里社長を訪ねたら外出中だった。ホテルの部屋に戻って暫くしたら里泰慶社長がわざわざホテルまで来てくれて、私を昼食に誘い百本のテープを買ってくれる約束をして、夜の夕食会も催してくれた。その席で盛さんと重村さんを紹介され、四人で小雨降る中、3軒の店をキャンペーンする事になり40本売れた。

1月10日(日)思えば休み無しの毎日、今日は雨の日曜日なので休む気でいたが「酒房　大山」のママさんから「新聞で読んだぁ〜。是非うちの店にもキャンペーンに来て欲しい〜」と電話があった。暫くしてまた電話が掛かって来た「今、下のロビーで待ってるから、降りて来るまで待ってます」と。急いでキャンペーン荷を持ってエレベーターから降りると、先日キャンペーンでお世話になった時の「余胡蝶」のママさんが迎えに来ていた。ホテルの傘を借りて差しながら付いて行った店が「酒房大山」だった。そこで奄美大島キャンペーンの運命的な大きな出会いとなる事をその時の私は知る由もなかった。「余胡蝶」のママさんから紹介されたマスター(野島さん)とママ(カエ子さん)はご夫婦仲も良く、面倒見の良い優しいご夫妻だった。早速、マスターの紹介の下、「酒房大山」で歌うと7本売れた。4軒の店を紹介して貰い、キャンペーンした。

1月11日（月）「田吾作」店のママさんが3本買ってくれた上に、御祝儀を握らせてくれた。「のほほん」店では普天間出身のママさんと嘉手納出身の裕子さんが買ってくれた。若い二人は24歳ぐらい、嬉しかった。「小料理とも」のマスターが「新聞に載っとったとですよね」と歌わせてくれた。「パブエンジェル」3本、「スナック加代」でも3本売れた。「スナック恋恋」のママさんが「私も開南出身よ」と言って応援してくれるとお客も南海日日新聞社の方々ばかり、全員が買ってくれた。店を出ると「余胡蝶」のママさんと「酒房大山」のママさん一人にばったり会った。2人に手を引かれて「華恋」店で歌い、ママさんに応援して貰った。「スナック遊ハート」の感じのいいママ（えみさん）が3本応援してくれた。「キャル」店のママさんも「ポスターずーっと貼っときますので、名瀬に来た時はまたお寄り下さい。つりは取っといて下さい」と買ってくれた。

1月12日（火）「スナック月」の若いママさんが買ってくれた。「スペース遊」の里美さんと久子さんが「また遅い時間にいらっして下さい」と買ってくれた。「すなっく貴」では3本売れた。「ＳＮＡＣＫ阿」で2本。「スナック絹」で名瀬市の与力雄議会議長達と出会い、瀬戸内町と喜界島を紹介して貰った。

（株）グリーンストアの社長・里秦慶さんと

1月13日（水）株式会社グリーンストアの里泰慶社長が、約束のカセットテープ１００本を買ってくれた上に、自ら運転して名瀬一周観光案内をしてくれた。あやまる岬や大浜海浜公園に奄美大島紬村などを巡り、最後はご自分が経営する五店舗のストアや食品館にも案内され、従業員の方々に紹介してくれた。夕方は里社長ご夫妻（三智子奥様）と居酒屋で食事して語り合い、本当に良い人に巡り合えた私は幸せ者であると痛感した。里社長を紹介してくれた哲誠兄にも感謝せねばなるまい。ご夫妻に心から感謝を込めて合掌して別れた私は、その足で大阪有線放送社・名瀬放送所に出向いたが、「奄美のネオン街で〝ふる里は胸を射す〟を流すには1カ月間は掛かりますよ」と肥後哲朗所長に言われてガッカリした。

やる気を失くしたが、此処でキャンペーンを諦める訳にもいかない私は、「百万八」で歌い3本売れた。「串味屋」ではお客がいないにもかかわらず歌わせてくれたママさんが買ってくれた。「スナックネネ」もママさんおひとりだったが歌わせてくれた。そして「私も歌手を目指して東京へ出たが、ある人から肉体関係を持たなければ売れないと言われて、歌の道を諦めたの。娘もオーディションに受かったけど、事務所の社長がロリコン趣味だと思い断念させたの」と話してくれた。

夢に向かう為には思いの手放しも大切である。悪い方向へ疑いながら考えると切りが無いし、道は開かない。私はいつも「夢を諦めて死ぬか　夢を諦めないで死ぬか　どっちにしても人間はいずれ死ぬ運命にある。然し、夢は死なない。夢は生き続ける。夢は死んでも生きる。」と思っている。臆病にならないで夢に向かってフットワークを良くする事が大切である。

瀬戸内町古仁屋港の雨「地元ヤクザの怒りに触れて」

1月14日（木）「ビジネスホテル奄美」をチエックアウトした今朝は、「酒房大山」のマスター（野島さん）が10時に迎えに来て、私の荷物をご自分の車に積み込み、私を助手席に乗せて奄美テレビ放送、瀬戸内町役場、瀬戸内ケーブルテレビを訪ねさせてくれた。お陰で奄美テレビにも出演させて貰い、瀬戸内ケーブルテレビでは「ふる里は胸を射す」の映像化放送の話が決まった。私一人では到底来れないような長い道程を瀬戸内まで運転して来た野島さんは「ビジネス旅館古仁屋」に宿を決めた私を置いて車を走らせて去った。少し疲れた私も休む事にした。

それにしてもよく雨の降る奄美諸島だ。徳之島でも名瀬市でも毎日が小雨であった。一日も晴れた日がない、昨日も晴れたと思ったら夜になって降り出した。しかし路面は濡れているのに、私が歩く時は晴れてくれていたから有り難い。ネオン街では風邪も流行っている、雨に濡れたら絶対にいかんと注意している私にとっては本当に救われる思いである。何よりも今夜のキャンペーン先を野島さんが段取りしてある。夜になって外へ出ると不思議に雨も本降りから小降りに変わった。この程度の雨ならキャンペーンを続行しようと決めた私は、野島さんの携帯に電話した。彼は小雨に濡れて歩いて来てくれた。

私達二人は旅館の傘を借りて、時折降る小雨の合間を縫ってキャンペーンして歩いた。名瀬市の与力雄議会議長より瀬戸内町議会の安和弘議員を訪ねるように紹介メッセージを預かっていた私は、その理由を野島さんに話して、安議員の奥さんが経営する「琉球居酒屋きしみ～る」を訪ねた。ご本人がいなかったので、町役場の方々の席で待つ事にした。間もなく安議員が女性2人に男性ひとりを連れて現れた。

私は早速、与議長からのメッセージを手渡しながら安議員と名刺交換をして歌わせて貰った。5人のお客全員が買ってくれた。安議員は御祝儀を握らせて見送ってくれた。「小料理ゆう」で2本。「小料理千」でも4本売れた。その後「志保」店を訪ねたが、お客がいなくて「スナックらん」を訪ねたら、奥のテーブル席で5人組のお客が飲んでいた。その方々に歌詞カードを配った私が挨拶して歌おうとすると「やめれ～ッ！　誰が連れて廻っちょると、こっち来い～ッ!!」と怒鳴った。

野島さんがその席へ行って挨拶したら「お前、俺を知らんのか！　俺は誰やアア～ッ!!　瀬戸内をキャンペーンするなら俺が連れて廻るのが筋やッ！　誰に断わって歩いてるッ！　大体お前、この間俺に会って俺のこと無視してたやないか。お前知らんとは言わさんよ、オオ～ッ!!　聞いとんのかオイッ」と地元ヤクザの幹部格らしき男が凄んだ。その席で野島さんは頭を下げ続けて酒を交わしながら何度も同じ言葉で罵られていた。

これじゃあキャンペーンにならないと思った私は、「野島さんは親切心で道も解らない私をご自分の車で名瀬から瀬戸内へ連れて来て下さっただけですのでお許し下さい。申し訳ありません。私が始めての見知らぬ街で右も左も全く解らないものですから、彼は親切心で連れて来てくれただけです。本当に実際それだけの事です」と中へ割って入った。すると男は「お前、何処に泊っちょると、部屋に押しかけるよ皆で」とニヤニヤ笑った。私は「はい、〝ビジネス旅館　古仁屋〟に居ますので、何卒宜しくお願いします」と返答しながら握手すると、同席していたもう一人の男が「歌を聴いて見ようじゃないか、歌って」と相槌を打ってくれた。

私は「有り難う御座います」と頭を下げて２曲歌った。歌っている最中、野島さんは「雄大〜ッ！」と声を掛けてご自分の頭の上に両手で丸を作った。歌い終わると幹部格の男は「５本頂戴、つりは良い、取っとけ」と１万円くれた。そして「お〜いママッ！　お前もこれに１万円やれ〜ッ！　歌い手料払うのは当然だろう。その位の常識を持て〜ッ！」と言った。

私はママさんに「気にしないで下さい。今ので充分ですから、要りません。心配しないで下さい」と左手で合図した。幹部格の男は「俺に追いて来い」と促がして店を出た。戸惑っていられない私達は男に付いて「ダイヤモンド」店に入った。男性客２人しか居なかったが歌わせて貰い、ママ（初美）さんが10本買ってくれた。私は幹部格の男に「今夜はお世話になりまして有り難う御座いました」とお礼を言って店を出た。

「スナックいつものとこ」で歌って外へ出ると雨が本降りになってネオンが消えてゆく、「雄大が瀬戸内にも行くというから、こん街で何かあったらいかん思って、わし、付いて来たっちゃ、ここは小さな街やけんど組の派が2つに割れちょるんよ。だから、いつも今日のような事が多いんよ。今日はせっかく兄弟が10軒手配してくれてあったのに、ああ、5軒しか廻れんかった」と口惜しがる野島さんに、私は「明日からは一人で歩きます。一人で歩いた方が件数歩けますので、今日のように皆さん知っている方に出会うと、そこで酒を酌み交わして口論となってしまいますので10軒歩くのも5軒しか歩けなくなってしまいます。明日は今夜の分も取り戻さなければなりません。この街はざっと見て2晩もあれば終わると思いましたが、今夜のように5軒のペースでは滞在費用が加算でしまいますので、何卒そのようにさせて下さい。」と言った。頷いた野島さんは「わし、雄大が一人で歩いている、その姿が気に入って応援する気になったんよ。ほしたらキャンペーンが終わったら電話してくれ。いつでも迎えに来るっと、今夜はもう遅いから雄大も宿へ帰って休んで明日からキャンペーン頑張るといいっちゃ。わし、朝になったら名瀬に戻るっと」と別れ際に握手した。私は宿に戻り、ゆっくり風呂に入った。

加計呂麻島行脚キャンペーン

1月15日（金）成人の日の今朝は、名瀬に戻っているものと思った野島さんからの電話で起こされた。「雄大、今友達を迎えて名瀬空港から帰って来たよ。兄弟がカニ料理を食べさせたいと言っているから来ないか」と言われて、野島さんが瀬戸内に来る時は拠点にしているという川添の３階建ての建物の階段を上って、「森」という表札が出ている部屋を訪ねると、男性６人に女性５人が揃って昼から酒盛りをしていた。野島さんから「昨夜は理由《わけ》あって５軒しか廻れんかったが、10軒の店の段取りを全て付けてくれたのが、この〝森〟わしの兄弟や」と紹介された。「この度は、お世話になりまして有り難う御座いました」と跪いて挨拶した私に、野島さんは続いて皆を一人一人紹介してくれた。皆人懐っこそうで明るい方々ばかりだった。私はウーロン茶を飲みながら女性の方々に出されるがままの昼食をご馳走になった。話の流れの中で、私が「加計呂麻島へ行って見たい」と切り出すと、酒で陽気になったのか野島さんが「今から行こう」と立ち上がった。フットワークのある活動活発な野島さんと、とうとう本当に２人で「海上タクシー久保丸」に乗って生間《いけんま》港に着いた。振り向くと絵のように美しい小さな港だった。野島さんの手回しは良く、島の女性の方が軽自動車で迎えに来ていた。

野島さんの友人（平　喜成さん）の奥さんだと紹介された。港から案内された島の公民館では偶然にも新年の敬老会が開催されていた。到着するや否や早速、野島さんの友人であるこの島のドンと噂されているという平さんの紹介の下、舞台に立った私は、トークを交えながら三曲歌い終えた。引き続いて「お礼の挨拶代わりに」と口上を述べた野島さんも一曲歌って満場の拍手喝采を浴びた。島中の方々から「お陰で良い敬老会となった。」と代わる代わる握手を交わされた私達は、瀬田作成区長と共に平喜成宅に呼ばれて、その豪邸でも歌って御祝儀を頂き、スッポン料理をご馳走になった。そして奥さんも交えて皆で「ふる里は胸を射す」と「無名の演歌」を何度も歌い教え練習させ合唱して愉しんで喜ばれた。

平宅を出て歩いて見た加計呂麻島の諸鈍長浜のデイゴ並木には「寅さんのロケ地・リリーさん」の家がある。山あいに囲まれた民家、そして港町、海に浮かぶ海人《うみんちゅう》達、荒波のように人間の荒っぽさが人情に変わる時、人懐っこく何処までも暖かい、演歌が似合う島である。沖縄と違って、冷んやりとした山の空気が心の静かさを誘う。帰りの波は荒く、海上タクシー久保丸はガクンガクンとぶつかる波を超えて古仁屋港に無事到着した。港で野島さんと別れた私は宿に戻って1時間の仮眠を取り、夜8時半からネオン街行脚キャンペーンを展開した。

客足少ない街である。私はポスターを30軒の店に貼って、歌わせて貰った店は6軒だった。「喫茶ぴあ」の男性客（喜島電気設備の喜島哲志さん）が10本買って店の皆に配ってくれた。「スナックみわ」のママさんも買ってくれた。「ドイーム」店で買ってくれた林誠四郎町議会議員に誘われて「リーバ」店に同行して歌い、４本売れた。「遊木庭」店にも入って歌ったら森さんの弟が居て応援してくれた。「らん」店の扉を開いたら何と「森さん」が居て歌わせてくれた。

瀬戸内町古仁屋行脚キャンペーン

１月16日（土）久しぶりに傘を持たない晴れの天気に恵まれた。午後４時頃、私は古仁屋港をブラリと散歩した。古仁屋大橋を渡ろうとして、振り向くと道路の突き当たりの港に３人の男達の姿が見えた。ユーターンした私は、男達の傍に近づいて「カケロマ島のカケロマという漢字はどのように書くんですか？」と尋ねた。すると、３人とも「オイ何と書いたっけ、普段カケロマと言っているけど書いた事ねえなぁ〜、ちょっと待っとけよ」と男性ひとりが瀬戸内町宿泊施設案内のパンフを持って来て「これだよ」と「加計呂麻島」という文字を指差した。古仁屋から見える加計呂麻島は海上タクシーと呼ばれるフェリーで行ける。

「なして、そんな事聞くと」と言われた私は、「とっても絵になる島や港なんで歌でも作れないものかと思っています」と返答すると、「もしかして、あんた沖縄の雄大さんでねえと？」

と切り返され、「そうですが」と応えた。「やっぱりそうだ。ああ、わし、何だか胸がドキドキして来た。本人に出会えるなんて、夢のようだ。わし、あんたの番組のあの〝雄大の夢扉〟の大ファンとよ。わし、毎週、聴いているとよ」と言われた私は「えッ? 琉球放送がこの島でも聴けるんですか?」と聞き返した。

「聴けるとよ。ホレと船の中のラジオと車のラジオ、そしてトラックのラジオのスイッチを同時に付けた。すると偶然にも金城まり子さんのコマーシャルの声が聴こえた。私は思わず「あッ本当だ?! 今の声の女性が私の番組のパートナーなんですよ。ああ何という偶然が重なるものなのか今日は土曜日である。「後30分したら私の番組が始まります。私にも聴かせて下さい。ああ、その前に車を貸して貰えませんか、宿へ戻ってカセットテープを持って来て皆さんに聴かせたいんです。そして良かったら買って貰いたいんです」と言いながら私の心も興奮していた。「アンジェリーク」のマスターと名乗る方の乗用車をお借りした私は、宿からいつものキャンペーン荷を持って急いで港へ戻った。 すると「第二晃進丸」の代表・川端光一さんが船の中

「雄大の夢扉」のCDジャケット

から、刺身とビールを出して「夢にまで見た雄大さんに会えるなんて嬉しい。皆さ～ん！　沖縄で知らない人はいない位に有名な演歌歌手のうえち雄大さんだよお～ッ!!」と大声掛けると10人ぐらいの彼の船乗り仲間が寄り集まって来て、全員がテープを買ってくれた。そして金城まり子さんの静かな味わいのあるトーンで「4時、45分です」との声がラジオから流れると「オオーッ！」と歓声が湧き、ラジオのボリュームを大きくして皆で聴き入った。

何だかキツネに摘まれているような夢心地の中、番組が終わると「雄大さんにカンパ～イ」と皆がビールを開けて歓迎してくれた。川端さんが「瀬戸内漁業協同組合の新年の親睦会が5時半からあるよ。20人ぐらい集まるから、そこで歌って、わし、組合長に電話するけん良かと」と声を弾ませた。

「それでは宿へ戻って歌える準備をして来ます」と応える私に、川端さんは「わしの家内に送らせるから家内の車で行こう。娘の淳子や、今年20歳になったんや。わし、これから出港するとこやったが良か良か、わしも一緒に行くと」と、4人で車に乗って「宿に着いた私の支度を待って」会場へ行った。

漁民達がひとり2本づつの黒糖焼酎を持参して、お寿司に刺身、やぎ料理がふるまわれている情景は沖縄の文化そのものである。お偉いさん方の一通りの挨拶の後、「今日は歌手が来ているとの事を聞いて、組合員の奥さんや子供達までが来て大勢集まった。」と喜ばれ、古仁屋港に揺れる漁民達の船を見ながら歌う宴に日も暮れて行く。全てが最高のシナリオ、私はまるで映画の一コマを演じているような気分だった。歌い終わると組合員全員が買ってくれた。平島定吉組合長からは御祝儀まで頂いた。

島《しま》の漁港《ぎょこう》

作詞&作曲&歌・うえち雄大

（台詞）親父呑もうよ　大漁旗を
風になびかせて　俺が稼いだ
親父の好きな　黒糖焼酎《しまざけ》を
ふたりで交わそう親父

命を張った　海人《おとこ》の星が
波に煌《きらめ》く　夜明け前
義理を欠かさぬ　瀬戸内の
親に貰った　気立ては一途《あらい》
鮪延縄《まぐろはえなわ》　鰹船《かつおせん》
大漁めがける　島の漁港

嵐が来ても　弱音を吐くな
加計呂麻島《かけろまじま》へ　嫁ぐ日の
姉に一言　家庭和合《かていわごう》
大事に暮らせと　笑って逝《い》った
親父《おやじ》見ていろ　これからは
俺が守るぜ　島の漁港

男の夢が　花咲く漁場《りょうば》
古仁屋港を　打つ波に
向かう命の　形見船《かたみせん》
舵を取るたび　波間に揺れる
赤銅色《しゃくどういろ》した　親父《あ》の腕《かいな》
俺が継ぐぜよ　島の漁港

正月3日から旅をしている琉球孤は演歌が似合う、しっとりとした哀愁のある島々ばかり、いろんな山あいで色んな人が色んな生活をして生きている。その全てが美しいと思える。古仁屋港から見える加計呂麻島は哀愁があり、その美しい風景を見ながら歩く気分は最高である。

その古仁屋港で偶然にも琉球放送ラジオ当番組「雄大の夢扉」を聴く事が出来たのには吾ながら感動したものである。親睦会での歌謡ショーを終えた後、大勢で流れた二次会の「小料理・若榮」で、「迎えに来るから終わったら電話してね」と微笑んだ川端さんの奥さんと娘さんは家に帰られた。二次会の席で歌い、続いて三次会の「アンジェリーク」店でも歌い終わった後、ようやく皆と別れてひとりになった私は、深夜の港街キャンペーンを展開する事にした。

「居酒屋・香」で歌って1本。「古母里」店ではカラオケ設備がなく、ポスターだけ貼らせて貰ったのに4本も売れた。有り難い情の島である。「キングクイーン」店に入るとご婦人方が20人ぐらいで同窓会を開いていた。歌うと6本売れた。しかし、次のS店とその次のI店では、歌ったが売れなかった。

「愛加那」店の男性客2人の前で歌い始めたら、先程のご婦人方の内の6人が入って来た。ギャラリーが増えた事で気分も明るく歌い終わると、ママさんと同級生だという男性客が御祝儀をくれた。ママさんも2本応援してくれた。「今日はもう此処で休んで飲んで行くかい」と先程御祝儀を下さった体格の良い男性客が言うと、大阪から同窓会に来たという女性客が「自分より下の人と比較して生きた方がいい。自分より生活の水準が上の人は相手にせんでもいい。上を見たら切りがないから。あの人よりは自分は大丈夫だと思えば頑張れるわよ。ゆうちゃん」と握手して微笑んだ。素晴らしい人や風景との出会いが多過ぎて細かく書き切れない私。私に文才があれば、この出会いの素晴らしさを表現出来るのにと思うと切ない夜である。

1月17日（日）瀬戸内行脚キャンペーン千秋楽の日に相応しく、晴れの天気に恵まれた。最後の夜を、これまでポスターだけ貼って歌えなかった店の扉を叩いて歩いた。「ＳＮＡＣＫひまわり」が「自分で歌える店を探して行くの？　前もって解っていれば、沖縄の人達も集められたのに」と2本。「ファンタ」店で1本。「喫茶ふれんず」でも1本売れた。「パブ多恋人」のママさんがお客に勧めて五本売ってくれた後、「また遅い時間に廻って来て下さい。朝五時まで開いてますから」と見送ってくれた。

「とまり木」店の扉を開いたら、アベックと男性客ひとりがママさんを相手にカウンター席で飲んでいた。ママさんの許可を得て歌うと2本売れた。するとアベックの男性客から「相談なんだが、良かったら家内のやっているレナウンレコード店で、そのテープを販売させて貰えませんか。今仕入れ値で下さいませんか10本」と言われ、願ってもない事です。実は、この歌は何処へ行ったら買えるのですか、テロップで流したいんですけど連絡先を教えて下さい」と古仁屋のケーブルテレビさんに言われたばかりです。「レナウンレコード店で発売中！」と入れさせましょうと言ったら話が直ぐにまとまった。

1月18日（月）朝食後の歯磨きをしていると宣伝カーが廻っていた。良く聴くと「沖縄の托鉢演歌師・うえち雄大のレコードキャンペーンをレナウンレコード店の前で11時30分から催しますので、ふるってお誘いあわせの上、ご来店ください。うえち雄大のサイン会を兼ねて今日は特別にうえち雄大サイン入り色紙を添えて、カセットテープ千円で販売します。」と繰り返

レナウンレコード店前のキャンペーン

し宣伝して廻っている。「今日は忙しくなるぞ！　とにかく歌が売れるのなら何でもやって見ることだ。」段々その気になって来た私も急いで顔を洗い、髭を剃り準備に掛かった。10時までにこの宿のチェックアウトもしなければならない。「ビジネス旅館古仁屋」にもポスターを貼らせて貰い、「私が泊った記念に旅館でも1本買って頂けませんか」と声を掛けると女将さんが買ってくれた。「レナウンレコード店が何処にあるかも解らない私は、野島さんに「案内して頂けませんか」とお願いの電話相談をしたら、彼は喜んで時間道理に名瀬から応援に駆けつけてくれた。しかし彼も「レナウンレコード」店が何処にあるのか解らないという。

先ずは、今日のキャンペーン模様を古仁屋ケーブルテレビに報道願いに行ったら、快く受けてくれた上に、「ふる里は胸を射す」の映像作りに丁度いいと言う事になった。「レナウンレコード」店は何の事は無い。私が泊っていた旅館の前の通りを右へ曲がると3軒目にあった。拍子抜けした私達は「何だあ～」と笑った。が、「司会者が誰も居ないのよ、音も如何したらいいのか、音出しは誰がするのか、まだ何も決まってないのよ」と店主（池田さん）の奥さんは、心配して佇んでいた。間もなく私達が到着したのを知った若夫婦の父親が現れて、店内にあるアンプとスピーカーを外へ出してセッティングを始めた。私は「本日はマイクのテスト中、只今はリハーサルの最中」と語りながら歌うと音が出て、町内のご婦人方がパラパラと集まって来た。ステージはミカン箱二つ。ケーブルテレビの報道カメラやスタッフも到着して、いよいよ本番となった。私は自分で自分の司会をして、自分で音出しをしてボリューム調整をしながら歌った。歌っている最中、私が泊っていた古仁屋旅館から思い掛けない花束が届いた。「10本も売れるだろうか」と心配していたカセットテープも、16本売れた。

「レナウンレコード」店から「雄大さんが発たれた後、欲しいと言う方の為に対応しますから、店用に10本下さい」と言われた私は、「古仁屋キャンペーンの最終日に良い想い出が出来ました。皆さん、本当に有り難う御座いました」と心から感謝して頭を下げてマイクを置いた。再び名瀬市に戻った私は、徳之島の里さんの従兄弟の大河教頭先生から「名瀬へ行く時は是非訪ねて見て下さい。私の従弟がセントラル楽器店を営んでいますから、レコードを並べて貰って下さい」と紹介されていたのを思い出した。

古仁屋で経験して名案だと思った私は、早速セントラル楽器店の指宿正樹社長さんを訪ねて相談したところ、翌日の夕方5時に決定した。その旨を奄美テレビにも知らせ、報道キャスターが来る事になった。今日は早起きしたせいか、または幾つもの長いトンネルを抜け出て山々の道を走らせて来た乗り物疲れのせいなのか、風邪の前兆を感じた私は、野島さんの奥（カエ子）さんが作ってくれた焼き魚とアサリの味噌汁をご馳走になった後、薬屋に寄って風邪薬を買い求め、その場で飲んだ。ビジネスホテルはみんな宿が取れず、野島さんの知人の西元旅館（３５００円）に落ち着いた。私は即風呂に入って夜の為に仮眠を取った。

疲労回復は美味しいものを食べて寝るに限る。野島さんご夫婦にはお子さんが５人いるが、皆親から巣立って、今は夫婦二人っきりの暮しをしていると話してくれた。古仁屋から名瀬までの道程が甦る。野島さんは次のような話もしてくれた。「カエ子は演歌好きで、目が覚めると朝からカラオケ掛けて歌うので〝喧《やかま》しい〜ッ〟と言って部屋のドアを閉めて寝るんだ、わしゃあ。あれは歌さえあればいい。わしなんか邪魔だから、早く出て行ってくれたら大声で歌えるのにと思っている。この間ＮＨＫのど自慢大会に出てから益々ひどくなった。今度、坂本冬美が九州に来るから店をおっぽり出して一泊しながら坂本冬美ショーを観に行くと言っている。あれが、あれの幸せだからしゃあないよ」と運転しながら笑っていた。

夜になって再び、名瀬市のヤンゴと呼ばれている屋仁川のネオン街キャンペーンに出向き、３階にある「居酒屋ゆり」で歌ったが声枯れが始まっているのが解った。声に伸びが無い。完全に風邪を拗《こじ》らせてしまったのかと心配になりながら、やっとの思いで歌い終えると、ママさんが買ってくれた。旨く歌えなかった私は申し訳ない思いで一杯だった。廊下へ出て喉飴を舐めて様子を見る事にした。キャンペーン荷を担いで階段を下りながら、とにかくもう一軒歌って見て駄目だったら今夜は休もう。明日は商店街「セントラル楽器」店前での大切な街頭キャンペーンがあるの日なのだ。２階の「スナックローラン」で歌ったが、やはり無理があり、駄目だった。さびのところで声が割れる。これでは歌う分だけお客に対して失礼になる。「明日の為の大事を取って今夜は休もう」とキャンペーンを諦めて通りへ出ると偶然にも野島さんご夫妻が手を振っている。

カエ子ママさんから「今からお出かけですか？　宿へ電話したら出かけてて居ないと言うもんですからお客さんをおっぽり出して２人で探していました。早い時間からお客さんが待っているのよ」と言われた。有難く勿体無いお言葉ではあるが、私は「いやいや、もう２軒歌って来ましたが声枯れしていて全く駄目なんです。仕方がないから今日はこれから休もうと思って引き返して来たところです。思えば今回の旅へ出てから一日足りとも休んでないし、今晩は無理をするなという危険信号というか、前触れというか、そんな感じがしますので、宿へ帰って、明日に備えて風邪薬でも飲んで寝ようかと思っています。もしお願い出来るのでしたらカエ子姉さん、蜂蜜大根汁を飲ませて頂けると助かるんですが、」と合掌しながらご夫婦の経営する「酒房大山」店へ入ると、ご主人の野島さんが、「女房が飲ませろ、飲ませろと言うのじゃが、わしが封を切らんのじゃよ。じゃあ、この高麗人参の蜂蜜でも開けるか」と言った。「そうそう開けて、こういう機会でないと、この人開けけんき。嬉しいわ、これで私も飲める」と喜ぶカエ子ママさんに、マスターは「毎日飲んだらいいけんよ。風邪を引いた時とか特別な時でないと駄目っちゃ」と言いながらご自分の大切な高麗人参の蜂蜜を私の為に開けてくれた。

いい人である。待ってて下さった女性客3人と男性客ひとりに対して、私は「今日は歌えなくて大変申し訳ありません。万全な体調を整えて明日、商店街のセントラル楽器店前で街頭キャンペーンを行いますので、宜しかったら是非いらっしゃって下さい。その時は特別に安くカセットテープが買えますので、いらっしゃって下さいお待ちしています。奄美テレビの報道キャスターも来て下さるし、皆に声を掛けといて肝心要のご本尊である私が声枯れで歌えないようじゃあ、皆さんにご迷惑が掛かりますし、そんな訳で今日はこのまま宿に帰って寝ます。今日はマスターにママさん有り難う御座いました。皆さんせっかく待ってて下さったのに申し訳ありません」と頭を下げて店を出た。

1月19日（火）約束の午前11時30分、時間通り行くと、大雨でセントラル楽器店前では無理と判断したのか、末広町アーケード街の鐘札銅前で音響設置がされていた。古仁屋と違って生憎の土砂降りの雨の為か、客足も少ないが街頭キャンペーンを続行する事になった私は、4曲歌って30分間の歌謡ショーをやり通した。マスコミに触れ回った以上、やらないよりはやって良かったと胸を撫で下ろした。声も何とか出せた。心配だったカセットテープは7本売れた。ドッと疲れが出た私は「酒房大山」で休んで夕食をご馳走になった。鯛焼きを持って遊びに来ていたカエ子ママさんの妹さんもテープを買ってくれた。雨は時折、ピタリと止んだり大降りになったりする。島々を歩けば歩く程に仕事が仕事を人が人を教えてくれる演歌道。

またしても夜になって雨が止んで晴れの天気となった。天の声がキャンペーンを休んではいけないという知らせなのか、「和風スナック慕情」のママさんが買ってくれた上に、カウンター席でウッチン茶を出して休ませてくれた。すると「愛さえあれば」が有線から流れて私の心を明るくさせた。「スナック夢」でも「小料理まのん」でも歌って売れた。「きんこんかん」店の女性客（好恵さん）が「〝無名の演歌〟に感動したわ」と買ってくれた上に御祝儀までくれた。そして「弟が学生だから、仕送りしなきゃあならないし、学校で働いて6年になるわ。出世してお金が稼げたら、もっと応援して上げられるのにね。私も貴方のように頑張るわ」と見送ってくれた。「小料理おふくろ」でも崎田と名乗る男性客が「〝無名の演歌〟がいい。わし、応援する。大阪に島んちゅう多いから宣伝しちゃる」と10本買ってくれた。「ロザンヌ」店では平田和也と名乗る男性客が「僕も日本一周したけど、売れなかった。そのうち両親が年とったんで、面倒見なきゃあいかんと思って帰って来た」と言いながら買ってくれると、ママさんも買ってくれた。「リリー」のママさんが「心が落ち着く歌ね。今日は風邪を引いててごめんね。風邪

「無名の演歌」のカセットテープジャケット

さえ引いてなかったら、いろいろ店を紹介して連れて歩くけど」と2本応援してくれた。「洋酒店居酒屋アスルート」でも歌って売れた。帰りは宿の「西元旅館」が閉まっていて部屋に戻れない私は、やむなく「酒房大山」に行ってママさんに電話して貰い、開けて貰った。店を出る私を、カエ子ママさんは「温かいお豆腐でも食べて行きなさい」と呼び止めた。私はご馳走になりながら「明日は喜界島へ行こう」と心で思っていた。

喜界島行脚キャンペーン「民宿きはる荘」

1月20日(水)南海日日新聞に、写真入りで演歌のうえち雄大さん名瀬市の商店街でキャンペーン奄美で好評「ふる里は胸を射す」という記事が掲載されている。『(省略)新曲CDを引っさげて今月初めから徳之島と奄美大島でキャンペーンを行っている演歌歌手のうえち雄大さん(46)＝沖縄県浦添市＝19日、名瀬市の中央通りアーケード街でサトウキビ作りをテーマにした「ふる里は胸を射す」(上地雄大作詞、市川昭介作曲)＝ポリグラム＝などの自作曲を披露した。うえちさんは、全国各地の飲食街を歩き歌い続ける「托鉢演歌歌手として知られているが、今回は新曲「雄大の夢扉」「俺は土建屋」(日本コロムビアレコード)のキャンペーンのため奄美入り。徳之島、名瀬、瀬戸内の飲食街を精力的に回ったり、加計呂麻島では敬老会に飛び入り出演し、地元のケーブルテレビでも紹介された。ところが、新曲より、12年前に作り既に廃盤となっている「ふる里は胸を射す」の方が聴衆の反応がよかったため、急きょレコード会社からテープを取り寄せ、キャンペーンのメーン曲に切り替えた。

うえちさんは沖縄県宮古島出身。「キビ作りに精魂傾けていたおやじとの思い出を曲にしたが、奄美は昼間はキビ畑が広がり、夜は黒糖焼酎が人気。キビがどんなに大事な作物か分かる」と話し、「市川先生の曲で歌いやすいのが受けているのではないか。奄美でも既に1000本のテープが出た。奄美のカラオケにも入れられるようにしたい」と売り込んでいる。

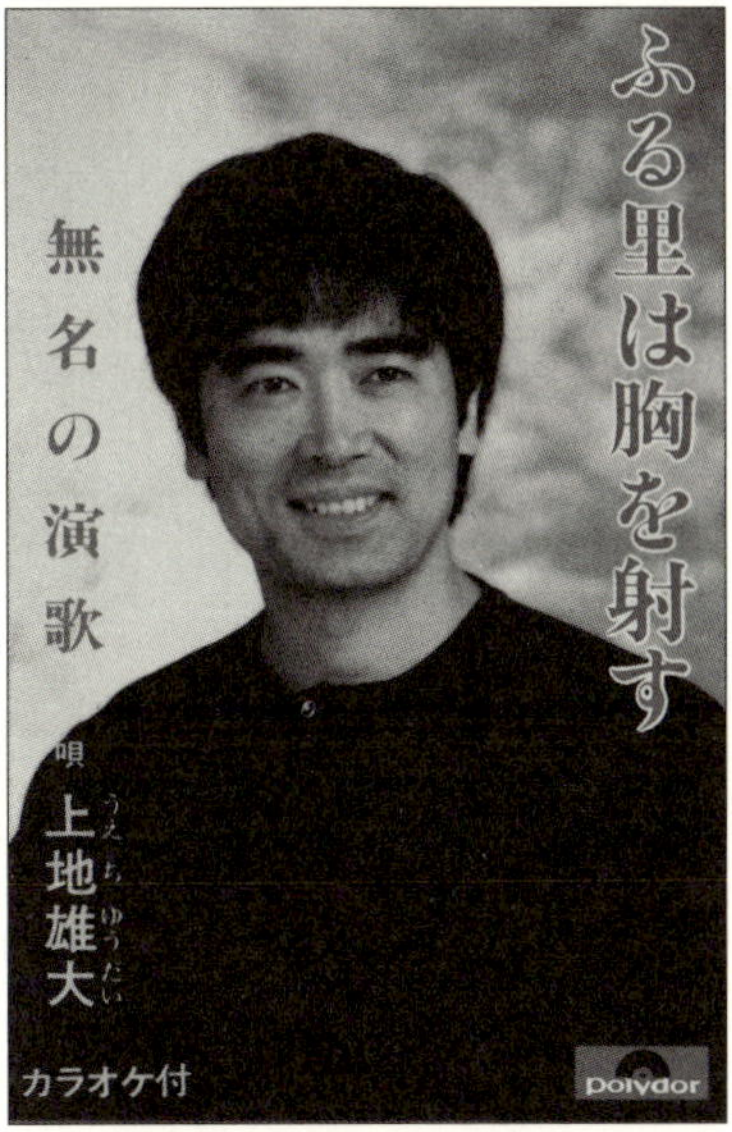

「ふる里は胸を射す」のカセットテープジャケット

うえちさんは20日から喜界、名瀬、徳之島、沖永良部、与論と南下しキャンペーンを続ける。「ふる里は胸を射す」のテープは名瀬市のセントラル楽器と瀬戸内町のレナウンレコード店で取り扱う。」と。

さて、喜界島の時化が強い早町漁港に着いた。湾港の「民宿きはる荘」までタクシーを走らせて2300円掛かったが、鹿児島から帰って来てタクシーの運転手をやっているという年輩の女性ドライバーが私を乗せた記念にとテープを買ってくれたのが嬉しい。こういう運転手に出会うとタクシー代が幾ら掛かっても良い気分になる。お陰で縁起のいい喜界島でのスタートが切れた。

「民宿きはる荘」の女将さんは人の良さそうな優しい笑顔で妹さんと2人で迎えてくれた。宿泊代2500円を前払いしてから通された部屋に荷物を運んだ。女将さんから聞いた下町のネオン街は10軒位だという。「一晩で終わるだろうな」と私は思った。「貴方が来る前に、今日の南海日日新聞で読んだのよ。貴方の行脚記事」と微笑んだ女将さんは、飲食店の一軒一軒に自ら電話して「失礼します、きはるです。今からお願いがあります。うちに今晩、沖縄の演歌歌手が泊って、今日から喜界島をキャンペーンで廻ると言うんよ。そちらへ廻って行く事があったら、協力して上げて、もし、そこへ寄ったらお願いしますね。これからスナックを挨拶廻りすると言うんよ。あと何処ですか」と姉妹で下町のネオン街に電話してくれている様子。

私は頭までジンジン痺れるほど人情の島に心引かれていくのが解った。初めての島で協力が得られるなんて有り難い宿だ。島の夜道は真っ暗で海風も強い。宿の隣にある下町と呼ばれているネオン街を女将（キヨ）さん姉妹に案内されて、女将さんの妹さんの娘さんの店「スナックゆり」で歌ったが若い男女客に1本も売れず、店側が買ってくれた。

次に女将さんの妹さんの店、「スナックこいびと」に行くと満席だった。大歓迎されて歌うと拍手喝采、ママさんとも「北空港」をデュエットしてテープも8本売れた。タクシーに乗って今度は女将さんの娘さんの店、「ミニクラブルージュ」に行って歌い9本売れた。またタクシーで下町へ戻った私は、女将さん姉妹と別れて一人で「スナック飛鳥」の扉を開いた。すると「今日の新聞で読んだあ〜」と歓迎して歌わせてくれた「まゆみさん」が4本買ってくれた。「スイートナイト」店に入ると満席、2本売れた。それにしても、この島では12時を過ぎるとキャンペーン出来ない事が解った。この島では12時になるとカラオケを歌ってはいけない規則になっていて、1時にはネオンも消えるという。

警察に指導された島のネオン街は、それを忠実に守っている。私は10軒歌うつもりが5軒しか歌えなかった。外灯がポツンポツンと灯る夜道は暗い、海風も強く冷える。深夜食事の出来る店も無い。私は空腹のまま眠るしかないと覚悟を決めて宿に戻った。すると女将さんが「大変やねえ。知らない人に頭下げて歩くんやから、こないして人は大きくなるんやから頑張らないかんなあ」とコーヒーを部屋に差し入れしてくれた。心温まった私は女将さんに感謝して目を閉じた。

21日（木）、「酒房大山」の野島さんご夫妻が紹介してくれた高田清昭さんに電話すると宿までトラックで駆けつけてくれた。私は今回の旅の目的を理解して貰い、彼の運転するトラックの助手席に乗って彼の勤務する生和《しょうわ》糖業（株）喜界工場へ案内され、工場で働く方々を紹介して貰い、カセットテープ32本を販売した。

製糖工場はキビの収穫時期とあって24時間3交代で働いている様子（朝8時から午後4時迄

と午後4時から深夜12時迄と深夜12時から朝8時迄)。工場の機会は振る回転して活気に満ち溢れていた。高田さんは「また、夜になってから〝中山勇〟という男を訪ねるといい。私の方から連絡しておくから」と宿まで見送ってくれた。言われた通り、私は夜の下町行脚キャンペーンに出向く前に、タクシーに乗って製糖工場を訪ねる事にした。タクシーから降りる時、運転手さんが「昨日の新聞で知りました。私にも1本買わせて下さい。私のタクシーに乗って貰った記念にします」と買ってくれた。お陰で心も軽く中山さんにお会いする事が出来た私は、中山さんの紹介(昼から続いている方もおり、約20人位の方を紹介)の下に工場内を回ってテープ12本を販売した。

今度の帰りは、中山さんが「もし、深夜もこれるんなら〝西一臣〟という男を訪ねるといいよ」と運転しながらトラックで宿まで送ってくれた。夕食後に「民宿きはる荘」の女将さんが「今日は私がゲン付きに1本買わせて貰います。〝喜楽〟にも電話しといたから顔を出して歌ってやってね」と言いながら買って見送ってくれた。まるで身内のような気分にさせられてしまう女将さんの情愛の深さには、毎日が勇気ずけられ、余りにも居心地が良くて、このまま心の温もりに甘えて、この島に永住してしまいたくなる私である。

お陰で「喜楽」店で4本、「スナック紅とんぼ」でも4本売れた。「ひまわり」では2本。「スナック和光」でも「夜汽車」でも「酔夢」でも買ってくれた。昨日はタクシー代だけで3300円。今日は1900円かかったが、タクシーに乗る度に運転手さんが1本づつ応援してくれるから助かった。4回タクシーに乗って4回とも1本づつ買って貰えたから交通費はテープ代でほぼチャラである。下町で夕食する時も店に1本売って食事代に当てた。交通費や食事代が毎回、こんな具合に捻出出来たら演歌道は歩きやすく有り難いものである。12時で下町行脚キャンペーンを終えた私は、深夜12時半を回って3回目の生和糖業（株）工場を訪ねて、今度は〝西一臣さん〟の紹介の下に8本販売した。こんな遅い時間にも拘わらず、昨日も今日も私がキャンペーンから帰って来る時間を見計らって湯加減を気にしてくれる女将さんの有り難い宿の湯が、今日一日中、命一杯頑張った私を温めて安らぎの眠りに誘う。

ふる里は胸を射《さ》す

作詞・上地雄大／作曲・市川昭介
編曲・竹村次郎／歌・うえち雄大

におい変わらぬ　砂糖《さとう》きび
芽生える時の嬉しさよ　嬉しさよ
あてなき旅の　夢を捨て
土に生きよと　逝《い》った父
ああ、ふる里は胸を射《さ》す

迷う心の　片隅《かたすみ》に
自分の道を生きろよと　生きろよと
励ます母の　小さな手
思い出すたび　なおさらに
ああ、ふる里は胸を射す

情け変わらぬ　君の色
ハイビスカスや白百合よ　白百合よ
自己《このみ》の花も　あるがまま
咲いてることを　知りました
ああ、ふる里は胸を射す

デビュー曲「ふる里は胸を射す」と「無名の演歌」ジャケット用として撮影

1月22日（金）「ゲン付きで2本買わせて下さい。うちの叔母さんに頼んだら〝いいよ〟と言われたきい、失礼しま～す」と私の部屋の障子戸を開けて、「あらッ？　起きているかと思ったんですけど、まだ休んでるんですか。スープとお茶、温かいうちにどうぞ。それから、あなたの歌ってるテープ」と宿の若い娘さんが声を掛けてくれたので、「どうも有り難う」とお礼を言いながら起きた。テープ代金をくれた娘さんに私がカセットテープを手渡すと部屋の障子戸を閉めて出て行く。娘さんに入れ代わって今度は「昨夜は如何でしたか」と女将さんが入って来た。「女将さんがゲン付けてくれたお陰で大変良かったです。

昨夜は生和《しょうわ》糖業の工場でも沢山売れた他、下町の５軒の店でも歌って売れました。女将さんが紹介してくれた〝喜楽〟では４本売れました。有り難う御座いました」と返答すると女将さんは「初めての島の知らない店やから大変よね」と微笑み返した。昼になってお隣の部屋のご夫婦が釣りで吊ったという刺身のご馳走に呼ばれ、女将さんも温かいお餅を出してくれた。ご馳走になった後、生和糖業（株）工場へ昨日のお礼に向かう道を歩いていたら、「スナック紅とんぼ」のママさんの車に拾われ、工場まで乗せてくれた。帰りはヒッチハイクして若い女性ドライバーの車で宿まで送って貰った。

「今夜も来て頂戴ね」とママさんに言われていた「スナックスイートナイト」に行ったら満席で賑わっている中、歌わせて貰い９本売れた。１泊のつもりが３泊になった喜界島のネオン街（下町）の扉は、今夜で全軒開いて歌い終わった。そこで目立ったのは、どの店にも誰か必ず咳き込む人がいた。そんな人に出会う度に私は、自分も風邪を引きはしないだろうかと心配しながら歩いた。我が道は風邪を拗《こじ》らせてしまっては歩けない歌えない仕事にならない道だからだ。

しかし人は何故、風邪を引いていながら酒を飲むのだろう。酒を飲めば益々風邪を拗らせてしまうと私は思っているのに……。宿の女将さんが午前４時に目覚し時計をセットして置いてくれたお陰で助かった。目覚まし時計の余りものけたたましい大きな音に驚いて、手探りでスイッチを止めるのにアタフタしているところへ「おはよう御座います」と障子戸を開けて女将さんがコーヒーを入れて持って来た。私は急いで歯磨きに髭剃り洗面をした。「何かありましたら申し付けて下さい」と声を掛ける女将さんに身支度を整えながら、「港までのタクシーをお願いします」と言った。間もなく女将さんは、「まだ電話にお出になりませんので、後でもう一回お電話入れます」と言い残して通り向かいのご自宅へ戻られた。

私は急いで宿帳にお礼の言葉を次のように書いた。「おかみさんのお陰で喜界島での〝ふる里は胸を射す〟キャンペーンも好成績となりました。また、おかみさんとゆりさんに案内されて3人で歩いた下町のネオン街も楽しい思い出となりました。ゆりさんにもくれぐれも宜しくお伝え下さいませ。本当に有り難う御座いました。今度、喜界島へ来る時も是非！　寄らせて頂きたいと思います。街を歩けば悪い風邪が流行っている様子、おかみさんもご自愛下さいませ。では、お幸せを心からお祈り致します。合掌　追伸、お世話になった娘さんやお店の美智子さん始め、皆さんにも宜しくお伝えくださいませ」と。女将さんに依頼されていたポスターにもサインをし、その他にサイン色紙とＣＤ１枚にもサインをして卓袱台に置いた。お隣の部屋の４人家族客の分も「お刺身美味しかったね。有り難う」と書いて、同じようにサイン色紙とＣＤにサインをして並べて置いた。

４時半になってもう一度タクシー会社に電話したが、誰も電話に出る様子が無いと女将さんから聞いて、タクシーを諦めた私は港までキャンペーン荷とトランクを持って歩く事にした。玄関の通りへ出ると心配した女将さんが「行ってらっしゃい。また何かありましたら、ご連絡下さい」と声を掛けて近づいて来た。まだ、辺りは暗く、ポツンポツンと灯る外灯の灯かりの中で、私は「いろいろお世話になりまして有り難う御座いました。タクシーが来る様子もないので歩いて行きます。おかみさんもお元気で」と握手して別れた。

女将さんは、私が通りを左へ曲がるまで佇んで見送っていた。それにしても、この重たい荷物を両手に持って港まで行くには遠い。普段は10分で歩けるだろうに20分かかってしまった。乗船券売場に行くと昨夜歌わせてくれた「スナックスイートナイト」のママさんが娘さんを連れて並んでいた。ママさんは昨夜から寝ないで来たと言う。「女は強し母は強し、みんな一生懸命生きているんだなあ」と先刻まで嘆いていた私の心も励まされ勇気が湧いた。

名瀬行脚キャンペーン最終日「酒房大山」

1月23日（土）「酒房大山」のカエ子ママさんの運転する車の助手席に乗って、笠利町にある冨国製糖(株)を訪ねて、清福和さんの案内の下に工場中回って20本のカセットテープを販売した。

工場の外へ出ると丁度偶然にもキビを下ろしたばかりのトラックから琉球放送ラジオ「雄大の夢扉」の番組が流れ、皆さんと一緒に聴く事が出来た。この製糖工場は夜7時に2交代するとの事。夜7時までの時間待ちの間、カエ子ママさんの知り合い宅や建設会社を廻ってキャンペーンした。

笠利町議会議員・中督安博宅で6本買って貰った上に、徳洲会の新年会でキャンペーンさせて貰える様手配してくれた。建設屋でも2本、藤田正広宅でも3本売れた。

結局、夜の製糖工場への時間が作れなくなったカエ子ママさんは、名瀬市徳洲会病院の新年会会場で私を降ろし、「終わったら電話を下さい」と言い残してご自分の店に戻られた。

新年会場は若い方々が多く、司会者の紹介を受けて歌い終わった私のテープは医師クラスの方々ばかりが買ってくれた。「頑張って下さい」と院長夫人も握手して買ってくれて舞台挨拶に立った。9本売れた私は、野島さんに電話して迎えに来て貰った。「酒房大山」でも常連客13人が集って新年会を催していた。こんな忙しい日だったのに私の案内をしてくれていたのかと申し訳ない私は、心で手を合わせた。

歌好きばかりが揃っていて其々の喉を披露し合っていた。盛り上がったところで最後は私のキャンペーンに入り、何度も何度も私の歌二曲を覚える為に、皆で繰り返し合唱し、終いには一人ひとりが私が流すカラオケで歌えるまでになった。私は一人ひとりの背中をそっと叩いて調子を取って小声で歌いながら、終わると拍手して回った。覚えるまで練習し、歌い終わった皆さん全員が「頑張ってよお~ッ　応援するから」とテープを買って握手してくれた。私はお客が帰る度に、店の扉を開けて一人ひとりを通りまで見送った。お陰で名瀬に持って来たテープも完売した。居残った私は、野島夫妻が作ってくれた料理を肴に、この上なく幸せの黒糖焼酎《しまざけ》をお湯割で飲んだ。

奄美《あまみ》の女《ひと》

作詞・上地雄大／作曲・橋田みつのり
編曲・竹村次郎／歌・うえち雄大

粋《いき》な紬《つむぎ》で　六調《ろくちょう》踊る
微笑《ほほえみ》が胸締めつける
琉球《りゅうきゅう》孤巡《こめぐ》りする旅
浮かぶ素朴な　奄美の女よ
今でも好きだ　好きなんだ
愛しているよ
与論《よろん》　和泊《わどまり》　亀徳《かめとく》　名瀬《なぜ》と
逢えそうな早町《そうまち》漁港　湾港《わんこう》

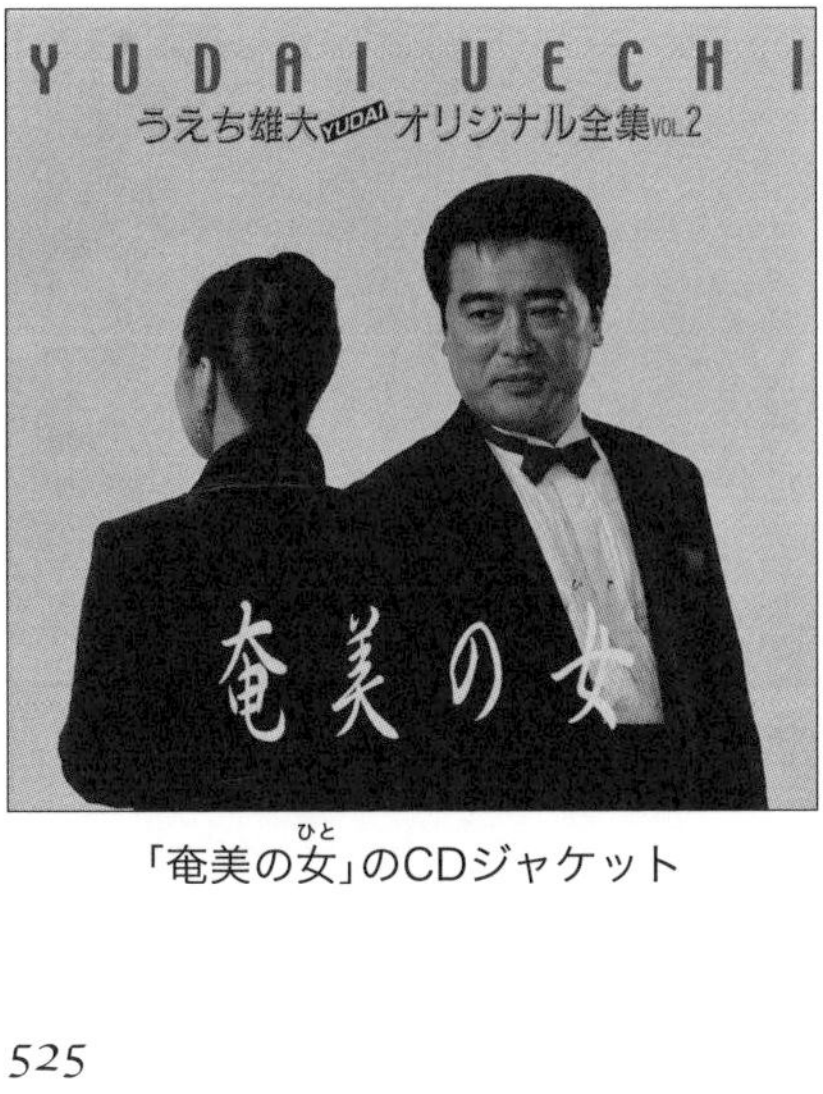

「奄美の女《ひと》」のCDジャケット

胸弾《むねはず》む　大島航路《おおしまこうろ》
情《なさけ》一途《いちず》な　奄美の女よ
今でも好きだ　好きなんだ
愛しているよ

鳥も仲良く　加計呂麻島《かけろまじま》へ
翔《と》んで行く　古仁屋《こにや》の港
辛いから　見送らないと
泣いた可憐《かれん》な　奄美の女よ
今でも好きだ　好きなんだ
愛しているよ

明日は船に乗ろうと思っていたが、野島さんに「1日位ゆっくり休んで語り合ってから月曜日に帰ったらどうか。わし、そうして貰いたい。雄大は1日も休む暇が無く、語り合う時間も持てなかったから」と言われた私は、明日は日曜日でもあるし、たまにはこんな日があっても良いではないかと、野島さんご夫婦に甘えることにした。

1月24日（日）野島さんの車の助手席に乗って猪狩りに行った。私にとっては初体験である。険しい山道を車でどんどん深く入って行く。川のせせらぎが谷底で流れるデコボコの道で車を止めて野島さんは山へ登った。私は車から降りて清々しい山の空気を胸一杯吸った。暫くして「雄大、そこ危ないから退いて、猪を落とすから」との声に見上げると、鳴き暴れる黒い猪の前後の足を縛って引き摺って山から谷へ落とした。だが、途中で細い木に引っ掛ってしまい、なかなか上手く落ちない。山から下りて来た野島さんはトラックから鉈《なた》を取り出して木を切り、近づくと猪に噛み付かれた。「あい痛たッ」と手を振り解きながら野島さんは見事に猪を細道へ落とした。猪はいつまでも泣き止まなかった。

銃の免許を取得している彼は自分の仕掛けてある罠へ猪を追う為に、一発打って山に響かせた。山からの帰り道、野島さんは、「ここは海の物やら、山の物やら色々あるわ。若い頃は３カ月間で54頭の猪をカエ子と２人で生け捕りにしたものだ」と運転しながら微笑んだ。「わし、カエ子と川で猪をさばいているから雄大は風呂にでも入って来たら良かと」と言われた私は、久しぶりにサウナに入って体を休めた。

その夜、野島さんご夫婦は猪料理で私のキャンペーンの疲れを労ってくれた。私は猪料理を生まれて初めて食べた。しかも野島さんと一緒に山に行って獲って来たばかりの猪料理が味わえるなんて、本当の贅沢とはこういう事であると交わす島酒も五臓六腑に沁みた。結局私は、「酒房大山」でお客が帰った後、寝床を敷いてくれるご夫妻に心から感謝して２泊した。

翌朝５時、名瀬港に見送りに来てくれたカエ子ママさんと、ホステスの節ちゃんが船の出港時間まで付き合ってくれた。そこへ野島さんも現れて、私はそれぞれに握手して「これからは弟と呼んで付き合って頂けると幸いです」と言うと、野島さんも「わしも、そんな気持ちにならないとやれんことですよ」と返答してくれた。それでも尚、私達は何か足りないじれったさに男同士で抱き合って別れた。世の中には、こんな面倒見のいい、ざっくばらんな素晴らしいご夫婦が実際にいる事に対し、出会わせてくれた神様に感謝する私は、一則兄さんカエ子姉さんと呼んで、今でも親しくお付き合いさせて貰っている。

徳之島・亀徳行脚キャンペーンⅡ

1月25日（月） 名瀬を出港して亀徳新港で下船した私は、電話で「ホテルにしだ」の専用タクシーを呼んで迎えに来て貰いホテルチエックイン、夜のキャンペーンに備えて床に入った。「メインゲスト」店ではテーブル席で呑んでいる警察官四人組のひとりが「こういう歌がなくちゃあいかんですよ。〝ふる里は胸を射す〟これが大事なんですよ。わし母ちゃんの誕生日やきい、恵美と書いてくれ、母ちゃんにプレゼントや」と買ってくれると他の3人の警察官も全員買ってくれた。

「スナック南海」のママさんが「うち、この人の友達なのよ」と買ってくれると、ママさんと同席していた男性客も買ってくれた。「スナックパッション」の男性客が「南海日日新聞で読んだから、入ってきた時すぐ解ったよ」と３本応援してくれた。「かつみ」店のママさんが「いやぁ〜、生まれて７カ月の孫が雄大という同じ名前だわ」と上機嫌で買うと、店のけいちゃん、たかちゃん、も買ってくれた。「トニーワン」店の男性客が「宮古島かぁ〜、後何十年したらプレミアが付くかも知れないなあ」と買ってくれるとママさんも買ってくれた。

路上で先程の警察官４人にバッタリ出会い誘われて「レッドバンブ」店に一緒に入って歌うと４本売れた。そしてバーテンがカクテル〝シンデレラ〟を作ってカウンターに休ませてくれた。「ナイトラウンジあいれん」で歌った後、今夜の私は船旅の疲れもあり、宿に戻って休む事にした。

１月26日（火）「ホテルニューにしだ」の西田さんと２人で、名瀬の野島さんから紹介を受けていた南西糖業労働組合委員長の基哲久さんを訪ね、その案内紹介の下に南西糖業（株）の徳和瀬工場、伊山工場を巡ってテープ30本を販売した。

夜は里さんと西田さんに連れられてキャンペーンに来た事のある「マイアミ」店で歌い、３本売れた。「スナック道」の男性客が「演歌は足で歩くから信用できる」とカウンター席に座らされ、一杯水割を作ってくれた上に３本買ってくれた。「スナック蘭」で「ふる里は胸を射す」を歌うとママさんが「３番まで砂糖キビにすれば良かったのに、この歌」と涙ぐみながら男性客に勧めて３本売ってくれた上に御祝儀を握らせてくれた。

「スマイル」店で歌うと、フィリピン女性のホステスさん達に写真撮影攻めに合い7本売れた。「スナックゆり」で、「二人の大阪」をリクエストされてママさんとデュエットしたら、佐和田順一と名乗る方が「応援しなきゃあいかんさあ」と御祝儀をくれた。私は佐和田さんと同席していた5人のお客全員分のテープを差し上げてお礼とした。

沖永良部・和泊町行脚キャンペーン

1月27日(火)「ビジネスホテルうぐら浜」に宿を決めた私は、タクシー南栄糖業(株)へ向かった。川口義洋社長を訪問して木下登勝さんを紹介して貰い、彼の案内の下に工場内を回ってテープ13本を販売した。そして4時の交代時間を待って沖永良部労働組合執行委員長・大栄善亨さんの案内の下に15本販売した。乗用車で宿まで見送ってくれた彼は、「明日の朝、10本買うからもう一度、秘書課を訪ねて来て欲しい」と言い残して去った。

部屋に戻って準備を整えた私は夜の和泊行脚キャンペーンに出向き、「ナイトラウンジ吟」で1本、「スナック喫茶入江」で5本売れた。「あの日の夢」店の中野という男性客が「〝雄大の夢扉〟のうえち雄大さんと此処で逢えるなんて夢のようで体が震えているよ。一度本物に逢って見たくて、琉球放送に逢いに行こうかと思ってた位だ。」と2本買ってくれた。「ブスの館」店でも歌って5本売れると、カウンター席で飲んでいた喜井と名乗るお客が「ラジオで聴いているあの歌、今日は持ってないの、あれはいい歌だ。〝雄大の夢扉〟畑仕事をしながら聴いているよ。今夜は最高だ。一緒に歩きたいよ。次は何処へ行く？ 私が連れて行ってやろう」と案内してくれた「波の上」店で13本、「いしご」店で2本、「スナック桜」で4本の成績を上げてくれた。

1月28日（水）昨夜から3時間半しか寝てないが、今朝は9時に南栄糖業（株）秘書課を訪ねて職員の皆さんに買って貰い、10時には工場のスピーカーを使って生で歌い、また売れた。木下登勝さんの運転する車に乗って町役場の経済課へも行き、サンサンテレビから流して貰う事になった。

気が付いたら昨日から今日に掛けてテープは150本販売出来ていた。与論島行脚キャンペーンの為のテープも残り八本しかなく、私は沖永良部から真っ直ぐ那覇へ戻るスケジュール変更をした。売れ残った8本のテープをこの船が那覇港へ着くまでに完売しようと決心して達成した。睡眠不足なのに今日は何もかも晴れている。あの空も島も海も、私の心は尚更に晴れて気分は最高である。もうカセット1本も無い、本当は与論島にも下りて見たかった。しかし、キャンペーンし様にも在庫が無い。嬉しい悲鳴とはこういう事なのか、また近い内に与論の知名町には出向きたいと思いながら、与論を過ぎる船の上から本部を見て、あっという間に那覇港に到着した船とともに暦も1カ月間が過ぎようとしている。

これで暫くはゆっくり休もうと思う私の心も、やり遂げた満足感で充実していた。もうひとつ細かいことを言えば、私は、せっかくキャンペーンで頑張ったお金に手を付けたくない。「船の中で売れ残った8本のテープを販売して、その売れた分のお金で土産物を買う事が出来れば気分は尚更に痛快である」と、ひとりで密かに考えていた。やはり念ずれば花開く。完売するまで頑張れば完売出来るじゃないか。

宮古島・平良市西里行脚キャンペーン

1999（平成11）年2月15日（月）から26日（金）までの12日間、故郷の81軒の店の扉を叩いて歌わせて貰い、342本のカセットテープを販売した。実家の弟からワゴン車を借りて、ネオン街へ出向く空しさを誰が知る。故郷には私を知る沢山の人がいる。故郷に誇れる道（銀幕のスター）を求めて芸能界に入った筈なのに、故郷にカラオケ流しの我が道は切なすぎて胸痛む。何故、今の自分を誇れないと思うのか、勇気を出して、いつものように歩けば良いものを何故……。

「雄大よ、君は自分の故郷に対して良い格好をして歩きたいと思っているのか、それとも故郷の皆に褒められ羨望の眼差しを受けながら歩きたいと思っているのか、そのままの自分を素直に曝《さら》け出して理解して貰い、未熟な下積みの自分を育てる為に歩く以外に、進むべき道は無いではないか。それなのに何故、知っている人に出会って恥ずかしいと思うのか、自分を理解して応援して貰える絶好の機会ではないのか、勇気を出して、自分の道に自信を持って、夢に向かって頭を下げて笑顔で進め」と叱るもう一人の自分がいる。

故郷に限らず、夢に向かって歩く姿に拍手して応援してくれた人は大勢いたではないか。その方達の応援に支えられて今日まで歩んで来れたのではないのか。哀れと見られたら、それはそれで見る人の力関係だから気にする必要は無いではないか。どっちも人の世の見方なんだから正しい評価なんだから仕方がないではないか。「君にはプライドというものは無いのか。人に評価されたい、人に褒められたい、その為に頑張るのか」と故郷の夜風が身に沁みる。

ここは西里のネオン街通り。キャンペーン荷を引き摺って歩いていると、顔見知りのタクシーの運転手が「雄大、明日キャンペーンを休んで俺とゆっくり飲まないか」と声を掛けて行く。若いアベックから「うえち雄大さんですか、ラジオで良く聴いています。頑張って下さい」と声を掛けられて握手する傍から、「雄大さん、いつまでも若いね。頑張って」と、何処かの店のホステスらしき女性も笑顔で過ぎて行く。「あなたのラジオを聴くたびに頑張らなくっちゃあという気持ちになるよ」と握手して過ぎて行く男性もいる。「雄大さん頑張ってますねえ」と別のタクシーもゆっくり過ぎて行く。「雄大さん、あんたのテープ、この間３本買ったよ」と三人組の酔客も声を掛けて行く。「今は大変よ、土曜日あたり廻って来たらいいさあ」と言うママもいる。「あちらにばかりいないで、たまには宮古にも廻って来ないといけないよ。ＲＢＣラジオも毎週聴いて、みんなで応援しているんだから」と激励してくれる店もある。ホステスさん達が「雄大さん久しぶり、いつもラジオで聴いていますよ～、頑張って下さ～い。ラジオで聴いて覚えたわ。」と歓迎して応援してくれる店もある。「ラジオで聴いているよ、宮古の人は皆で応援しなきゃあいかんよ」と団体客が応援してくれた店もある。

小雨の金曜日、歌ったが一本も売れなかった店もあり、「お店オープンしたばかりで、行き届かなくてごめんなさい。天ぷらを食べて行きなさい」とご馳走してくれた店もある。「もう何曲目ですか雄大さん、今度一緒に飲みましょう」と上野村の後輩達が応援してくれた店もある。「マムヤの歌を作ってくれ」と議員さんに頼まれた店もある。私は七本売れて満足しているのにも拘わらず、「日曜日で、お客が少なくてゴメンネ。月曜日ならもっと売れると思うのに」と残念そうに見送ってくれたママさんもいる。「ラジオの〝雄大の夢扉〟聴いているよ」との声に後押しされて歌い、10本売れた店が2軒ある。「クラブ有楽町」では40本売れた上に、お店から御祝儀も頂いた。お陰でその夜は6軒の店で歌って73本売れた。

奄美諸島に続いて宮古島でも琉球放送ラジオ番組「雄大の夢扉」ファンが多いのを実感した。やはり、ラジオ電波の効果は大きい。出来るだけ長く放送し続けたいものだ。しかし、続ける為には、放送開始から丁度1年でリタイヤしてしまった番組スポンサーの穴埋めを今月中に見つけなければならない。そこで私はネオン街行脚キャンペーン傍ら昼は、ラジオ番組継続の為のスポンサー巡りをした。幸い「本場泡盛・沖之光酒造」の古謝満社長さんと意気投合し、番組のスポンサー契約をしてくれた。宮古へキャンペーンに来た甲斐があった私は「心には心で、仕事には仕事で報いたい」と思い、協力を誓った。「クラブ銀座」のママさんが御祝儀をくれると、男性客が「那覇で〝愛さえあれば〟を聴いて感動した事がある。これだけ愛をテーマに言い切った歌は初めてだ。〝雄大の夢扉〟は最高の番組だよ。これが聴きたくて、ユンボーに７０００円のラジカセを買って来て取り付けたよ。ああ、あの番組には励まされるよ。金城まり子のナレーションが終わって、雄大さんが出てくるとホッとするよ。」と〝雄大の夢扉〟を一緒に歌ってくれた。若いホステスさんが「うちのお父さんが、雄大さんの大ファンで毎週ラジオ聴いては、その話をしてくれるのよ。お父さんにプレゼントするから１本頂戴」と買ってくれた店もある。

また若い男性客が「親父が雄大さんのこと好きだから、２本頂戴」と応援してくれた店もある。「あっちこっちであんたのポスターを見るけど、本物に逢うのは初めてだ。歌って、テープも頂戴」と歓迎してくれた店もある。「あなたのラジオ聴いて、いつも思うの。頑張っている人応援したいって」と微笑んで見送ってくれた店のママさんもいる。「ナイトパブジョイフル」店の美子ママさんが「一期一会を大切に」と訪ねる度に応援してくれて、今回も「久しぶり、本当に嬉しいわ。何年ぶりかしらねえ。新曲おめでとう」と歌わせてくれた。

小雨の水曜日、「スナック喫茶ポケット」の悦子ママさんが「5時からお店開けるので通勤の車の中で、あなたのラジオ番組（雄大の夢扉）を聴いてから車を降りるのよ。頑張ってもっともっと宮古をＰＲして下さい。また廻ってらっしゃい」と激励して10本買ってくれたのが印象に残る。

雄大《ゆうだい》の夢扉《ゆめとびら》

作詞・上地雄大／作曲・橋田みつのり
編曲・竹村次郎／歌・うえち雄大

〈ナレーション〉扉の向こうに何がある　夢を追いかけて　追いかけて　故郷《ふるさと》を後にした　うえち雄大　大都会の厳しい現実と　向き合いながらも　夢に向かって歩けるだけで幸せなんだ　一度っきりの人生だから　悔いのないようにこの道を行く　扉の向こうに明日を信じて　夢追い人　雄大の夢扉。

夢追いかけて　追いかけて
つくる笑顔で沖縄《ふるさと》の
宮古島を皮切りに
春夏秋冬《はるなつあきふゆ》　夜の巷《ちまた》を
北へ北へと独《ひと》り旅

トントン　トントン
今日死んでも　生きる覚悟で
押して押します　開きます
あえて演歌の　夢扉

人恋しくて　恋しくて
雨に打たれて　はりまやの
ビルの中へ飛び込んで
泊りで唄って　交わす返盃《へんぱい》
土佐《とさ》の情けが　沁《し》みわたる
トントン　トントン
踏《ふ》まれ傷つきながら黙って
俺を支える　足の裏
叩く拳《こぶし》の　夢扉

この道ならば　道ならば
千里万里《せんりまんり》を歩いても

いいさ天に徳を積《っ》む
今宵《こよい》が宝の　俺の演歌だ
俺の人生　投げ入れて
トントン　トントン
北の盛り場　巡る苦《にが》さは
飲んで流そう　さりげなく
明日を信じて　夢扉

資料　講演会「雄大の夢扉」

「雪の渡り鳥」で鯉名の銀平役を演じた鹿地史郎（うえち雄大）25歳

今咲く花が、一番大事

宮古総合実業高等学校体育館で催された私の講演会「雄大の夢扉」には、全校生徒が集まり目を輝かせ、真剣に聞いてくれた。「一人一人が一度一度きりの人生の主役。自信を持ち、周りの評価に負けないようにして夢への第一歩を踏み出して欲しい」とエールを送り、「やりたいと思うだけでなく、口に出す事が大事。自分の発言に責任を持つことで、言ったことが段々出来るようになる」と。

『人生はリハーサル無しの本番1回限り』過去があるから今がある。全ての過去を受け入れて明日に向かう大人《だいにん》に成れるように、今の内に沢山、障害を乗り越えて大きな器のある人間になるように自分を磨きましょう。私は中学生の頃、不良グループに鉄条網を巻いた

うえち雄大を紹介する下地廣治校長（右）

角材で気絶するまで殴られたことがあります。もちろん頭蓋骨は陥没していました。その体験から皆さんに伝えたいことは、いじめは絶対にやってはいけない。いじめも仕返しも君の人生に取り返しのできない事態を招く。たとえ君がいじめに会ったとしても、仕返しをしてはいけない。最悪、いじめに耐えられず自殺を考える余力があるなら、授業中に前に出て正々堂々と訴えよう。するとあなたの中に潜む自殺願望は撃破され、いじめた側と理解しあえるはずだ。

　いじめた方は忘れても、いじめられた側は鮮明に覚えていて一生涯わすれはしない。大切なことはいじめを受けても耐えること。耐えて磨かれたその命は深く育まれ、やがて社会に出て美しい大輪の花を咲かす瞬《と》間《き》が来る。いじめた方は人生に行き詰って自己を悔い改めなければならなくなり、それも叶わない人は神仏からも見放され、穴におちる。学友を愛する心は、自分を大切にする明るい光です。

沖縄県立宮古総合実業高等学校下地廣治校長に著書「宮古島人頭税廃止の指揮官 中村十作と駆ける」の目録を渡すうえち雄大

「悲しいのでもいい　喜ばしいのでもいい　心は動いてあれよ　生々しく考えておれよ」夢は君を諦めない。君が夢を諦めない限り、君の夢は大空いっぱいに広がるのです。目に見えなくてもなくてはならない空気のように……目に見えても届かない空のように、君の幸せを願い、君の頑張りを大きく優しく包んでくれる素晴らしい校長先生や教頭先生始め担任の先生、君を生んで育ててくれているお父さんやお母さんに感謝し、故郷を明るい未来へ導いた偉人がいた事を忘れず『今を大切』に『過去は宝・未来はバラ色』の『感動ある人生』を構築してくれることを心から期待しています。

自分の鏡の様な真っ白な生徒さん達を通して、未熟な自分を映し出し、見つめながら語り続けた2時間は、私にとっても貴重な思い出深い感謝で溢れる還暦記念となった。

《自分の荷物位は自分で背負って歩ける強い人間、優

先人達が勝ち取った宮古島人頭税廃止の物語に聞きいる。顔々は誇らしく美しい

しい人間に成ろう！　泣いたり、喚いたり、灰色になったりしている間にも、時は過ぎて行きます》一緒に天地一杯の人生を頑張りましょうね。

感謝状と沢山の感想文に感謝

下地廣治さん（沖縄県立宮古総合実業高等学校校長）から「うえち雄大殿、あなたは本校教育に深いご理解を示され、ご講演並びに著書「宮古島人頭税廃止の指揮官・中村十作と駆ける」を献本され、献身的に貢献されました。よってここに深甚なる敬意と感謝を表します。平成24年1月20日」との感謝状に添えられた生徒達からの沢山の感想文は、何より私自身の励みとなり感謝、感激、感動しました。

本当にどの感想文も胸を打つものがありますが、紙

壇上から下りて、学生達に話しかけるように講演するうえち雄大

数の制限上、手を合わせつつ涙をのんで、絞らせて、なおかつ簡略化させて頂きました。本当にごめんなさい。かけがえのない思い出が出来ましたことを心から感謝しています。

一口感想文の抜粋抄

宮古総合実業高等学校

・自分の体を傷つけたら親がかなしむのでキズつけないようにする。歌がすごくよかった。かんどうした。雄大さんの笑い方がおもしろかった。自分の生き方の参考にしていきたい。雄大さんの人頭税の話はすごかった。中村十作さんは地元の代表といっしょに東京までいったそうですが、自分がいけと言われた

一心に身を傾ける、宮古総合実業校の学生達

らことわったと思う。中村十作さんは偉大な人だと思う。いまの世の中に人頭税石があったらと考えるとゾッとします。

（1年・上地清義）

• 雄大さんは僕たちの年齢の時から夢に向かって、沢山の試練を乗りこえてきて、頑張っていたので、今の自分があると言っていました。雄大さんは、「人生は一回きり、今日という日は一度っきり」で、こうしてみんなが雄大さんに会えるということはもうないし、夢に向かって頑張るには、口に出して言って、本当に頑張られると言っていた。とても良い話が聞けました。僕も夢に向かって頑張る勇気をいただきました。

（1年・謝敷優太）

• 雄大さんのくじけない心がすごいと思いました。夢のために、お金をためて、上京して、きゅうりょう3万円でがんばっていたのがすごいと思いました。映画にも出て、仮面ライダーにも出た人なので、驚きました。あと、人は餓死寸前で、水をのむと、緑

仲間正則 画

のえきをはきだすのにもびっくりしました。僕も夢に向かってがんばりたいです。（1年・武富賀大）

・一度しかない人生を「夢」を持たず、だらだら過ごすのはもったいないと思った。うえち雄大氏は親に大工にさせられようとして、その勉強中に指を失ってしまったのは、かわいそうだなと思った。でも、その後に自分の夢に向かったのはすごい。（1年・比嘉めぐみ）

・夢はあきらめなければ、ちゃんと叶うってことを知った。自分でやりたいことは、自分で種まかないといけないし、自分で自分を育てないといけない。今を生きているなら、感動のある生き方をしたらどんだけ長生きするか分かる。（1年・本村千秋）

・「空はどこまでも続くのに、手に届かない。夢はそのようなものだ」と聞いた時は「なるほど」と思った。それと親指1本切ったのに、決意をした事はすごいなと思った。五体満足の体を大事にしたいと

知念日和　画

思った。自分の夢を持つ事はとてもいい事だと思ったし、その目標に向かって頑張る事が大事だと改めて分かった。

（1年・宮国ゆう）

• 自分のなりたい職業に、なりたい気持ちが強ければ、なれるということがわかった。あと両親の大切さがわかった。またこのような講話があったらいいなと思った。めちゃくちゃ自分のためになったです。分かりやすくて聞きやすくて、とても楽しく講話を聞く事ができました。人生、目標もって頑張っていこうと思いました。（1年・照屋翔）

• まず、指が切れた話はすごくびっくりしました。しかもお母さんが、まさかの「親不孝者」と言ったのが、またまたびっくりしました。その体験で「人生は一度っきりなんだと思った」と聞いたとき、私も頑張っていい人生にしたいと思いました。自分の人生は自分が主役だからそれをまっとうしたらいいと思いました。雄大さんは、夢にむかって、だいたん

東映演技研究所卒業公演「友達」で父役を演じる。原作・安部公房、演出・兼八全兼

卒業公演「東京・夏の夜の夢」で作家役を演じる。原作・蘆野徳子、演出・兼八全兼

に行動して、とてもすごいと思いました。東京に行くとき、お父さんの優しさにふれたと話してくれて、やっぱり自分の熱い気持ちがあれば親も応援してくれるんだと思いました。「自分で種をまいて、育てていかなければならない」。雄大さんはそう言って、自分でやりたいことはやりなさいと教えてくれた。私も強い心で目標に向かって頑張って行きたいと思いました。

（1年・具志堅智花）

・夢に向かって、たくさんの困難を乗り越えて、自分の目標をしっかりと達成していてすごいなぁと思った。自分にも夢があるから、その夢を叶えるために、一つ一つの目標をしっかりと達成していきたいと思いました。話は面白くて、わかりやすかったです。どんなに自分にとって難しいことでも、きちんと向き合って有言実行していくことが大切だと改めて思いました。歌も力強いものがあって、堂々としていると思いました。自分も必ず叶えたい夢を実現させ

芸名を鹿地史郎で後援会結成記念「かじの会」24歳＝1976年

鹿地史郎自主公演・かじの会「ブラック・ジャック」作・里吉しげみ、演出・兼八全兼

るため、一歩を踏み出していきたいと思いました。勉強になった、有意義な時間を過ごせました！

（1年・謝敷果南）

• 雄大さんの声を聞いたとき、ラジオで聞いたような声でした。講演はためになる話だと思い、言葉一つ一つに集中して聞いていました。とても自分自身のためになったような気がします。もらった本も目を通してみたいなと思ったし、人頭税のことも、また少し学べたような気がします。

（1年・下地江観那）

• 時々いきなり大きな声だしたのでビックリしました。最後に歌を聴き、なんか心に響くような歌でした。もう一度聴きたいです。「今を大事に」。この言葉を一生大切にしようと思います。

（1年・仲村美琴）

• 講演は体験談が入っていて楽しいと思いました。また、雄大さんみたいに夢をちゃんともって、実現し、出会いを大切にして、感謝の心を忘れないようにし

▲自らスナッパー・キャビン劇場を経営、25歳

時代劇　「雪の渡り鳥」▶
原作・長谷川伸、演出・川津祐介、
プロデュース制作・主演の著者（25歳）

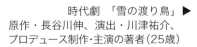

ようと思いました。今日、家に帰って、目標を決めようと思いました。明日も明後日も一日一日の目標を決めて、それをこなせるように日々努力しようと思いました。

（1年・砂川真紀）

- 夢の大切さをあらためて知りました。雄大さんの言葉を忘れず、これからも多くの期待と不安を背負い、人生を自分のペースで歩んで行こうと思いました。

（2年・下地率貴）

- 自分の人生に自信を持つこと、自分の人生は自分が主役、一度言った事は最後までまっとうする有言実行！　自分の信念をとことん貫く、笑顔が大事。人は3分間で死ぬ、ちっぽけな人間ということを思い知った。

（2年・奥平誠一）

- 夢は人に言われて決めるんじゃなく、自分で決めるべきだということを改めて感じた。また一日一日、目標を持って過ごそうと思った。

（2年・下地徳智）

かじの会を若枝の会に変更、第3回公演「次郎の犯罪」26歳。原作・蘆野徳子、演出・兼八全兼

「長谷川伸劇場・沓掛時次郎」27歳。演出・南原宏治、プロデュース制作・上地雄大

・とても人生は長いようで短く不思議に思った。宮古では昔、ムゴイ事があったんだなと思った。今日の事は、とても人生を生きて行く上で大事な事を学んだ気がする。今日の事を生きて行く人生で活かしていきたい。

（2年・新里堅斗）

・いつも自分があたり前だと思っている事は、いろいろな人がいて成り立っているんだなぁ～と思った。人生は一度しかないから感動する事を数多く味わい、時間を大切に楽しくやっていきたいと感じた。でも自分の決めた人生は絶対に成功すると感じていれば良い人生が送れるという事を改めて知った。

（2年・小浜翔汰）

・自分も今から夢に向かって、実現できるように信じて頑張っていきたいと思いました。そして親や、先生、友達をあたりまえだと思わないで、その人たちがいて、自分が支えられて、一人で生きているんじゃないと思いました。これから辛いことなどたくさん

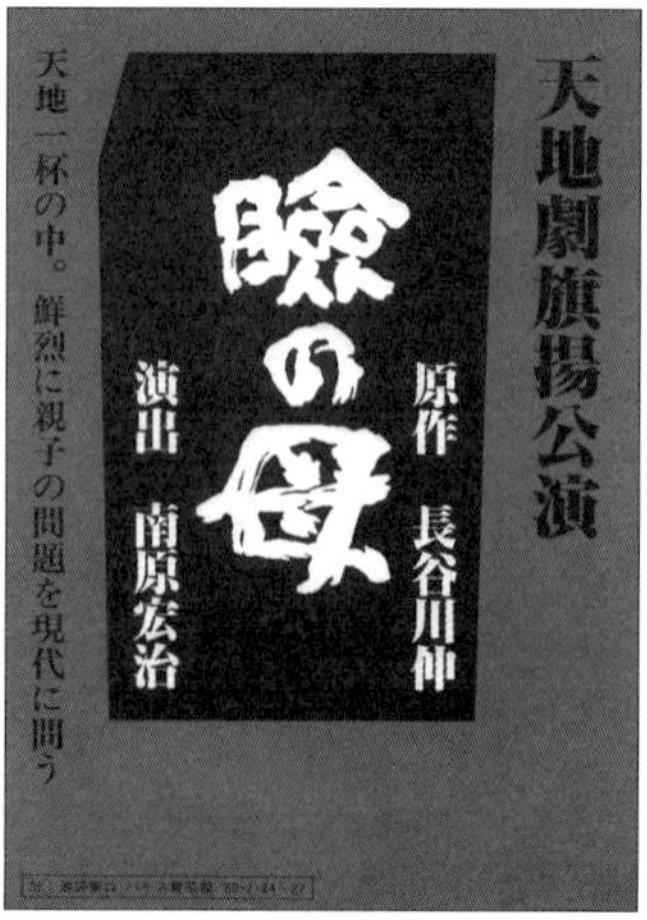

天地劇旗揚公演「瞼の母」28歳。原作・長谷川伸、演出・南原宏治、プロデュース制作・上地雄大

天地劇公演NO2「嵐が丘」脚本・河野多恵子、演出・南原宏治、プロデュース制作・上地雄大

あると思うけど、それを乗り越えて頑張っていきたいと思いました。

（2年・砂川舞香）

・一つの夢に集中して努力をして叶えることの大切さなど楽しく話してくださったので楽しく学ぶことができました。私も3年生になるので将来に向けてやるべきことを学べて良かったと思います。

（2年・松川彩香）

・自分のやりたい事はやらないでおくより、やって経験して、夢を持っていい人生を送っていけたらいいと思った。つらいことも乗りこえたら楽しいってさ。目標を持って頑張ったらいいって！　自分、頑張る。

（2年・佐和田里緒菜）

・今までの講演とちがってうえち雄大氏との距離がとても近くて親近感がわいて楽しかった。笑い声　ユニーク。今の日常が、どれだけ幸せかが伝わった。

（2年・新里ゆーい）

・夢は自分でつかむもの。雄大さんの生き方を聞いて

▲劇団空華結成。旗揚公演「寿歌（ほぎうた）33歳＝1985年

幻の名作「霧の中」この舞台を最後に天地▶劇を去る32歳。原作・田宮虎彦、主演演出・南原宏治、谷口東作役を演じた著者

実感し、私もこれからいろいろ大変なこともあるけど頑張っていこうと思いました。（2年・尾仲綾花）

•大人になっても、まだまだ夢があるうえち雄大さんはすごいなと思いました。芸能活動を40年も経験している。

（2年・荷川取万季）

•自分の夢は強く思っていれば自然と一歩を踏み出しているということ、私もより強く夢を思えば、どんな不安があっても、一歩一歩踏み出していこうという思いが芽生えました。踏み出した後は、地道に努力をし続けることが大事だなと感じました。

（3年・川満麻帆）

•将来は自分で切り開いていくものだと改めて思いました。講話はとてもわかりやすく、とても面白かったので最後まで聞くことができました。歌もとても上手で聞いていて、とても高揚した。

（3年・砂川翔吾）

•貴重な話が聞けて良かったです。歌も聴けて良かっ

劇団空華第2回公演「熱海殺人事件」原作・つかこうへい、演出・兼八全兼＝1985年

たです。あきらめずに何事もやれば叶うということ、マイナス的な考えを持ってる人は成功しないなど、今、自分がやるべきコトは何なのかを考えさせられる講話だった。（3年・石川祐布美）

・何か勢いがあってすごかった。心に残っているのは、今のこの自分は一人しかいないという話です。今出来る事は全てやって、自分の人生は自分しか決められないから、一日一日大切にしようと、一つ一つ目標を決めて頑張ろうと思いました。とても良い講演だったなぁと思います。人生に活かせたらいいなぁ～と思いました。（3年・嘉手刈夏海）

・あきらめず、めげずに俳優になりたいがために、一生懸命お金を貯めて、学校に通い、じょじょに俳優の夢を叶えた事がすごいと思った。私も自分のなりたい職業をあきらめず叶えたいと思ったけど、趣味のままで良いと思い、今もその趣味は大事に続けています。私の趣味はイラストを描く事です。歌も上

劇団空華第3回公演「蒲田行進曲」原作・つかこうへい、演出・兼八全兼＝1985年

手だし、芝居の話がとてもゆかいで、笑いが絶えない講話でした。私は卒業なので、今後は後輩のために、また実業高校に来て講話をしてほしいです。

（3年・新城結花）

- 人生は「一回きり」だから大事にして、充実した日々を過ごしていきたいと思いました。普段の生活は当たり前の事じゃなく、周りの人の支えもあるからだと思うから、感謝の気持ちを忘れずにやっていきたいと思います。夢は叶える事ができる。歌もとってもすごかったです。

（3年・徳嶺夏海）

- 有言実行。一度きりの人生だから　毎日を大切に生きていこうと思いました。うえち先生の歌も迫力があり宮古島の深い歴史をおしえてもらい素敵でした。

（3年・砂川三月姫）

- 夢があるっていいなと思いました。俳優という仕事は、段取りがあり、その段取りをこなしていく事はすごく大変だと思いました。また人はなぜ夢をもた

劇団空華第4回公演「子供の領分～金属バット殺人事件～」＝1985年

ないといけないのかという意味が分かった気がしました。人間には出来ない事はない。ただやらないだけだ、ということが分かりました。

（3年・島尻ななこ）

・私は「今のみんなと一緒に卒業する」というのが、まず一つの目標です。「人生は1回きり」という言葉が頭に残っています。同じ人には二度と産まれてこない！　だから今できること、やりたいことを一生懸命やろうと思いました。いただいた本を今読み始めています。これからも、読み続けていきたいと思います。

（3年・北山藍）

・「自分がいなくなっても世界はなんともない」が、「自分がいなくなると」自分の世界がなくなる。私は世界に影響を与える人になりたいと思った。

（3年・赤嶺友紀）

・自分で種をまかないと咲いてくれない。あきらめない事が大事だし、夢をすてない事はすごいと思いま

劇団空華　第5回公演「悪魔のいるクリスマス」＝1985年

した。たくさん話を聞いて、色んな人生をあゆんでいるなっておもって自分も頑張ってこうとおもいました。

（3年・伊志嶺美保）

●自分のやりたい事を見つけてやり通す事の大切さがわかりました。周りが自分の道を決めてしまっても雄大さんは周りを説得させて、進んだというので、すごいなと思いました。大きな声で言ったり、「聞いているか！」とか言ってびっくりしましたけど、独特でおもしろかったし、楽しかったです。「自分という同じ形をした人間は生まれてこないんだ！」という言葉に感動しました。今の自分の生き方について、未来に向かって進んでくことの大切さもわかりました。出会いも大切にしていきたいです。

（3年・上地由紀）

●「世界から見たら自分はちっぽけで、いなくても何も変わらないかもしれないけど、自分がいないと、自分の人生はなりたたない」と言っていて、そうだ

劇団空華沖縄ジャンジャン公演「熱海殺人事件」原作・つかこうへい、演出・兼八全兼＝1986年

劇団空華第7回公演「岸田國士戯曲賞受賞作品・11人の少年」原作・北村想、演出・兼八全兼＝1986年

なぁ〜って思いました。目標を立てて取り組んだら、思い通りに行くようになるみたいなので、しっかりしないといけないと思いました。「感動のある生き方を何回やったか、人生で何回くりかえしたかが長生き」と言っていて、感謝にあふれる日々をおくっていきたいです。

（3年・上里円）

- すごいなと思いました。若いときから俳優になろうとがんばって努力して、夢を叶えてそんけいします。「感動のある生き方」って初めてききました。なんかとてもいい言葉だなと思いました。優美も感動のある生き方をしたいです。

（3年・新垣優美）

- 人生は一度きりで、自分が死んで、周りが変わらなくても、自分の世界はそこで終わり、という言葉が印象に残りました。自分の世界の主人公は自分しかいなくて、精いっぱい自分の世界を生きるためにも、夢に向かって私も頑張りたいです。

（3年・平良紗耶花）

劇団空華宮古島公演「熱海殺人事件」＝1986年

・「親不孝者！」ってのに、ビックリしました。親指のケガは本当にビックリした。それでも歌手になって凄いと思いました。映画俳優歌手養成所が閉鎖したのに、夢をあきらめないで、養成所の第一人者を探して、9カ月間も通い続け、本当に夢をあきらめないという事は、ものすごい力になるんだなぁと思いました。

（3年・波名城沙姫）

・自分が体験した話や、俳優をして多くのドラマなどに出演していることなど、うえちさんについてたくさん知れた。宮古島は昔、何が起きていたのか等、島民の皆は頑張っていたこと等、とても知りました。おもしろかったです。

（3年・仲間椎菜）

・本日は、私達の宮古総合実業高校へお越しいただき有難うございます。講演を聞いて思ったことは、自分の進路をかなえるために何をしたいのか、自分の人生をどうしたいのか決めること、また「それをやる！」と決めて口に出して言い、有言実行すること

劇団空華第12回公演「悪魔のいるクリスマス」
36歳＝1986年

が大切だと強く思いました。「周りの評価に負けるような人になってはいけない！」という言葉に胸をうたれました。私は将来保育士か助産師になりたい目標があります。「必ずどちらかになる！」と今ここで誓いたいと思います。頑張ります。私たち一人一人に貴重な本を頂きありがとうございました。本日はありがとうございました。

（生徒代表：仲宗根真希）

▲空華の団員と雄大

劇団空華第９回公演・別所実の不思議の国の▶
アリス「帽子屋さんのお茶会」制作・上地雄大

托鉢演歌道こそ芸能の王道

にいがた文化の記憶館常務理事・事務局長
武藤　斌《あきら》・元新潟日報記者

全国のネオン街を1軒1軒歌い流して訪ねる行脚を32年間も実行している芸能人は他にいるのだろうか？　うえち雄大さん本人が自認する「托鉢演歌道」が文字通り人間修行だということが、読み進めば進むほど納得できる。この姿こそ〝河原乞食〟と蔑視されながら芸を育んできた我が国の芸能人の伝統的王道ではないかと再認識させられます。

人頭税廃止運動を自らの歌のテーマにして、指導者中村十作を第1弾に続き、廃止運動の基盤を支えた故郷宮古島の人物5人をそれぞれ歌にまとめ上げるなど、雄大さんは単なる芸能人ではなく、歴史文化活動者に飛躍したと思います。郷土史家や学者は大勢いますが、そうした知識人の中に、祖先の苦難の歴史を伝え、そこから学ぶべき内容を普及させる活動に人生をかけた人物はどれほどいるでしょうか？　歌を売り込む利害が絡んでいるから続いたのでは—と揶揄する見方もあるかもしれませんが、どんな方法でもよいから、実行して見せてくださいと彼ならずとも反論したくなります。

私が雄大さんと遭遇したのは20年余前。十作の故郷・新潟県旧板倉町（現上越市）に中村十作第1弾を持って、ＣＤや著作をＰＲに来たときです。私も人頭税廃止90周年の際に宮古島を訪ね、大いに勉強させられ、新潟日報に連載を書き、その後、板倉町の地元青年たちによる人頭税廃止創作劇「南海の黒真珠」を支援してきました。まさに同志として雄大さんを応援してきました。

新潟中越地震の際には「新潟への恩返しに何をしたらよいか」と尋ねられ、まず「地元沖縄で募金活動してから新潟へ来てほしい」と条件を付けた。その募金活動を雄大さんと奥様二人でやりきって新潟に入って来ました。その奮闘に感動して私は、新潟県庁への訪問の段取り、その後の被災者避難所巡りで運転手と司会役を務めました。しかし、沈鬱な被災者を前にすると、次の避難所を訪ねる気持ちが揺らいできたものです。托鉢演歌道の厳しさを私はわずかながら体験しただけに彼の根気強い芸能活動には感服し、応援したくなります。

今回の著作はかなり分厚くなりましたが、項目を拾い読みするだけでも刺激的です。先人の資料や著作を漁歩して、借用部分もあるようですが、全体が「祖先への鎮魂歌」であり、若い世代への伝承ということで、寛容に見守っていただきたいと思います。

私も現在、新潟県が近現代に輩出した文化的偉人の顕彰館を運営していますが、若年層への普及がいかに難しいか、格闘している日々なので、雄大さんの活動を大いに参考にしたいと思っています。

結びに代えて「神仏から賜った畢生《ひっせい》の仕事・人頭税物語」

白斑症《はくはんしょう》が再発しないよう「養生」に細心の注意を払うことが先決だが、日々の生活の質的大転換をする時期に来ている。その心のありようは、世間の相場や価値観では伺い知る事の出来ない綿密な修行「潜行蜜用《せんこうみつよう》は愚《ぐ》の如《ごと》く魯《ろ》の如《ごと》し」世間が騒ごうが、浮かれようが、どうでもいいような大騒ぎはそろそろやめて黙々と修行をしたい私。本当の修行者は、修行や悟りを見せびらかしたりせず、人に知られない様に、密かに行うもの。一見、愚かな人の様に見える位にしなければならないもの。

だが私は雲水（修行僧）とは真逆の芸能界「人生は自画自賛」見られてこそ報酬が得られる俳優兼歌手である。それは虚栄心蔓延る大都会で最も華やかな坩堝・芸能界でフットライトを浴びる銀幕の大スターを夢見て、自主公演（プロデュース制作・主演）等々で心疲れた若い頃、久斗山の紫竹林・安泰寺で渡部耕法堂頭老師から「偽物はせんでええ、坊さん俳優がおったってええやないか。本物の得度をせええ、今に雄大は、凄い事をやる時が来る。雄大の血筋は7

代までも救われる」と教えて云われ、30名の修行僧たちにバンザイされて下山した。

その後「人頭税」に縁し、一遇雄大（得度名）のライフワークと化した。せっかく神仏から賜った有難い仕事を只管《ひたすら》30年間探求して来れたのは、正に吾が祖先への供養事に仕える畢生《ひっせい》の仕事「中村十作と駆ける南海の若き5人衆アララガマ魂」だからである。遵って今年は「耳で聴く・目で読む」人頭税の両輪をやり遂げて、その沿線上に映画村を創って全世界に人頭税物語を伝えたい。撮影後は寄贈して世界各国から宮古島を訪れる方々に、沖縄観光最大の資源「世界平和の象徴」を誇りを持って活用して貰いたい私の更なる夢の続き（ゴール）は、宮古島に寺を建てて、そこでボツボツ暮らしたい。その静かな晩秋の夢に向かってどんな経過を辿るのか、自分でも興味の尽きないところ、学道の用心を問われる思いを強くして吾が人生の本懐を更に磨いて行こう。越後の良寛和尚さんの歌に「何となく心さやぎてい寝られず明日は春の初めと思えば」というのがある。権利・義務・使命・成果主義・効率主義など、条件闘争が人生の豊かさを勝ち取る必須手段のように思われている現今、何となくそして何もなくとも心さやぐ、もう一つの豊かさを味わってゆきたいものである。「名優になりたかったら座禅をすることだ」と南原師匠に騙されてから早30年。お陰で失神するまで「座禅が正師」を実践修行させてくれた故渡部耕法堂頭老師と故南原宏冶師匠に深く感謝いたしつつ……。

「得は迷い・損は悟り　空に忽然と浮かん出　空に忽然と消えて行く雲　雲こそは生きとし生けるもの　在りてあるものの原型　私は雲　私こそは宇宙　宇宙こそは生命　生死の中に托鉢

演歌道を見る　托鉢演歌道に生死を学ぶ　独座雄大峰」

明治維新150年、中村十作生誕150年、宮古島人頭税廃止115年という節目に、待望の全国メジャー第4弾「宮古島人頭税物語・その人中村十作と南海の若き5人衆アララガマ魂」発刊への挑戦の出番が回って来た事に運命的なものを感じています。神様はいつでも困難とチャンスを一緒にくれると思って、この日の為に下積み生活を47年間準備して来ました。経済的な苦悩のうえに私や家内の病気など艱難辛苦を経験し、愛用のパソコンやプリンターはじめ家電製品までも故障して窮地に追い込まれましたが、「なにくそやるぞ負けて堪るか」の敢闘精神で耐え抜き、ついにラジオ県内7局9番組レギュラー放送に到達し、とうとう全国メジャー第4弾「宮古島人頭税物語・その人中村十作と南海の若き5人衆アララガマ魂」の目標の外堀を埋める事が出来ました。

遡れば、市川昭介先生と竹村次郎先生に師事し、今日まで唄い流して来た命懸け（一期一会の全国ネオン街行脚キャンペーン・カラオケ流し、自分は何時死んでも悔いないという思い込みを、強くしてきたから頑張って乗り越えて来られた。あの日あの時の軌跡の数々。天地劇団の頃、私は日本テレビ放送で目の不自由な演歌歌手・竜鉄也を題材にしたドラマで主役の竜さんを演じたことがある。彼は「奥飛騨慕情」とめぐり合い、45歳で大輪の華を咲かせた。未熟で不器用な私でも「石の上にも3年」の3倍以上の9年に1年足して10年頑張れば目標達成出来るはずだと「ネオン街行脚カラオケ流し」に出向いたのです。なのに私は10年が過ぎて45歳になっても大ヒットに恵まれなかった。そこで10年で駄目なら20年、さらに30年と切り替え、あっという間に30年が過ぎた。この間、２６６年もの間、祖先が苦しみ喘いだ人頭税問題に直面して、祖先たちの苦闘の歴史とアラガマ精神をあらためて学び、絶対に風化させてなるものかと、語り尽くせない感謝の気持ちと祖先の偉業を作品に込めて歌って伝えることをライフワークにしてきました。

以来、喉の切り売りのような毎日毎晩の挙句、ついに声帯「白班症」を患いました。倒れ伏しながら托鉢演歌道は膨大な「上空白雲の飛ぶを遮《さえ》ず」に至ります。気がつけば私の芸能活動も47年、托鉢演歌道は32年となり、この間のさまざまな出来事は言葉に尽くせないものがあります。

6月3日（日）八重山在宮古郷友会主催「人頭税廃止１１５年記念・うえち雄大とワイワイ歌謡ショー」（石垣市民会館）が催され、松原英男会長から「大成功！　やって良かった！郷友会として喜んでいる。私は八重山のうえち雄大後援会長だよ」との絶大なるご支援を頂いた。これで弾みがついて6月13日ＣＤ「中村十作」新発売及び19日（火）東京・北とぴあつつじホールでの「アスタエンタテインメント歌謡祭２０１８」に出演を果たし、さらに作品「宮古島人頭税物語・その人中村十作と南海の若き5人衆アラガマ魂」制作と同名の本著を仕上げる事が出来ました。孤軍奮闘東奔西走する命懸けの毎日をやり続けているうちに神仏が帳尻を合わせてくれました。

祖先が命がけで教えてくれた、挫けない、諦めない信念〝ワイドー・アララガマ精神〟を大切に、自分自身を磨き育てていこうと自分に言い聞かせています。そんな願いを込めて放つ「中村十作」を中心とする「南海の若き5人衆アララガマ魂」をいつの日か、誰かが愛唱してくれる事をイメージするだけでも私は幸せ者です。「人頭税」を後世に残したいためだとしても、私は自らの願望を達成させることに執着して身近な人には微笑んでいなかったに違いない。天の声がします。「切羽詰った場合でも、常にニッコリ笑って行動せよ。いつでも何物にも微笑みかけていないのは思考力が正しく働いてない危険信号なんだぞ」と。

昨今、政治の世界に危機感を覚える。政治の役割は世界平和である。それなのに日本の兄弟国アメリカは、あまりにも多く戦争に加担し続けている。米国に追随する日本も利権化され、将来どうなっていくか判らない。アメリカではフロリダ半島を襲ったハリケーンの混乱に乗じて、略奪が横行し、その一帯が無法地帯と化した様子をテレビニュースでみて驚いた。我が国で起こった阪神大地震や新潟県を襲った中越地震、東日本太平洋沿岸大地震と津波災害の際にも、混乱にまぎれて略奪行為など、あまり耳にしなかったのは世界広しといえども日本だけといっても過言ではない。こういう私たち日本人の優しい美的感覚をもっともっと掘り起こし、思い返してゆく価値はある。

「改革だ、改革だと声高に叫ぶのも必要かもしれないが、既に持っているもの、眠っているこの美意識茶道、華道、禅、歌舞伎、空手、柔道、着物、和紙、三味線、舞踊、和食、文学、数学等の世界でも様々な日本文化の素晴らしさを目覚めさせる方が、これからの時代にかえって即応しているのではないか」と私は強く感じる。金儲けや利便性ばかりを追求するやり方を見直すべき時期に来ている。貧しくとも、「結《ぶぃ》」を大切にする宮古農民達の様にお互いに助け合い、ゆったりとした時の流れの中で心豊かな生活を送りたいものである。

独裁政治国家になるようなシナリオだけは絶対に描いてはいけない。本著が若者達の夢と希望を実現する為の輝かしいエネルギー源になれたら幸いです。安謝川の水面に浮かぶ花びらを眺めるにつけ、自然の命の摩訶不思議を感じています。私も家内も摩訶不思議に助けられて本著発刊の運びとなりました。元来、夢に向かう祈願は必ず痛みを伴ってこそ輝くものと実感しています。

32年前、ひとりでネオン街行脚キャンペーン・カラオケ流しを始めた時は、思いも寄らなかった事態に右も左も皆目判らなくて困惑し、悩み、辛かった日々の連続だったが、それでも休むことなくやり遂げてきた。此の頃は唄っている最中、どんな酔客の罵詈雑言にも慌てふためくような事もなくなった。「みまかりし　君を偲べば　北風の　空に流るる　雲かなし　旅心（耕法）」今はネオン街行脚キャンペーン・カラオケ流しとラジオ番組作りを実践した生活が私の芸道・托鉢演歌道であり、あるがままに進みます。

本著を発刊する為に力を貸してくださった元新星出版出版部長の島袋嘉夫さん、元新潟日報記者の武藤斌さん、また私を支援し宮古島人頭税物語を全国へ実行委員会を立ち上げて下さった沖縄宮古郷友会連合会顧問の古波蔵和夫さんはじめ、赤嶺義雄さん、兼島恵孝さん、川上昇秀さん、平良朝男さん、野原健さん、そして新潟県元板倉町長の瀧澤純一さん、元板倉教育長の小林正之さん、中村十作元遺徳顕彰会の皆さん、うえち雄大を後援し、ふるさと芸能文化を育てる会会長の野原正徳さん、うえち雄大後援会会長で元上野村長の砂川功さん、川田正一さん、また故人となりましたが、下地一弘さん、芳山弘さん両名に感謝いたします。作品を書いている最中はカラオケ流しと病院通い、しんどい日々が続いた分だけ楽しかったです。

正に私の平成での舞台は、「宮古島人頭税物語・その人中村十作」で開演し、「中村十作と駆ける南海の若き5人衆アララガマ魂」で終演します。これまで私を支えてくれた故郷はじめ、叱咤激励して本作品を完成させてくれた家内や姉兄弟家族、親友たち、また本作品に関わった諸先輩方、長年支えてくれたラジオ番組提供各社及びレコード会社スタッフ関係者、若い頃の劇団仲間、そして30年余に亘るカラオケ流しの先々で、私の心を鍛え、勇気を与えて下さった全ての方々に心から感謝申し上げます。

最後に、新たな令和の時代は、国境を超えて世界平和の烽火の雲となって長空を飛び、人頭税物語路を流布していきます。

久斗山で体験した托鉢を応用して築いた此の絶対孤独の托鉢演歌道に慣れ親しんできて、ようやく自足で巡り会う人間の喜怒哀楽を心の風景として愉しめるようになった。今は南原師匠に騙された甲斐があったと、心から納得しています。お陰で祖先への供養とする鎮魂歌「中村十作」及び「中村十作と駆ける南海の若き5人衆アララガマ魂・宮古島人頭税物語第2弾　夢の扉」総集編発刊に漕ぎ着けました。親の心に背いて芸能界入りした意固地な私を神仏は見捨てることなく鍛えてくれて大きな帳尻を合わせてくれました。この難題（人頭税）から逃げないで神仏にお仕えして来た私は幸せ者と自画自賛しています。改めて天国の南原宏治師匠、安泰七世盡人耕法大和尚（渡部耕法老師）様に跪いて深く感謝申し上げます。

うえち雄大

2019（平成31）年4月吉日

参考著書・資料

宮城健蔵「人頭税」廃止一〇〇年（財）日本税務協会　税務八月号（巻頭言）
山内玄三郎「大世積綾舟」人頭税廃止と黒真珠に賭けた中村十作の生涯
島津与志戯曲「大世栄綾船」宮古島人頭税物語
吉村玄得著「海鳴り」宮古島人頭税物語
渡久山寛三著「島燃ゆ」宮古島人頭税廃止運動
久貝徳三著「宮古島物語」
洲鎌良平著「農民のこころ」
沖縄歴史教育研究会新城俊昭著高等学校「琉球・沖縄史」
資料提供「元新潟県板倉町役場企画振興課」
資料提供「元新潟県板倉町教育委員会」
資料提供「元沖縄県城辺町役場企画振興課」
資料提供「元沖縄県城辺町教育委員会」
資料提供「元沖縄県下地町役場企画課」
資料提供「元沖縄県伊良部町役場」
資料提供「元沖縄県上野村役場」

【舞台】

嵐が丘
霧の中
竜馬翔く
ウィンザーの陽気な女房たち
雪の渡り鳥
沓掛時次郎
瞼の母
プーサンJR
寿歌
熱海殺人事件
蒲田行進曲
子供の領分
悪魔のいるクリスマス
11人の少年
帽子屋さんのお茶会
友達、
東京・夏の夜の夢
人魚姫
虞美人草
ブラック・ジャック
大世栄綾船／他

【オリジナル作品】

ポリドール

無名の演歌
ふる里は胸を射す
哀愁の宮古島
沖縄
あなた川
那覇の女
俺の演歌
雨の宮古島海峡
愛さえあれば　他

日本コロンビア

雄大の夢扉
俺は土建屋
OKINAWAILOVEYO
夢航路
那覇大綱挽
幸福綱挽音頭
海鳴り
奄美の女
美しいハーモニーは優しい心
最前線
母ちゃん
海鳴りの母
雄大橋
久斗山哀歌
生きる悲しみ
愛の舵／他

アスタエンタテインメント

おふくろ慕情
伊良部大橋
オリオンの星
天地一杯
アララガマ・ズミミャーク
帰郷の夜
ゴルフ友の会
影法師／牛
うちの湯たんぽ
昭和っ孤ブルース
めぐりの海
カリーサビラ
夢圓歌
久松五勇士
雄大の托鉢演歌／他
島の夜明け・中村十作、城間正安、保良の真牛、福里の蒲、上原戸那、川満亀吉

うえち雄大YUDAIプロフィール

本名・上地哲雄（うえちてつお）
昭和27年1月5日生れ
沖縄県宮古島市上野出身
東映演技研修所第5期生
社団法人日本音楽著作権協会員

【著書】
宮古島人頭税廃止の指揮官・中村十作と駆ける（新星出版）
芸道・演歌道行脚記・雄大の夢扉（花View）
【ラジオ7局レギュラー放送中】
- RBC i ラジオ（琉球放送）
「雄大の夢圓歌」
- ROKラジオ沖縄
「雄大の夢航路」
- FMいしがきサンサン
「ユクイどきトロピカタイム」
- エフエムみやこ
「雄大の托鉢演歌」
- FMレキオ（琉球）
「雄大の托鉢演歌」
- FMもとぶ
「雄大の托鉢演歌/雄大の夢扉」
- FM21
「雄大の夢扉」

YUDAI UECHI

【映画】
GAMA月桃の花　さよならニッポン
【テレビドラマ】
甦る日々
マリーの桜
刑事くん
判決
少年探偵団・大入道三百年の呪い
やる気満々
非情のライセンス
Gメン75
プレイガールQ
特捜線
新宿警察
ゴリラ7
そば屋梅吉捕物帖
金曜日の妻たち・男たちよ元気かい
遥かな坂
駆け込みビル7号
気分は名探偵
時よ炎の如く
妻たちの乱気流
わが子よ
新大江戸捜査網
特別機動捜査隊
仮面ライダーストロンガー
ゴレンジャー
ザ・カゲスター
キカイダーゼロワン
キョウダイン
汚れちまった悲しみに
旗本退屈男／他

宮古島人頭税物語 第2弾 夢の扉
中村十作と駆ける南海の若き5人衆アラガマ魂

二〇一九年四月三〇日 初版第一刷発行

著 者 うえち雄大

発行・印刷 新星出版株式会社
〒九〇〇－〇〇〇一
沖縄県那覇市港町二－十六－一

発 売 琉球プロジェクト

印刷所 新星出版株式会社

ISBN978-4-909366-34-4 C0095
定価はカバーに表示してあります。